战国令书制作研究

王会斌 著

社会科学文献出版社
SOCIAL SCIENCES ACADEMIC PRESS (CHINA)

序

　　作者会斌，2011 年考入吉林大学，硕博连读，随我研习先秦历史五载，2016 年顺利完成学业，通过学位论文答辩，获得博士学位。

　　会斌勤奋好学，问题意识和创新意识强。思考论文题目时，受我博士学位论文《西周春秋令书研究》的启发，确定将我尚未论及的周代令书的战国部分作为其博士学位论文的内容，并将题目定为《战国令书制作研究》进行深入探讨。

　　会斌理论基础扎实，方法运用得当。搜集和阅读了大量传世文献和相关资料，将其与出土文献所载内容及实物外部形制透露的信息进行比较、分析和研究，条分缕析地考证出各种战国令书的源流、书写者、发布者、书写格式和规格形制的具体样态，深入剖析了上述构成因素在不同令书种类之间、同类令书之间和与前代令书之间的复杂关系。同时，还原了令书这一历史事物在战国时期发展演变的实际脉络及原本规律，使全面而清晰地认识战国令书成为可能。

　　会斌善于思考，解决问题能力强。通过阅读该书稿，发现了会斌的一个"预谋"，即在全面展现战国令书发展状况的基础上，通过战国各国令书发展的程度和速度差异，去分析各国在对内改革、对外战争中或成功或失败的原因。如在比较分析秦国与其他国家令书体系发展状况之后，认为秦国之所以能够在统一战争中取得最后胜利，与其有着层级更加分明、运作更加高效的令书体系有关。从而为我们更加全面地了解战国历史的发展进程，尤其是权力的运作机制，提供了新的视角。

　　该书虽然距离作者最初设想的"创建一种研究先秦令书制作可行范

式"尚存在距离，但毋庸置疑，对中国古文书学理论研究多有启迪意义。既有的中国古文书研究，或许受到学科及理论的限制，文书在运作过程中，参与人员与文书、文书与文书、参与人员和参与人员之间的关系等问题的探讨与分析往往被忽略。该书则专设章节，在第六部分"战国令书制作之诸项关系论析"中，对上述问题进行了深入细致的探讨，提出不少具有创建性的观点。

作为青年学者的第一部学术专著，该书并不完美，资料的分析、观点的提炼、语言的推敲等尚存在不少有待进一步完善之处。但瑕不掩瑜，从洋洋几十万言的字里行间，已经窥见了作者的学术发展潜力和披荆斩棘的前行步伐。"青出于蓝而胜于蓝"，作为导师，我为会斌的书稿即将付梓而高兴，也热切地期待着他在未来漫长的研究之路上加倍努力，向社会奉献更多、更好的研究成果！

是为序。

孙瑞

2019 年 10 月

目　录

|第一章|

导论：战国令书——战国社会剧变的缩影

号称"周虽旧邦，其命维新"[①]，以宗法制和分封制为基础的周王朝，发展至春秋时期，其制度弊病已经积重难返。但这并不是历史的退步，因为伴随周王朝"礼崩乐坏"、"王官失学"及战国诸国之间杀伐征战的沧海横流与血雨腥风而来的，是中国历史上关键性的巨大变革和重大发展。其变革之剧烈，发展之迅猛，影响之广泛，足以令人惊异，故古人即常有战国时期乃"古今一大变革之会"[②] 之叹。而作为战国统治者命令信息载体的战国令书，不仅是战国社会各项变革的重要推动因素之一，也是整个战国社会剧变的缩影。

第一节　选题意义

随文字而产生的文书，由于人们信息交流需要的不断加强，发展至战国时期其社会功能价值已经变得不容忽视。其中代表统治者统治意志的命令文书变得尤为重要，对战国社会活动的影响力要远超其他文书。命令文书是战国时期各国传达命令信息的一种工具，具有命令性、强制性、公务性、合法性和文本性等基本特征，被书写或刻铸在竹木、金属和玉石等载体上，是战国时期统治者统治国家，协调统治阶级相互之间、统治者与被统治者之间、被统治者与被统治者之间各种关系时所使用的重要手段之一，在战国的兼并战争中发挥了重要作用。

---

① （清）阮元校刻《毛诗正义》卷十六，中华书局，1980 年影印本，第 503 页。
② （清）王夫之：《读通鉴论》卷末，世界书局，1936 年，第 667 页。

完整的战国令书运行过程，包括决策、制作、传达、执行、回复、保存等环节。其中制作环节是将统治者决策的命令信息转化为实物令书的一个重要阶段，对这项工作所涉及的方方面面进行研讨，如在战国时期统治阶层用什么人制作令书，根据命令内容的不同这些人都使用哪种令书，这些令书又起源于何时，在制作时他们采用何种格式、语言、载体和规格，以及这些因素之间的关系等，有利于我们更深入地了解战国国家权力的运行机制、实现途径和秦汉社会令书制作进入成熟期的原因。

选"战国令书制作研究"为题进行研究，其意义主要体现在以下三个方面。

第一，有利于从微观层面推动我们正确认知战国令书制作体系相关因素自身发展的史实，揭秘制作环节相关因素的各种关系，从而还原令书这一历史事物在战国时期发展演变的实际脉络及原本规律，这全面体现了史学整体研究的三个层次，即基础史学、中层史学、高层史学。①

此处所说的战国令书制作环节的相关因素包括令书的种类、制作者、书写格式及用语、载体材质及规格等实体因素以及各实体因素之间非实体的诸项关系因素。我们知道，只有认知清楚历史事物发展的本来面目，才能真正"建立一种遵从证据、表现人的过去向认识（或称历史性认识）的知识体系"②。而为人熟知的观点，并不一定正确，看似孤立的事物之间，可能存在微妙的关系，在研究中我们就得出一些不同以往或为前人所忽视的历史认知结论。如诏体令书在秦统一改"命为'制'，令为'诏'"③之前的战国时期即已出现；誓令书在战国的消失，可能并不是因为文献散佚，而是由于檄书和律法文书发展迅速，侵吞了誓令书的文体功能；春秋

---

① 李开元先生曾说："基层史学，以确立历史事实之具体存在为目的，以考释和描述的方法追求史学之复原。中层史学，在基层史学已经确立了的史实之基础上，以探讨各个史实间的相互关系为目的，以分析和归纳的方法追究史实间关系的合理解释。高层史学，乃是在基层史学和中层史学已经确立了的史实和史论的基础上，建立历史演化的一般法则和理论模式，抽象和假设为其方法之特点。以上三个层次的史学，构成了史学之整体。"参见李开元《汉帝国的建立与刘邦集团——军功受益阶层研究》，生活·读书·新知三联书店，2000，第5~6页。

② 李开元：《汉帝国的建立与刘邦集团——军功受益阶层研究》，生活·读书·新知三联书店，2000，第14页。

③ （汉）司马迁：《史记》卷六，中华书局，1959，第236页。

以来已出现的文化向下层普及的趋势和战国官僚体制迅速建立带来的制作大量文书的需要，促使战国文史集团快速壮大，破坏了史官的知识垄断地位；战国令书上书写的文字与其发布者和持有者的身份及职能有直接关系，并能在一定程度上反映其所处历史时期统治者地位及统治局势的变化；不同等级的令书在材质和规格上有较为严格的区别；战国令书种类与制作者之间有一定的等级对应关系；不同种类的令书书写格式有同源关系；等等。虽然这些结论当中有的可能并不完全正确，但说明传统的看法存在某种缺陷，需要结合不断发现的新材料及日益发展的新理论做进一步的探讨，不能止于固有认知。

第二，有助于我们从宏观上观察战国时期各国在文书制作层面的权力结构发展程度高低及过程快慢，进而实现多角度、多层面地透视战国历史发展过程及社会特点的目的。

战国令书是通过有形载体传达文字命令信息的一种工具，是国家统治者意志的最直接体现。这种影响从战国令书制作环节的各项因素当中都可以看出，但在令书种类这一因素当中表现得最为明显。这是因为战国制作的某些令书种类的划分本身就是以制作者、书写格式及用语、载体材质及规格等因素为基础的，如诏书主要因其发布者为君王及缺乏明确时间信息的不与正文分割的混合"抬头"得名，符书、节书主要因其载体形制而得名，等等。而且一般情况下，在先秦时期某国的令书种类越多，说明其权力构成越复杂；同种令书种类出现越早，说明其对应令书功能需求出现得越早，进而说明其社会发展程度较高，反之越低。以律令书为例，战国时期秦国虽然并非最先变法，但在商鞅变法之后，其律法体系迅速发展，远远超出了李悝《法经》六篇的范畴，仅睡虎地秦墓竹简就有规定各项事务运作细节的法律数十种，如关于农田水利、山林保护、牛马饲养的《田律》《厩苑律》，关于市场交易、货币流通、粮食储存和发放的《仓律》《金布律》，关于徭役征发、工程兴建、刑徒监管的《徭律》《司空律》等。[1] 而律法条文中的某些具体内容，一定程度上可以反映当时的社会形势及国家意志，如秦律对违法犯罪人员处罚甲、盾等战备物资的做法，

---

[1] 参见睡虎地秦墓竹简整理小组编《睡虎地秦墓竹简》，文物出版社，1990，第 19 页。

《效律》"衡石不正，十六两以上，赀官啬夫一甲；不盈十六两到八两，赀一盾"①、《臧（藏）律》"臧（藏）皮革橐（蠹）突，赀啬夫一甲，令、丞二盾"②、《傅律》"典、老弗告，赀各一甲；伍人，户一盾，皆辠（迁）之"③ 等，即是战国社会战争频仍环境下秦国迫切需要储备战略物资的表现。秦国律令书种类上的复杂及内容上的细致程度都远远超过了其他六国，在文书层面说明了国家对社会及权力机构的管控力要强于其他六国，律法中有大量关于军事物资储备的处罚规定，是秦国能在战国中期以后的统一战争中获得优势地位的重要原因之一。因此，研究战国时期令书制作环节，不仅要研究其环节内部的各项因素，还要通过认真审视各项因素之中所隐含的时代烙印，厘清微观层面反映的整个战国时代的历史发展过程及特征。

第三，本书是研究先秦令书制作可行范式的一种尝试，是中国古文书学理论发展的一种实践。

长期以来学者对先秦令书制作的概念及内涵认知并不统一，研究过于零散，这主要是两方面原因造成的：一是受学科理论及史料限制，先秦令书没有引起足够的重视；二是缺乏系统性的研究理论及框架，学者往往仅就其研究的某一方面加以论述，难以和其他学者形成对话。我们通过对历史学、档案学、文书学、秘书学等学科在先秦令书制作研究方面的理论方法及研究重点的梳理与观察，发现它们之间存在交叉的可能及共有的缺陷。交叉的可能：后三者即档案学、文书学、秘书学受其实用目的影响，偏重技术层面，对历史源流的梳理热情不足，历史学则相反。档案学论著绝大多数只是研究当代档案，即使提到古代也只是简单一笔带过，如吴宝康的《档案学概论》④，是档案学理论研究方面的一部重要著作，在第一章"档案的起源与沿革"即论及中国先秦令书的制作，不过用笔较少。周雪恒的《中国档案事业史》⑤ 是中国档案史研究方面的第一部专著，有很大的参考价值，但就先秦令书的讨论也用笔不多。文书学的研究论著几乎完

---

① 睡虎地秦墓竹简整理小组编《睡虎地秦墓竹简》，文物出版社，1990，第69页。
② 睡虎地秦墓竹简整理小组编《睡虎地秦墓竹简》，文物出版社，1990，第83页。
③ 睡虎地秦墓竹简整理小组编《睡虎地秦墓竹简》，文物出版社，1990，第87页。
④ 吴宝康主编《档案学概论》，中国人民大学出版社，1988。
⑤ 周雪恒主编《中国档案事业史》，中国人民大学出版社，1994。

全以现代公务文书为对象，主要探讨现代公务文书的作用、种类、体式、稿本，最后落脚于当代公务文书的撰写。① 秘书学的研究论著则应用性更强，基本以当代秘书工作为核心，强调应用性。② 而历史学本身即在追求事物的历史意义及价值，较少需要直接为现实目的服务，所以二者存在交叉的可能。共有的缺陷：对先秦令书制作环节各因素内部之间的关系普遍缺乏重视。庞朴先生《一分为三：认识世界的另一种方法》曾指出两个关联的事物之间存在"两实一虚"的关系③，对应此处，则文书或文件和其制作人员就是那两个"实"，而其与内部及外部因素之间的关系就是那个"虚"。虽然我们称其为"虚"，李开元先生更将其与"基础史学"分开，定性为"高层史学"④，但这是就研究的先后层次来讲的，就实际而言，这个"虚"也是现实存在的，"虚"并不等于没有，它是各因素得以存在的关键因素，对其缺乏认识显然无法正确且全面地认识先秦令书制作体系。

有鉴于此，本书在按战国令书制作各实体因素分章的基础上，对各实体因素内部及相互之间的关系也进行了专章分析，这是历史学吸收其他学科理论方法进行令书研究的一种尝试。此次实践有助于我们进一步弥补与发展中国古文书学相关理论及方法的不足与长处，这是其理论意义所在。

第二节　本书有关概念

为减少不必要的各自对某些词语理解的范畴定义不同而导致的麻烦，

---

① 参见松世勤《文书学》，首都师范大学出版社，1995；卓朝君、邓晓静编著《法律文书学》，北京大学出版社，2004；宋健主编《新编司法文书学》，中国政法大学出版社，2004；王健主编《文书学》，中国人民大学出版社，2005；熊先觉《中国司法文书学》，中国法制出版社，2006；宁致远主编《法律文书学》，中国政法大学出版社，2006。

② 参见陈合宣《秘书学》，暨南大学出版社，1993；杨树森《秘书学概论》，安徽大学出版社，2012；张同钦主编《秘书学概论》，中国人民大学出版社，2014；孟庆荣主编《秘书学》，暨南大学出版社，2014。

③ 庞朴：《中国文化史十一讲》，中华书局，2008，第137～154页。

④ 李开元：《汉帝国的建立与刘邦集团——军功受益阶层研究》，生活·读书·新知三联书店，2000，第5～6页。

明确本书谈论问题的内涵及外延，故在此处加以申述。

一　战国

据杨宽先生考证，"战国"这个名词在战国时代已经出现，但到西汉末期刘向辑录《战国策》一书时，才开始把"战国"作为这一特定历史时代的名称。[①] 历来学者多认为战国的下限为秦始皇二十六年（公元前221年）统一六国时，但对战国时代的上限看法不一，依据不同的标准提出种种异说：以《战国策》载智伯灭范氏事件为标志的公元前490年说；以田常执政齐国为标志的周敬王四十年（公元前480年）说；[②] 以田氏代齐作为战国起始标志的公元前475年说；以三家分晋为起始标志的公元前403年说；等等。[③] 笔者倾向于认为以《战国策》所记载事件的上限公元前490年作为战国时代的起始更为合理。因为战国时代本是以《战国策》而得名，所以以其所载之事为战国时代之上限也合情合理。不过需要说明的是，由于春秋战国之交的令书制度发展并不是突变式的，而是渐变式的，所以采用这种时代分期方式只是为了便于研究，对于某些具体问题，不能将春秋与战国完全以一个确定的、绝对的标准时限分割开来，因为这不符合历史发展的连续性规律。

二　令书

据笔者所见史料，"令""书"二字合称为"令书"，且作为专有名词使用，是在南朝刘宋时期，专指太子所下的书面命令，"其时皇太子监国，……若拜诏书除者如旧文。其拜令书除者，'令'代'制诏'，余如常仪"[④]。到了隋时，似乎皇太后、皇后等人所下命令，亦可称为"令书"，所谓"皇太后玺，不行用，若封令书，则用宫官之印。皇后玺，不行用，若封令书，则用内侍之印"[⑤]。不过本书题目中所说的"令书"一词，并非

---

① 参见杨宽《战国史》，上海人民出版社，1998，第2页。按：此为页下注内容。
② 参见吕思勉《先秦史》，上海古籍出版社，2005，第194页。
③ 参见雷海宗《断代问题与中国历史的分期》，《社会科学》1937年第4期。
④ （梁）沈约：《宋书》卷十五，中华书局，1974，第381~383页。
⑤ （唐）魏征：《隋书》卷十二，中华书局，1973，第261页。

此意，它是"命令文书"的简称，其中"令"取"发号也"① 之意，指上对下或指向自身的命令性指派；"书"取"著于竹帛谓之书"② 之意，泛指写有字的物品③。令书具有以下五个特性。

（1）命令性。它是令书的基本属性，也是对文书进行定性的根本，如刘勰《文心雕龙·诏策》云："命之为义，制性之本也。"④ 所以判断一件文书是否为令书的首要条件就是要看文中是否含有或附带有命令信息⑤。以载有战国中山国王所下墓室制作规范命令的《兆域图铜版》为例，"王命贾为逃（兆）乏（窆），阔閟（狭）少（小）大之叻（叼），又（右）事者官酄之，建（进）退逃（兆）乏（窆）者，死亡（无）若（赦），不行王命者，恣（殃）遯（连）子孙。兀（其）一从，兀（其）一瘤（藏）府"⑥，是说中山王命令贾负责规划墓室的尺度，并让右事官画下来，如果谁敢更改建造的尺寸，罪死无赦且要殃及子孙，带有明显的命令意味。

（2）强制性。它是令书得以实现其所载命令信息要求的保障，有的令书甚至在其正文内容中即有所表达，多表现为某种处罚性的措施描述。如《睡虎地秦墓竹简·厩苑律》载："其以牛田，牛减絜，治（笞）主者寸十。有（又）里课之，最者，赐田典日旬殿，治（笞）卅。"⑦ 是说用牛耕田使牛瘦了或者在考课之中成绩低劣的主事者要按规定挨受相应的笞打次数。这种以肉体伤害为主的刑事处罚方式是先秦统治者控制臣民的主要手段，即《国语·鲁语上》所谓"大刑用甲兵，其次用斧钺，中刑用刀

---

① （汉）许慎：《说文解字》卷九，中华书局，1963 年影印本，第 187 页。
② （汉）许慎撰，（清）段玉裁注《说文解字注》卷三，上海古籍出版社，1981，第 230 页。
③ 本书所指文书比小泽贤二先生所说文书"文书是'寄信人'和'收信人'表达传递情感、愿望的书类，有特定的机关和人物为收受对象。此类文书可以分为公文书（Archives）和个人文书（Mannuscrips）"的含义要广，包括律法、簿籍等一切书写有文字的物品，包括李均明先生所说的律令类文书如律、令、科、品、约等。参见小泽贤二《司马迁和中国文书学》，司马迁与《史记》国际学术研讨会会议论文，西安，2000 年 9 月，第 118～132 页；李均明、刘军《简牍文书学》，广西教育出版社，1999，第 371 页。
④ （梁）刘勰：《文心雕龙》卷四，嘉靖中古歙余氏刊本，日本东京大学东洋文化研究所藏本，影印本，第 11 页。
⑤ 需要注意的是，某些符节的铭文并不具有命令性，但因其所具有的命令效力不容置疑，故仍称其为令书，可参看下文所说的"文本性"。
⑥ 吴镇烽编著《商周青铜器铭文暨图像集成》卷三十五，上海古籍出版社，2012，第 96 页。
⑦ 睡虎地秦墓竹简整理小组编《睡虎地秦墓竹简》，文物出版社，1990，第 22 页。

锯，其次用钻笮，薄刑用鞭扑，以威民也"①。

不过，多数令书的强制性内容并不在其文中出现，而是作为一种外部制度保障。秦国洞庭假尉觿向迁陵丞下达的让其"以律令从事"② 的令书当中就没有处罚内容。这是因为秦国针对未能很好完成任务的人员有专门的法令规定，如"为（伪）听命书，法（废）弗行，耐为侯（候）"③，就是说不执行朝廷命书的官吏要被耐为候，因此不需要在每篇令书当中都加入强制执行的信息。

（3）公务性。它也是令书的基本属性之一。这主要针对官吏发布的命令而言，因为对战国各国君王来说，其所发布的命令并无严格的公务与私事之分。他们是各国的权力核心，其对周围人下达的所有命令，都是以其君主权力为后盾的，他可以动用国家权力来决定受令者的生死存亡。因此不仅处理国家大政的命令是公务，处理自身琐碎事务的命令也是公务，如韩昭侯命侍臣收藏自己穿旧了的裤子，侍臣却劝他赏赐给左右，但他说："吾闻明主之爱，一嚬一笑，嚬有为嚬，而笑有为笑。今夫袴岂特嚬笑哉！……吾必待有功者，故藏之未有予也。"④ 所谓"帝王无私事"至少在战国之时仍是如此。

但对一般官吏而言，由于离开了核心权力区，其权力已经有了种种界限，所以其下达的命令文书就有公私之分了。而私人文书不在本书讨论范围之内。如里耶秦简中校长予言给子柏的一封书信，即"校长予言敢大心多问子柏：……今为柏下之，为柏寄食一石☒"⑤。大意是校长问候子柏最近怎样，不敢没有赠予，故赠予其一石粮食。校长在信件中称对方为"子柏"，为一般的姓名尊称，并非公务称呼，再结合其较低的权力地位，可知其赠予物品行为为私人属性，此文书为私人文书。

（4）合法性。这是指命令必须以上对下，如《战国策·齐策一》载齐宣王命群臣、吏民进谏之政令，"群臣吏民，能面刺寡人之过者，受上赏；

---

① 上海师范大学古籍整理组校点《国语》卷四，上海古籍出版社，1978，第162页。
② 王焕林：《里耶秦简校诂》，中国文联出版社，2007，第58页。
③ 睡虎地秦墓竹简整理小组编《睡虎地秦墓竹简》，文物出版社，1990，第80页。
④ （清）王先慎撰《韩非子集解》卷九，锺哲点校，中华书局，1998，第249页。
⑤ 陈伟主编《里耶秦简牍校释》（第一卷），武汉大学出版社，2012，第233页。

上书谏寡人者，受中赏；能谤议于市朝，闻寡人之耳者，受下赏"①；或同时指向相同或不同等级，如《战国策·秦策二》载等级差异十分明显的秦武王与甘茂相盟②的事件，即"（秦武）王曰：'寡人不听也，请与子盟。'于是与之（甘茂）盟于息壤"③。

而那种以下对上的文书，直接指使其上级进行某种活动的文书，即使具有强制命令性，也只能称为"伪令书"。在春秋战国时期，周王朝那种"非天子不议礼，不制度，不考文。……虽有其德，苟无其位，亦不敢作礼乐焉"④的统治秩序已经被打破，臣子废立、弑杀君王的现象屡有发生，但礼法的弱化并不等同于礼法的废除。因此，类如田常为齐国臣子时，发布的弑杀齐简公并立新君齐平公等直接指向君王的命令性文书，只可称为"伪令书"；但康公十九年时，"田常曾孙田和始为诸侯"⑤，田和在取得统治齐国的合法地位之后，对齐康公下达的带有命令性的文书，则可称为令书。不过，称"伪令书"仅是就其合法性而言，其所具有的外在表现形式如书写格式及用语、载体材质及规格等往往具有与"真令书"相同的价值。

（5）文本性。这是指令书要有一定的载体。这本不需要强调，因为"令书"一词本身即包含载体要求，但有些令书种类与载体形制关系的密切程度要远甚于其他令书种类，甚至可以说如果没有其特殊的载体形制就没有这些令书种类，如符书、节书。因为在某些符节铭文中，根本看不出来其具有任何命令信息，如《节节》仅有一"节"⑥字，但其与具有调兵之用而在铭文中并未书写具体调兵权力的《阳陵虎符》，"甲兵之符，右才（在）皇帝，左才（在）阳陵"⑦，一样具有令书属性。其铭文的特殊样态，与其使用方式有直接关系。一般情况下，一个社会问题的产生要早于解决该问题的决策，也就是说从发现社会问题到解决该问题需要一个过

---

① （汉）刘向集录《战国策》卷八，上海古籍出版社，1985，第326页。
② 能够同时指向同级或不同等级且具有合法性的令书种类，只有盟书。这是因为每份盟书的内容虽然或有差异，但其制定时均需得到盟誓诸方同意的外在形式是一样的，因此达成的盟约命令是同时指向盟誓诸方的。
③ （汉）刘向集录《战国策》卷四，上海古籍出版社，1985，第150页。
④ （清）阮元校刻《礼记正义》卷五三，中华书局，1980年影印本，第1634页。
⑤ （汉）司马迁：《史记》卷三二，中华书局，1959，第1512页。
⑥ 吴镇烽编著《商周青铜器铭文暨图像集成》卷三十四，上海古籍出版社，2012，第525页。
⑦ 吴镇烽编著《商周青铜器铭文暨图像集成》卷三十四，上海古籍出版社，2012，第548页。

程，而决策解决了问题之后，命令信息转化为令书还需要一个制作时间，同时还要有一个令书传达给受令者的周期，在一些比较紧急或需要反复使用令书的情况下，如《新郪虎符》中之紧急"燔燧（燧）事"①、《鄂君启节》中关税之征收与否②，采用一般的决策机制和令书制作方法，显然会影响解决问题的效率，符书、节书即是针对这一问题而产生的。由于它只是统治者给予持有者的一种更加自由地使用权力的凭证，因此其铭文内容可以根据具体情况而更加概括和笼统。

三 制作

《说文解字》云："制，裁也。"③ 段玉裁云："裁，制衣也。制，裁衣也，此裁之本义。此云制，裁也，裁之引伸之义。"④ 所谓裁的引申义，当指其动词用法，即裁剪、修剪等。许慎曰"作，起也"⑤，是讲"作"的本义，《说文解字注》引《释言》《穀梁传》说其有"为也"⑥ 之意。在古代，"制""作"二字合用的现象较少，合用之时多表示礼乐等方面的典章制度，如《史记·礼书》"今上即位，招致儒术之士，令共定仪，十余年不就。或言古者太平，万民和喜，瑞应辨至，乃采风俗，定制作"⑦ 及班固《典引》"兢兢业业，贬成抑定，不敢论制作"⑧ 等。而本书题目当中的"制作"是取"制造"之意，是指与战国时期令书制作过程及结果相关的所有要素，既包括令书制作的种类、人员、书写格式及用语、载体材质及规格，也包括各种因素之间的关系等。

第三节 研究现状

学者对战国令书制作的研究开始得比较早，涉及的著述种类也较多，

---

① 吴镇烽编著《商周青铜器铭文暨图像集成》卷三十四，上海古籍出版社，2012，第550页。
② 吴镇烽编著《商周青铜器铭文暨图像集成》卷三十四，上海古籍出版社，2012，第552页。
③ （汉）许慎：《说文解字》卷四，中华书局，1963年影印本，第92页。
④ （汉）许慎撰，（清）段玉裁注《说文解字注》卷四，上海古籍出版社，1981，第344页。
⑤ （汉）许慎：《说文解字》卷八，中华书局，1963年影印本，第165页。
⑥ （汉）许慎撰，（清）段玉裁注《说文解字注》卷八，上海古籍出版社，1981，第673页。
⑦ （汉）司马迁：《史记》卷二三，中华书局，1959，第1160页。
⑧ （刘宋）范晔：《后汉书》卷四〇下，中华书局，1966，第1381页。

因此为方便论述，此处对学者研究所涉及的战国令书种类、制作者、书写格式及用语、载体及规格等方面分别进行讨论。

一 战国令书种类的研究现状

对战国令书种类的研究始于文学领域。从曹丕《典论·论文》开始，经陆机《文赋》、挚虞《文章流别论》，到任昉《文章缘起》、刘勰《文心雕龙》、萧统《文选》之时进入一个高峰。南北朝时期刘勰《文心雕龙》在以研究文学为目的所分的三十三种文体研究当中，① 即开始涉及部分战国令书文体，如诏书、策书、檄书等。但其多将令书文体与其他文体混合研究，如《祝盟》篇就是将非令书的祝书与属于令书种类的盟书合在一起，未能将令书文体作为独立研究对象。稍晚的萧统《文选》虽然将文体分为三十九种②，划清了文学与非文学的界限，提出了比较专门的令书文体分类，如诏书、册书、"令"书③等，但由于该书侧重于文章辑录，研究并不深入。后至宋时，真德秀《文章正宗》开始用更加综合的方法对文体种类进行研究，将文体分为四大门类，即辞令、议论、叙事、诗歌，具体的令书文体种类被淹没其中。降及明代，吴讷《文章辨体》（又称《文章辨体序说》）将文章文体分为五十四种④，而徐师曾《文体明辨》（又称《文体明辨序说》）则进一步细化为一百二十七种⑤。吴、徐二人的文体分类虽然失于烦琐，但列举的战国令书种类较多，⑥ 对各种文体的流变过程进行了精炼论述。进入清代，学者对令书种类的研究又由繁入简，但对战国令书种类其他方面的研究并无深入，如姚鼐在《古文辞类纂》中开始将文章文体合并为十三大类；⑦ 曾国藩《经史百家杂钞》又在《古

---

① 参见（梁）刘勰撰《文心雕龙》，杨明照校注拾遗，中华书局，1959。
② 参见（梁）萧统《文选》，上海古籍出版社，2007。
③ 此处指主要用于法令下达的"令"书，而非命令文书的省称"令书"。
④ 参见（明）吴讷撰《文章辨体序说》，于北山校点，人民文学出版社，1962。
⑤ 参见（明）徐师曾撰《文体明辨序说》，罗根泽校点，人民文学出版社，1962。
⑥ 吴讷、徐师曾所列举的战国令书种类有：命书、谕告书、诏书、玺书、诰书、册书、誓书、"令"书、盟书、檄书、露布、谳法书等。其中有较多问题，如玺书、露布在战国还未有如此称法；谳法书只是律法令书的一种，举例过窄。
⑦ 参见（清）姚鼐《古文辞类纂》，四部备要本，中华书局，1989。

文辞类纂》的基础上，将十三大类合并为三门，十一类，① 其后又有王先谦《续古文辞类纂》、黎选《续古文辞类纂》、蒋瑞藻《新古文辞类纂》等论著，但大体如曾书，创见不多。而且这些论著与明代的研究论著存在同样问题，即在文书与文学作品的分类上退回到了刘勰时代的水平。②

不过到清末民初时，随着含有大量文书内容的甲骨、简帛、青铜器等出土文物的发现，文书研究开始独立于文学研究之外，文书成为学者的专门研究对象。这一时期比较有代表性的著作有：王国维与罗振玉合著的《流沙坠简》，开始研究汉简文书，将 20 世纪敦煌出土的汉简分为小学术数方技书、屯戍丛残、简牍遗文及汇辑各式书信等类别;③ 而劳干的《居延汉简考释之部》则正式提出应将文书作为独立的研究对象类别，并在文书类之下以简牍书写内容为标准划分为书檄、封检、符券、刑讼四类。④ 但由于这一时期的学者主要以汉代简牍文书为研究对象，所以对战国令书种类的研究并没有太大进展。

进入新中国以后，随着载有大量春秋战国及秦令书的简牍（如睡虎地秦墓竹简、龙岗秦简）、青铜器（如两诏量、商鞅量）、玉石（如侯马盟书、温县盟书）等的出土，学者对战国令书种类的研究迅速发展。李均明、刘军在《简牍文书学》一书中按照简牍材料的自身性质，将文书分为六大类，即书檄、簿籍、律令、录课、符券、检楬，其中书檄、律令、符券三类中包含若干令书分类，如檄书、律法书、"令"书等。⑤ 其后，骈宇骞和段书安的《二十世纪出土简帛综述》虽然在这六类的基础上又增加了"遣策与告地策"一类⑥，但与《简牍文书学》存在同样问题，即未能将令书文体与其他文书文体区分开来进行研究。⑦ 不过，伴随国内历史学界

---

① 参见（清）曾国藩《经史百家杂钞》，四部备要本，中华书局，1989。
② 参见张寿康、王凯符等《古代文章学概论》，武汉大学出版社，1983，第93~96页；童庆炳《文体与文体的创造》，云南人民出版社，1994，第14~22页。
③ 参见罗振玉、王国维编著《流沙坠简》，中华书局，1993。
④ 参见劳干《居延汉简考释之部》，中研院历史语言研究所，1997年影印本。
⑤ 参见李均明、刘军《简牍文书学》，广西教育出版社，1999。
⑥ 参见骈宇骞、段书安编著《二十世纪出土简帛综述》，文物出版社，2006。
⑦ 参见李均明、刘国忠、刘光胜、邬文玲《当代中国简帛学研究（1949—2009）》，中国社会科学出版社，2011，第274~326页。

引入文书学、档案学等学科理论，令书逐渐成为历史学科研究古文书的热点之一，开始从古文书中渐渐独立出来，成为学者的研究对象，并取得了不少成果。例如注意到了被前人忽略而研究不深的一些战国令书文体种类，如邱世华先生指出《封诊式》属于秦律，是一种文书程式，李力先生认为盟书是一种特殊的法律形式，张建国先生认为秦令在秦统一之前就已经存在了，等等。①

二　战国令书制作者的研究状况

学者关于战国令书制作者的研究按其侧重点不同，又可以分为令书职能性制作者、令书非职能性制作者、令书制作者来源三个方面。

（一）职能性制作者

令书职能性制作者是指具有专门制作令书职能的人员，此处主要指将虚拟命令信息转化为实体文书的人员。② 这类人员在战国时期主要由史官或类史官的文职人员构成，由于在当时人们对史官与类史官文吏的区分并不十分严格，所以也可将其统称为史官。③

古人很早就关注了史官的书写职能，如《礼记·玉藻》云"（天子）玄端而居，动则左史书之，言则右史书之"④；《汉书·艺文志》曰"古之王者世有史官，君举必书，所以慎言行，昭法式也。左史记言，右史记事，事为《春秋》，言为《尚书》，帝王靡不同之"⑤；《隋书·经籍志》"天子之史，凡有五焉。诸侯亦各有国史，分掌其职……诸侯史官，亦非一人而已，皆以记言书事，太史总而裁之，以成国家之典"⑥；等等。但由

---

① 参见邱世华《简论云梦秦简的司法文书》，《西北政法学院学报》1986 年第 2 期，第 90 页；李力《东周盟书与春秋战国法制的变化》，《法学研究》1995 年第 4 期，第 65 页；张建国《秦令与睡虎地秦墓竹简相关问题略析》，《中外法学》1998 年第 6 期，第 35 页。
② 此处主要指直接将命令信息转化为文字的人员，至于负责令书制作的部门长官，因多不直接参与令书文字的书写工作，故将其归入非职能性制作者当中进行论述。
③ 闵庚尧先生认为战国时期各诸侯国管理文书工作的官吏，已经不再称为史官，而被称作掌书、尚书、主书、左徒等。参见闵庚尧编著《中国古代公文简史》，档案出版社，1988，第 34～35 页。按：实际古人对史官与文吏并无严格区分，如尚书，又常被称为"尚书史"。
④ （清）阮元校刻《礼记正义》卷二九，中华书局，1980 年影印本，第 1473～1474 页。
⑤ （汉）班固：《汉书》卷三〇，中华书局，1962，第 1715 页。
⑥ （唐）魏征：《隋书》卷三二，中华书局，1973，第 904 页。

于研究视角问题，战国史官研究被长期混在学者对战国整体官制的研究当中，且研究重点多在考证史官官名问题之上，对其书写职能则关注较少。虽偶有涉及史官制作令书的研究，但也多是对某些具体官员职能研究的附属产物，成果不多。如苗可秀《史记屈原贾生列传疏证》①、王汝弼《左徒考——屈赋发微之一》②、聂石樵《屈原论稿》③ 等论著，对屈原所充任的左徒一官具体为何职虽有不同看法，但基本认同《史记·屈原贾生列传》中司马迁对屈原做左徒时"入则与王图议国事，以出号令"④ 的职责描述，即对左徒具有草拟某些令书的职能没有太大疑义，不过并没有更深入的探讨。

但近代以来，也有一些专门针对史官书写职能的研究论著出现。如王国维在《释史》一文中已经开始专门对周代史官的得名、职掌、地位等问题进行研究，并对某些史官的文书书写职能做了说明。⑤ 其后，柳诒徵《国史要义·史原》根据《周礼》归纳出周代史官的八种职事，即"总五史之职，详析其性质，盖有八类：执礼一也，掌法二也，授时三也，典藏四也，策命五也，正名六也，书事七也，考察八也"⑥，其中书事一项即是对史官书写职能的说明。陈锦忠博士学位论文《先秦史官制度的形成与演变》将史官职能归纳为两大类十八项，⑦ 其中祝告、册命、聘问、约剂、刑法等项涉及史官的书写职能。席静涵《周代史官研究》则将周代史官的职能归结为十大项，⑧ 其中史官的书写职能在"记事""册命"等项目中都有涉及。许兆昌《周代史官文化——前轴心期核心文化形态研究》将史

---

① 苗可秀：《史记屈原贾生列传疏证》，《东北丛刊》第 16 期，1931 年。
② 王汝弼：《左徒考——屈原发微之一》，《国立西北师范学术季刊》第 2 期，1946 年。
③ 聂石樵：《屈原论稿》，人民文学出版社，1982。
④ （汉）司马迁：《史记》卷八四，中华书局，1959，第 2481 页。
⑤ 参见王国维《观堂集林》卷六，中华书局，1959 年影印本，第 263~274 页。
⑥ 参见柳诒徵《国史要义》，商务印书馆，2011，第 6 页。
⑦ 参见陈锦忠《先秦史官制度的形成与演变》，台湾大学历史研究所，硕士学位论文，1980。按陈锦忠博士归纳的史官职事，即：一、天事方面：神事、祭祀、祝告、卜筮、历数、天象、灾祥、丧礼；二、政事方面：册命、聘问、约剂、刑法、盟誓、征伐、籍田、射事、典藏、谱系。
⑧ 参见席静涵《周代史官研究》，台北：福记文化图书公司，1983。按：席静涵先生归纳的史官职事，即占筮、记事、赐命、典藏、预言、历法、祭祀、礼事、临时差遣。

官职事进一步细化，将其分为六大类三十九项，① 开始将"书写册命""登录、保管契约""记录刑书""书写盟誓"等与令书制作直接相关的职事从"记事"中分解出来详细研究。

除针对史官的研究以外，一些学者开始注意到其他具有职务性书写任务的人员。如林进忠《里耶秦简"赀赎文书"的书手探析》通过对里耶秦简中内容相同的十二件追讨赀赎欠债的文书进行探讨，认为负责经手处理而且记名的"儋""堪""嘉"等人都不是书写者，书者并未留名；② 吕静《秦汉官僚体制下的基层文吏研究》对秦汉时期文吏在官僚体制中的地位、文吏的才与能、文吏的体制特征及其存在价值等问题进行了探讨；③ 吴晓懿《战国时期书写群体研究》认为史官、工官的职司和士人构成了战国时期的书写群体，并对书写群体的训练过程进行论述；④ 等等。

但无论是针对史官还是非史官令书制作者的研究，都未能将其与其所制作的令书种类加以关联。

（二）非职能性制作者

令书非职能性制作者是指某些本不具有令书制作职能，但在某些情况下承担了这一任务的人员。令书是统治者控制国家的重要工具之一，由不同层级、部门的长官根据需要针对其所管辖的地域、民众、事务等下达。在一般情况下，这些具体部门的长官下达的令书，多由其下属史官或文吏负责书写，但由于某些事务过于机密为防止泄露、下属史官或文吏不在身

---

① 参见许兆昌《周代史官文化——前轴心期核心文化形态研究》，吉林大学出版社，2001，第 74~82 页。按：许兆昌先生归纳的史官职事为：一、文职事务，记事，宣读册命，书写册命，宣读文告，诵读往事之要戒，为王诵读文书，登录、保管契约，记录刑书，书写盟誓，管理文字；二、馆职事务，登录、保管契约，记录刑书，书写盟誓，保管政府档案，典藏图书文献，管理氏族，保存户籍档案；三、史职事务，记事，保管政府档案，典藏图书文献，编史；四、礼职事务，司会同朝觐之礼，司射礼，司丧葬之礼，司籍礼，司威礼，管理旌旗，司王后之礼，监察，殷见诸侯，司郊庙礼，司聘礼；五、"天"职事务，占筮，祭祀，祝祷，占星，释异禳灾，相术，交通神人，从军参战，制历；六、武职事务，从军参战，统军作战。

② 林进忠：《里耶秦简"赀赎文书"的书手探析》，《湖南大学学报》（社会科学版）2010年第 4 期，第 28~35 页。

③ 吕静：《秦汉官僚体制下的基层文吏研究》，《北京行政学院学报》2011 年第 6 期，第 114~118 页。

④ 吴晓懿：《战国时期书写群体研究》，《中国国家博物馆馆刊》2013 年第 4 期，第 115~122 页。

边、某种个人意愿等，这些具体部门的长官有时也亲自制作所要下达的令书，① 也就是说只要该部门长官拥有下达某些种类令书的权力，其就存在亲自制作某些种类令书的可能，因此他们也是令书制作者群体的构成部分。所以，对这些战国时期各个国家部门长官权力、职能的研究，也属于战国令书制作者研究范畴，这一类研究则通常被纳入战国官制的研究之下。不仅如此，许多具体制作者的令书制作职能也在这一研究过程中被涉及。

对战国时期官员所拥有的权力、职能研究始自汉代，以班固《汉书·百官公卿表》为代表，其文云："夏、殷亡闻焉，周官则备矣。"② 该书对部分周秦官员的官名、来源、品秩、职能等信息进行了描述，其所涉及的官员众多，如三公"太师、太傅、太保，是为三公，盖参天子，坐而议政，无不总统"③，御史大夫"受公卿奏事，举劾按章"④，大夫"掌论议"⑤，等等，但由于研究角度及该表体例关系，所记多如"相国、丞相，皆秦官，金印紫绶，掌丞天子助理万机"⑥ 之类，未能将这些官员与其所能制作的令书种类相联系，而且对战国时期官制论述相对较少。此后，从杜佑《通典·职官》⑦、郑樵《通志·职官略》⑧、马端临《文献通考·职官》⑨ 到黄本骥《历代职官表》⑩ 等多数学者的论著，虽然在战国时期官员的职能、权力、设置等部分问题的研究上更加深入和细化，但大体承袭班固《百官公卿表》之研究体例，创见不多，且论述战国时期官制普遍过简。不过，明代董说《七国考·职官》的研究比较值得一提，该书开始专

---

① 周振华先生认为在春秋战国时期，士人成为新兴的官员后备军，承担顾问、谋士、幕僚之类的任务，并要兼任起草文书的工作；晁福林先生认为"战国时期，各国法令常由君主命令大臣制定，并由君主最后决策审定"等。参见周振华《文件学》，广陵书社，2007，第 25～32 页；晁福林《春秋战国的社会变迁》，商务印书馆，2011，第 799 页。
② （汉）班固：《汉书》卷十九上，中华书局，1962，第 722 页。
③ （汉）班固：《汉书》卷十九上，中华书局，1962，第 722 页。
④ （汉）班固：《汉书》卷十九上，中华书局，1962，第 725 页。
⑤ （汉）班固：《汉书》卷十九上，中华书局，1962，第 727 页。
⑥ （汉）班固：《汉书》卷十九上，中华书局，1962，第 724 页。
⑦ （唐）杜佑撰《通典》，王文锦等点校，中华书局，1988。
⑧ （宋）郑樵撰《通志二十略》，王树民点校，中华书局，1995。
⑨ （元）马端临：《文献通考》，中华书局，1986。
⑩ （清）黄本骥：《历代职官表》，上海古籍出版社，1980。

门搜集整理战国时期秦、齐、楚、赵、韩、魏、燕等七国的职官名称，并分国别进行编排，收录官名较丰。① 该书自完成之后长期被忽略，到缪文远《七国考订补》② 董氏的研究才得到补充和发展，但也未能将官员职能与其所制作的令书种类联系起来。

（三）制作者来源

战国令书的制作者主要由官府官员和文吏构成，因此讨论其来源，很大程度上就是讨论当时的选官制度。古人很早就开始讨论战国的选官制，如唐杜佑《通典》即设有《选举》一门。但杜佑除对战国时期秦国的选官制度有简单叙述，即"秦自孝公纳商鞅策，富国强兵为务，仕进之途唯辟田与胜敌而已。以至始皇，遂平天下"③ 之外，对其他各国的选官制度则多归于整个周代选官制度之下加以论述。他以《周官》所载选官制度为依托，认为古代官员是通过对具有一定文化修养的人员分部门分系统地层层选拔而来，但论述极为简略，④ 未能显示出战国令书制作者来源的特点。至宋，苏轼《论养士》（又称《六国论》）则开始注意到战国选官制度的整体特点，认为"三代以上出于学，战国至秦出于客"⑤。但直至民国时期，孟世杰《先秦文化史》⑥、邓嗣禹《中国考试制度史》⑦ 等书虽论述

① 参见（明）董说《七国考》，中华书局，1956。
② 参见（明）董说撰，缪文远订补《七国考订补》，上海古籍出版社，1987。
③ （唐）杜佑撰《通典》卷十三《选举一》，王文锦等点校，中华书局，1988，第310页。
④ 杜佑云："《周官大司徒职》：'以乡三物教万民，而宾兴之：一曰六德，二曰六行，三曰六艺。'《诗》、《书》、《礼》、《乐》，谓之四术。四术既修，九年大成。凡士之有善，乡先论士之秀者，升诸司徒，曰选士；司徒论选士之秀者而升诸学，曰俊士；既升而不征者，曰造士；大乐正论造士之秀者升诸司马，曰进士。司马论进士之贤者及乡老、群吏献贤能之书于王，王再拜受之，登于天府，藏于祖庙，内史书其贰而行焉。在其职也，则乡大夫、乡老举贤能而宾其礼，司徒教三物而兴诸学，司马辩官材以定其论，太宰诏废置而持其柄，内史赞与夺贰于中，司士掌其版而知其数。论定然后官之，任官然后爵之，位定然后禄之。盖择材取士如此之详也。"参见（唐）杜佑撰《通典》卷十三《选举一》，王文锦等点校，中华书局，1988，第309~310页。
⑤ 参见（宋）苏轼撰《苏轼文集》卷五《论养士》，《苏轼全集》，（清）王文诰注，于宏明点校，时代文艺出版社，2001，第2897页。按：原书句读为："三代以上，出于学。战国至秦，出于客。"
⑥ 孟世杰：《先秦文化史》，文化学社，1929年。
⑦ 邓嗣禹：《中国考试制度史》，商务印书馆，1936年。

战国选官制度，但仍主要是一些语焉不详的资料性汇编，未对其做详细研究。

进入 20 世纪 80 年代之后，学者对战国选官制度的研究开始不断细化，其代表性论著有：黄留珠《中国古代选官制度述略》[①] 认为古代由吏入官的途径主要是各种考课，并做了详细的考证；刘梅生《中国古代文官制度史略》[②] 将战国及秦的选官方式归纳为保举、军功、通法入仕、葆子、考试等；谢青、汤德用《中国考试制度史》[③] 归纳出的战国时期的选官方法有招贤察能、举荐考核、奖励军功、养士等，并对养士制度进行了重点分析；楼劲、刘光华合著《中国古代文官制度》（修订本）在分析了战国各种选官制度之后，认为当时最为基本和普遍的仍是那种从原始部落中发展过来的由下向上的荐举人才的古老方式。[④]

此外，有的学者在论述战国选官制度的基础上，取得了一些新的认识。如陈茂同《中国历代选官制度》，不仅分析了战国的种种选官制度，还注意到了干涉古代选官的各种关系；[⑤] 宁欣《选举志》认为官吏的来源与官吏的层次有关，不同层次官员有不同的选取方式；[⑥] 任立达、薛希洪《中国古代官吏考选制度史》[⑦] 改变了以往按时代划分研究选官制度的方法，他以选官制度本身为分类，如军功制度、客卿制度、上书拜官、荐举制度、任子制度等来进行研究。其他如黄留珠《秦客卿制度简论》[⑧]、孟繁

---

① 黄留珠：《中国古代选官制度述略》，陕西人民出版社，1989。
② 刘梅生主编《中国古代文官制度史略》，河南大学出版社，1991。
③ 谢青、汤德用等：《中国考试制度史》，黄山书社，1995。
④ 楼劲、刘光华：《中国古代文官制度》（修订本），中华书局，2009，第 27 页。
⑤ 陈茂同认为"这个'关系'给整个官僚机构增添了异样的色彩，成为干扰官吏选拔的一种特殊冲击波，使正常的选官制度遭到严重破坏，各种'关系官'充斥朝野"。参见陈茂同《中国历代选官制度》，华东师范大学出版社，1994，第 674 页。
⑥ 宁欣认为："官吏不分，是由中国古代官僚体制发展的初期阶段的特点所决定的，随着封建社会的发展，随着封建官僚体制的完善与严密化，不仅官、吏分为二途（即等级、身份、职任、地位都有严格区分），官本身与吏本身等级、层次日趋繁复。……其上层被包括在官的范畴中，其下层被笼在民的阶层里，并未获得独立地位。自然，对他们的选拔，也未单独成系。……吏的选用，应该分为两个层次，一是担任吏职的人的选举、任用；二是对出身吏的人通过何种途径选举做官。"参见宁欣《选举志》，上海人民出版社，1998，第 268～271 页。
⑦ 任立达、薛希洪：《中国古代官吏考选制度史》，青岛出版社，2003。
⑧ 黄留珠：《秦客卿制度简论》，《史学集刊》1984 年第 3 期，第 17～22 页。

峰《论客卿》①、袁礼华《论春秋战国时期的游说拜官》② 等论文，也有一定的参考意义。

对战国选官制度来源的研究也就是对战国令书制作者来源的研究，从整体来看，他们的研究取得了不小的进步，但也有两点比较突出的问题：一是未将其与令书制作者的身份来源挂钩；二是研究侧重极不平衡，对官员的选拔制度研究，远远多于对文吏的选拔制度研究。

三 战国令书书写格式及用语的研究状况

对令书书写格式及用语的研究开始很早，东汉时期蔡邕《独断》即对汉代天子所下的策书、诏书、制书等几种令书格式进行了比较详细的说明，如策书的书写格式为"下附篆书，起年月日，称皇帝曰，以命诸侯王三公，……公以罪免，亦赐策，文体如上策而隶书"③；对令书书写用语也有简单说明，如其言"汉天子，正号曰'皇帝'，自称曰'朕'，臣民称之曰'陛下'，其言曰'制诏'，史官记事曰'上'，车马衣服器械百物曰'乘舆'，所在曰'行在所'，所居曰'禁中'"④ 等等；但其所言均为汉代令书的书写制度，尚未涉及战国令书书写格式及用语。南北朝时期，刘勰《文心雕龙》开始对部分战国令书种类的书写问题提出自己的看法，如其针对盟书的写作用语要求说"夫盟之大体，必序危机，奖忠孝，共存亡，戮心力，祈幽灵以取鉴，指九天以为正，感激以立诚，切至以敷辞，此其所同也。然非辞之难，处辞为难。后之君子，宜存殷鉴。忠信可矣，无恃神焉"⑤ 等。但由于该书的侧重点在于对不同文体遣词造句的文学性研究，且以指导实际文书的创作为目的，因此对战国令书的固有书写格式及用语论述并不多，只是大致分析了每种文体写作的原则与宗旨。此后直至民国，历代学者大体承继了刘勰的研究视角与方法，再加上材料限制，对战国令书的书写格式及用语问题也未能给予更多关注。但也有少量著述涉及

① 孟繁峰：《论客卿》，《史学集刊》1987 年第 3 期，第 28～36 页。
② 袁礼华：《论春秋战国时期的游说拜官》，《南昌大学学报》（人文社会科学版）2004 年第 1 期，第 92～97 页。
③ （汉）蔡邕撰《独断》卷上，（明）程荣校，和刻本，影印本，第 4～5 页。
④ （汉）蔡邕撰《独断》卷上，（明）程荣校，和刻本，影印本，第 1 页。
⑤ （梁）刘勰撰《文心雕龙》卷二，杨明照校注拾遗，中华书局，1959，第 65 页。

这一问题，如宾叔先生《榖梁大义述》卷一"内盟"条，即对史书记载孟氏活动的一些书写格式问题进行了简单说明。[①] 而且此时，其他文书格式的研究也开始有所发展，如柳诒徵《国史要义》提出一些新的有关史书书写格式的看法，认为所有史书都源于官礼，[②] 并对史书的书写格式进行了简单说明。[③]

新中国成立之后，对战国令书书写格式及用语的研究继续开展，并随着大量战国及秦的符书、节书、律令书、行政令书等的出土不断增多和深入，逐渐出现将格式与用语分开研究的趋势。对战国令书书写格式进行研究的论著有：王铭《文书书写规则考略》[④] 认为古文书中有一些特殊的书写格式规定，如避讳、抬头和套格等，并对这些规定进行了简单叙述，但所述过于笼统，未能单独谈论战国令书；睡虎地秦墓竹简整理小组在《睡虎地秦墓竹简》中，已经开始涉及战国及秦的行政文书及法律文书的格式问题，如"《效律》的第一支简，背面写有'效'字标题，看来应为一篇首尾完具的律文。《秦律十八种》中也有《效》，互相对照，知道《十八种》只是摘录了《效律》的中间一部分"[⑤]，即是分析了《效律》简的书写内容及格式，但论述过于简略；李学勤《初读里耶秦简》对里耶秦简中行政文书的惯用语如"敢告"和文书格式如书手签名等问题进行了简

---

① 宾叔先生云："盟，大事也。无论内盟外盟，旧史应皆书日。孔子成《春秋》，寓重内略外之义，于是有内盟日外盟不日之例。至内盟之当贬者，仍略其日；外盟之可褒者，仍不略其日。"参见柳诒徵《国史要义》，商务印书馆，2011，第219页。

② 柳诒徵先生认为："《史通·书志篇》：夫刑法礼乐，风土山川，求诸文籍，出于三礼。及班马著史，别裁书志，考其所记，多效礼经。章学诚《礼教篇》亦曰：史家书志之原，本于官礼。《史记》之《天官》、《平准》等书，犹以官职名篇，惜他篇未尽然也。两君皆以史之书志本于官礼，盖仅就著述之形式言之，而不知史家全书之根本皆系于礼。"参见柳诒徵《国史要义》，商务印书馆，2011，第11~12页。

③ 柳诒徵先生说："《周官》太史之职，赋之曰正岁年以叙事。此叙事二字，固广指行政。而史书之以日系月，以月系时，以时系年，所以纪远近别同异者，亦赅括于其内矣。古史年月，或有简略。《周书》宝典，首曰维王三祀二月丙辰朔。王在酆则年月日地四者具焉。其纪时者，若尝麦王维四年孟夏，王初祈祷于宗庙。又曰：太史乃藏之盟府，以为岁典。其后史例益进，则虽无事必书首时，编年史之渊源若此。"又云："古史限于工具，则文简。后史利用缣纸，则文丰。丰者详举事；状，不必约一辞。而史义相承，仍必谨于名分。"参见柳诒徵《国史要义》，商务印书馆，2011，第13~14、20页。

④ 王铭：《文书书写规则考略》，《档案与建设》1986年第1期，第26~27页。

⑤ 睡虎地秦墓竹简整理小组编《睡虎地秦墓竹简》，文物出版社，1990，第69页。

单分析；① 佐佐木研太《出土秦律书写形态之异同》通过对比出土的秦系法律文书书写用语的不同，分析出了不同简牍的属性与归类；② 侯旭东《中国古代人"名"的使用及其意义——尊卑、统属与责任》认为各种官文书的官吏署名至少出现在"七种场合"，并对其在各种场合中的用法做了说明。③

对战国令书书写用语进行研究的论著有：刘乐贤《里耶秦简和孔家坡汉简中的职官省称》④ 在李学勤《〈秦谳书〉与秦汉铭文中的职官省称》⑤ 的基础上对出土文献中秦汉时期机构官员常常将其职务省去不称的用语现象做了进一步的分析；胡伟《秦简第一人称代词研究》⑥ 和《秦简第二人称代词时间性和地域性研究》⑦ 认为秦简中的第一人称"我""吾"及第二人称代词"尔""女""而""若"等的使用，受到时间因素和地域因素的影响；吕红光《先秦汉魏晋南北朝文体观的生成与发展》⑧ 在第一章第四节"中国古代文体思想的孕育"中从文体言辞的文本化进程、体用一如整体思维方式的孕育、实用文体写作程式的内在规定性、诸子对说辞方法和风貌的影响等几方面对先秦文体的用语、风格及思想等进行了整体性研究。除了这些比较概括性的研究之外，还有一些具象性的研究：魏克彬《侯马与温县盟书中的"岳公"》⑨，基于其将温县盟书中某些"公"字之前的字释定为"岳"字，提出侯马盟书大多用"晋君"而温县盟书用

---

① 参见李学勤《初读里耶秦简》，《文物》2003 年第 1 期，第 73～81 页。
② 〔日〕佐佐木研太、曹峰、张毅：《出土秦律书写形态之异同》，《清华大学学报》（哲学社会科学版）2004 年第 4 期，第 48～55 页。
③ "七种场合"指：文书发起者，文书起草者，文书经手者，文书处理者，文书抄写者，文书收发者，文书传送者。参见侯旭东《中国古代人"名"的使用及其意义——尊卑、统属与责任》，《历史研究》2005 年第 5 期，第 3～21 页。
④ 刘乐贤：《里耶秦简和孔家坡汉简中的职官省称》，《文物》2007 年第 9 期，第 93～96 页。
⑤ 李学勤：《〈秦谳书〉与秦汉铭文中的职官省称》，载《中国古代法律文献研究》第 1 辑，巴蜀书社，1999，第 61～63 页。
⑥ 胡伟：《秦简第一人称代词研究》，《语文学刊》（高教版）2006 年第 5 期，第 50～53 页。
⑦ 胡伟：《秦简第二人称代词时间性和地域性研究》，《殷都学刊》2009 年第 2 期，第 121～124 页。
⑧ 吕红光：《先秦汉魏晋南北朝文体观的生成与发展》，博士学位论文，浙江大学人文学院，2010。
⑨ 〔英〕魏克彬（Crispin Williams）：《侯马与温县盟书中的"岳公"》，《文物》2010 年第 10 期，第 76～83 页。

"岳公"，可能是因为侯马盟书的盟誓地点在晋国都城新田而温县盟书在离国都较远的地方的观点；李艳红《〈侯马盟书〉〈温县盟书〉与〈左传〉盟誓语言比较研究》① 通过对比出土文献与传世文献的用语，认为春秋时期盟辞、誓辞已经形成特定的模式，有固定的套语和句式，并且盟辞和誓辞有逐渐合二为一的趋势。其他如陈伟《里耶秦简牍校释》（第一卷）②、王焕林《里耶秦简校诂》③、程鹏万《简牍帛书格式研究》④ 等论著当中也有部分相关论述。

对战国令书书写格式及用语的研究虽然不断增多与深入，但彼此之间的联系并不紧密，它们往往是孤立的、针对某一具体问题的，未能从整体上进行概括性的说明与研究。

四 战国令书载体材质及规格的研究状况

对令书载体材质及规格的研究开始很早，蔡邕《独断》即指出汉代天子所下"策书。策者，简也。《礼》曰'不满百文，不书于策'。其制长二尺，短者半之，其次一长一短两编……三公罪免，亦赐策，……以一尺木两行"⑤。但这一类研究直至民国时期，仍未受到足够重视，学者所取得的研究成果也较少，且大体因循古代故有看法。如章太炎《经学略说》对六经的尺寸进行了推测，并基本继承了传统的法律为"三尺法"又曰"二尺四寸之律"的说法；⑥ 徐传保《先秦国际法之遗迹》⑦ 对节、瑞的制作材料和制作方法进行了材料性分类。不过也有少量著作关注到一些新问题，如蒋伯潜《诸子通考》认为缣帛作为新的文书载体在春秋时期已经出现代替简牍的萌芽⑧，柳诒徵《国史要义》对简牍载体的材质及编联方法

---

① 李艳红：《〈侯马盟书〉〈温县盟书〉与〈左传〉盟誓语言比较研究》，《殷都学刊》2007年第3期，第124～129页。
② 陈伟主编《里耶秦简牍校释》（第一卷），武汉大学出版社，2012。
③ 王焕林：《里耶秦简校诂》，中国文联出版社，2007。
④ 程鹏万：《简牍帛书格式研究》，博士学位论文，吉林大学古籍研究所，2006。
⑤ （汉）蔡邕撰《独断》卷上，（明）程荣校，和刻本，影印本，第4～5页。
⑥ 《章太炎：在苏州国学讲习会的讲稿，杨佩昌整理，中国画报出版社，2010，第96页。
⑦ 徐传保：《先秦国际法之遗迹》，上海书店，1931年影印本，第161～170页。
⑧ 蒋伯潜：《诸子通考》，岳麓书社，2010，第7页。

做了简单介绍①，等等。

进入新中国以后，由于带有大量令书内容的载体实物出土，学者对战国令书载体材质与规格的研究开始迅速发展。陈梦家《东周盟誓与出土载书》②结合出土载书分析《左传》所见盟誓制度之余，对春秋战国石简的规格进行了分析和研究，认为当时通行的石简是仿制竹简所制，尺寸多为一尺或一尺二寸。林剑鸣《简牍概述》③对简牍中"两行""檄""法律简牍""册""觚"等的制作方式及载体长度都做了比较详细的介绍，但以汉代简牍材料为主，对战国材料分析不多。郑雅坤《谈我国古代的符节（牌）制度及其演变》④则对古代符节的整体形制及使用方法进行简单论述。李更旺《古书史中竹木制书写材料考析》⑤研究发现古代木质的书写材料有方、版、牍、觚、椠、檄等形制，并对不同形制材料书写的内容进行了探讨。胡平生《简牍制度新探》⑥认为不存在王国维《简牍检署考》⑦中所说的简牍自周秦至隋唐一以贯之的"分数、倍数"制度，"以策之大小为书之尊卑"才是简牍制度；认为律令简有几种不同的版本：由中央直接下发的律令简册长三尺；郡国以下的各级官府或个人转发或为了使用方便根据前者抄录的册书，长度与一般文书简册相同。李零《三种不同含义的"书"》⑧和《简帛的形制与使用》⑨认为文书和古书的书写材料实际是相同的，并对竹简、木牍、帛书的取材、修正、规格、版式和容字等问题进行了比较细致的研究。其他如张冬冬《20世纪以来出土简牍（含帛书）

---

① 柳诒徵先生说："国产多竹，编削为书，可执可记，可阁可藏。……《王制》曰：太史执简记。《国语》曰：右执鬼中。皆执简者也。与竹并用者，亦有木版，曰方。《聘礼记》曰：百名以上书于策，不及百名书于方。《中庸》曰：文武之政，布在方策。《周官》：司书掌邦中之版。木版固与竹简并用，然以其不利于编排，故用竹为多。编集竹片，则名曰册。重要之册，以丌阁藏，则名曰典。司此要籍，因亦曰典。"参见柳诒徵《国史要义》，商务印书馆，2011，第2页。

② 陈梦家：《东周盟誓与出土载书》，《考古》1966年第5期，第271~278页。

③ 林剑鸣编译《简牍概述》，陕西人民出版社，1984。

④ 郑雅坤：《谈我国古代的符节（牌）制度及其演变》，《西北大学学报》（哲学社会科学版）1985年第1期，第56~63页。

⑤ 李更旺：《古书史中竹木制书写材料考析》，《文献》1986年第1期，第242~247页。

⑥ 胡平生：《简牍制度新探》，《文物》2000年第3期，第66~74页。

⑦ 王国维：《简牍检署考校注》，胡平生、马月华校注，上海古籍出版社，2004。

⑧ 李零：《三种不同含义的"书"》，《中国典籍与文化》2003年第1期，第4~14页。

⑨ 李零：《简帛的形制与使用》，《中国典籍与文化》2003年第3期，第4~11页。

年代学暨简牍书署制度研究》①、刘光裕《商周简册考释——兼谈商周简册的社会意义》② 等论文中的部分内容也有一定的借鉴意义。

以往学者的研究成果是我们开展进一步研究的基础，对其进行客观、正确的评价，不仅是对前辈学者辛勤耕耘的肯定与尊重，同时也能够防止重复研究现象的发生。战国令书制作相关问题的研究始于汉代，其绵长的历史催生了众多研究成果，随着时间推移，其也开始不断细化，并深入整个战国令书制作系统的方方面面，且在某些问题上取得了十分重要的成果。如对史官书写职能的研究细化了，发现多种战国令书，同时对令书竹木载体规格及形制的研究也取得不小成果，等等。

过去学者在战国令书制作相关问题的研究当中存在的问题也十分明显。首先，缺乏系统的研究理论，研究流于零散。汉至清末民国的研究问题过于局限，多处于文学研究范畴的附属研究之中，专门性的研究极少；新中国成立之后虽然有了比较专门化的研究，但研究与研究之间联系十分松散，如研究战国令书制作者的，只关注到了其书写职能，对书写职能与书写的令书种类之间的联系注意较少，未能将研究之间所存在的内在联系挖掘出来。而之所以出现这种现象，就是因为缺乏系统性研究理论的指导。这在很大程度上阻碍了战国令书研究的深入开展。

其次，受固有历史学研究视角影响过重，多以历史眼光看文书，而未能以文书视角看历史。这不仅表现在那些零散的研究之中，即使20世纪八九十年代之后，陆续出现的一批重要的、较成系统的西周、春秋令书的研究著作，如陈汉平《西周册命制度研究》③、董芬芬《春秋辞令的文体研究》④、陈彦辉《春秋辞令研究》⑤ 等，也未能完全摆脱这一问题。这些研究成果虽然不是以战国令书为研究对象，但毕竟为我们即将进行的研究提

---

① 张冬冬先生的文章对简牍的名称、形制、制作、书写、字体、修改、写手等诸多问题进行了探讨，但未对战国令书的制作问题进行专门论述。参见张冬冬《20世纪以来出土简牍（含帛书）年代学暨简牍书署制度研究》，博士学位论文，吉林大学古籍研究所，2012。
② 刘光裕先生认为殷周册命的专用简册为"一长一短，两编"，而且不论西周还是东周，册命的原件都是简书，不是金文。参见刘光裕《商周简册考释——兼谈商周简册的社会意义》，《济南大学学报》（社会科学版）2010年第5期，第1~11页。
③ 陈汉平：《西周册命制度研究》，学林出版社，1986。
④ 董芬芬：《春秋辞令的文体研究》，博士学位论文，西北师范大学文学院，2006。
⑤ 陈彦辉：《春秋辞令研究》，中华书局，2006。

供了一个视角范本。此处以陈汉平《西周册命制度研究》为例，该书在相当多的章节中对册命金文本身进行了分析，如在第一章"册命礼仪"第四节"金文所见西周册命礼仪"、第二章"册命时间地点"第一节"册命纪时"、第四章"册命诰命与西周官制"等章节阐释了册命金文的内容结构、书写时间、用词等问题。[①] 但其仍主要是将西周册命金文作为史料来看待，并希望依靠这些史料还原当时与册命相关的礼仪制度，因此其研究扩展的历史外延较大，如第四章"册命诰命与西周官制"第二节"西周官制资料与《周官》研究概述"、第三节"西周册命金文与《周官》对比研究"，第五章"册命赐物及舆服制度"第二节"研究西周舆服制度之根据与方法"、第三节"册命金文所见西周舆服制度"，等等，而这些研究实际都已脱离册命文书本身，足见其研究视角仍是历史的而非文书的。这种研究视角必然会忽略掉很多令书本身包含的书写格式及用语、载体材料及规格等所能反映的历史信息。

再次，以往学者对战国令书制作相关问题的研究发展极不平衡。学者在文体种类、简牍载体形制规格方面的研究取得成果最多，但在文体流变问题方面研究成果十分稀少，且基本因袭刘勰《文心雕龙》、吴讷《文章辨体》、徐师曾《文体明辨》等书中的传统论述，创见不多，未能指出其中所存在的一些问题；载体形制规格方面的研究则局限于简牍载体，对于其他令书载体如金属、玉石、帛等的规格形制研究论著比较匮乏。

最后，这些研究论著多忽视了战国令书制作环节相关因素之间的关系问题。我们已经说过，以往学者对战国令书制作相关问题的研究多是孤立的，学者往往就令书文体种类而论述令书文体种类，就令书书写者而论述令书书写者，就令书书写格式及用语而论述令书书写格式及用语，就令书载体材质及规格而论述令书载体材质及规格，未能将这些因素有机地结

---

① 该书在第一章"册命礼仪"第四节"金文所见西周册命礼仪"中，归纳了册命金文内容的结构——时间地点、册命礼仪、册命内容、受命礼仪、作器铭识，并勾勒出册命金文之文样；第二章"册命时间地点"第一节"册命纪时"分析了西周册命文书在书写时间上的问题，如年月日纪法、纪年现象、纪月现象等等；第四章"册命诰命与西周官制"分析了册命文书的用词问题，如任命用词、职司用词、职事用词等。参见陈汉平《西周册命制度研究》，学林出版社，1986。

合起来加以研究。实际上在战国令书相关因素之间是存在种种联系的，如令书制作者的等级和身份，往往就决定其所能下达的令书种类和令书等级，而令书种类又决定了其书写格式和用语，令书等级则又在一定程度上决定了令书载体材质和规格的使用情况。对战国令书制作相关因素之间关系的忽视，不仅不能准确地反映当时的令书制作制度，同时也影响了我们对战国社会的正确认知，最低限度也会模糊研究论著当中论述的内在逻辑。

第四节　研究思路与方法

一　研究思路

本书的研究与写作首先是按认知战国令书有关实体因素的逻辑先后顺序展开的，这是本书主体的第一部分即第二、三、四、五章，依次解决令书的种类、制作人员、书写格式及用语、载体材质与规格等问题。在此基础上，本书主体的第二部分即第六章，开始由浅入深，由具象到抽象，将视角转移到更为隐秘但极其重要的战国令书制作环节相关的各实体因素内部之间及外部之间的非实体关系问题上。本书主体的第三部分即第七章，视角由微观变为宏观，由横向到纵向，开始分析战国令书制作体系各实体与"非实体"因素所呈现的种种特征以及其对当世与后代社会的历史影响。

总而言之，本书希望通过对战国令书制作环节当中诸项因素的分析与梳理，展现令书这一由人创制的历史事物在战国时期的现实状态及发展轨迹与趋势，使人们能够对战国社会各国统治者的权力在令书制作层面的运行模式有一个比较清楚的认识，为全面认知战国社会的时代特征提供一个新的视角，并希冀由此使人们加深对在权力结构中人与人、人与物、物与物之间关系的认知。

二　研究方法

张光直先生说过："学科是次要的，而中国古代史的现实则是主要的。"① 因此，在本书研究过程中我们并不会特意强调学科属性。我们认为只要有助于了解战国令书制作相关历史事实，能够反映战国令书制作机制发展的真实样貌和水平，任何学科的理论、方法及研究成果都可以拿来使用。这里结合本书的具体研究过程加以说明。另由于此处所举实例在文中都有详证，故不加细论。

（一）文献与文物对照证明

这是笔者使用史料证明自身观点的基本方法。我们知道，想要获得正确的历史研究成果，基本前提就是所使用的证明材料真实可信，因此我们在论述本书中的某些具体观点时尽可能地在文献记载与文物方面都找到证明，即将传世文献和出土文献中记载的战国令书制作相关史实文字材料与目前所见的战国令书实物所呈现的整体外在样貌（包括材质、形制等）加以对比。此处之所以不使用大家比较熟知的王国维"二重证据法"、饶宗颐"三重证据法"或易谋远"三重证据法"②、叶舒宪"四重证据法"③ 等表述，是因为这些"证据（明）法"无法准确地涵盖本书使用文献与文物证明史实的方式。限于论文主旨及篇幅，仅以"二重证据法"为例说明。此论于 1925 年王氏在讲授"古史新证"时提出，其言："吾辈生于今日，幸于纸上之材料外更得地下之新材料，由此种材料，我辈固得据以补正纸上之材料，亦得证明古书之某部分全为实录，即百家不雅训之言亦不无表示一面之事实，此二重证据法惟在今日始得为之。虽古书之未得证明者，不能加以否定，而其已得证明者，不能不加以肯定，可断言也。"④ 但其主要是针对考订商周史事而言，其所说的"地下之新材料"也只是指甲骨文、金文等新的文字材料，因此此种表述无法囊括本书使用文献证明事实

---

① 张光直：《中国青铜时代（二集）》，生活·读书·新知三联书店，1990，第 118 页；宁全红：《"三重证据法"的反思》，《法律史评论》2011 年第 00 期，第 66～80 页。

② 参见魏建震《从历史认识论看二重证据法在古史研究中的运用——为纪念王国维二重证据法提出 80 周年而作》，《河北师范大学学报》（哲学社会科学版）2006 年第 1 期，第 129～134 页。

③ 参见叶舒宪《国学考据学的证据法研究及展望——从一重证据法到四重证据法》，第二届证据理论与科学国际研讨会会议论文，北京，2009 年 7 月，第 420～433 页。

④ 王国维：《古史新证——王国维最后的讲义》，清华大学出版社，1994，第 2～3 页。

时的方式。而且这种"以新的文字材料印证原有的文字材料"① 的方法也相对片面,不仅存在使用史料时的逻辑问题②,而且忽视了文物包括有字和无字外在形态的历史价值。

从实际应用上讲,在书中使用文献与文物对照方法并得到互证的地方很多。例如,本书通过文献中大量册命活动和封君的记载,及在出土文物中发现的一块刻铸有战国秦大良造庶长发布的赏赐右庶长歜一块土地作为宗邑的册封命令《宗邑瓦书》③,两相印证,证明了册命文书在战国仍然存在。不过,有时也会碰到两种问题。一是两种材料存在矛盾。这就需要尽量设法找出两者出现差异的原因。例如,据文献记载,古代法律简长二尺四寸或三尺,但现今发现的秦法简多长一尺,两者存在巨大差异。在分析完文献表述的背景及出土秦法简的应用层次之后,可知两者并不矛盾,因为在当时律法简长度存在中央与地方的应用差异,前者所说为中央使用的律法简长度,后者因是地方应用律法简长度,所以与其记载不符。二是缺少某种材料。这就需要根据所要证明问题的具体情况来做出相应论断。例如,现今为止我们未发现战国檄令书的实物,但大量战国及前后时代文献的记载可以证明战国确实有檄令书。

(二) 点线面立体分析

这是本书研究某一具体历史事物的发展演变过程时使用的基本方法。它要求在对特定研究对象做一个整体性的描述之前,至少要做三个层面的分析:点,静态分析其在目前所处时空中的具体样态;线,动态观察其在时间轴上的流变过程及方式;面,宏观考察其与周围相关历史事物的关系模式。

以本书对战国誓令书的流变过程的考察为例。首先,从"点"的层面看,我们在文献中发现其在春秋末战国初尚有极少量的存在,如勾践向其

---

① 乔治忠:《王国维"二重证据法"蕴义与影响的再审视》,《南开学报》(哲学社会科学版) 2010 年第 4 期,第 125 页。

② 参见乔治忠《王国维"二重证据法"蕴义与影响的再审视》,《南开学报》(哲学社会科学版) 2010 年第 4 期,第 131~140 页;李锐《"二重证据法"的界定及规则探析》,《历史研究》2012 年第 4 期,第 116~133 页;梁涛《二重证据法:疑古与释古之间——以近年出土文献研究为例》,《中国社会科学》2013 年第 2 期,第 151~162 页。

③ 吴镇烽编著《商周青铜器铭文暨图像集成》卷三十五,上海古籍出版社,2012,第 508 页。

父母昆弟所发布的关于发展人口的誓令"寡人闻，古之贤君，四方之民归之，若水之归下也。今寡人不能，将帅二三子夫妇以蕃"①，但在战国中后期消失不见，这是其在战国阶段的静态状况。其次，从"线"的层面看，我们开始追述其源头及流变过程，发现在战国之前历代皆有君王发布的誓令，如夏启为讨伐有扈氏发布的《甘誓》②，商汤为讨伐夏桀发布的《汤誓》③，周武王为讨伐商纣发布的《牧誓》④，等等，这些誓令在发布者身份、书写格式等方面极为相似，这是其历史演变中的动态状况。最后，从"面"的层面看，誓令书的文体功能与檄书及律令书有众多交叉。如其攻击敌方罪恶、宣扬己方正义的文体功能，据《文心雕龙·檄移》看与战国时期兴起的檄书基本一致，该书言"凡檄之大体，或述此休明，或叙彼苛虐"⑤，而其临时明确军事纪律赏罚的文体功能又与战国时期各国普遍兴起的详细规定军事赏罚制度的律令书基本类同，如秦国的"军功爵制"⑥ 等。

综合"点、线、面"三方面的状况，再结合下面所说的演绎法，可知战国誓令书应起源于夏初，且历代应用不辍，至战国中后期以后，其所依存的社会政治模式发生改变及檄书、律令书对其文体功能的吞噬等原因导致了它的消亡。

（三）归纳与演绎并重

归纳法与演绎法是本书进行研究得出某些结论的常用方法。两者有别，各有优缺，所以需要针对不同问题合理使用，不可偏废。

归纳法是英国学者培根在批判亚里士多德"三段论"后，改造传统"枚举归纳法"所得，推进了现代科学研究的发展。其使用主要有三个步骤：第一，全面地获取各种可感知的经验材料；第二，整理与排列既有材料；第三，以排斥法排除否定例证，得出肯定结论。以本书对秦虎符铭文书写格式的抽象总结为例。首先，全面收集带有铭文的秦国虎符，发现只

---

① 上海师范大学古籍整理组校点《国语》卷二〇，上海古籍出版社，1978，第635页。
② （清）阮元校刻《尚书正义》卷六，中华书局，1980年影印本，第155页。
③ （清）阮元校刻《尚书正义》卷八，中华书局，1980年影印本，第160~161页。
④ （清）阮元校刻《尚书正义》卷十一，中华书局，1980年影印本，第182页。
⑤ （梁）刘勰撰《文心雕龙》卷四，杨明照校注拾遗，中华书局，1959，第149页。
⑥ 参见蒋礼鸿撰《商君书锥指》卷五，中华书局，1986，第115~121页。

有四块，分别为杜虎符①、新郪虎符②、阳陵虎符③、栎阳虎符④。其次，按铭文的异同，将其分为两类，即前两块为一类，后两块为一类。最后，寻找差异加以抽象，得出秦虎符书写格式的两种基本范式。而我们知道，归纳法在观察分析事物时存在休谟、罗素、波普等人指出的静止、机械等形而上的局限性问题，因此其结论缺乏延展性，往往受制于材料收集的数量，⑤ 但"对于古代史研究者来说，原始史料中数字的缺乏和残缺数字的信用度有限，是很难克服的两大困境"⑥，所以这一结论不具有普遍意义，需要根据以后可能发现的新材料不断加以修正，而且无法帮助我们在缺乏材料的情况下获得一些"隐性"知识。

演绎法则可以在一定程度上摆脱归纳法的困境。因为它可以帮助我们根据已经掌握或假定了的一些一般性知识、命题，推导出另一些命题。以本书关于几篇向自然之神盟誓形成的盟书如《秦骃玉牍甲》⑦ 缺少准确发令时间信息原因的推导为例。由盟书的实用功能可知，其时间信息必然不可或缺，又通过分析知造成其缺乏时间信息的原因可能有三：发现的文本有残缺；是这类盟书的特殊书写格式，有其他制度保证；属于一种特殊情况。然后结合史实与史料对三条解释逐一分析，发现将第二种与第三种解释结合起来的结论最为合适。由此也可以发现，必然性的演绎推理与或然性的归纳推理，在于前提与结论的关系不同，前者的结论内容要少于或等

① 吴镇烽编著《商周青铜器铭文暨图像集成》卷三十四，上海古籍出版社，2012，第551页。
② 吴镇烽编著《商周青铜器铭文暨图像集成》卷三十四，上海古籍出版社，2012，第550页。
③ 吴镇烽编著《商周青铜器铭文暨图像集成》卷三十四，上海古籍出版社，2012，第548页。
④ 吴镇烽编著《商周青铜器铭文暨图像集成》卷三十四，上海古籍出版社，2012，第549页。
⑤ 参见吴家国《谈谈培根归纳法》，《北京师范大学学报》（社会科学版）1963年第3期，第11~23页；陈益升《培根与归纳法》，《东岳论丛》1982年第1期，第28、35~42页；褚平《应当如何看待归纳法》，《哲学研究》1983年第2期，第46~53页；许占君《培根的科学归纳法述评》，《内蒙古大学学报》（人文社会科学版）2000年第S1期，第56~60页；肖德武《从归纳法的兴衰看西方科学哲学的演变》，《山东师范大学学报》（人文社会科学版）2007年第3期，第28~32页；董文俊、熊志勇《评培根"科学归纳法"的理论地位》，《求索》2009年第9期，第91~93页。
⑥ 李开元：《汉帝国的建立与刘邦集团——军功受益阶层研究》，生活·读书·新知三联书店，2000，第13页。
⑦ 吴镇烽编著《商周青铜器铭文暨图像集成》卷三十五，上海古籍出版社，2012，第455页。按：另可参见该书第457页《秦骃玉牍乙》。

于前提，后者则相反，结论内容要多于或等于前提。①

  在使用以上这些研究方法时应以客观性原则、整体性原则为指导。客观性原则主要是指在分析战国令书制作的相关材料时，要秉持客观公正的态度，尽量避免主观上的倾向，以史实为依据，反映战国令书制作体系当中存在的确切状况，发现其发展的真实规律。整体性原则是指在分析战国令书制作相关问题时，不仅要照顾到与战国令书制作相关的"实体与关系"各自的整体性，还要体现战国令书制作体系发展水平集中体现的整体性。这种整体性的原则要应用于战国令书制作体系研究的各个方面，因为只有这样才能准确反映其与所处时代之间的关系。

---

① 参见何向东《逻辑学概论》，重庆出版社，1985，第 131～267 页；宋文坚主编《逻辑学》，人民出版社，1998，第 14～15 页。

第二章

战国令书种类源流考辨

战国令书是战国统治者在发布命令信息时，按照一定的体式书写或刻铸在简帛、金属、玉石等载体上的，必须强制执行的一种公文书。它是当时统治者支配民众、管理国家、控制社会的重要工具之一，也是统治者内部成员之间互相协调利益分配的有效手段之一，所以其与所在社会的形势变化息息相关。战国时期统治者因处理众多社会事务的需要，在前代基础上，构建出了一个由命书、"令"书、诏书、告书、誓书、檄书、律法书、式法书、释法书、判决书、盟书、符书和节书等组成的令书种类体系。那么它们各自经过了怎样的流变，其流变又具有哪些时代特征呢？以下分别加以论述。

第一节　命书的源流

命书，在战国时期主要用于发布册命，属于命令文书大类下的一个小类。如战国时期秦国的《宗邑瓦书》"四年，周天子使卿大夫辰来致文武之酢（胙），冬十一月辛酉，大良造庶长游出命曰：取杜才（在）酆邱到潏水，以为右庶长歜宗邑"[1]，即是大良造庶长游颁布的将酆邱到潏水的一块地封给右庶长歜作为宗邑的册命令。发令者大良造游即秦惠文王前元四年的相邦樛，[2] 受令者为右庶长歜，后者官职低于前者。战国令书的书

---

① 吴镇烽编著《商周青铜器铭文暨图像集成》卷三十五，上海古籍出版社，2012，第508页。
② 参见尚志儒《秦封宗邑瓦书的几个问题》，《文博》1986年第6期，第43~49页；刘杰《秦封宗邑瓦书铭文研究述补》，《湖南科技大学学报》（社会科学版）2013年第4期，第165~168页。

写载体以竹木、金石为主，该册命令书写在泥质"瓦"上，属于比较少见的情况。

命书是令书的原始文种，其功能众多，"或以命官，……或以封爵，……或以饬职，……或以赐赉，……或传遗诏"①，后世很多令书种类的产生都是其功能分化的结果。因此早期那些因"史官记录制度"②而出现的记载于商周甲骨之上的君王"口头命令"实际也可被称为命书。如载有商王命令的00001号甲骨，"［王］大令众人曰：耤田，其［受］年，十一月"③。又周原三十一号窖穴二号甲骨载："唯（唯）衣（殷）奚子来降，其执眔（暨）氏吏；才斿（廥）尔卜，曰：南宫郜其乍。"④徐锡台先生释其意为"唯（唯）衣（殷）奚子来降，率领他的一批官吏到达；周王在中庭占卜，命南宫突准备酒宴接待奚子一行人"⑤，也就是说"南宫郜其乍"实际是对周王口头命令的直接记录。虽然其产生甚早，但刘勰《文心雕龙·诏策》认为"昔轩辕唐虞，同称为命"⑥，徐师曾认为"上古王言同称为命"⑦，将其起源定在上古传说时代的观点显然难以成立，因为命书出现的基本前提是国家和文字的产生，所以将其起源定于夏代或许更为合适。

命书自出现之后，便随着时代的发展开始不断分化出新的令书文种，故其文体功能也不断缩窄，这是事物发展的必然过程。吕思勉先生说："文体古少而后世多，多由进化之理，始简单而后复杂。后世杂多之体制，皆自古代数种文体中分化而出，……然古代简单之文体，自有其不得不化为多种文体之势。"⑧从现有文献看，至少在周初，诰书、誓书等功能差别比较明显的令书种类已经从命书中分化出来，但在文体功能上与之仍有所

① （明）徐师曾撰《文体明辨序说》，罗根泽校点，人民文学出版社，1962，第111页。
② 孙瑞：《论周代令书的形成》，《档案学通讯》2008年第1期，第89~92页。
③ 胡厚宣主编《甲骨文合集释文》，王宇信、杨升南总审校，中国社会科学出版社，1999。
④ 徐锡台编著《周原甲骨文综述》，三秦出版社，1987，第111页。按：该书原文写"唯衣"，但参见原书第113页可知，其释读原文应为"唯（唯）衣（殷）"，应为书写错误所致，现更正。
⑤ 徐锡台编著《周原甲骨文综述》，三秦出版社，1987，第113页。
⑥ （梁）刘勰撰《文心雕龙》卷四，杨明照校注拾遗，中华书局，1959，第140页。
⑦ （明）徐师曾撰《文体明辨序说》，罗根泽校点，人民文学出版社，1962，第111页。
⑧ 吕思勉：《史学与史籍七种》，上海古籍出版社，2009，第243页。

交叉。以命书与诰书为例。诰书，"以之播诰四方，……是也"①，主要用于训诫与劝勉，如《康诰》载周成王训诫康叔好好治理殷商旧地民众之命令，成王曰："封，汝念哉！今民将在祗遹乃文考，绍闻衣德言。往敷求于殷先哲王，用保乂民。"② 而这种训教辞令有时在册命书中也会出现，如《卌二年逨鼎甲》载周宣王册命逨时训诫其不要辱没祖先忤逆君王命令之辞："余弗叚（遐）龏（忘）圣人孙子，余佳（唯）闲乃先且（祖）考，又（有）舜（勋）于周邦，……弗逆朕（朕）新令（命）。"③ 所以刘勰云命书"其在三代，事兼诰誓"④。

经过春秋战国的发展，从命书中分化出的令书种类不断增多，如用于发布法令的"令"书、用于军事的檄书、用于调兵邮传的符节书等，其文体功能不断收窄，基本只用于与册命相关的事情。至于刘勰云"降及七国，并称曰命"⑤，认为命书、诰书和誓书统称为"命"书；《黄石公三略》云"出君下臣，名曰命；施于竹帛，名曰令；奉而行之，名曰政"⑥，认为君主发布的命令文书可以从不同角度有不同的称呼；实际上是完全漠视了君主所发布命令文书的内在不同，将功能不同的令书种类做了命令属性上的同质表达，其观点不足取。

命书发展至秦统一时，走向消亡。学界基本认为这是秦改"命为'制'"⑦的结果，如刘勰云"秦并天下，改命曰制"⑧，徐师曾曰命书"秦并天下，改命曰制"⑨，《史记集解》、睡虎地秦墓竹简整理小组和李零先生

---

① （明）吴讷撰《文章辨体序说》，于北山校点，人民文学出版社，1962，第36页。
② （清）阮元校刻《尚书正义》卷十四，中华书局，1980年影印本，第203页。
③ 吴镇烽编著《商周青铜器铭文暨图像集成》卷五，上海古籍出版社，2012，第395页。
④ （梁）刘勰：《文心雕龙》卷四，嘉靖中古歙余氏刊本，日本东京大学东洋文化研究所藏本，影印本，第11页。按：也有的版本将此句误写作"降及七国，并称曰令"，不取。参见（梁）刘勰撰《文心雕龙》卷四，杨明照校注拾遗，中华书局，1959，第140页。
⑤ （梁）刘勰撰《文心雕龙》卷四，杨明照校注拾遗，中华书局，1959，第140页。
⑥ 《黄石公三略》卷下《下略》，载《中国兵书集成》编委会编《武经七书直解》（第10~11册），解放军出版社、辽沈书社，1990，第1070页。
⑦ （汉）司马迁：《史记》卷六，中华书局，1959，第236页。
⑧ （梁）刘勰撰《文心雕龙》卷四，杨明照校注拾遗，中华书局，1959，第140页。
⑨ （明）徐师曾撰《文体明辨序说》，罗根泽校点，人民文学出版社，1962，第111页。

等在注释与讲解某些与命书相关的条目时也采用如此观点。① 但此种看法可能不正确，其观点之错误，源于对《史记·秦始皇本纪》相关记载的错误理解，即将"命为'制'，令为'诏'"② 当中的"命""令"看成了"命书"和"令书"。如果学者对《史记》原文的理解不存在偏差，即此处的"命""令"确实分别是指命书和令书，那么《史记》原书本身或后代传抄该书时是存在错误的，原文应是"命为'诏'，令为'制'"，而非"命为'制'，令为'诏'"。这从命书、"令"书文体功能的差别上可以找到证据。

命书、"令"书两种令书在战国时期都已经出现，秦统一之后对其的改称，仅是名号上的替换，用以区别七国时的称谓，其原有文体功能必然不会出现大的更改。也就是说，更名之后的制书与命书、诏书与"令"书的文体功能应当一致或者大体相同。但实际并非如此。李零先生说"秦之所谓'制'者，可能大体相当汉代'诏书四体'的策书和制书，'诏'者，可能大体相当汉代'诏书四体'的诏书和戒敕"③，即认为秦之制书包含汉代策书和制书的类似功能，秦之诏书包含汉代诏书和戒敕的类似功能。但汉之策书和制书，据蔡邕《独断》所说"策书……以命诸侯王三公，其诸侯王三公之薨于位者，亦以策书谋谥其行而赐之……三公以罪免，亦赐策"④，"制书，帝者制度之命也"⑤，实际相当于册命文书和类似律法的制度之书。这显然与秦及之前命书的文体功能有巨大差别。因为统一之前，秦国并没有用命书来颁布法律法规的现象，用于颁布法令的实际

---

① 参见《史记集解》云："蔡邕曰：制书，帝者制度之命也，其文曰'制'。诏，诏书。诏，告也。"睡虎地秦墓竹简整理小组编《睡虎地秦墓竹简》将"命书"注释"命书，即制书，秦始皇统一后改'命为制'，见《史记·秦始皇本纪》，集解引蔡邕云：'制书，帝者制度之命也。'"李零先生曰："早期的政令文书，多称'命书'。古文字'命'、'令'不分，但秦始皇统一前，秦国的文书似已区别二者，大者称'命'，小者称'令'，各有所职。否则，秦始皇统一后，也就不会有改'命曰制，令曰诏'之举（《史记·秦始皇本纪》）。"参见（汉）司马迁《史记》卷六，中华书局，1959，第237页；睡虎地秦墓竹简整理小组编《睡虎地秦墓竹简》，文物出版社，1990，第61页；李零《简帛古书与学术源流》，生活·读书·新知三联书店，2004，第68页。
② （汉）司马迁：《史记》卷六，中华书局，1959，第236页。
③ 李零：《简帛古书与学术源流》，生活·读书·新知三联书店，2004，第68页。
④ （汉）蔡邕撰：《独断》卷上，（明）程荣校，和刻本，影印本，第4页。
⑤ （汉）蔡邕撰：《独断》卷上，（明）程荣校，和刻本，影印本，第5页。

是"令"书而非命书，如《变法令》①、《垦令》②、《胡服令》③、《逐客令》④ 等。而且战国时期册命现象已经相对较少，命书的册命功能已经减弱，如果真是按主体功能来进行简单更名，将其更名为"制"显然不太合理。

而且就文体格式及用语来讲，秦及其以前的命书实际与汉之诏书和戒敕更为接近。汉之诏书、戒敕，据蔡邕《独断》"诏书者，诏诰也，有三品：其文曰告其官，官如故事，是为诏书；群臣有所奏请，尚书令奏之下有制曰，天子答曰可，若下某官云云，亦曰诏书；群臣有所奏请，无尚书令奏制之字，则答曰已奏，如书本官下所当至，亦曰诏"⑤；"戒书，戒敕。刺史、太守及三边营官被敕，文曰有诏敕某官，是为戒敕也。世皆名此为策书，失之远矣"⑥。朱自清先生说："《尚书》包括虞、夏、商、周四代；大部分号令，……君告臣的话多称为命。"⑦ 命书的口语化比较重，这正与诸书所载汉代皇帝所下诏书相似，如《汉书·高帝本纪》"诏曰：吴，古之建国也，日者荆王兼有其地，今死亡后。朕欲复立吴王，其议可者"⑧，《汉书·高后纪》"元年春正月，诏曰：'前日孝惠皇帝言欲除三族罪、妖言令，议未决而崩，今除之。'"⑨《汉书·文帝纪》"诏曰：'前日诏遣列侯之国，辞未行。丞相朕之所重，其为（遂）〔朕〕率列侯之国。'"⑩，这些都是由史官记录的君王口头命令转化，其间或有所润色、修改，但仍难掩其出自口头表达的事实。当然也有经过起草的诏书，口语化程度很低，

① 《史记》载："以卫鞅为左庶长，卒定变法之令。"又《公牍学史》云："商君变法令，盖史公删节之以入本传，故上下文语气与文告不类。然其大要必是商君原文，故严铁桥辑三代文殿于周末。"参见（汉）司马迁《史记》卷六八，中华书局，1959，第 2229 页；许同莘《公牍学史》，档案出版社，1989，第 22 页。
② 参见蒋礼鸿撰《商君书锥指》卷一，中华书局，1986，第 6～19 页。
③ 《赵世家》云："于是始出胡服令也。"参见（汉）司马迁《史记》卷四三，中华书局，1959，第 1809 页。
④ 《秦始皇本纪》载："大索，逐客。李斯上书说，乃止逐客令。"参见（汉）司马迁《史记》卷六，中华书局，1959，第 230 页。
⑤ （汉）蔡邕撰《独断》卷上，（明）程荣校，和刻本，影印本，第 5 页。
⑥ （汉）蔡邕撰《独断》卷上，（明）程荣校，和刻本，影印本，第 5 页。
⑦ 《朱自清：国学经典入门》，杨佩昌整理，中国画报出版社，2010，第 14 页。
⑧ （汉）班固：《汉书》卷一下，中华书局，1962，第 76 页。
⑨ （汉）班固：《汉书》卷三，中华书局，1962，第 96 页。
⑩ （汉）班固：《汉书》卷四，中华书局，1962，第 119 页。

但命书也有很书面的表达方式。不过再怎么书面表达的命书，与接近条文化表达方式的制书还是有很大区别的。因此，如果刘、徐二人没有理解错误的话，那么《史记》原书或后代抄录该书的人员在书写"命为'制'，令为'诏'"之时必然存在某种记述性错误，否则难以解释得通。

当然，还存在另一种可能，即《史记》原书或后代抄录该书时并不存在记述性错误，问题实际出在刘、徐二人对"命为'制'，令为'诏'"这句话的理解上，即此处所说的"命""令"不是特指某种令书文体，而是就命令之大小而言。徐师曾《文体明辨序说》曾引"朱子云：'命犹令也。'字书：'大曰命，小曰令。'此命、令之别也"①。因为只有以命令大小为区分标准才能将君王所下达的命令种类全部概括。如果不是如此，那么在君王所下达的命书、令书之外的其他令书文种，如战国之前秦国已经基本专用于君王下达命令的诏书，就没有名称上的变革吗？为何单单要改革命书、令书这两个令书种类？这从情理上说不通。当然此处所说命令之大小仅是表示"命""令"之间存在某些方面的差别，而非仅指所处理事物的重要程度。如《始皇诏方升》所载秦始皇廿六年发布的统一天下度量衡的命令，"灋（法）度量劓（则）不壹，歉疑者皆明壹之"②，其事不可谓不大，但称诏书而非制书。

第二节　"令"书的源流

"令"书与本书标题"战国令书制作研究"中的令书不同，令书是命令文书的简称，而"令"书是命令文书大类下的一个小门类，在战国主要用于下达法令，③ 为区别二者故为该"令"字加上引号。如《史记·范雎

---

① （明）徐师曾撰《文体明辨序说》，罗根泽校点，人民文学出版社，1962，第 111 页。
② 吴镇烽编著《商周青铜器铭文暨图像集成》卷三十四，上海古籍出版社，2012，第 276 页。按：另可参见第 277 页的《始皇诏方升》，与原文差一"疑"，对比其他刻有诏书的器物，如第 282 页的《始皇诏椭量》、第 290 页的《始皇诏量》等可知，当为漏刻。
③ 按：应劭《风俗通义》云"时主所制曰令"，"'律'是过去定下来的比较固定的法律规定，'令'则是因应时变，吸收当时政令，对'律'做出的补充规定。它们的关系有点类似经书和传注的关系"。参见（汉）应劭撰《风俗通义校注》卷末《佚文》，王利器校注，中华书局，1981，第 584 页；李零《简帛古书与学术源流》，生活·读书·新知三联书店，2004，第 68 页。

蔡泽列传》载:"秦昭王恐伤应侯之意,乃下令国中:'有敢言郑安平事者,以其罪罪之'."① "有敢言郑安平事者,以其罪罪之" 即是禁止国中群臣百姓议论郑安平君,违反者论罪的 "令" 书原文。这个命令显然是由史官记录在某个载体之上而后流传下来的。《战国策·齐策四》:"令曰:'有敢去柳下季垄五十步而樵采者,死不赦.'"② 《吕氏春秋·先识览》:"王之令曰:'杀人者死,伤人者刑.'"③ 这些都属于这类 "令" 书。

需要说明的是,目前所见的很多 "令" 书,并不具备律法的某些属性。如《吕氏春秋·季秋纪》云:"先君有遗令曰:'无攻越。越,猛虎也.'"④ 此处先王不让攻打越国,只是一种政治劝诫,而非国家既定法令。《战国策·秦策二》云:"秦宣太后爱魏丑夫。太后病将死,出令曰:'为我葬,必以魏子为殉.'"⑤ 这里秦宣太后要下令让魏丑夫殉葬,实际不是带有司法属性的行政命令,因为它不具备成为律法的最基本条件,即不是一定时期内稳定的制度规范。《战国策·齐策四》引 "令曰:'有能得齐王头者,封万户侯,赐金千镒'"⑥,此条秦将悬赏取得齐王性命之人的命令,也很难说具有法律属性,因为虽然它可能长期有效,但一旦达成其所设条件就失去了效力。这种不具备法律属性的 "令" 书的存在,充分说明古代行政与司法没有完全分离,司法从属于行政的社会现实。⑦

从令书种类的起源来看,由于 "命" "令" 二字最初本为一字,所以命书或令书当初本指一物。然而,随着时代的发展,作为原始种类的命书或令书不断发生分化,到春秋战国时期才出现此处所指与上文主要用于发布册命令的命书不同的 "令" 书,可参见上文对命书起源的探讨。不过,徐师曾《文体明辨序说》引刘良之语认为 "令,即命也。七国之时并称曰令;秦法,皇后太子称令"⑧,这个说法显然过于含混。命书或 "令" 书发展到周代已经分化出多种新的令书种类,只是受当时人们认识水平所限,

① (汉)司马迁:《史记》卷七九,中华书局,1959,第2417页。
② (汉)刘向集录《战国策》卷十一,上海古籍出版社,1985,第408页。
③ 许维遹撰《吕氏春秋集释》卷十六《先识览》,梁运华整理,中华书局,2009,第429页。
④ 许维遹撰《吕氏春秋集释》卷九《季秋纪》,梁运华整理,中华书局,2009,第204页。
⑤ (汉)刘向集录《战国策》卷四,上海古籍出版社,1985,第167页。
⑥ (汉)刘向集录《战国策》卷十一,上海古籍出版社,1985,第408页。
⑦ 熊先觉:《中国司法文书学》,中国法制出版社,2006,第13页。
⑧ (明)徐师曾撰《文体明辨序说》,罗根泽校点,人民文学出版社,1962,第120页。

对其称呼尚比较含混且具有具象化特征，常因运用场合不同，就给其定义不同的名字，如《周礼·秋官司寇·士师》① 云："以五戒先后刑罚，毋使罪丽于民。一曰誓，用之于军旅；二曰诰，用之于会同；三曰禁，用诸田役；四曰纠，用诸国中；五曰宪，用诸都鄙。"② 其中除诰、誓是按其效力称为"戒"之外，其他诸名当如孙诒让所说，"纠、宪皆戒令之文，以其可表悬则谓之宪，以其主纠察则谓之纠，皆以所用异名"③。进入春秋战国时期，特别是战国以后，随着各国变法运动的高涨，"令"书的数量明显增多，如传世文献中记载的《变法令》④、《垦令》⑤、⑥、《逐客令》⑦，出土文献里耶秦简中记载的 J1（8）154 简《徒隶令》⑧、J1（16）5 简和 J1（16）6 简《传送委输令》⑨、J1（16）9 简《徙户令》⑩ 等。此外，由于"令"书与律法书的功能、地位相似，所以有时人们对它们不特意加以区分，如《魏户律》⑪《魏奔命律》⑫《田律木牍》⑬ 实际是"令"，却被称为"律"。⑭

---

① 对于《周礼》的成书年代争论颇多，但学者对其能够反映部分春秋战国乃至西周时期的制度现实的看法基本一致。参见彭林《〈周礼〉成书于汉初说》，《史学史研究》1989 年第 3 期，第 13 ~ 18 页；杨天宇《略述〈周礼〉的成书时代与真伪》，《郑州大学学报》（社会科学版）2000 年第 4 期，第 71 ~ 77 页；张国安《〈周礼〉成书年代研究方法论及其推论》，《浙江社会科学》2003 年第 2 期，第 146 ~ 151 页；沈长云、李晶《春秋官制与〈周礼〉比较研究——〈周礼〉成书年代再探讨》，《历史研究》2004 年第 6 期，第 3 ~ 26 页。

② （清）阮元校刻《周礼注疏》卷三五，中华书局，1980 年影印本，第 874 页。

③ （清）孙诒让撰《周礼正义》卷六七，王文锦、陈玉霞点校，中华书局，1987，第 2785 页。

④ 参见（汉）司马迁《史记》卷六八，中华书局，1959，第 2229 页。

⑤ 参见蒋礼鸿撰《商君书锥指》卷一，中华书局，1986，第 6 ~ 19 页。

⑥ 参见（汉）司马迁《史记》卷四三，中华书局，1959，第 1809 页。

⑦ 参见（汉）司马迁《史记》卷六，中华书局，1959，第 230 页。

⑧ 参见王焕林《里耶秦简校诂》，中国文联出版社，2007，第 45 页。

⑨ 参见王焕林《里耶秦简校诂》，中国文联出版社，2007，第 104、112 页。

⑩ 参见王焕林《里耶秦简校诂》，中国文联出版社，2007，第 116 页。

⑪ 睡虎地秦墓竹简整理小组编《睡虎地秦墓竹简》，文物出版社，1990，第 174 页。

⑫ 睡虎地秦墓竹简整理小组编《睡虎地秦墓竹简》，文物出版社，1990，第 175 页。

⑬ 吴镇烽编著《商周青铜器铭文暨图像集成》卷三十五，上海古籍出版社，2012，第 502 页。

⑭ 将《魏户律》《魏奔命律》称为"律"而不称为"令"，可能不仅仅是习惯问题，其间当还有这两者已经完成由"令"转化为"律"的过程的原因。

第三节 诏书的源流

诏书，是指由战国时期君主或地方官府下达的一种令书。① 如《始皇诏方升》载"廿六年，皇帝尽并兼天下诸侯，黔首大安，立号为皇帝，乃诏丞相状、绾，灋（法）度量剘（则）不壹，歉疑者皆明壹之"② 即是秦始皇命令丞相状、绾统一全国度量衡的诏令文书。此诏令被铸刻在金属方升之上留存下来。其他金属载体上如始皇诏椭量③、始皇诏权④、始皇诏铁权⑤等也铸刻有始皇颁布的诏令文书。

诏书作为一种令书使用，虽然出现较晚，但在秦始皇改"命为'制'，令为'诏'"⑥之前应已出现，所以《史记正义》"制诏三代无文，秦始有之"⑦的看法并不正确。而"秦前无'诏'字"⑧的论断显然也很难成立，因为在成书于战国时期的《左传》之中已有"诏"字，即"爕之诏也"⑨。不过，最初"诏"字或仅作"告也"⑩之意，其在使用上尚无身份上的绝对限制，例如大宰可以"以八柄诏王驭群臣"⑪，司民可以"以万民之数诏司寇"⑫，小臣师可以"诏揖诸公卿大夫，诸公卿大夫西面北上"⑬，苏秦可

① "诏"与"告"体的主要区别在书写格式上是否有明确的"时间格"信息，可参见书写格式一节内容。
② 吴镇烽编著《商周青铜器铭文暨图像集成》卷三十四，上海古籍出版社，2012，第276页。
③ 吴镇烽编著《商周青铜器铭文暨图像集成》卷三十四，上海古籍出版社，2012，第282页。
④ 吴镇烽编著《商周青铜器铭文暨图像集成》卷三十四，上海古籍出版社，2012，第329页。
⑤ 吴镇烽编著《商周青铜器铭文暨图像集成》卷三十四，上海古籍出版社，2012，第382页。
⑥ （汉）司马迁：《史记》卷六，中华书局，1959，第236页。
⑦ （汉）司马迁：《史记》卷六，中华书局，1959，第237页。
⑧ 段玉裁释"诰"字时曰："《文选》注卅五引《独断》曰：'诏犹告也。'三代无其文，秦汉有也。据此可证秦已前无'诏'字，至《仓颉篇》乃有幼子承诏之语，故许书不录'诏'字。铉补之，非也。"参见（汉）许慎撰，（清）段玉裁注《说文解字注》，上海古籍出版社，1981，第186页。
⑨ （清）阮元校刻《春秋左传正义》卷二五，中华书局，1980年影印本，第1897页。
⑩ （汉）许慎：《说文解字》卷三，中华书局，1963年影印本，第52页。
⑪ （清）阮元校刻《周礼注疏》卷二，中华书局，1980年影印本，第646页。
⑫ （清）阮元校刻《周礼注疏》卷三五，中华书局，1980年影印本，第878页。
⑬ （清）阮元校刻《仪礼注疏》卷十六，中华书局，1980年影印本，第1029～1030页。

以"以赵王之教诏之（齐王）"①，等等，但逐渐有了偏向，即多用于以上告下，如《管子》小匡"君诏使者"②，《韩非子》初见秦章"诏令天下"③，《战国策·魏策四》魏攻管而不下章"受诏襄王"④，《战国策·秦策一》张仪说秦王章"诏令天下"⑤，等等。

相对于尚处于上下等级混用"诏"书阶段的其他国家，战国末期秦国已经将诏书的功能基本划分清楚，使其成为秦君发布某些命令的专称。如"秦法，群臣侍殿上者，不得持尺兵。诸郎中执兵，皆陈殿下，非有诏不得上"⑥，又有"秦大怒燕，益发兵诣赵，诏王翦军以伐燕"⑦ 等中之"诏"，都是对秦君命令的专称。到秦统一之后将诏书的应用范围推广至全国，并以法定形式规定其成为皇帝专用令书文体之一。

需要补充的是，诏书是在为弥补春秋中后期诰书文体功能缺失的过程中逐渐成为令书种类的。徐师曾曰"古者上下有诰"⑧，但诏书作为令书使用时是西周初期，此时已经形成向四方臣民下达王命的专有文体，即吴讷引《周官》太祝云"'诰'则以之播诰四方，若《大诰》、《洛诰》是也"⑨。它的使用要以王权为依托。进入春秋时期之后，由于王室衰落，诸侯霸主兴起，天子已无力控制诸侯，故不再具有发布诰书的实力，因此目前文献中所见之诰书多制作于春秋之前，如《尚书》中的《大诰》⑩《康

---

① 《战国策》载（齐王曰）"今主君以赵王之教诏之"。参见（汉）刘向集录《战国策》卷八《齐一》，上海古籍出版社，1985，第 342 页。

② 颜昌峣：《管子校释》卷八，岳麓书社，1996，第 183 页。

③ 《韩非子》载："臣敢言之，往者齐南破荆，东破宋，西服秦，北破燕，中使韩、魏，土地广而兵强，战克攻取，诏令天下。"参见（清）王先慎撰《韩非子集解》卷一，锺哲点校，中华书局，1998，第 4 页。

④ 《战国策》载："安陵君曰：'吾先君成侯，受诏襄王以守此地也，手受大府之宪。'"参见（汉）刘向集录《战国策》卷二五，上海古籍出版社，1985，第 915 页。

⑤ 《战国策》载："昔者齐南破荆，中破宋，西服秦，北破燕，中使韩、魏之君，地广而兵强，战胜攻取，诏令天下。"参见（汉）刘向集录《战国策》卷三，上海古籍出版社，1985，第 99 页。按：此段论述与《韩非子·初见秦》相关表述几乎一模一样，可见二者在史料来源上是一致的，抑或有先后承袭关系。

⑥ （汉）刘向集录《战国策》卷三一，上海古籍出版社，1985，第 1139 页。

⑦ （汉）刘向集录《战国策》卷三一，上海古籍出版社，1985，第 1142 页。

⑧ （明）徐师曾撰《文体明辨序说》，罗根泽校点，人民文学出版社，1962，第 115 页。

⑨ （明）吴讷撰《文章辨体序说》，于北山校点，人民文学出版社，1962，第 36 页。

⑩ （清）阮元校刻《尚书正义》卷十三，中华书局，1980 年影印本，第 197～200 页。

诰》①《酒诰》②,《孟子·万章》所引《康诰》③,《左传》所引《康诰》④
《唐诰》⑤ 等。而诸侯霸主虽然拥有实权及向四方播告己命的现实需要,但
受到传统观念的影响,尚不敢僭越王名而用诰书,因此他们必然需要寻找
新的令书文体作为替代,诏书因此而逐渐发展起来。这一过程在春秋中后
期即已开始,而非秦统一之后改"命为'制',令为'诏'"⑥ 时才出现,
上文所说的诰书基本只制作于春秋之前的史实即可证明。所以吴讷认为在
三代时期诰书、誓书、命书同属王言,都是由君主发布,至秦而被诏书取
代,即"按三代王言,见于《书》者有三:曰诰、曰誓、曰命。至秦改之
曰诏,历代因之"⑦,徐师曾认为命书被制书取代,诰书、誓书被诏书取
代,即"按刘勰云:古者王言,若轩辕、唐、虞同称为命。至三代始兼诰
誓而称之,今见于《书》者是也。秦并天下,改命曰制,令曰诏,于是诏
兴焉"⑧ 等看法,并不确切。另外,诰书的消失,并不仅仅是诏书的作用,
其间也有告书的影响,而且这种文种替代是一个缓慢的过程,诏书、告书
通过不断侵蚀诰书的原有文体功能才最终导致了该文种的消失。

第四节　告书的源流

告书,是战国时期君主或地方官府使用的一种文书,其中上级对属下

---

① (清)阮元校刻《尚书正义》卷十四,中华书局,1980 年影印本,第 202~205 页。

② (清)阮元校刻《尚书正义》卷十四,中华书局,1980 年影印本,第 205~208 页。

③ 《孟子》载:"《康诰》曰:杀越人于货,闵不畏死,凡民罔不譈,是不待教而诛者也。"参见 (清)阮元校刻《孟子注疏》卷十下,中华书局,1980 年影印本,第 2743 页。

④ 《左传》载:"《康诰》曰:父不慈,子不祗,兄不友,弟不共,不相及也","《康诰》曰:父子兄弟,罪不相及"。参见 (清)阮元校刻《春秋左传正义》卷十七、四九,中华书局,1980 年影印本,第 1833、2092 页。

⑤ 《左传》载:"聃季授土,陶叔授民,命以《康诰》,而封于殷虚。……分唐叔……命以《唐诰》,而封于夏虚。"参见 (清)阮元校刻《春秋左传正义》卷五四,中华书局,1980 年影印本,第 2135 页。

⑥ (汉)司马迁:《史记》卷六,中华书局,1959,第 236 页。

⑦ (明)吴讷撰《文章辨体序说》,于北山校点,人民文学出版社,1962,第 35 页。

⑧ (明)徐师曾撰《文体明辨序说》,罗根泽校点,人民文学出版社,1962,第 112 页。按:徐师曾所引刘勰《文心雕龙·诏策》之语,与原文不同,而且现今所见《尚书》未有以"诏"命名的篇目,故徐师曾原书作"事兼诏誓"应为引述或抄写错误,此处更正为"事兼诰誓"。

发布并带有公务命令指派性质的文书属于令书。如《睡虎地秦墓竹简·语书》① 所载"廿年四月丙戌朔丁亥，南郡守腾谓县、道啬夫：……今法律令已布，闻吏民犯法为闾私者不止，私好、乡俗之心不变，自从令、丞以下智（知）而弗举论，是即明避主之明法殹（也），而养匿邪避（僻）之民。……今且令人案行之，举劾不从令者，致以律，论及令、丞。有（又）且课县官，独多犯令而令、丞弗得者，以令、丞闻。以次传；别书江陵布，以邮行"②，即是秦国南郡太守腾下达的命令，令其下属官县、道啬夫认真执行法令不得犯令的告书，其中还有对不服从命令论处的内容，如"今且令人案行之，举劾不从令者，致以律，论及令、丞"。有的告书则非令书，如迁陵县守丞色对酉阳县丞主转发的御史"络帬（裙）直（值）书"的回复告书"卅二年四月丙午朔甲寅，迁陵守丞色敢告酉阳丞主：令史下络帬（裙）直（值）书已到，敢告主"③ ［J1（8）158 简］，因为是县丞对县丞属平级发文且文书内容不含命令性，所以不属于令书类。

"告"字出现极早，《尚书·甘誓》中即有"予誓告汝"④ 之语。作为文书种类其使用方式不同于诰书，但也非段玉裁引《广韵》曰"告上曰告，发下曰诰"⑤ 那么简单。从其作为动词的使用对象即可知其文体功能应十分广泛，因为它既可以用于以下对上如《左传·桓公十八年》"鲁人告于齐"⑥、《左传·定公四年》"使下臣告急"⑦，以上对下如《左传·僖公八年》"王人来告丧"⑧、《定公八年》"公以告大夫"⑨，也可以用于平

---

① 闵庚尧先生曾说："秦统一前，地方上曾有'语书'，亦属下行文书。"按：这种将《语书》作为一个令书种类的观点是值得商榷的。因为从书写格式来看，它与里耶秦简 J1（8）134 简并无明显分别，只是多了一个附件。况且在文献中也未见有称某种令书文体为"语书"的记载，其当与里耶秦简中的 J1（8）152 简的"御史书"、J1（8）158 简中的"帬（裙）直（值）书"等一样，实际只是按制作者身份、用途命名的"告"书。参见王焕林《里耶秦简校诂》，中国文联出版社，2007，第 35～36、42～43、55 页；闵庚尧编著《中国古代公文史》，档案出版社，1988，第 45 页。
② 睡虎地秦墓竹简整理小组编《睡虎地秦墓竹简》，中华书局，1990，第 13 页。
③ 王焕林：《里耶秦简校诂》，中国文联出版社，2007，第 55 页。
④ （清）阮元校刻《尚书正义》卷七，中华书局，1980 年影印本，第 155 页。
⑤ （汉）许慎撰，（清）段玉裁注《说文解字注》卷二，上海古籍出版社，1981，第 113 页。
⑥ （清）阮元校刻《春秋左传正义》卷七，中华书局，1980 年影印本，第 1759 页。
⑦ （清）阮元校刻《春秋左传正义》卷五四，中华书局，1980 年影印本，第 2137 页。
⑧ （清）阮元校刻《春秋左传正义》卷十三，中华书局，1980 年影印本，第 1799 页。
⑨ （清）阮元校刻《春秋左传正义》卷五五，中华书局，1980 年影印本，第 2142 页。

行关系之间，如《左传·哀公元年》"吴不告庆、越不告败也"①、《战国策·楚策四》"秦王闻之惧，令辛戎告楚"② 等。但至今为止并未发现战国之前的告书实物，这些传世文献中所说之"此告彼"的活动，会不会都是以人传言，并不附带文书呢？应该不会。实际上通过文献记载中的蛛丝马迹可知以文书形式向他人发布"告"的做法至少在春秋时期已经十分普遍。以春秋时期列国间的文告为例，《左传·成公十三年》中有晋国向秦国发布的一篇带有檄书性质且被后人称为"吕相绝秦"③ 的文告④，杨伯峻先生说："吕相，魏锜之子魏相。魏锜亦称吕锜，故魏相亦称吕相。下文乃绝秦书，或由吕相执笔，或由吕相传递。……杜注云：'盖口宣己命'恐不确。"⑤《襄公二十四年》载"子产寓书于子西，以告宣子"⑥，《昭公六年》载"叔向使诒子产书"⑦ 等皆指告书。所以，在春秋时期必然已有以上对下带有命令性内容的告书存在。这符合事物发展的一般规律，否则无法解释为什么到战国时期告令大规模出现。

另外，与诏书的命名方式不同，将其称为"告书"是就其令书文体的整体体式而言，而非因这类文书多使用命令词汇"告"字。因为在不同情况下，告书使用的命令词是有所变化的，如拒绝下属的某些要求或训斥下属时用"却"字，里耶秦简 J1（8）134 简曰："▨月庚辰，迁陵守丞敦狐郄（却）之司空：自以二月叚（假）狼船，何故圂圈（早）辟、圈，今而▨曰，谒问复狱卒史衰、义，［衰］、［义］事已，不智（知）所居，其听书从事。/庆手。即令▨▨行司空。"⑧ 大意是说迁陵守丞训斥司空说：从二月就借了狼的船，为什么不早点审理决断，方才询问复狱卒史衰、义，他们在事情结束之后已经离开，不知道在哪，你等着我的命令吧。而且从告令书中命令词的使用频率来看，战国时期仍可以用以下告上的"谓"

---

① （清）阮元校刻《春秋左传正义》卷五七，中华书局，1980 年影印本，第 2155 页。
② （汉）刘向集录《战国策》卷十七，中华书局，1985，第 564 页。
③ （清）阮元校刻《春秋左传正义》卷二七，中华书局，1980 年影印本，第 1911~1912 页。
④ 《吕相绝秦》一文虽然是檄书的源头，但由于其时尚未有檄书之专名，所以其在当时仍应属于"告"书的范畴。
⑤ 杨伯峻编著《春秋左传注》，中华书局，1990，第 861 页。
⑥ （清）阮元校刻《春秋左传正义》卷三五，中华书局，1980 年影印本，第 1979 页。
⑦ （清）阮元校刻《春秋左传正义》卷四三，中华书局，1980 年影印本，第 2043 页。
⑧ 王焕林：《里耶秦简校诂》，中国文联出版社，2007，第 36 页。

字，如《战国纵横家书·苏秦谓齐王章》中苏秦向齐王写的文书"抬头"即称"谓齐王"① 等，其使用频率要远大于"告"字，② 如睡虎地秦墓竹简所载南郡太守腾为训教其属官应认真执行法令而发布的《语书》所用命令词即为"谓"字，"廿年四月丙戌朔丁亥，南郡守腾谓县、道啬夫"③。

同战国末期秦国君主发布命令用诏书，地方官员发布命令用告书的情况有别，其他诸国对诏书、告书用法的区分并不清楚。在魏国，国君发布法令也用告书，如睡虎地秦墓竹简中所载的魏王向其相邦、将军所下的关于户口政策的④《魏户律》"廿五年闰再十二月丙午朔辛亥，○告相邦"⑤、《魏奔命律》"廿五年闰再十二月丙午朔辛亥，○告将军"⑥。而齐、燕等国的国君则兼用"诏""告"之辞称其所发布文书，未加区分。齐国国君用"诏"字称其所发布文书，如《战国纵横家书·苏秦使盛庆献书于燕王章》曰："今［齐］王使宋窍诏臣曰：'鱼（吾）□与子□有谋也。'"⑦ 用"告""谓"等字称其所发布文书，如"（今齐王使宋窍谓臣曰）奉阳君使周纳告寡人曰：'燕王请毋任苏秦以事，'信□□奉阳君使周纳言之，曰：'欲谋齐，'寡人弗信也，周纳言：'燕勺（赵）循善矣，皆不任子以事。奉阳［君］□□丹若得也，曰：笱〈苟〉毋任子，讲，请以齐为上交。天下有

---

① 马王堆汉墓帛书整理小组编《战国纵横家书》，文物出版社，1976，第33页。
② 里耶秦简J1（9）1简即载："卅五年四月己未朔乙丑、洞庭叚（假）尉觿谓迁陵丞：阳陵卒署迁陵，其以律令从事，报之。当腾，（腾）。/嘉手。以'洞庭司马'印行事。"其他诸如J1（9）2简、J1（9）3简、J1（9）4简、J1（9）5简、J1（9）6简、J1（9）7简、J1（9）8简、J1（9）9简、J1（9）10简、J1（9）11简、J1（9）12简、J1（9）84简、J1（16）5简、J1（16）6简等，也是如此。参见王焕林《里耶秦简校诂》，中国文联出版社，2007，第58、66、70、73、75、77、80、82、85、87、90、92、99、104、112页。
③ 睡虎地秦墓竹简整理小组编《睡虎地秦墓竹简》，文物出版社，1990，第13页。
④ 晁福林先生即认为："这两条魏国的律令之所以出现在秦国律令中，是由于秦律的制定者以之作为参考的缘故。史载，商鞅曾经将魏国李悝的《法经》带到秦国，这两条魏律出于秦律之中，可以说是这个记载的一个旁证。"参见晁福林《春秋战国的社会变迁》，商务印书馆，2011，第792页。
⑤ 睡虎地秦墓竹简整理小组编《睡虎地秦墓竹简》，文物出版社，1990，第174页。按：第175页注曰"'告'字上应为'王'字，可能是由于抄写者有所避忌而去掉，下条同"。其中"下条"指《魏奔命律》。
⑥ 睡虎地秦墓竹简整理小组编《睡虎地秦墓竹简》，文物出版社，1990，第175页。
⑦ 马王堆汉墓帛书整理小组编《战国纵横家书》，文物出版社，1976，第5页。

谋齐者请功（攻）之'"①。燕国国君混用"诏""告"二字称其所作文书，如《战国纵横家书·苏秦自齐献书于燕王章》云"王谓臣曰：'鱼（吾）必不听众口与造言，鱼（吾）信若<ruby>婟</ruby>（犹）<ruby>愸</ruby>也。大，可以得用于齐；次，可以得信；下，苟毋死。若无不为也。以奴（孥）自信，可；与言去燕之齐，可；甚者，与谋燕，可。期于成事而已。'臣恃之诏，是故无不以口齐王而得用焉"②，即以上对下的告令前称"谓"字，而后称"诏"字，不加区别。这在一定程度上反映了战国时期各国令书文体种类体系的发展水平并不一致，秦国的令书文体种类分离显然要更彻底一些，由此也可以说明秦国的层级制度可能要比其他国家更加明确或完善。

第五节　誓书的源流

誓书，③ 主要用于战前君主在誓师时发布约束士卒纪律、明确军事赏罚的命令。如《左传·哀公二年》所载"简子誓曰：'范氏、中行氏反易天明，斩艾百姓，欲擅晋国而灭其君。寡君恃郑而保焉。今郑为不道，弃君助臣，二三子顺天明，从君命，经德义，除诟耻，在此行也。克敌者，上大夫受县，下大夫受郡，士田十万，庶人工商遂，人臣隶圉免。志父无罪，君实图之！若其有罪，绞缢以戮，桐棺三寸，不设属辟，素车朴马，无入于兆，下卿之罚也。'"④ 即是赵简子在攻打范氏、中行氏之前向其属下将士发布的誓师令，由史官按照直记君主口令制度直接书写于载体之上而后留存下来。其中有按将士身份等级制定的赏赐命令，即"克敌者，上大夫受县，下大夫受郡，士田十万，庶人工商遂，人臣隶圉免"；还有对

---

① 马王堆汉墓帛书整理小组编《战国纵横家书》，文物出版社，1976，第5页。
② 马王堆汉墓帛书整理小组编《战国纵横家书》，文物出版社，1976，第11页。
③ 徐师曾曰："誓众之词也。……军旅曰誓。"刘海年先生认为由国家颁布或国家认可那部分誓是"法的一种形式。《尚书》中的《甘誓》、《汤誓》、《泰誓》和《牧誓》等篇，……是我国最早的军事法规"。这种看法值得商榷。因为誓虽然具有很强的规范和约束效果，但从誓的内容来看，其大都是临时性的，针对某个特定事件的，所以其时效很短，在其他场合也是不适用的。这与法律法规相对较长的时效性和普遍适用性是不同的。参见（明）徐师曾撰《文体明辨序说》，罗根泽校点，人民文学出版社，1962，第119页；刘海年《倗匜铭文及其所反映的西周刑制》，《法学研究》1984年第1期，第81～88页。
④ （清）阮元校刻《春秋左传正义》卷五七，中华书局，1980年影印本，第2156页。

自己犯令的处罚，即"若其有罪，绞缢以戮，桐棺三寸，不设属辟，素车朴马，无入于兆，下卿之罚也"。

誓书作为独立令书文体种类起源甚早，在夏时或已出现。古文《尚书·大禹谟》即有"禹乃会群后，誓于师"① 的记载，但其书为伪，难以凭信。目前传世文献中所见最早且较为可信的誓书为今文《尚书》所载的《甘誓》②。此后，誓书作为令书在先秦各个时期都有所创制。今文《尚书》所见比较完整的就有三篇，即西周初期的《牧誓》③《费誓》④，春秋初期的《秦誓》⑤。另外在其他先秦文献中也有一些誓的零散记录。西周时期之誓书，如《国语·周语》、《左传》所引《太誓》⑥、《左传·文公十八年》所引"周公之誓"⑦；春秋时期之誓书，如《史记·秦本纪》所引"秦缪公之誓"⑧、《国语·晋语三》所引"韩之誓"⑨ 等；战国前期之誓书，如《国语·越语上》所引"勾践之誓"⑩、《左传·哀公二年》所引"赵简子之誓"等。不过目前尚未发现誓书在战国中后期仍有创制的证据。

---

① （清）阮元校刻《尚书正义》卷四，中华书局，1980 年影印本，第 137 页。
② （清）阮元校刻《尚书正义》卷七，中华书局，1980 年影印本，第 155 页。
③ （清）阮元校刻《尚书正义》卷十一，中华书局，1980 年影印本，第 182~183 页。
④ （清）阮元校刻《尚书正义》卷二〇，中华书局，1980 年影印本，第 254~255 页。
⑤ （清）阮元校刻《尚书正义》卷二〇，中华书局，1980 年影印本，第 256 页。
⑥ 《国语》载："《太誓》曰：'民之所欲，天必从之。'"《左传·襄公三十一年》载："《大誓》云：'民之所欲，天必从之。'"又《昭公二十四年》载："《大誓》曰：'纣有亿兆夷人，亦有离德；余有乱臣十人，同心同德。'"参见上海师范大学古籍整理组校点《国语》卷二，上海古籍出版社，1978，第 85 页；（清）阮元校刻《春秋左传正义》卷四〇，中华书局，1980 年影印本，第 2014 页。
⑦ 《左传》载："（周公）作誓命曰：'毁则为贼，掩贼为藏。窃贿为盗，盗器为奸。主藏之名，赖奸之用，为大凶德，有常无赦。在九刑不忘。'"参见（清）阮元校刻《春秋左传正义》卷二〇，中华书局，1980 年影印本，第 1861 页。
⑧ 《史记》载："（秦缪公）乃誓于军曰：'嗟士卒！听无哗，余誓告汝。古之人谋黄发番番，则无所过。'"参见（汉）司马迁《史记》卷五，中华书局，1959，第 194 页。
⑨ 《国语》载："韩之誓曰：失次犯令，死；将止不面夷，死；伪言误众，死。"参见上海师范大学古籍整理组校点《国语》卷九，上海古籍出版社，1978，第 333 页。
⑩ 《国语》载："（勾践）乃致其父母昆弟而誓之曰：'寡人闻，古之贤君，四方之民归之，若水之归下也。今寡人不能，将帅二三子夫妇以蕃。'"又载："（勾践）乃致其众而誓之曰：'寡人闻古之贤君，不患其众之不足也，而患其志行之少耻也。今夫差衣水犀之甲者亿有三千，不患其志行之少耻也，而患其众之不足也。今寡人将助天灭之。吾不欲匹夫之勇也，欲其旅进旅退。进则思赏，退则思刑，如此则有常赏。进不用命，退则无耻，如此则有常刑。'"参见上海师范大学古籍整理组校点《国语》卷二〇，上海古籍出版社，1978，第 635、637 页。

这一现象的出现，除了由于各种原因造成的文献散佚，如战乱（战国时的诸侯国混战、秦末汉初的争战）或者王室政令禁毁（秦尽毁七国史记、焚书、挟书律）等可能之外，最有可能是以下两个原因共同导致的。

第一，原本赖以存在的社会政治模式发生变化，致使其制作者减少。从现今发现的战国之前的誓书来看，其制作者主要为当时的某一军事政治集团的最高统治者，如《甘誓》的制作者为夏王启，《汤誓》的制作者为商王汤，《牧誓》的制作者为周王发。等等。这是因为当时国家统治集团的构成仍以血缘部族为主，加上受春秋之前崇尚武士风气的影响①，作为部族长的君王往往会亲自出征，再加上缺乏现成可用的日常军事赏罚制度，所以君王必须发布一些临时性的赏罚令，以申明纪律、鼓舞士气。然而，进入春秋战国之后，由于贵族血缘政治的逐渐崩坏、"文武分工"式官僚体制的发展确立②、文士地位的上升等，君王亲自出征的现象开始明显减少，其就具体战争形势发布的誓令书必然也会随之减少。

第二，其原有文体功能被其他令书文体所取代。从现存众多誓书的原文内容可知，其主要有两方面作用：一是明确赏罚，促使士卒奋勇杀敌，不敢懈怠；二是说明己方正义，揭露敌方恶劣行径，为战争提供理论依据。而这两方面文体功能，在战国时期都有了相应的替代文体，即律令书与檄书。战国中期以后各诸侯国已经基本建立了常备军制度，而"常驻营区的刑罚条令亦应运而生"③，再加上当时各国设立的一些有关军事赏罚的军令已经成为日常制度，如商君之法曰"斩一首者爵一级，欲为官者为五十石之官；斩二首者爵二级，欲为官者为百石之官"④，《睡虎地秦墓竹简·军爵律》云"工隶臣斩首及人为斩首以免者，皆令为工。其不完者，以为隐官工"⑤，等等，那种临时性的明确纪律、赏进罚退等的规定失去了存在的必要性。所以随着战国时期法家思想在各国的兴盛，誓书的创制活动开始走向消失。誓书的第二个作用则为不断发展的檄书所拥有，刘勰认为

---

① 参见刘泽华主编《士人与社会（先秦卷）》，天津人民出版社，1988，第13页。
② 参见刘梅生主编《中国古代文官制度史略》，河南大学出版社，1991，第15页。
③ 陈恩林：《先秦军事制度研究》，吉林文史出版社，1991，第215页。
④ （清）王先慎撰《韩非子集解》卷十七，锺哲点校，中华书局，1998，第435页。
⑤ 睡虎地秦墓竹简整理小组编《睡虎地秦墓竹简》，文物出版社，1990，第55页。

"凡檄之大体，或述此休明，或叙彼苛虐"①。檄书与律令书的迅速发展，对誓书文体功能效力的逐渐吞噬，必然会造成其制作数量的减少，直至消失。

需要说明的是，导致誓书在战国时期走向衰亡的这两方面作用是交织在一起共同发生的，不是截然分开的；这种现象的发生与当时社会的其他变革一样是一个趋向性过程，而非一个骤断式节点。

第六节　檄书的源流

檄书"军书也"②，是国家遇到紧急情况发布征调士卒、威吓敌军等命令时使用的一种军事令书。此处仅以调兵通途之檄书为例。如《史记·南越尉佗列传》载："盗兵且至，急绝道聚兵自守！"③ 这是秦地方将领佗在项羽、刘季、陈胜、吴广等抗秦起义军可能侵犯横浦、阳山和湟溪关卡之前，为了保住这三个重要关卡，而向守关士卒发布的关闭关卡并集中兵力加强防御以防盗兵的命令。该令书是史官记录并保存在文献里的檄书原文④，在纸张尚未产生的秦时肯定被书写在便于传递的简牍载体上。

檄书起源于西周时期的文告之辞，《左传·成公十三年》所载《吕相绝秦》一文已经具有檄文的基本特征，至战国檄文成为独立文种。⑤ 刘勰云："周穆西征，祭公谋父称'古有威让之令，令有文告之辞'，即檄之本源也。……管仲吕相，奉辞先路，详其意义，即今之檄文。暨乎战国，始称为檄。"⑥ 吴讷云："春秋时，祭公谋父称文告之辞，即檄之本始。至战

---

① （梁）刘勰撰《文心雕龙》卷四，杨明照校注拾遗，中华书局，1959，第149页。
② （明）吴讷撰《文章辨体序说》，于北山校点，人民文学出版社，1962，第40页。按：秦汉以后有时根据檄书的不同用法称其为羽檄或露布。《文心雕龙》即云："插羽以示迅，不可使辞缓；露板以宣众，不可使义隐。"参见（梁）刘勰撰《文心雕龙》卷四，杨明照校注拾遗，中华书局，1959，第149页。
③ （汉）司马迁：《史记》卷一一三，中华书局，1959，第2967页。
④ （汉）司马迁：《史记》卷一一三，中华书局，1959，第2967页。
⑤ 参见刘鑫全《千古第一檄文——〈吕相绝秦〉》，《文史知识》1994年第2期，第26~29页。按：刘鑫全先生将檄文的源头上溯到"三坟""五典""八索""九丘"之时，对此笔者不敢苟同。在春秋时期由于对此类文书还没有专门的称呼，或者将其归入其他文书类型之中，故《吕相绝秦》在当时并不被称为檄。这类文字之所以在战国时期成为独立的令书门类，一是因为使用数量增多，二是因为出现了专门的称呼。而且檄书之所以称为檄书，与其载体、形制规格也有一定关联。
⑥ （梁）刘勰撰《文心雕龙》卷四，杨明照校注拾遗，中华书局，1959，第148页。

国张仪为檄告楚相，其名始著。"① 吴讷误将周穆王卿士所祭公谋父认作了春秋时期人，可见其本意当指檄书起源于西周。徐师曾也称："古者用兵，誓师而已。至周乃有文告之辞，而檄之名则始见于战国。"② 虽然目前所见最早战国时期檄书的部分原文，即张仪向楚相所发檄文，《史记·张仪列传》云"张仪既相秦，为文檄告楚相曰：'始吾从若饮，我不盗而璧，若笞我。若善守汝国，我顾且盗而城'"③，因缺乏命令性内容，尚难确定其令书性质，但战国时期必然已经出现了用于下达军令的檄书。《商君书·兵守》云："客治簿檄，三军之多，分以客之候车之数。"④ 据蒋礼鸿先生解释"檄者，所以征调"⑤，而既为征调，无令必难行。而且汉代初期，亦有以檄书征兵的记载，如《史记·韩信卢绾列传》云："上曰：'非若所知！陈豨反，邯郸以北皆豨有，吾以羽檄征天下兵，未有至者，今唯独邯郸中兵耳。'"⑥ 是说当时陈豨反叛，汉高祖用羽檄向各地下达征兵命令，可见此檄书必为命令文书。再如《史记·司马相如列传》中司马相如受汉武帝之命所作檄文当中也有"檄到，亟下县道，使咸知陛下之意，唯毋忽也"⑦ 的命令，可见此檄书也为令书。秦汉之制，去古未远，且多承袭战国秦国之制，所以战国时期必有檄书的制作。

第七节　律法书的源流

律法书，是统治阶层颁布的强制管理自身及民众的且具有非临时性的法令文书。如《睡虎地秦墓竹简·行书》载"行命书及书署急者，辄行

① （明）吴讷撰《文章辨体序说》，于北山校点，人民文学出版社，1962，第40页。
② （明）徐师曾撰《文体明辨序说》，罗根泽校点，人民文学出版社，1962，第125页。
③ （汉）司马迁：《史记》卷七〇，中华书局，1959，第2281页。
④ 蒋礼鸿撰《商君书锥指》卷三，中华书局，1986，第73页。
⑤ 蒋礼鸿先生云："《简书》曰：'此二语不可通，疑有舛脱。语意似谓客将至则簿檄三军之众，而依吾所候得客车之数酌分吾军之数，使能相当云尔。'礼鸿案：客治簿檄当为一句。簿者，士卒军实之籍；檄者，所以征调。"参见蒋礼鸿撰《商君书锥指》卷三，中华书局，1986，第73页。
⑥ （汉）司马迁：《史记》卷九三，中华书局，1959，第2641页。按：本书当页载《史记集解》云"魏武帝奏事曰：'今边有小警，辄露檄插羽，飞羽檄之意也。'骃案：推其言，则以鸟羽插檄书，谓之羽檄，取其急速若飞鸟也"。
⑦ （汉）司马迁：《史记》卷一一七，中华书局，1959，第3046页。

之；不急者，日髇（毕），勿敢留。留者以律论之”① 即是。其中有规定传递命书或其他文书的时间，还有违犯该法令要受到律法处置的内容。该简文被学者们认定为秦国的行书令，具有明显的命令性和强制性，由秦官府发令，受令者为官府传达文书的相关人员。《金布律》"钱十一当一布。其出入钱以当金、布，以律"②、《厩苑》"叚（假）铁器，销敝不胜而毁者，为用书，受勿责"③ 等均属于此类令书。

律法书的出现，据文献记载可以追溯到传说中的尧舜时期，如《尚书·尧典言》云"象以典刑，流宥五刑，鞭作官刑，扑作教刑，金作赎刑。眚灾肆赦，怙终贼刑"④ 等。不过其时并无文字，所以此说可信度不高。最初，律法书因主要内容为刑罚规定，故被称为"刑"，如《左传·昭公六年》曰："夏有乱政，而作禹刑；商有乱政，而作汤刑；周有乱政，而作九刑：三辟之典，皆叔世也。"⑤ 虽然，由于史料保存问题，夏商之时有无成文法尚难判断，但在西周时期已经出现成文法当属无疑，其时被称为"刑书"，即《逸周书·尝麦解》云"维四年孟夏，王初祈祷于宗庙，乃尝麦于太祖。是月，王命大正正刑书"⑥。而所载的刑罚种类也十分多样，《尚书·吕刑》曰："墨罚之属千。劓罚之属千，剕罚之属五百，宫罚之属三百，大辟之罚其属二百。五刑之属三千。"⑦

从现有文献来看，西周时期律法书的整体种类和数量还比较少，而且仅见周王朝有法的记载，到了春秋时期各诸侯国修法事件在文献记载中明显增多。《左传》即记载了晋、郑两国的几次修法活动，如《宣公十六年》"武子归而讲求典礼，以修晋国之法"⑧、《成公十八年》"二月乙酉朔，晋侯悼公即位于朝。……使士渥浊为大傅，使修范武子之法；右行辛为司

---

① 睡虎地秦墓竹简整理小组编《睡虎地秦墓竹简》，文物出版社，1990，第61页。
② 睡虎地秦墓竹简整理小组编《睡虎地秦墓竹简》，文物出版社，1990，第36页。
③ 睡虎地秦墓竹简整理小组编《睡虎地秦墓竹简》，文物出版社，1990，第23页。
④ （清）阮元校刻《尚书正义》卷三，中华书局，1980年影印本，第128页。
⑤ （清）阮元校刻《春秋左传正义》卷四三，中华书局，1980年影印本，第2044页。
⑥ 黄怀信、张懋镕、田旭东：《逸周书汇校集注》卷六，李学勤审定，上海古籍出版社，1995，第769~771页。
⑦ （清）阮元校刻《尚书正义》卷十九，中华书局，1980年影印本，第249页。
⑧ （清）阮元校刻《春秋左传正义》卷二四，中华书局，1980年影印本，第1889页。

空，使修士芀之法"①、《昭公六年》"三月，郑人铸刑书"② 等。当时各诸侯国也都有自己的法，如"齐有轨里连乡之法，晋有被庐之法，楚有茅门之法、仆区之法，今皆传其名。其余各国类此者当甚多"③。进入战国时期，以李悝在魏国变法编写《法经》④ 为标志，各国开始掀起变法浪潮，如商鞅携《法经》入秦国变法，且改"法"为"律"，吴起入楚国变法，屈原为楚国作《宪令》，司马穰苴为齐国编《司马法》，等等。

战国时期律法书迅速发展，不仅数量上增多，其内容结构也开始发生变化，由最初刑法为单一主体，开始向刑法为主、诸法兼用的方向发展，⑤ 形成了一个庞大的法律体系。仅睡虎地秦墓竹简中发现的律法种类就远超《法经》的六篇，有《田律》《仓律》《金布律》《工律》《司工》《行书》《藏律》《游士律》《中劳律》《敦（屯）表律》等数十种，睡虎地秦墓竹简整理小组更是认为"睡虎地十一号墓的秦简只能反映其中的一小部分"⑥。律法结构的转变应在商鞅改"法"为"律"之后才开始，因为赵光贤先生认为在战国初年"李悝著的《法经》实际上还是刑律"⑦。

需要说明的是，成文法的出现与成文法的公布是两个不同的概念。吕

① （清）阮元校刻《春秋左传正义》卷二八，中华书局，1980 年影印本，第 1923 页。
② （清）阮元校刻《春秋左传正义》卷四三，中华书局，1980 年影印本，第 2043 页。按：本书当页载《左传》注疏曰："杜注：'铸刑书于鼎，以为国之常法。'"孔疏："二十九年传云'晋赵鞅、荀寅赋晋国一鼓铁，以铸刑鼎，著范宣子所为刑书焉'，彼是铸之于鼎，知此亦是鼎也。"
③ 梁启超：《先秦政治思想史》，岳麓书社，2010，第 59 页。
④ 有的学者认为《法经》其实并非法律，孟彦弘先生即云"《法经》是一部法学著作，而不是一部法典；盗、贼、囚、捕、杂、具，是法学意义上的分类"；而有的学者认为《法经》不是一部完整的法律，吕思勉先生即曰："《法经》称经者，……汉去战国不远，文繁如此；六篇之法，秦、晋安能足用？则亦仅详其大纲而已，故谓之经。"参见孟彦弘《秦汉法典体系的演变》，《历史研究》2005 年第 3 期，第 19 页；吕思勉《史学与史籍七种》，上海古籍出版社，2009，第 246 页。
⑤ 此处不用"诸法合体"的观点是因为杨一凡先生研究认为，"从先秦到明清，历朝都存在多种法律形式，每一种法律形式都有特定的功能。……无论是从各种形式的法律的内容或体例结构看，所谓'诸法合体、民刑不分'说都不能成立"。参见杨一凡《中华法系研究中的一个重大误区——"诸法合体、民刑不分"说质疑》，《中国社会科学》2002 年第 6 期，第 78 页。
⑥ 睡虎地秦墓竹简整理小组编《睡虎地秦墓竹简》，文物出版社，1990，第 79 页。
⑦ 赵光贤：《周代社会辨析》，人民出版社，1980，第 198 页。

思勉先生认为在很长时期内法（律）都是藏在官府内不公开的。① 公开性的法（律）则出现相对较晚，有的学者认为成文法的修订当以李悝编纂《法经》为标志，"从严格意义上说，中国古代成文法典的编纂是从战国开始的"②；但学界基本认为当以郑国子产"铸刑书"③为标志，"成文法的公布，在春秋晚期已经开始"④。

第八节　式法书的源流

式法书，是官府颁布的关于具有法律性质的规定和制度实施细则的一种令书。⑤ 如《封诊式》载："凡讯狱，必先尽听其言而书之，各展其辞，虽智（知）其訑，勿庸辄诘。其辞已尽书而毋（无）解，乃以诘者诘之。诘之有（又）尽听书其解辞，有（又）视其它毋（无）解者以复诘之。诘之极而数訑，更言不服，其律当治（笞）谅（掠）者，乃治（笞）谅（掠）。治（笞）谅（掠）之必书曰：爰书：以某数更言，毋（无）解辞，治（笞）讯某。"⑥ 睡虎地秦墓竹简整理小组认为该文是秦国政府"对官吏审理案件的要求"⑦。他们还将《封诊式》与《秦律十八种》《效律》《秦律杂抄》《法律答问》合称为秦法律令。不但黄展岳先生赞成他们的观

---

① 吕思勉即说："成文法起于何时，不可考。……未有文字之先，已用图画公布刑法矣。……盖当时布诸众者，皆铸之金属之器，藏之官者，则书之简也。"参见吕思勉《中国制度史》，上海教育出版社，1985，第805～807页。

② 郭建、殷啸虎、王志强：《法律志》，上海人民出版社，1998，第33～34页。按秦彦士先生亦曰："李悝的这部中国第一部成文法典后来被商鞅携往秦国。"可参见秦彦士《诸子学与先秦社会》，河北人民出版社，2003，第149页。

③ （清）阮元校刻《春秋左传正义》卷四三，中华书局，1980年影印本，第2043页。

④ 参见白钢主编《中国政治制度史》，天津人民出版社，2002，第187页。按宁全红先生亦说"就现有文献来看，铸刑书之前，中国没有类似后世颁布律令之事发生。"可参见宁全红《春秋法制史研究》，四川大学出版社，2009，第144页。

⑤ 南玉泉先生说："作为法律形式的式，对人们的行为就不仅仅是指导，而是起约束作用。……法律形式之式是以国家强制力为后盾的。"《法律志》一书进一步认为式法是"有关具体制度和实施细则的规范性文件。它的范围、内容很广泛，……主要规定了有关制度的具体程序和实施，具有较强的实用性"。参见南玉泉《论秦汉式的种类与性质》，中国法律史学会2012年学术年会会议论文，海口，2012年11月，第519页；郭建、殷啸虎、王志强《法律志》，上海人民出版社，1998，第46页。

⑥ 睡虎地秦墓竹简整理小组编《睡虎地秦墓竹简》，文物出版社，1990，第148页。

⑦ 睡虎地秦墓竹简整理小组编《睡虎地秦墓竹简》，文物出版社，1990，第147页。

点①，邱世华先生亦说"《封诊式》在云梦秦简中属于秦律"②。南玉泉先生亦认为"《封诊式》是战国末期至秦时的法律文献，是关于审讯、查封、勘验方面的法律规定。……是法律形式的一种，如果违反，都会受到相关法律的惩处"③。可见，带有命令性质并必须强制执行的《封诊式》属于令书无疑。

由于材料所限，目前尚难确定其起源于何时，不过《周礼》中已有式法书的相关记载，如酒正"掌酒之政令。以式法授酒材"④，大府"掌九贡九赋九功之贰。……凡颁财，以式法授之"⑤，职岁"掌邦之赋出。……凡官府都鄙群吏之出财用，受式法于职岁。……及会以式法赞逆会"⑥ 等，郑玄注曰："式，谓用财之节度。"⑦ 此处式法即处理财货使用细节的令书。又《周礼》成书于战国之时，且睡虎地秦墓竹简中即有规定司法文书书写程式的式法书《封诊式》，如其中规定官吏申请县的主事人员负责协查罪犯姓名、身份、籍贯等信息时的文书书写模板《有鞫》："有鞫 敢告某县主：男子某有鞫，辞曰：'士五（伍），居某里。'可定名事里，所坐论云可（何），可（何）罪赦，或覆问毋（无）有，遣识者以律封守，当腾，腾皆为报，敢告主。"⑧ 所以式法书在战国之时必然已经存在。它随着古代社会发展过程中官府部门工作的不断细化和规范化而增多。

第九节　释法书的源流

释法书，是由官府颁布的解释律法的令书。睡虎地秦墓竹简中的《法律答问》⑨ 即属此类，如"甲盗钱以买丝，寄乙，乙受，弗智（知）盗，

① 黄展岳：《云梦秦律简论》，《考古学报》1980 年第 1 期，第 1～28 页。
② 邱世华：《简论云梦秦简的司法文书》，《西北政法学院学报》1986 年第 2 期，第 90 页。
③ 南玉泉：《论秦汉式的种类与性质》，中国法律史学会 2012 年学术年会会议论文，海口，2012 年 11 月，第 524～527 页。
④ （清）阮元校刻《周礼注疏》卷五，中华书局，1980 年影印本，第 668 页。
⑤ （清）阮元校刻《周礼注疏》卷六，中华书局，1980 年影印本，第 677 页。
⑥ （清）阮元校刻《周礼注疏》卷七，中华书局，1980 年影印本，第 682 页。
⑦ 参见（清）阮元校刻《周礼注疏》卷二，中华书局，1980 年影印本，第 648 页。
⑧ 睡虎地秦墓竹简整理小组编《睡虎地秦墓竹简》，文物出版社，1990，第 148 页。
⑨ 睡虎地秦墓竹简整理小组认为它"多采用问答形式，对秦律某些条文、术语以及律文的意图作出明确解释"。参见睡虎地秦墓竹简整理小组编《睡虎地秦墓竹简》，文物出版社，1990，第 93 页。

乙论可（何）殴（也）？毋论"①。这是秦国官府向审理盗钱买丝案件的官吏发布的，对不知情而受丝物的乙不论罪处罚的法令。我们根据其内容称之为释法书，意为解释法令的令书。睡虎地秦墓竹简整理小组认为，"秦自商鞅变法，实行'权制独断于君'，主张由国君制订统一政令和设置官吏统一解释法令。本篇决不会是私人对法律的任意解释，在当时应具有法律效力"②。既然不属于私人文书，又有法律效力，其必然具有公务性、命令性和强制性，完全符合令书的特性，无疑属战国令书。

成文法律解释，必然产生在成文法之后。虽然睡虎地秦墓竹简整理小组认为"《法律答问》所引用的某些律文的形成年代是很早的。例如律文说'公祠'，解释的部分则说'王室祠'。看来律文应形成于秦称王以前，很可能是商鞅时期制订的原文"③，但更早时期有无此类令书尚难证明。《周礼》中虽设置有专门向四方诸侯国解释刑法条文及制定刑法主旨的人员，即讶士"掌四方之狱讼，谕罪刑于邦国"④，不过，讶士依据的是否为成文法律解释不得而知。

第十节　判决书的源流

判决书，是秦官府向当事人下达的审理案件结果的一种司法令书。如里耶秦简 8 - 209 简所载"廿七年［八月丙戌，迁陵拔］讯欧，辞曰：上造，居成固畜□□☑□狱，欧坐男子毋害詐（诈）伪自☑·鞫欧：失操

---

① 睡虎地秦墓竹简整理小组编《睡虎地秦墓竹简》，文物出版社，1990，第 96 页。
② 睡虎地秦墓竹简整理小组编《睡虎地秦墓竹简》，文物出版社，1990，第 93 页。按：从《商君书·定分》也可以看出《法律答问》不可能为秦国私人解释，因为在当时"有敢剟定法令一字以上，罪死不赦。诸官吏及民有问法令之所谓也于主法令之吏，皆各以其故所问之法令明告之……主法令之吏不告与罪而法令之所谓也，皆以吏民之所问法令之罪各罪主法令之吏"，这是说在秦国人们不能随意解释、删改解释法律的内容，否则要受到严厉的处罚，而如果对律文内容有疑问，要向官府当中主管法令的官吏进行询问，主管法令的官吏也必须告之。因此曹旅宁先生的"秦简《法律答问》并非具有法律效力的官方法律解释，而是一部法律实务题集"说法，尚需要更多证据加以证明。参见蒋礼鸿撰《商君书锥指》卷五，中华书局，1986，第 141 页；张伯元《〈秦简·法律答问〉与秦代法律解释》，《华东政法学院学报》1999 年第 3 期，第 56～59 页；曹旅宁《睡虎地秦简〈法律答问〉性质探测》，《西安财经学院学报》2013 年第 1 期，第 113～118 页。
③ 睡虎地秦墓竹简整理小组编《睡虎地秦墓竹简》，文物出版社，1990，第 93 页。
④ （清）阮元校刻《周礼注疏》卷三五，中华书局，1980 年影印本，第 877 页。

（拜）驵奇爵，有它论，赀二甲□□□☑"① 即是。虽然该简有些残断，但依然能够看出是关于对殹所犯罪行重新审定的内容。龙岗秦简整理者即说："鞫，指对已判决的案件的重新调查。"② 其中"有它论，赀二甲□□□☑"即是复审官员对被审人员殹所做新的判决命令，不可否定其具有强制执行性，必属令书。

目前所见最早的判决书载于西周时期的𠁁匜，曰："惟三月既死魄甲申，王在荦上宫，伯扬父迺成贽，曰：'牧牛，叔乃可湛，汝敢以乃师讼，汝上邲先誓。……今大赦汝，鞭汝五百，罚汝三百锾。'"③ 大意为三月甲申伯阳父在周王面前宣布对牧牛的判决：牧牛你大胆，与你的上司打官司，且违背誓言，今天对你从轻发落，只鞭打你五百下，罚你三百锾。④ 春秋战国时期，这一令书种类当继续存在，如《左传·襄公十年》即载有王叔与伯舆争讼之事，虽然最后因"使王叔氏与伯舆合要，王叔氏不能举其契"⑤ 而出奔没能下达判决书，但由杨伯峻先生说"合要，谓前此两方相争之罪状，证辞等取而合之"⑥，"契即要辞之契券"⑦，可知在当时对案件审理过程当中受审人员的言辞必有文书记载，《睡虎地秦墓竹简·封诊式·讯狱》云："凡讯狱，必先尽听其言而书之。"⑧ 而案件审理结束之后的判决结果，也应以判决书的形式下达，而且可能会被士师等官专门保存，即《周礼》云"狱讼成，士师受中"⑨。龙岗秦简木牍所载"·鞫之：

① 陈伟主编《里耶秦简牍校释》（第一卷），武汉大学出版社，2012，第114页。
② 中国文物研究所、湖北省文物考古研究所编《龙岗秦简》，中华书局，2001，第144页。
③ 参见刘海年《𠁁匜铭文及其所反映的西周刑制》，《法学研究》1984年第1期，第81～88页。按：原文标点为"今大赦汝鞭汝五百：罚汝三百锾"，当误，不取。
④ 参见来因《我国法律史上的一篇重要文献——西周青铜器"𠁁匜"铭文》，《法学杂志》1981年第2期，第17～19页；张天禄《我国最早的法律判决书——"𠁁匜"铭文》，《河北法学》1984年第6期，第44、52页；于少特《青铜法典𠁁匜铭文试析》，《文博》1993年第6期，第41～42页。
⑤ 《左传》载："范宣子曰：'天子所右，寡君亦右之；所左，亦左之。'使王叔氏与伯舆合要，王叔氏不能举其契。王叔奔晋。"参见（清）阮元校刻《春秋左传正义》卷三一，中华书局，1980年影印本，第1949页。
⑥ 杨伯峻编著《春秋左传注》，中华书局，1990，第984页。
⑦ 杨伯峻编著《春秋左传注》，中华书局，1990，第984页。
⑧ 睡虎地秦墓竹简整理小组编《睡虎地秦墓竹简》，中华书局，1990，第148页。
⑨ 参见（清）阮元校刻《周礼注疏》卷三五，中华书局，1980年影印本，第875～877页。按：分别载于《周礼》"乡士""遂士""县士""方士"等条下。

辟死，论不当为城旦。吏论：失者，已坐以论。九月丙申，沙羡丞甲、史丙，免辟死为庶人。令自尚也"①，也可反映秦国判决书的真实样态。②

第十一节　盟书的源流

盟书，又称载书，是参加盟誓人员所形成的盟约，属令书之一种。③如《侯马盟书·宗盟类二》④载："趄敢不鬨其腹心以事其宗而敢不尽从嘉之明定宫、平陸之命，而敢或蚊改助及伪卑不守二宫者，而敢又志复赵尼及其孙痓、㦸直之孙二、㦸直及其孙二、麵餲之孙二、史觀及其孙二于晋邦之地者及群虏明者，虔君其明殛覻之，厤塞非是。"⑤即是晋国大夫趄宣誓自己效忠宗主与仇敌划清界限，如违背誓言愿受神灵惩罚的一份盟书，具有命令和强制的口吻。陈梦家先生认为载书是"天子与诸侯、诸侯之间和诸侯与大夫之间的约束文书，亦即条约"⑥，刘海年先生亦说盟书"是有强制约束力的，其中不少就是定罪的根据，所以它是一种法律形式"⑦，李力先生在研究春秋战国盟书时说："东周盟誓是一种特殊的法律形式。……

---

① 中国文物研究所、湖北省文物考古研究所编《龙岗秦简》，中华书局，2001，第144页。

② 龙岗秦简整理者解释其意为"请求复审：辟死不应当判刑为城旦，重审官吏的意见：以往的过失（或作：治狱之吏论罪定刑的失误），已经承担了责任，依法立论。九月丙申日，沙羡县丞甲、史丙宣布：免除辟死的刑徒身份，恢复其庶人的地位，使他自由"，由此可知，它是一件有关判决某人有无罪行的文书。虽然学者对其的真实属性仍有争论，但它是按照秦国既有判决书的书写格式书写的，应无问题。参见中国文物研究所、湖北省文物考古研究所编《龙岗秦简》，中华书局，2001，第145、152~172页。

③ 此词最早见于《周礼》大司寇"凡邦之大盟约，莅其盟书"，陈梦家先生说："盟誓亦称誓命……盟誓之言辞而书于策者，《左传》称之为'载书'。"参见（清）阮元校刻《周礼注疏》卷三四，中华书局，1980年影印本，第871页；（清）阮元校刻《春秋左传正义》卷三〇，中华书局，1980年影印本，第1943页；陈梦家《东周盟誓与出土载书》，《考古》1966年第5期，第271页。

④ 参见张颔、陶正刚、张守中《侯马盟书》（增订本），山西古籍出版社，2006。按：关于侯马盟书的断代主要有两种说法：一、郭沫若先生将其定为战国初期；二、唐兰先生认为主盟人是春秋晚期的晋国赵鞅。可参见郭沫若《侯马盟书试探》，《文物》1966年第2期，第4~6页；唐兰《侯马出土晋国赵嘉之盟载书新释》，《文物》1972年第8期，第31~35、58页。

⑤ 山西省文物工作委员会编辑《侯马盟书》，文物出版社，1976，第35页。按：另可参见该书第49页宗盟类二，第50页宗盟类四，第50~51页宗盟类五。

⑥ 陈梦家：《东周盟誓与出土载书》，《考古》1966年第5期，第278~279页。

⑦ 刘海年：《文物中的法律史料及其研究》，《中国社会科学》1987年第5期，第213页。

具有一般法律形式的规范性，具有强制约束力。"① 强制约束力显然是强制约束参盟人员的，如有人胆敢违犯盟约必受惩罚，而"这种惩罚是基于人们对神权的崇拜"②，另外"盟书的强制约束力还表现在，盟辞一经写定，不得随意改动"③，随意改动盟约内容也要受到惩罚。这篇盟书虽然不是天子与诸侯、诸侯之间和诸侯与大夫之间的盟书，而是趄约束自己所做的盟约，但究其命令性、强制性与其他盟誓令书相同。④

盟书虽产生自盟誓活动，但两者的起源并不相同。刘勰云："盟者，明也。骍毛白马，珠盘玉敦，陈辞乎方明之下，祝告于神明者也。"⑤ 也就是说诸方结盟之时，要举行一定的仪式并向神明立誓，故"盟"有时也称"誓"，⑥ 或称"盟誓"。盟誓活动的起源要更早一些，或可追溯到原始时期人们在神前的约信行为；⑦ 盟书则是进入有国家、文字的文明社会之后，才开始在结盟仪式当中出现的，因此其至早产生于夏代。

传世文献中所能见到最早且可信的盟书原文是西周初期周成王赐给周公与太公由太师记录并保存于盟府之中的盟书，即《左传·僖公二十六年》载："昔周公、大公股肱周室，夹辅成王。成王劳之，而赐之盟曰：

---

① 李力：《东周盟书与春秋战国法制的变化》，《法学研究》1995 年第 4 期，第 65 页。
② 李力：《东周盟书与春秋战国法制的变化》，《法学研究》1995 年第 4 期，第 65 页。
③ 李力：《东周盟书与春秋战国法制的变化》，《法学研究》1995 年第 4 期，第 65 页。
④ 李力先生说："从侯马盟书来看，各类盟辞都是根据主盟者的要求事先写定，参盟者一般只能依盟辞约定履行义务。……东周时期虽然列国林立，但不存在国家主权观念，况且春秋时还有一个形式上的周天子。风行一时的盟书发生在周天子与诸侯、诸侯与诸侯之间，或者是诸侯与卿大夫、卿大夫与卿大夫之间。相互间地位并不平等。谁的势力大，谁就可以拟定盟辞让别人来发誓遵守。"参见李力《东周盟书与春秋战国法制的变化》，《法学研究》1995 年第 4 期，第 61～69 页。按：刘海年先生认为侯马盟书中的"誓辞可能是援引晋国国君的成命，是自上而下颁布的，只是因盟誓的人员和讨伐对象不同而有某些小差异"。分析誓文所表现出来的利益关系，恐怕这一说法不确，当以李力先生所说为准。另可参见山西省文物工作委员会编辑《侯马盟书》，文物出版社，1976，第 2、11～13 页。
⑤ （梁）刘勰撰《文心雕龙》卷二，杨明照校注拾遗，中华书局，1959，第 65 页。
⑥ 与上文所言多用于军事方面的独立文体"誓书"不同。
⑦ 葛志毅先生认为"在原始时代，人们已开始用诅盟的方式相互结信"；郝本性先生亦说"盟誓是一定历史时期的产物，盟誓起源于原始氏族社会"；等等。参见葛志毅《周代分封制度研究》，黑龙江人民出版社，2005，第 193 页；郝本性《从温县盟书谈中国古代盟誓制度》，《华夏考古》2002 年第 2 期，第 108 页。

'世世子孙无相害也！'载在盟府，大师识之。"① 其中"世世子孙无相害也"即是盟书的原文内容。西周时所制作的盟书数量不多，且多集中在王室内部成员之间。进入春秋时期之后，盟书的制作数量开始增多，开始深入各个层级，如诸侯与戎人之间②、诸侯与诸侯之间③、诸侯与大夫之间④、大夫与大夫之间⑤、大夫与国人之间⑥等。虽然由于史料保存问题，在传世文献中未能找到可信的战国时期所做盟书的原文，⑦ 但《战国策·

① （清）阮元校刻《春秋左传正义》卷十六，中华书局，1980 年影印本，第 1821 页。
② 《左传·隐公二年》载鲁戎结盟，"戎请盟。秋，盟于唐。复修戎好也"。参见（清）阮元校刻《春秋左传正义》卷二，中华书局，1980 年影印本，第 1719 页。
③ 《左传·隐公三年》载齐郑结盟，"冬，齐郑盟于石门，寻卢之盟也"。又《襄公九年》载晋郑结盟，"将盟，郑六卿公子騑、公子发、公子嘉、公孙辄、公孙虿、公孙舍之及其大夫门子，皆从郑伯。晋士庄子为载书，曰：'自今日既盟之后，郑国而不唯晋命是听，而或有异志者，有如此盟！'公子騑趋进曰：'天祸郑国，使介居二大国之间。大国不加德音，而乱以要之，使其鬼神不获歆其禋祀，其民人不获享其土利，夫妇辛苦垫隘，无所底告。自今日既盟之后，郑国而不唯有礼与强，可以庇民者是从，而敢有异志者，亦如之！'荀偃曰：'改载书！'公孙舍之曰：'昭大神要言焉。若可改也，大国亦可叛也。'知武子谓献子曰：'我实不德，而要人以盟，岂礼也哉？非礼，何以主盟？姑盟而退，修德息师而来，终必获郑，何必今日？我之不德，民将弃我，岂唯郑？若能休和，远人将至，何恃于郑？'乃盟而还"。参见（清）阮元校刻《春秋左传正义》卷三、卷三〇，中华书局，1980 年影印本，第 1724、1943 页。
④ 《左传·庄公九年》载鲁齐结盟，"公及齐大夫盟于蔇，齐无君也"。又，《僖公二十八年》载晋郑结盟，"晋栾枝入盟郑伯"。（清）阮元校刻《春秋左传正义》卷八、卷十六，中华书局，1980 年影印本，第 1766、1825 页。
⑤ 《左传·僖公二十四年》载秦晋结盟，"狐偃及秦晋之大夫盟于郇"。又《襄公十六年》载诸国大夫结盟，"叔孙豹、晋荀偃、宋向戌、卫宁殖、郑公孙虿、小邾之大夫，盟曰：'同讨不庭。'"参见（清）阮元校刻《春秋左传正义》卷十五、卷三三，中华书局，1980 年影印本，第 1816、1963 页。
⑥ 参见《左传·成公十三年》载郑国结盟，"子驷帅国人盟于大宫"。又《襄公三十年》载郑国结盟，"乙巳，郑伯及其大夫盟于大宫，盟国人于师之梁之外"。又《昭公二十年》载卫国结盟，"七月戊午朔，遂盟国人"。又《定公六年》载鲁国结盟，"阳虎又盟公及三桓于周社，盟国人于亳社，诅于五父之衢"。参见（清）阮元校刻《春秋左传正义》卷二七、卷四〇、卷四九、卷五五，中华书局，1980 年影印本，第 1913、2013、2092、2141 页。
⑦ 范晔《后汉书·南蛮西南夷列传》载秦昭王与夷人盟一事，其文曰："时有巴郡阆中夷人，能作白竹之弩，乃登楼射杀白虎。昭王嘉之，而以其夷人，不欲加封，乃刻石盟要，复夷人顷田不租，十妻不算。伤人者论，杀人者得以倓钱赎死。盟曰：'秦犯夷，输黄龙一双；夷犯秦，输清酒一钟。'"但范晔为南朝宋人，距战国已经甚远，故其所记是否可信尚待考证。参见（南朝宋）范晔《后汉书》卷八六，中华书局，1966，第 2842 页。亦可参见《华阳国志·巴志》相关记载。

赵策二》中有"苏秦所拟盟书"①，《燕策一》中有"苏代所拟盟书"②，等等。此处以《战国策》所记苏代所拟盟书为例，昔时齐国攻打宋国，苏代给燕昭王上书说，如果您想转祸为福，不如厚尊齐国，派使臣与它结盟于周室，焚烧掉诸侯与秦国建立外交的符节，盟约"夫上计破秦，其次长宾之秦"③。这件事情，在《史记》《战国纵横家书》中都有记载，④ 只是文字略有差异。又《战国策》中有秦武王与甘茂"盟于息壤"⑤ 的记载，足证战国时期仍存在盟书制作活动。

由此可知，盟誓活动贯穿了整个周代。李模先生根据其发展趋势将其归纳为三个时期，即形成期（西周）、兴盛期（春秋）、衰落期（战国），并指出各个时期分别呈现王室化、世俗化、蜕变化的时代特点。⑥ 盟书作为盟誓活动的副产品，在各个时期具体内容发生了一些变化，不过其文体种类并未发生分化或异化。

第十二节　符书、节书的源流

两片载体书写、主要用于下达军事命令的称为符书。⑦ 以《新郪虎符》⑧

---

① 参见（汉）刘向集录《战国策》卷十九，上海古籍出版社，1985，第 641 页。
② 参见（汉）刘向集录《战国策》卷二九，上海古籍出版社，1985，第 1068 页。按：何建章先生认为此事当为苏秦所做。参见何建章注释《战国策注释》卷二九，上海古籍出版社，1990，第 1116～1117 页。
③ （汉）刘向集录《战国策》卷二九，上海古籍出版社，1985，第 1068 页。
④ 《史记·苏秦列传》载"其大上计，破秦；其次，必长宾之"，且《史记》认为此事为苏代所做；而《战国纵横家书·苏秦自赵献书于齐王章（二）》载"大（太）上破之，其（次）宾（摈）之，其下完交而□讲，与国毋相离也"，马王堆汉墓帛书整理小组认为此事为苏秦所做。参见（汉）司马迁《史记》卷六九，中华书局，1959，第 2270 页；马王堆汉墓帛书整理小组编《战国纵横家书》，文物出版社，1976，第 39 页。
⑤ （汉）刘向集录《战国策》卷四，上海古籍出版社，1985，第 150 页。
⑥ 李模：《试论先秦盟誓之制的演化》，《殷都学刊》1997 年第 4 期，第 21～25 页。
⑦ 也有采用此种制式，却被称为"节"的，如《辟大夫虎节》《雁节》《贵将军虎节》等。参见吴镇烽编著《商周青铜器铭文暨图像集成》卷三十四，上海古籍出版社，2012，第 543、544 页；李家浩《贵将军虎节与辟大夫虎节——战国符节铭文研究之一》，《中国历史博物馆馆刊》1993 年第 2 期，第 50～55 页。
⑧ 王国维《秦新郪虎符跋》认为"此符当为秦并天下前二三十年间物也"。参见王国维《观堂集林》卷十八，中华书局，1959 年影印本，第 904 页。按：另可参见杨宽《战国史》，上海人民出版社，1998，第 216 页。

为例："甲兵之符，右才（在）王，左才（在）新郪。凡兴士被（披）甲，用兵五十人已（以）上，［必］会王符，乃敢行之。燔隊（燧）事，虽母（毋）会符，行殹也。"① 此符是份军事命令文书。该兵符右半爿在王处，左半爿在新郪。符书的大致内容是如要调动兵甲，超过五十人必要合符，如军情紧急则不必合符。先秦时期，"国之大事，在祀与戎"②，士兵是战争中不可或缺的重要力量，所以秦为在兼并战争中取胜而保障兵源实行军队调兵合符制。该符节内容具有很强的命令性，因为不但发令者是秦王，而且一半符节还掌控在秦王手里。

单片载体书制用于发布命令的称为节书。③ 如《王命龙节》："王命，命曰（传）赁（任），一槍（檐、担）饲之。"④ 这是一国之君颁发给执行任务者的节书，内容是命令沿途传舍要给持节者提供饮食和补给。命令中没有明确的受令者，但从文中内容分析，当是执行任务的持节者沿途经过的所有传舍的主管官吏。文中的王"命"本身就带有很强的命令性，各传舍官吏如不遵照命令给持节者提供寝食等，毫无疑问会受到惩处。

需要注意的是，有时一些符书、节书的铭文比较简短概括，从其铭文中看不出命令性字样，但通过前文概念界定中"文本性"一节的分析，可证其也必为令书。

符、节在古代常被混称不加区分，⑤ 如《墨子·兼爱》云"言必信，行必果，使言行之合犹合符节也，无言而不行也"⑥，再如《尉缭子·踵军令》曰"奉王之命，授持符节，名为顺职之吏"⑦，次如《战国策·燕策二》云"臣乃口受令，具符节，南使臣于赵"⑧，等等。从符、节被混称的

---

① 吴镇烽编著《商周青铜器铭文暨图像集成》卷三十四，上海古籍出版社，2012，第550页。
② （清）阮元校刻《春秋左传正义》卷二七，中华书局，1980年影印本，第1911页。
③ 也有采用这种制式，却被称为"符"的，如几块王命虎符。参见吴镇烽编著《商周青铜器铭文暨图像集成》卷三十四，上海古籍出版社，2012，第531页。按：该书第531～534页，所刻铭文或有差异。
④ 吴镇烽编著《商周青铜器铭文暨图像集成》卷三十四，上海古籍出版社，2012，第535页。按：该书第537～541页，有同名之节，所刻铭文或有差异。
⑤ 下文所提的《辟大夫虎节》《韩将庶虎节》《贵将军虎节》等实际即为符而称节者。
⑥ （清）孙诒让撰《墨子间诂》卷四，孙启治点校，中华书局，2001，第116页。
⑦ 《尉缭子》卷四，《中国兵书集成》编委会编《武经七书直解》（第10～11册），解放军出版社、辽沈书社，1990，第953页。
⑧ （汉）刘向集录《战国策》卷三〇，上海古籍出版社，1985，第1104页。

现象以及其制作与使用方式的差异来看，二者很可能是同一事物发展过程中在某一时期发生分化的结果，而且这一分化过程在战国之前已经完成，因为从战国时期符书、节书制作及使用方式上看，二者区分还是比较明显的。

就文献记载来看，符出现得极早，据说黄帝时期即已存在，《史记·五帝本纪》云："诸侯咸尊轩辕为天子，代神农氏，是为黄帝。……合符釜山。"① 但因彼时并无文字，故带有文字之符并未产生。由于文献及文物材料残缺，我们只能确定符在战国时期开始被大量使用，如《战国策·秦策三》云 "穰侯使者操王之重，决裂诸侯，剖符于天下"②，《战国策·燕策一》曰 "使使盟于周室，尽焚天下之秦符"③，《史记·信陵君列传》载 "嬴闻晋鄙之兵符常在王卧内"④，等等。但由于目前所见最早的带字之符是战国时期的秦国虎符，所以尚难确定其在战国之前是否已经成为独立令书种类。

文献中记录的节的出现年代，虽晚于符，但春秋时期或之前应已存在节，如《左传·文公八年》云 "司马握节以死，故书以官"⑤，《周礼·地官司徒·大司徒》载 "若国有大故，则致万民于王门，令无节者不行于天下"⑥，《周礼·地官司徒·掌节》云 "凡通达于天下者，必有节，以传辅之"⑦，等等。但与符书一样，由于缺乏实物或文献材料证明战国之前已经出现带字之节，因此它是否在战国之前已经成为独立令书种类，尚待进一步研究。

---

① （汉）司马迁：《史记》卷一，中华书局，1959，第 3~6 页。按，该书第 7 页《史记索隐》曰："合诸侯符契圭瑞，而朝之于釜山，犹禹会诸侯于涂山然也。"
② （汉）刘向集录《战国策》卷五，上海古籍出版社，1985，第 193 页。
③ （汉）刘向集录《战国策》卷二九，上海古籍出版社，1985，第 1068 页。
④ （汉）司马迁：《史记》卷七七，中华书局，1959，第 2380 页。
⑤ （清）阮元校刻《春秋左传正义》卷十九上，中华书局，1980 年影印本，第 1846 页。按，该页载杜预注曰："节，国之符信也。握之以死，示不废命。"另杨伯峻先生在注疏同一条时曰："节，符节，古人用以表信。"由此可见学者对符、节往往不加区分。可参见杨伯峻编著《春秋左传注》，中华书局，1990，第 567 页。
⑥ （清）阮元校刻《周礼注疏》卷十，中华书局，1980 年影印本，第 708 页。
⑦ （清）阮元校刻《周礼注疏》卷十五，中华书局，1980 年影印本，第 740 页。

小 结

作为人为产物的战国令书文体种类体系属于战国历史的一部分，其也必然具有历史的"特殊性、变异性与传统性"① 等特征。丁晓昌先生提出了公文文体种类发展的四个阶段理论，即形成期、规范期、变异期、消亡期，并认为古代公文文体种类演变的主要方式为生成、分化、合并、消亡等。② 但由于战国令书文体处于比较独特的社会历史阶段，其种类的演变过程要更加复杂，呈现以下几个特点。

第一，随着时代的发展，战国令书文体种类体系相较于前代在应用数量和运用层次方面，表现出了几个特征。①消亡型。是指在进入战国之前，某些令书种类已经开始迅速衰落，在战国时期彻底消失，其代表是誓书。从文献中所见誓令书的数量来看，其在春秋时期已经呈现数量减少的趋势，在战国中后期彻底消失。这与各国法律体系的相继建立，常规功过赏罚制度的完善有直接关系。所以从某个角度看，春秋末期公开制定法律现象的出现，即是誓书走向衰亡的开始。②兴盛型。是指某些令书种类在进入战国之前或之后，呈现快速发展的趋势，其代表是符书、节书。符、节起初是为军事目的服务的，由于仅作为信物出现，可能带有文字的符、节等数量还比较少。后来随着时代的发展，尤其到战国时期，伴随官僚体制的建立、人口流动量的增加、社会不稳定因素的增多、法家管理思想的推动，统治者为更好地控制国家，开始将符书、节书应用到社会管理的各个阶层、各个领域，如调兵之用的《杜虎符》③、管理关卡税收的《鄂君启车节》④、管理邮传的《王命龙节》⑤。该令书文体种类开始迅速发展。这种发展不仅表现在制作数量上的迅速增长，也表现在令书种类、层级功能

---

① 钱穆：《中国历史研究法》，生活·读书·新知三联书店，2001，第 2 页。
② 丁晓昌：《试论公文文体演变的基本模式和主要方式》，《南京师范大学文学学院学报》2006 年第 4 期，第 145～150 页。
③ 吴镇烽编著《商周青铜器铭文暨图像集成》卷三十四，上海古籍出版社，2012，第 551 页。
④ 吴镇烽编著《商周青铜器铭文暨图像集成》卷三十四，上海古籍出版社，2012，第 552 页。按：另可参见该书第 555、557 页。
⑤ 吴镇烽编著《商周青铜器铭文暨图像集成》卷三十四，上海古籍出版社，2012，第 535～541 页。

的不断增多与分明，并因此出现了多种造型，节书就有龙首形如王命龙节①、鹰形如鹰节②、竹形如鄂君启车节③等等。③波动型。是指某些令书种类在战国之前与战国之后呈现截然相反的发展趋势，其代表是盟书。盟书在战国之前呈现向上的发展趋势，尤其在春秋时期其运用层次和运用领域都远远超过了西周。但进入战国之后，各国之间的战争已经不是春秋时期的争霸战争，而是以灭国为目的的兼并战争，为最大限度地获得现实利益，时人"不固信盟，唯便是从"④，以致以神灵赏罚为约束的"盟誓的作用比春秋时期有所减弱，盟誓次数较少"⑤，盟书数量也随之减少。⑥同时由于社会结构的改变，社会法制进程的推进，具有强制约束力的律令书开始逐渐替代依赖虚拟神灵或松散联盟约束盟誓者的盟书。那种"古者君臣将共为治，必信誓相约，然后言乃从而身以亲也"⑦的现象，逐渐走向衰落。

第二，战国时期有一些新出的令书文种替代了原有令书文种，但并不是直接替代，而是新型文种不断吞噬原有文种文体功能，最终导致原有文种消亡；但在替代过程完成之后，取得新地位的某些令书文种之间，又产生了互相吞噬文体功能的现象。其代表是诏书与告书。诏书、告书是为弥补诰书文体功能的缺失而产生的，但完成替代任务之后，诏书的文体功能开始被告书所吞噬，不断缩窄，其后基本只用于以上对下，在秦国则基本只用于国君发布命令，如秦始皇发布统一天下度量衡的命令时，即以诏书形式下发："廿六年，皇帝尽并兼天下诸侯，黔首大安，立号为皇帝，乃

---

① 吴镇烽编著《商周青铜器铭文暨图像集成》卷三十四，上海古籍出版社，2012，第535~541页。
② 吴镇烽编著《商周青铜器铭文暨图像集成》卷三十四，上海古籍出版社，2012，第546页。按：另可参见该书第547页。
③ 吴镇烽编著《商周青铜器铭文暨图像集成》卷三十四，上海古籍出版社，2012，第552页。按：另可参见第555、557页。
④ （汉）刘向集录《战国策》卷十八，上海古籍出版社，1985，第616页。
⑤ 晁福林：《春秋战国的社会变迁》，商务印书馆，2011，第884页。
⑥ 张全民先生即说："战国时，列国争雄，征战不休。会盟的次数比春秋时明显地减少。这时的会盟不再像春秋时的大多数会盟那样是为了谋求中原地区的霸权，而是以谋求统一为目的。会盟在处理国际事务方面的作用较之春秋时也有所减少，因为列国都喜欢用战争来解决争端，这时战争已居于主要地位，会盟只是战争的辅助手段。"参见张全民《试论春秋会盟的特点》，《吉林大学社会科学学报》1995年第4期，第29~34页。
⑦ （宋）洪兴祖撰《楚辞补注》卷十一，白化文等点校，中华书局，1983，第227页。

诏丞相状、绾，灋（法）度量剚（则）不壹，欹疑者皆明壹之。"① 告书则始终未出现文体功能缩窄现象，在除秦国之外的其他国家如魏国有时也可用于君主下达命令，魏安釐王所下关于户籍管理命令的《魏户律》② 最初即属告书形式。到了秦统一之后，诏书成为皇帝的专用文体，与告书彻底分离，而告书用于君王发令的文体功能也随之被完全吞噬。

第三，战国时期还有一些新的令书文种在产生之后，不仅替代了原有令书文种的部分文体功能，而且有了功能拓展，其代表是檄书。檄书在战国成为独立文体之后，除了承担誓令书在鼓舞己方士气、证明己方战争合理性和正义性方面的部分文体功能之外，有时还可以用于下达调兵等军事命令。

此外，战国令书文种之间还有一定的功能交叉现象。这种现象比较普遍，主要原因在于部分令书文种的发展阶段是交叉在一起的，其时还未能形成各自专有的文体功能。如诏书、告书在春秋时期都因替代诰书的文体功能而产生，所以在很长一段时期，秦国外的多数国家未能将其文体功能划分清楚，各种文体常常混杂使用。再如誓书具有临时性法令效力和扬己方正义、诉敌方罪恶的作用，虽然在战国时期走向衰落直至消失，但其与规定军事纪律赏罚的律法书、宣扬征伐正义的檄令书等毕竟尚有同时使用的一段时期，故其与律法书、檄令书在文体功能上可能也有一定的交叉。

---

① 吴镇烽编著《商周青铜器铭文暨图像集成》卷三十四，上海古籍出版社，2012，第276页。按：另可参见该书第277页的《始皇诏方升》，与原文差一"疑"，对比其他刻有诏书的器物，如第282页的《始皇诏椭量》、第290页的《始皇诏量》等可知，当为漏刻。

② 睡虎地秦墓竹简整理小组编《睡虎地秦墓竹简》，文物出版社，1990，第174页。

第三章

战国令书制作者辨正

令书制作人员是统治者统治意愿或命令信息实体化的构想者和实现者，由令书发令者和其下属的"史官及类史官文吏"[1] 构成。这类人员在战国时期由于官僚体制建设的不断完善，官吏职能专门化的不断增强，与不同令书种类之间已经有比较固定的联系，每种令书都由相应的制作者完成。

第一节　命书的制作者

命书的制作者在战国时期一般由两部分构成，一是发令者，一是实际起草及书写册命文书文字的人员。

一　命书的发令者

战国时期，除各诸侯国国君颁布命书外，周天子虽控制诸侯国的权力大减，但名义上仍为天下共主，所以也经常发布命令。如司马迁就在《史记》的不同章节多次提及周威烈王册封赵籍、魏斯、韩虔等为诸侯之事，《史记·周本纪》载"威烈王二十三年，九鼎震。命韩、魏、赵为诸侯"[2]，《史记·赵世家》载（烈侯）"六年，魏、韩、赵皆相立为诸侯"[3]，《史

---

① 由于类史官文吏与史官一样，需要从事部分与文书制作相关的工作，故在战国时期的官员设置及传统文献的描述中往往将他们混称为"某史"或"史"，如"祝史""巫史""掾史"等，并未对其做出特别严格的区分。

② （汉）司马迁：《史记》卷四，中华书局，1959，第158页。

③ （汉）司马迁：《史记》卷四三，中华书局，1959，第1797页。

记·魏世家》（文侯）"二十二年，魏、赵、韩列为诸侯"①，《史记·韩世家》（景侯）"六年，与赵、魏俱得列为诸侯"②。《竹书纪年》记载此事为"二十三年，王命晋卿魏氏、赵氏、韩氏为诸侯"③。又《史记》载周安王在魏文侯的请求下使齐相田和"为齐侯，列于周室，纪元年"④。不过从这些文献对册封事件的描述中，并未发现对发令者向受命者授予册命文书的直接描述。这可能是因为书写这些文献的作者，并未发现原始的册命文献或册命记录，但更可能是因为这是当时司空见惯的事情，陈汉平先生说"封官授职，是为封建社会中之隆重典礼。无论天子任命百官，封建诸侯，诸侯之封卿大夫，卿大夫之封臣宰，均须举行此种礼仪"⑤，而被册命者的"受策以出"⑥ 只是其仪式的一部分，因此根据古代史书"常事不书"⑦ 的记事原则，对这一事实进行了主观略写。因为在战国时期周王国虽然实力下降，但其基本礼仪制度应仍保存较好，所以其册命诸侯时必然伴有册命文书。

而册封诸侯，其发令者必然是天下共主的周王，这是制度的必然，也是长久的历史传统。在战国之前诸侯方伯等都要由周王亲自册封，如"命甫侯于豊"⑧ "王使内史良赐毛伯迁命"⑨ "赐召穆公命"⑩ "王赐申伯

① （汉）司马迁：《史记》卷四四，中华书局，1959，第 1839 页。
② （汉）司马迁：《史记》卷四五，中华书局，1959，第 1867 页。
③ 王国维：《今本竹书纪年疏证》卷下，沃兴华点校，李解民复校，载谢维扬、房鑫亮主编《王国维全集》卷五，浙江教育出版社，2009，第 303 页。
④ （汉）司马迁：《史记》卷四六，中华书局，1959，第 1886 页。
⑤ 陈汉平：《西周册命制度研究》，学林出版社，1986，第 2 页。
⑥ （清）阮元校刻《春秋左传正义》卷十六，中华书局，1980 年影印本，第 1826 页。
⑦ （清）阮元校刻《春秋公羊传注疏》卷四，中华书局，1980 年影印本，第 2215 页。按：另可见（清）刘逢禄撰《春秋公羊经何氏释例　春秋公羊释例后录》卷六，曾亦校点，上海世纪出版有限公司、上海古籍出版社，2013，第 157 页。又该书第 159 页载："鲁史记之例，常事不能不悉书备载，《春秋》尽削之，其存什一于千百，以著微文刺讥，为万世法，故曰非记事之书也。"
⑧ 王国维：《今本竹书纪年疏证》卷下，沃兴华点校，李解民复校，载谢维扬、房鑫亮主编《王国维全集》卷五，浙江教育出版社，2009，第 269 页。
⑨ 王国维：《今本竹书纪年疏证》卷下，沃兴华点校，李解民复校，载谢维扬、房鑫亮主编《王国维全集》卷五，浙江教育出版社，2009，第 270 页。
⑩ 王国维：《今本竹书纪年疏证》卷下，沃兴华点校，李解民复校，载谢维扬、房鑫亮主编《王国维全集》卷五，浙江教育出版社，2009，第 277 页。

命"① "命孝公称于夷宫"② 等等，甚至连诸侯国内的一些重要官职也要由天子来安排，如《礼记·王制》云"大国三卿，皆命于天子。……次国三卿，二卿命于天子，一卿命于其君。……小国二卿，皆命于其君"③ 等等。这在众多的出土青铜铭文中也可以找到证明，如记载周王册命吕为甸师的《吕簋》，"王若曰：'吕，𡙸（更）乃考𩁹嗣（司）奠（甸）师氏"④；记载周王册命𢼸为司土的《𢼸簋盖》（京叔彝，京叔敦），"王曰：𢼸，令（命）女（汝）乍（作）𩫖（司）土"⑤；记载周王册命即掌管雕宫人等事的《即簋》，"（周懿王）曰：嗣（司）雕宫人、虢旆，用事⑥；等等。

战国时期周天子不仅无力控制各国，而且由于周王国本身的土地、人口十分有限，因此对诸侯的册封也变成了名义上的，只是给予各国统治者实力控制之外的道义合法性。战国时期各国均有册命活动存在，各国均拥有众多的封君，根据董说《七国考》一书，秦国有商君、泾阳君、华阳君等，齐国有靖国君、孟尝君、成侯等，楚国有堂溪氏、春申君、彭城君等，赵国有奉阳君、安阳君、平阳君等，魏国有信安君、安陵君、信陵君等，燕国有昌国君、奉阳君、成安君，等等，⑦ 可见册命活动在战国时期仍是较多的。

从已有的西周、春秋册命材料及战国受册命者的身份来看，这些发布分封命令信息的人，基本都是各国的国君。其他层级官员发布册命信息的现象虽然仍然存在，如记录由大良造庶长游发布的将鄢邱到漯水的一块地

---

① 王国维：《今本竹书纪年疏证》卷下，沃兴华点校，李解民复校，载谢维扬、房鑫亮主编《王国维全集》卷五，浙江教育出版社，2009，第277页。
② 王国维：《今本竹书纪年疏证》卷下，沃兴华点校，李解民复校，载谢维扬、房鑫亮主编《王国维全集》卷五，浙江教育出版社，2009，第279页。
③ （清）阮元校刻《礼记正义》卷十一，中华书局，1980年影印本，第1325页。
④ 吴镇烽编著《商周青铜器铭文暨图像集成》卷十一，上海古籍出版社，2012，第341页。
⑤ 吴镇烽编著《商周青铜器铭文暨图像集成》卷十一，上海古籍出版社，2012，第421页。
⑥ 吴镇烽编著《商周青铜器铭文暨图像集成》卷十一，上海古籍出版社，2012，第423页。
⑦ 除此之外，秦国还有新城君、高陵君、严君、武安君、长安君、安国君、阳泉君、昌平君、昌文君、武信君、刚成君、南郑公、穰侯、蜀侯、应侯、文信侯、长信侯等，楚国还有襄城君、鄂君、鄢陵君、寿陵君、安陵君、阳陵君、临武君、阳文君、州侯、夏侯、陵阳侯等，赵国有华阳君、武信君、武襄君、武安君、建信君、平都君、庐陵君、代成君、长安君、信平君、马服君、望诸君、平原君、春平君、李侯等，魏国有平都君、隐陵君、宁陵君、中山君、龙阳君、陈宁侯等众多封君。参见（明）董说《七国考》，中华书局，1956。

封给右庶长歇作为宗邑的册命令书战国晚期秦《宗邑瓦书》，即"四年，周天子使卿大夫辰来致文武之酢（胙），冬十一月辛酉，大良造庶长游出命曰：取杜才（在）鄠邱到灊水，以为右庶长歇宗邑"①，但数量已经减少。这与中央集权制度日益完善，重要的人事任命权被收归到国君一级，其他官员已不再有像西周、春秋时的册命之权有关。

二 命书的书写者

上述周王几次册封事件中册命文字的书写者，主要是内史、尹氏、作册内史、作命内史等一类官员。②《周礼·春官宗伯·内史》载"凡命诸侯及孤卿大夫，则策命之"③，郑玄云"策谓以简策书王命"④，即是说周王之册命要由内史来书写。《卌二年逨鼎甲》所载"尹氏受（授）王釐书"⑤，则尹氏也有书写册命文书的职责。不过，王国维《书作册诗尹氏说》说："作册二字，伪孔传以王为策书释之。……孙氏诒让《周礼正义》云：'尹逸盖为内史。以其所掌职事言之，则曰作册。'始以作册为内史之异名。其说是也。"⑥ 杨宽先生引郭沫若《周官质疑》又说："作策、作册乃史官之通称。"⑦ 可见尹氏、作册内史、作命内史可能只是内史在不同场合的不同称呼。

战国时期，周王国已经无力统治诸侯，虽然可能仍有这样的史官设置，但其能书写的册命文书权限应当只在周王国内部，至于册封赵、魏、韩、齐为诸侯的情况则比较特殊，是各国主动要求之故。而诸侯国内也有类似史官设置，杜佑《通典》："史官。肇自黄帝有之，自后显著。夏太史终古，商太史高势。周则曰太史、小史、内史、外史。而诸侯之国，亦置其官。又《春秋》、《国语》引《周志》及《郑书》，似当时记事，各有其

---

① 吴镇烽编著《商周青铜器铭文暨图像集成》卷三十五，上海古籍出版社，2012，第508页。
② 参见许兆昌《周代史官文化——前轴心期核心文化形态研究》，吉林大学出版社，2001，第74~78页。
③ （清）阮元校刻《周礼注疏》卷二六，中华书局，1980年影印本，第820页。
④ （清）阮元校刻《周礼注疏》卷二六，中华书局，1980年影印本，第820页。
⑤ 吴镇烽编著《商周青铜器铭文暨图像集成》卷五，上海古籍出版社，2012，第395页。
⑥ 王国维：《观堂集林》附《别集》卷一，中华书局，1959年影印本，第1122页。
⑦ 杨宽：《西周史》，上海人民出版社，2003，第328页。

职。"① 如《战国策·秦策三》载秦国内史，"其令邑中自斗食以上，至尉、内史及王左右，有非相国之人者乎"②，《汉书·百官公卿表》说其为"周官，秦因之，掌治京师"③，《史记·赵世家》载赵国内史，"徐越为内史"④，等等。又《睡虎地秦墓竹简·内史杂》当中记述了对内史所具有的文职书写功能的一些规定，如"县各告都官在其县者，写其官之用律"⑤ "有事请殹（也），必以书，毋口请，毋羁（羁）请"⑥，不过并未直接交代其有书写君王所下发册命文书的任务。

战国时期，赵、齐、秦、楚等国出现了尚书、御史、柱下史⑦、掌书等官职，有时也统称御史，他们有时也负责帮助君王、冢宰等处理一些政治治理方面的文书，并负责帮助君王书写命令。《周礼·春官宗伯·御史》云："御史掌邦国都鄙及万民之治令，以赞冢宰。凡治者受法令焉。掌赞书。凡数从政者。"⑧ 董说云："补曰：'御史，周官，以中士、下士为之，特小臣之传命者。'余按《廉颇蔺相如传》：'相如顾赵御史曰：某年某月，赵王使秦王鼓缶。'是又纪事之官矣。"⑨ 由于"御史这官职，在战国时代本是国君的秘书性质。……担任秘书工作，负责记录和接受、保管文件"⑩，所以一些写给各国君王的文书，往往声称献书给某某君王之御史。如《战国策·赵策二》载张仪为秦连横说赵王曰"弊邑秦王使臣敢献书于大王御史"⑪，《战国策·韩策一》载张仪为秦连横说韩王曰"是故秦王使

① （唐）杜佑撰《通典》卷二一，王文锦等点校，中华书局，1988，第567页。
② （汉）刘向集录《战国策》卷五，上海古籍出版社，1985，第197~198页。
③ （汉）班固：《汉书》卷十九上，中华书局，1962，第736页。
④ （汉）司马迁：《史记》卷四三，中华书局，1959，第1798页。
⑤ 睡虎地秦墓竹简整理小组编《睡虎地秦墓竹简》，文物出版社，1990，第61页。
⑥ 睡虎地秦墓竹简整理小组编《睡虎地秦墓竹简》，文物出版社，1990，第62页。
⑦ 御史的别称。《史记》载："张丞相苍者，……秦时为御史，主柱下方书。"《史记索隐》在下注云："周秦皆有柱下史，谓御史也。所掌及侍立恒在殿柱之下，故老子为周柱下史。今苍在秦代亦居斯职。方书者，如淳以为方板，谓小事书之于方也，或曰主四方文书也。姚氏以为下云'明习天下图书计籍，主郡上计'，则方为四方文书是也。"参见（汉）司马迁《史记》卷九六，中华书局，1959，第2675、2675~2676页。
⑧ （清）阮元校刻《周礼注疏》卷二七，中华书局，1980年影印本，第822页。
⑨ （明）董说：《七国考》卷一，中华书局，1956，第59页。
⑩ 杨宽：《战国史》，上海人民出版社，1998，第224页。
⑪ （汉）刘向集录《战国策》卷十九，上海古籍出版社，1985，第649页。

使臣献书大王御史"①，等等。这些史官既然负责帮助君王处理文书，那么是否有起草与书写君王发布的册命文书的任务呢？就目前所掌握的材料看只能存疑，刘知几《史通·史官建置》即曰"官所无阙，而书尚有遗，故史臣等差，莫辨其序"②。

第二节　"令"书的制作者

战国"令"书的制作者由发令者和书写者两部分构成。其中发令者的身份信息多可以从保存较为完整的"令"书原文中获悉。通过分析可知，战国时期各国君主即可发布"令"书。如就书写格式而言，《魏户律》《魏奔命律》已经完成了由"令"向律的转化，但在文中保留了原始发令者的身份信息。《魏户律》云："廿五年闰再十二月丙午朔辛亥，○告相邦。"③《魏奔命律》云："廿五年闰再十二月丙午朔辛亥，○告将军。"④两文中的"○"即是发令者。而睡虎地秦墓竹简整理小组说"'告'字上应为'王'字"⑤，即是说这两条法令实际是由魏安釐王发布。再来看一篇被称为"律"但从书写格式上看实际尚未转化为律的"令"书，即战国晚期秦国《田律木牍》，其文云："二年十一月己酉朔二日，王命丞相戊（茂）、内史匽、吏臂，更修为田律。"⑥发布者为"王"，即秦武王。⑦此外，如《吕氏春秋·先识览》引"王之令曰：'杀人者死，伤人者刑'"⑧、《战国策·齐策一》引（齐威王）"乃下令：群臣吏民，能面刺寡人之过者，受上赏；上书谏寡人者，受中赏；能谤议于市朝，闻寡人之耳者，受下赏"⑨、《史记·秦本纪》载（秦孝公）"下令国中曰：'……宾客群臣有

① （汉）刘向集录《战国策》卷二六，上海古籍出版社，1985，第935页。
② （唐）刘知几撰《史通》卷十一《史官建置》，蔡焯编，中华书局，1936年影印本，四部备要本第五十一册，第117页。
③ 睡虎地秦墓竹简整理小组编《睡虎地秦墓竹简》，文物出版社，1990，第174页。
④ 睡虎地秦墓竹简整理小组编《睡虎地秦墓竹简》，文物出版社，1990，第175页。
⑤ 睡虎地秦墓竹简整理小组编《睡虎地秦墓竹简》，文物出版社，1990，第175页。
⑥ 吴镇烽编著《商周青铜器铭文暨图像集成》卷三十五，上海古籍出版社，2012，第502页。
⑦ 参见四川省文物考古研究院、青川县文物管理所《四川青川县郝家坪战国墓群M50发掘简报》，《四川文物》2014年第3期，第13～19页。
⑧ 许维遹撰《吕氏春秋集释》卷十六《先识览》，梁运华整理，中华书局，2009，第429页。
⑨ （汉）刘向集录《战国策》卷八，上海古籍出版社，1985，第326页。

能出奇计强秦者，吾且尊官，与之分土'"①、《史记·范雎蔡泽列传》云
"秦昭王恐伤应侯之意，乃下令国中：'有敢言郑安平事者，以其罪罪
之'"② 等，也都是"令"书并以君王名义发布的明证。

有时某些高级将领或官员也可以发布"令"书。高级将领发布"令"
书的如《战国策·齐策四》引"昔者秦攻齐，令曰：'有敢去柳下季垄五
十步而樵采者，死不赦。'令曰：'有能得齐王头者，封万户侯，赐金千
镒'"③。高级官员发布"令"书的现象在里耶秦简中极为多见，如 8 - 159
简所引"丞相令"，"丞相令曰举事可为恒程者□上帬（裙）直"④；8 -
1514 简所引"御史令"，"御史令曰：各苐（第）官徒丁［鄰］🉀勮者为
甲，次为乙，次为丙，各以其事勮（剧）易次之"⑤；8 - 67 + 8 - 652 简所
引"太守令"，"大（太）守令曰：秦人□□□侯中秦吏自捕取，岁上物
数会九月朢（望）大（太）守府，毋有亦言"⑥；等等。

还有一些被实际应用文书引用的"令"书，由于缺少必要信息，所以
难以准确得知其发令者的真实身份。如里耶秦简 J1（8）154 简引"令曰：
'恒以朔日上所买徒隶数'"⑦，J1（16）5 简引"令曰：'传送委输，必先
悉行城旦舂、隶臣妾、居赀赎责（债）。急事不可留，乃兴徭'"⑧，J1
（16）6 简"令曰：'传送委圙，必先悉行城旦舂、隶臣妾、居赀赎责
（债）。急事不可留，乃兴徭'"⑨，J1（16）8 简引"令曰：上"⑩，J1
（16）9 简引"令曰：移言"⑪ 等都只是提取了发文者需要的原有"令"书
的部分命令信息。但从其"令"书内容多为对官府某些具体事务的命令指
派来看，其发令者为君王的可能性较小，应当为丞相、御史或太守等一类
的官府官员。

① （汉）司马迁：《史记》卷五，中华书局，1959，第 202 页。
② （汉）司马迁：《史记》卷七九，中华书局，1959，第 2417 页。
③ （汉）刘向集录《战国策》卷十一，上海古籍出版社，1985，第 408 页。
④ 陈伟主编《里耶秦简牍校释》（第一卷）武汉大学出版社，2012，第 96 页。
⑤ 陈伟主编《里耶秦简牍校释》（第一卷）武汉大学出版社，2012，第 342 页。
⑥ 陈伟主编《里耶秦简牍校释》（第一卷）武汉大学出版社，2012，第 52 页。
⑦ 王焕林：《里耶秦简校诂》，中国文联出版社，2007，第 45 页。
⑧ 王焕林：《里耶秦简校诂》，中国文联出版社，2007，第 104 页。
⑨ 王焕林：《里耶秦简校诂》，中国文联出版社，2007，第 112 页。
⑩ 王焕林：《里耶秦简校诂》，中国文联出版社，2007，第 114 页。
⑪ 王焕林：《里耶秦简校诂》，中国文联出版社，2007，第 116 页。

战国时期君王、高级将领或官员虽然为命令信息的发布者，但他们并没有将这些命令信息转化为实物令书的职责。他们在完成命令信息内容的构想之后，具体的文字转化工作由其他人员完成。又由于"令"书的书写格式存在一个由行政命令向律法转换的过程，所以其文字内容的直接书写者由两部分构成：一部分为最初负责书写"令"书的人员，即尚书、御史、司日、掌书、官属文吏等，与负责书写君王及高级官员所发诏书、告书的人员基本一致，这是因为"令"书最初的书写形式和下发渠道与诏书、告书没有本质区别；另一部分是负责将"令"书从行政命令书写格式转化为律法书书写格式的人员，主要是司寇、司乐、司马、司徒等及其属下史官。为避免重复，这些人员分别放在"诏书、告书的制作者""誓书的制作者""律法书的制作者"三节当中论述，可参看。

第三节　诏书、告书的制作者

由于诏书、告书直到战国结束之前，其用途及发文者的身份在很多国家仍未完全分割开来，所以其发令者身份在战国时期有很强的重合性，且涉及的层级也非常多，按其发令者身份大致可分为君主及各级官员两类。

一　君主所发诏书、告书的制作者

发令者为各国君主。诏书，如秦始皇发布关于统一度量衡制度的廿六年诏书："廿六年，皇帝尽并兼天下诸侯，黔首大安，立号为皇帝，乃诏丞相状、绾，灋（法）度量剾（则）不壹，歉疑者皆明壹之。"① 告书，如魏安釐王发布关于治理逆旅、赘婿、逃野等现象且已转化为律法书写格式的《魏户律》："廿五年闰再十二月丙午朔辛亥，○告相邦：民或弃邑居壄（野），入人孤寡，徼人妇女，非邦之故也。自今以来，叚（假）门逆吕（旅），赘婿后父，勿令为户，勿鼠（予）田宇。三枼（世）之后，欲士

---

① 吴镇烽编著《商周青铜器铭文暨图像集成》卷三十四，上海古籍出版社，2012，第276页。按：另可参见该书的第277页的《始皇诏方升》，与原文差一"疑"，对比其他刻有诏书的器物，如第282页的《始皇诏椭量》、第290页的《始皇诏量》等可知，当为漏刻。

（仕）士（仕）之，乃（仍）署其籍曰：故某虑赘婿某叟之乃（仍）孙。"①

而负责书写这两种由君王发布的令书的人员，据《周礼》记载包括内史、外史、御史、女史等，且各有分工。内史虽然主要负责书写册命文书，但有时也负责书写诏书、告书等君王赏赐和畿内行政命令，如《周礼·春官宗伯·内史》云："凡四方之事书，内史读之。王制禄，则赞为之。以方出之，赏赐亦如之。内史掌书王命，遂贰之。"② 外史主要书写君王有关畿外的命令，《周礼·春官宗伯·外史》载："外史掌书外令。……若以书使于四方，则书其令。"③ 御史主要负责书写君王关于民政、司法的命令，《周礼·春官宗伯·御史》："御史掌邦国都鄙及万民之治令，以赞冢宰。凡治者受法令焉。掌赞书。凡数从政者。"④ 女史则主要负责书写王后命令，即"逆内宫，书内令"⑤。除外史之外，内史、御史、女史等之下都分设有"史八人"⑥"史百有二十人"⑦"女史八人"⑧ 等来辅助其文字书写工作。

《周礼》描述的这些职官设置，有的在战国时期仍然有所保留，像内史、御史，前文已经有所论述；有的则可能消失，如外史，他本为周王向诸侯国传达政令而设，但战国时期周天子已经不再拥有这样的实力，而在其他国家更无理由设此一职。那么战国时期有无女史呢？应当有，董说《七国考》论说燕国之女伶官即女司乐之时也持有此观点，其云："《周礼》有女祝、女史。后代有女尚书、女侍中、女学士、女博士之类，又有女将军、女司乐。"⑨《战国策》中赵太后、秦宣太后的言行事迹，或即为当时女史记录。

这些史官的文书职能与近代秘书类似，因此有些学者将其看为古代君

① 睡虎地秦墓竹简整理小组编《睡虎地秦墓竹简》，文物出版社，1990，第174页。按，该书第174页注："本条及下条尾附标题，系魏律，廿五年应为魏安釐王二十五年（公元前二五二年）。"
② （清）阮元校刻《周礼注疏》卷二六，中华书局，1980年影印本，第820页。
③ （清）阮元校刻《周礼注疏》卷二六，中华书局，1980年影印本，第820页。
④ （清）阮元校刻《周礼注疏》卷二七，中华书局，1980年影印本，第822页。
⑤ （清）阮元校刻《周礼注疏》卷八，中华书局，1980年影印本，第690页。
⑥ （清）阮元校刻《周礼注疏》卷十七，中华书局，1980年影印本，第755页。
⑦ （清）阮元校刻《周礼注疏》卷十七，中华书局，1980年影印本，第755页。
⑧ （清）阮元校刻《周礼注疏》卷一，中华书局，1980年影印本，第643页。
⑨ （明）董说：《七国考》卷一，中华书局，1956，第81页。

王的秘书官，并分析了他们在春秋战国时期设置上的变化，如杨树森先生、张树文先生说："春秋时期，各诸侯国主要秘书官仍叫'史官'，到了战国时期，各诸侯国干脆另设秘书官职，例如秦国的尚书、魏国的主书、齐国的掌书、楚国的左徒等等。"① 这从文献中可以找到证据，尚书之设如《战国策·秦策五》载"文信侯相秦，臣事之，为尚书，习秦事"②，主书之设如《吕氏春秋·先识览》载"文侯知之，命主书曰：'群臣宾客所献书者，操以进之。'主书举两箧以进"③，掌书之设如《吕氏春秋·恃君览》云（齐宣王）"遽召掌书曰：'书之：寡人不肖，而好为大室，春子止寡人'"④，左徒之设如《史记·屈原贾生列传》云"屈原者，……为楚怀王左徒。……入则与王图议国事，以出号令"⑤，等等。除此之外，赵国有司日、笔吏之设，司日如董说《七国考》云"刘向《录》云：'赵武灵王立司日，出纳王命。'余按《国语》：'赵简子田于蝼，史黯闻之……对曰：'……臣敢烦当日。'《注》：'当日，简子当日之官。'武灵司日，疑即此官也"⑥，笔吏如"《吕览章句》：'赵简子以周舍为笔吏'"⑦；燕国有御书之设，如《战国策·燕策二》载"苏代自齐献书于燕王曰：'臣之行也，固知将有口事，故献御书而行。'"⑧ 这些官员既然是各国君王的秘书之官，君王的部分诏书、告书必然由其负责起草与书写。但这是就官员的整体职能而论，在实际诏书、告书的书写过程中，仍有大量的问题尚待澄清。

二　各级官员所发诏书、告书的制作者

战国时期除君王之外，各级官府也有针对其所属地区及管辖范围发布令书的权力。但就目前材料来看，诏书用于地方官员发布命令信息的状况并不多见，地方官府所用主要是告书。

① 杨树森、张树文：《中国秘书史》，安徽大学出版社，2003，第26～27页。
② （汉）刘向集录《战国策》卷七，上海古籍出版社，1985，第286页。
③ 许维遹撰《吕氏春秋集释》卷十六《先识览》，梁运华整理，中华书局，2009，第415页。
④ 许维遹撰《吕氏春秋集释》卷二〇《恃君览》，梁运华整理，中华书局，2009，第576页。
⑤ （汉）司马迁：《史记》卷八四，中华书局，1959，第2481页。
⑥ （明）董说：《七国考》卷一，中华书局，1956，第62页。
⑦ （明）董说：《七国考》卷一，中华书局，1956，第64页。
⑧ （汉）刘向集录《战国策》卷三〇，上海古籍出版社，1985，第1095页。

各级官员作为发令者,在其发布的告令文书中一般都有直接交代。以里耶秦简所载告书为例,如 5 - 1 简云"七月庚子朔癸亥,迁陵守丞固告仓啬夫:以律令从事。/嘉手"①,即为守丞向仓啬夫所下命令;8 - 61 + 8 - 293 + 8 - 2012 简云"六月丙午,洞庭守礼谓迁陵啬夫:□署迁陵亟论言史(事),署中曹发,它如律令。/和手"②,即为洞庭太守礼向迁陵啬夫所下命令;再如 8 - 133 简背云"八月癸巳,迁陵守丞陉告司空主,听书从事"③,即为迁陵守向其司空所下命令;等等。

这些官府职官之下一般都设有专门的帮助其书写文书的文吏,又称"书手"。从一些档案文书中可以发现他们的签名,如里耶秦简中的 J1(8)156 简的欣手④,J1(9)1 简的儋手、堪手、敬手⑤,J1(9)2 简的堪手、嘉手、敬手⑥,等等。李学勤先生曾说:"里耶简文书又有一个引人注意的地方,就是常见'某手',前一字是人名。按'手'训为'亲','某手'即某人签署。……文书中签写'某手'的人是具体负责写抄、收发文书等事的吏员。"⑦ 当然,他们的工作并不局限于在各级官员的授意下起草与书写告书,其也要负责书写其他文书或从事其他与文字相关的工作,如副本抄写、文书登记、文书保存等。

第四节　誓书的制作者

誓书的制作者由发令者和书写者两部分构成。

一　誓书的发令者

就目前材料来看,誓书发令者的身份等级都比较高,或为各国君主,或为一方统治集团之首领。如《国语》载:"(勾践)乃致其父母昆弟而

① 陈伟主编《里耶秦简牍校释》(第一卷),武汉大学出版社,2012,第 1 页。
② 陈伟主编《里耶秦简牍校释》(第一卷),武汉大学出版社,2012,第 46 页。
③ 陈伟主编《里耶秦简牍校释》(第一卷),武汉大学出版社,2012,第 70 页。按:原书点校有误,"主"字后应为":"而非","。
④ 王焕林:《里耶秦简校诂》,中国文联出版社,2007,第 48 页。
⑤ 王焕林:《里耶秦简校诂》,中国文联出版社,2007,第 57 ~ 58 页。
⑥ 王焕林:《里耶秦简校诂》,中国文联出版社,2007,第 66 页。
⑦ 李学勤:《中国古代文明研究》,华东师范大学出版社,2005,第 298 ~ 299 页。

誓之曰：'寡人闻，古之贤君，四方之民归之，若水之归下也。今寡人不能，将帅二三子夫妇以蕃。'"① "（勾践）乃致其众而誓之曰：'……吾不欲匹夫之勇也，欲其旅进旅退。进则思赏，退则思刑，如此则有常赏。进不用命，退则无耻，如此则有常刑。'"② 即为越王勾践在对吴战争之后，为增加越国人口，以及再次对吴发动战争之前，为激励士卒、整肃军队所发布的誓令。《左传·哀公二年》载："简子誓曰：'……克敌者，上大夫受县，下大夫受郡，士田十万，庶人工商遂，人臣隶圉免。志父无罪，君实图之！若其有罪，绞缢以戮，桐棺三寸，不设属辟，素车朴马，无入于兆，下卿之罚也。'"③ 此即为晋国赵氏宗族领袖赵简子在攻打范氏、中行氏时的誓师之书。

这种誓令由君主级别人员来发布，自夏代以来便是如此。夏代，如《甘誓》是夏王启为征讨有扈氏而制。周初，如《牧誓》是周武王为征伐商纣所作。"作誓命曰：'毁则为贼，掩贼为藏。窃贿为盗，盗器为奸。主藏之名，赖奸之用，为大凶德，有常无赦。在九刑不忘。'"④ 此为周公为制定礼法而作。春秋时期，"韩之誓曰：失次犯令，死；将止不面夷，死；伪言误众，死"⑤ 是晋惠公在韩原之战时所制。

这与先秦时期"家国同构"⑥ 的权力结构及当时的"尚武精神"⑦ 有关。在家国同构的国家模式下，"三代国家的统治者……一身兼任国家的最高统治者和本家族的大家长"⑧，受到"国之大事，在祀与戎"⑨ 及尚武

---

① 上海师范大学古籍整理组校点《国语》卷二〇，上海古籍出版社，1978，第635页。
② 上海师范大学古籍整理组校点《国语》卷二〇，上海古籍出版社，1978，第637页。
③ （清）阮元校刻《春秋左传正义》卷五七，中华书局，1980年影印本，第2156页。
④ （清）阮元校刻《春秋左传正义》卷二〇，中华书局，1980年影印本，第1861页。
⑤ 上海师范大学古籍整理组校点《国语》卷九，上海古籍出版社，1978，第333页。
⑥ 沈长云先生说："家国同构，即国家的整个权力机构同于父家长制家庭的结构，国君对于国家的管理如同对于自己家族的管理，并且这两种实施范围不同的管理往往是互相交织和混为一谈的。这个特征，在刚进入国家状态的三代就已经显示出来。"参见沈长云《古代中国政治组织的产生及其模式》，《史学理论研究》1998年第2期，第73页。
⑦ 刘泽华先生即云："顾颉刚先生曾断定：'吾国古代之士，皆武士。'……单就春秋以前士所受教育和所任社会角色看，习武进而作武士，确是其主要内容。"参见刘泽华主编《士人与社会（先秦卷）》，天津人民出版社，1988，第13页。
⑧ 沈长云：《古代中国政治组织的产生及其模式》，《史学理论研究》1998年第2期，第73页。
⑨ （清）阮元校刻《春秋左传正义》卷二七，中华书局，1980年影印本，第1911页。

精神的影响，在战争之时君主往往要亲自出征。如夏启征伐有扈氏、商汤征伐夏桀、周武王征伐商纣、越王勾践征伐吴国等。虽然这一传统随着国家规模的扩大、官员职能的专门化发展有所改变，但到战国初期时仍有少量此种现象。由于君主亲征，故其在军队中地位最高，赏进罚退的誓令自然应由其发布。

二　誓书的书写者

那么战国时期的誓书由谁负责书写呢？由上诸誓书皆称"某某誓曰"可见其由君主的口头命令转化而来，而在战国时期具有记录君王言行职责的人员，主要是左史、右史，兼有御史（柱下史）①、太史、南史等。

吕思勉先生说："古所谓史官，最重要者为左、右史。"② 他们是记录君王言行的主要负责人。如《礼记·玉藻》云："（天子）玄端而居，动则左史书之，言则右史书之。"③《汉书·艺文志》曰："古之王者世有史官，君举必书，所以慎言行，昭法式也。左史记言，右史记事，事为《春秋》，言为《尚书》，帝王靡不同之。"④ 这两种文献对左史、右史的分工描述相互矛盾，一论右史记言左史记事，一论左史记言右史记事。吕思勉先生弥合二说认为"左右二字怕互讹。《礼记·祭统》说'史由君右，执策命之'，亦右史记言之证也"⑤，所说不无道理，但缺乏有力的史料支撑，故我们仍然赞同许兆昌先生的看法，即"左、右史的设置与左、右史的分工，在周代都应是存在的。至于左史、右史，谁记言、谁记行，以及他们与《春秋》和《尚书》的关系，目前尚无确切的材料可作证明，还是存疑为好"⑥。

---

① 《史记·张丞相列传》载（苍）"秦时为御史，主柱下方书"。《史记索隐》注云："周秦皆有柱下史，谓御史也。所掌及侍立恒在殿柱之下，故老子为周柱下史。今苍在秦代亦居斯职。"参见（汉）司马迁《史记》卷九六，中华书局，1959，第 2675 页。
② 吕思勉：《史学与史籍七种》，上海古籍出版社，2009，第 130 页。
③ （清）阮元校刻《礼记正义》卷二九，中华书局，1980 年影印本，第 1473~1474 页。
④ （汉）班固：《汉书》卷三〇，中华书局，1962，第 1715 页。
⑤ 吕思勉：《史学与史籍七种》，上海古籍出版社，2009，第 130 页。
⑥ 许兆昌：《周代史官文化——前轴心期核心文化形态研究》，吉林大学出版社，2001，第 65 页。

左史、右史何时设立的呢？《史记正义》下按语云"春秋时置左右史"①，但从《逸周书·史记解》记载"维正月，王在成周。昧爽，召三公左史戎夫。曰：'今夕朕寤，遂事惊予。乃取遂事之要戒，俾戎夫主之，朔望以闻'"②，《竹书纪年》记载"二十四年，王命左史戎夫作记"③ 的情况来看，西周之时可能已有左史、右史之设。不过在《左传》《逸周书》《竹书纪年》等文献之中仅见对左史活动的记载，如《左传·襄公十四年》载"左史谓魏庄子曰：'不待中行伯乎'"④、《昭公十二年》载"左史倚相趋过，王曰：'是良史也。子善视之！是能读《三坟》、《五典》、《八索》、《九丘》'"⑤、《哀公十七年》载"楚子问帅于大师子穀与叶公诸梁，子穀曰：'右领差车与左史老，皆相令尹、司马以伐陈，其可使也'"⑥ 等，而未见右史的踪迹，不知为何。

御史、太史、南史等并不是随时记录君王言行的主要负责人，但在某些特殊情况下，他们也要承担此项任务。御史记录君王言行的情况，如《史记·廉颇蔺相如列传》载在秦、赵二国所举行的"渑池之会"中，各自御史有记录君王言行的行为，"秦御史前书曰'某年月日，秦王与赵王会饮，令赵王鼓瑟。'……相如顾召赵御史书曰'某年月日，秦王为赵王击缶。'"⑦ 虽然此处御史记录的并非君王命令，却说明在某些场合御史有记录君王言行的职责。

关于太史（即大史）、南史从事史书书写活动的情况在春秋时期即有相关记载，如《左传·宣公二年》"乙丑，赵穿攻灵公于桃园。宣子未出山而复。大史书曰'赵盾弑其君'，以示于朝"⑧，又如《襄公二十五年》"大史书曰：'崔杼弑其君。'崔子杀之。其弟嗣书，而死者二人。其弟又

---

① 参见（汉）司马迁《史记》卷一，中华书局，1959，第 1 页。
② 黄怀信、张懋镕、田旭东：《逸周书汇校集注》卷八，李学勤审定，上海古籍出版社，1995，第 1007 ~ 1008 页。
③ 王国维：《今本竹书纪年疏证》卷下，沃兴华点校，李解民复校，载谢维扬、房鑫亮主编《王国维全集》卷五，浙江教育出版社，2009，第 268 页。
④ （清）阮元校刻《春秋左传正义》卷三二，中华书局，1980 年影印本，第 1956 页。
⑤ （清）阮元校刻《春秋左传正义》卷四五，中华书局，1980 年影印本，第 2064 页。
⑥ （清）阮元校刻《春秋左传正义》卷六〇，中华书局，1980 年影印本，第 2179 页。
⑦ （汉）司马迁：《史记》卷八一，中华书局，1959，第 2442 页。
⑧ （清）阮元校刻《春秋左传正义》卷二一，中华书局，1980 年影印本，第 1867 页。

书，乃舍之。南史氏闻大史尽死，执简以往。闻既书矣，乃还"①，等等。
虽然此处太史记录的也并非君王的言行，却体现了刘知几所说的"此则
《春秋》'君举必书'之义也"②。而在春秋时期各国普遍设有太史一职，
如《左传·闵公二年》的卫国太史即"冬，十二月，狄人伐卫。……二人
曰：'我大史也，实掌其祭。不先，国不可得也。'"③《文公十八年》的鲁
国太史即"季文子使大史克对曰"④，《哀公六年》的周国太史即"楚子使
问诸周大史"⑤，等等。进入战国之后，各国官职出现了一定的变动，郑樵
《通志·职官略第一》云："自周衰官失而百职乱。战国并争，各有变
易。"⑥ 但战国时莒国仍设有太史，如《战国策·齐策六》云："太子乃解
衣免服，逃太史之家为溉园。"⑦ 秦国则设有太史令一职，杜佑《通典》
说："秦有太史令胡毋敬。"⑧ 其他诸侯国有无太史之设，及其是否具有记
录君王言行的职责，由于史料所限，尚待考证。

不过，从国家需要来看，虽然战国时期的史官较春秋时期地位、权限
及职能范围都有所下降或收窄，但其基本记事职能没有缺失，所以各诸侯
国必然设有与"太史"职能一样或相类的官职，如董说引《史记》说秦国
在襄公十三年设置了记事之官——秩史，其文云："《史记》：'秦襄公十三
年，初有秩史以纪事。'"⑨ 但《史记》六国年表仅载秦孝襄公十三年"初
为县，有秩史"⑩，并没有其为记事之官的论述，不知董说何据。不过赵国
之御史，齐国之尚书，魏国之主书或掌书，秦国、鲁国之令正，楚国之左

① （清）阮元校刻《春秋左传正义》卷三六，中华书局，1980 年影印本，第 1984 页。
② （唐）刘知几撰《史通》卷十一《史官建置》，蔡焯编，中华书局，1936 年影印本，
  四部备要本第五十一册，第 117 页。按：姚松、朱恒夫《史通全译》（贵州人民出
  版社，1997，第 6 页）点校为"此则春秋君举必书之义也"，笔者认为两种点校均
  可解释得通。
③ （清）阮元校刻《春秋左传正义》卷十一，中华书局，1980 年影印本，第 1787 ~ 1788
  页。
④ （清）阮元校刻《春秋左传正义》卷二〇，中华书局，1980 年影印本，第 1861 页。
⑤ （清）阮元校刻《春秋左传正义》卷五八，中华书局，1980 年影印本，第 2161 页。
⑥ （宋）郑樵撰《通志二十略》，王树民点校，中华书局，1995，第 972 页。
⑦ （汉）刘向集录《战国策》卷十三，上海古籍出版社，1985，第 449 页。
⑧ （唐）杜佑撰《通典》卷二一《职官三》，王文锦等点校，中华书局，1988，第 567 页。
⑨ （明）董说：《七国考》卷一，中华书局，1956，第 6 页。
⑩ （汉）司马迁：《史记》卷十五，中华书局，1959，第 723 页。

徒等的确具有部分记事职能。①

第五节　檄书的制作者

按常理论，檄书作为与军事活动关系比较紧密的令书种类，在战国时期战争频仍的环境中，必然被大量制作。虽然由于史料保存问题，未能见到完整的战国檄书之原文，而檄书相关制作者的信息同样十分缺乏，但通过对战国及去其未远仍较多保留秦代相关制度的汉初时期檄文相关的史料分析，仍可以获得一些对战国檄文制作者较为合理的认识。

能够发布令书性质檄书的人员身份构成比较复杂，有君王，有一国之执政者——相，也有地方官员。①君王。《史记·淮阴侯列传》载"（韩信对汉王刘邦说）'今大王举而东，三秦可传檄而定也。'于是汉王大喜……遂听信计"②，即反映了汉王刘邦在韩信的劝说下下达檄书的事件。又《史记·韩信卢绾列传》云"上曰：'非若所知！陈豨反，邯郸以北皆豨有，吾以羽檄征天下兵，未有至者'"③，其中"羽檄"指比较紧急的檄文，《史记集解》即释"羽檄"为"魏武帝奏事曰：'今边有小警，辄露檄插羽，飞羽檄之意也。'骃案：推其言，则以鸟羽插檄书，谓之羽檄，取其急速若飞鸟也"④。这条史料是说陈豨造反的时候，刘邦曾经下达向天下征

---

① 梁毓阶先生云："赵国设御史、齐国设尚书、魏国设主书。这些人待于国君左右，协助处理文书及保管文件。"周振华先生说："尚书——秦国设立。'尚'为执掌国君事物之意，'书'指文书奏章，尚书即在国君身边执掌文书的官员。主书——魏国设立。'主'为主管之意，主书即主管国君文书的官员。掌书——齐国设立。'掌'为掌管之意，掌书即掌管国君文书的官员。……尚书、掌书、主书名异而实同，都是国君左右的秘书官员。令正——鲁国设立。'子书为令正'。'主作辞令之正'。说明令正是鲁国国君身边负责制作重要文书的秘书官员。"又说（战国时）"大批士充实到秘书队伍中，各诸侯国因而设置了一批新的秘书官职，如秦国设立了尚书，齐国设立了掌书，魏国设立了主书，鲁国设立了令正"。杨树森先生和张树文先生认为："春秋时期，各诸侯国主要秘书官仍叫'史官'，到了战国时期，各诸侯国干脆另设秘书官职，例如秦国的尚书、魏国的主书、齐国的掌书、楚国的左徒等等。"参见梁毓阶编著《文书学》，档案出版社，1985，第 11 ~ 13 页；周振华《文件学》，广陵书社，2007，第 42 ~ 44、405 ~ 406 页；杨树森、张树文《中国秘书史》，安徽大学出版社，2003，第 26 ~ 27 页。

② （汉）司马迁：《史记》卷九二，中华书局，1959，第 2612 页。

③ （汉）司马迁：《史记》卷九三，中华书局，1959，第 2641 页。

④ 参见（汉）司马迁《史记》卷九三，中华书局，1959，第 2641 页。

兵的紧急檄文，但无人听从。这也是君王为檄书的证据。又汉武帝时，西南发生叛乱，武帝听闻后命司马相如书写檄书向巴蜀太守及民众传达自己的意愿，命令巴蜀太守收到檄文之后要迅速将其下发到所属郡县道，使百姓皆知，即《史记·司马相如列传》载："上闻之，乃使相如责唐蒙，因喻告巴蜀民以非上意。檄曰：告巴蜀太守：……檄到，亟下县道，使咸知陛下之意，唯毋忽也。"① ②相。《史记·张仪列传》载张仪为秦相时，以曾被楚相冤枉为由，发布即将攻打楚的檄书，即"张仪既相秦，为文檄告楚相曰：'始吾从若饮，我不盗而璧，若笞我。若善守汝国，我顾且盗而城'"②。此檄书虽然尚难确定为令书，但檄令书只是檄书中的一部分，其发布者多是重合的，足以说明檄书可以由相来发布。汉初即有丞相为檄令书的记载，昔时太中大夫邓通受到文帝的宠爱，而怠慢礼仪，丞相嘉对此十分不满，故"为檄召邓通诣丞相府，不来，且斩通"③。邓通因不遵守檄文召见而将要被斩杀，足见此檄书必为令书。③地方官员。《史记·南越尉佗列传》载："嚣死，佗即移檄告横浦、阳山、湟溪关曰：'盗兵且至，急绝道聚兵自守。'"④ 大意是说嚣死之后，尉佗向横浦、阳山、湟溪关等三关发布檄文，命令它们阻断道路，拥兵自守。而佗此时为秦国的地方长官龙川令。

这些檄文的命令信息虽然由君王、相、地方长官来发布，但具体文书内容的起草与书写工作，除极少数发布者亲力亲为的情况外，一般是由其手下的史官或文吏来负责完成的。君王之下有尚书、御史、掌书和笔吏等，地方官员手下有书手等，他们在檄书制作过程中起到了重要的辅助作用。其具体设置问题，前文多已言明，此处不再赘述。

第六节　律法书的制作者

律法书，由于涉及国家社会生活的各个方面，所以其制作工作涉及的

① （汉）司马迁：《史记》卷一一七，中华书局，1959，第3044~3046页。
② （汉）司马迁：《史记》卷七〇，中华书局，1959，第2281页。
③ （汉）司马迁：《史记》卷九六，中华书局，1959，第2683页。
④ （汉）司马迁：《史记》卷一一三，中华书局，1959，第2967页。

人员众多，据《周礼》载有大宰（太宰）、大司马、大司寇、大司乐、朝士及其属下之史等。

一　大宰与相国、相邦、相

《周礼》载大宰不仅要负责制作六种重要法典，即"大宰之职，掌建邦之六典，以佐王治邦国。一曰治典，……二曰教典，……三曰礼典，……四曰政典，……五曰刑典，……六曰事典"①，"建"，孙诒让《周礼正义》释曰"《叙官》注云'建，立也。'经例言建者，并谓修立其政法之书，颁而行之"②；还要负责统领制作八法、八则、九赋、九式、九贡等具体法律，即"以八法治官府……以八则治都鄙……以九赋敛财贿……以九式均节财用……以九贡致邦国之用"③。

大宰在西周时期是百官之首，地位至尊，《左传·定公四年》即载西周初年"周公为太宰"④，也确有其在这一时期创制"礼法"⑤活动的记载，如《左传·文公十八年》云："先君周公制《周礼》曰：'则以观德，德以处事，事以度功，功以食民。'"⑥可见《周礼》说百官之长负责全国各类法典的制作工作必有所依。

---

① （清）阮元校刻《周礼注疏》卷一，中华书局，1980年影印本，第645页。
② （清）孙诒让撰《周礼正义》卷二，王文锦、陈玉霞点校，中华书局，1987，第58～59页。
③ 参见（清）阮元校刻《周礼注疏》卷二，中华书局，1980年影印本，第645～648页。按：八法、八则、九赋、九式、九贡等属于具体的法律条例，其与"六典"是否为从属关系，还有待进一步研究。
④ （清）阮元校刻《春秋左传正义》卷五四，中华书局，1980年影印本，第2135页。
⑤ 章太炎先生云："礼者，法度之通名，大别则官制、刑法、仪式是也。"郭建先生、殷啸虎先生、王志强先生认为"礼作为整体而言是不成文的习惯性规范，但它并不等同于现代意义上的'法'。礼是包括国家根本制度、人们具体行为规范和社会道德标准在内的综合体，只有到后世，其中……有的被编定为国家的礼仪之典，有的更被强调、重视而载入律令之中，这两者都成为正式的国家法律"。陈戍国先生认为"礼制，作为执礼的根据，限定了行礼的范围、规模、程序、仪态以及大致具体的言行。不容许礼物和礼仪违犯礼制的规定，否则就不能表达应有的礼意。不妨说，礼制是具有法律效力的，在这个意义上可以把礼制看作典章制度"。参见上海人民出版社主编《章太炎全集·检论·礼隆杀论》（第3分册），上海人民出版社，1984，第399页；郭建、殷啸虎、王志强《法律志》，上海人民出版社，1998，第25页；陈戍国《先秦礼制研究》，湖南教育出版社，1991，第17页。
⑥ （清）阮元校刻《春秋左传正义》卷二〇，中华书局，1980年影印本，第1861页。

进入春秋之后，周王朝实力下降，诸侯国实力增强，周天子对诸侯国的控制能力减弱，僭越礼法的现象开始大量出现，如"八佾舞于庭"①，"季氏旅于泰山"②，等等，以致孔子发出"是可忍也，孰不可忍也"③"泰山不如林放乎"④ 的感叹。在周王朝礼崩乐坏的背景下，春秋时期各诸侯国国内礼法制度的建设工作开始迅速推进。⑤ 这不仅是对礼法不可或缺的治国安邦功能的工具性需要，而且是其希望摆脱周天子控制主观动机的外在表现。在这种背景与动机之下，各诸侯国为了削弱周王国的权威，虽然保留了在周王国具有百官之长地位的大宰官名设置，但降低了其实际地位，大宰不再是执政之卿，如《左传·成公十五年》记载"于是华元为右师，鱼石为左师，荡泽为司马，华喜为司徒，公孙师为司城，向为人为大司寇，鳞朱为少司寇，向带为大宰，鱼府为少宰"⑥，即可看出在宋国，大宰的地位要低于右师、左师、司马、司徒、司城、大司寇、少司寇等官，明显非执政之卿；《襄公十一年》中有"九月，诸侯悉师以复伐郑。郑人使良霄、大宰石㚟如楚，告将服于晋"⑦，《襄公十三年》中有"郑良霄、大宰石㚟犹在楚"⑧，这两处提到的郑国"大宰石㚟"地位也低于良霄而非郑国的执政卿。另在春秋时期与中原官制有所差别的楚国，也设有大宰一职，如《左传·昭公元年》记载"楚灵王即位，薳罢为令尹，薳启强为大宰"⑨，其排在令尹之后，可见其也并非楚国执政之卿。更有楚国令尹命令大宰的记载，如《左传·襄公二十七年》记载令尹子木否决大宰伯州犁之提议并命令他向别国回话，而大宰只能在出去后对其加以抱怨，即"大宰退，告人曰：'令尹将死矣，不及三年。求逞志而弃信，志将逞乎？志以

---

① （清）阮元校刻《论语注疏》卷三，中华书局，1980 年影印本，第 2465 页。

② （清）阮元校刻《论语注疏》卷三，中华书局，1980 年影印本，第 2466 页。

③ （清）阮元校刻《论语注疏》卷三，中华书局，1980 年影印本，第 2465 页。

④ （清）阮元校刻《论语注疏》卷三，中华书局，1980 年影印本，第 2466 页。

⑤ 晁福林先生即说："所谓的'礼崩乐坏'，那只限于周天子，而对于诸侯和卿大夫来说，春秋时期正是礼乐制度大发展的时期。"参见晁福林《春秋战国的社会变迁》，商务印书馆，2011，第 821 页。

⑥ （清）阮元校刻《春秋左传正义》卷二七，中华书局，1980 年影印本，第 1914 页。

⑦ （清）阮元校刻《春秋左传正义》卷三一，中华书局，1980 年影印本，第 1950 页。

⑧ （清）阮元校刻《春秋左传正义》卷三二，中华书局，1980 年影印本，第 1955 页。

⑨ （清）阮元校刻《春秋左传正义》卷四一，中华书局，1980 年影印本，第 2026 页。

发言，言以出信，信以立志。参以定之。信亡，何以及三？'"①

到了战国时期，各诸侯国已经基本摆脱了周王朝的控制，建立了各自的属官系统。在现有史料中未见战国中后期各国仍设有大宰的记载，② 但杜佑《通典》说"太宰，于殷为六太，于周为六卿，亦曰冢宰。周武时，周公始居之，掌建邦之治。秦、汉、魏并不置"③，似乎认为在战国时仍设有大宰一官。不过这一时期各国的最高执政人员不是大宰，而是在各国被称为相国（相邦）、丞相或简称"相"的官员。

称执政官为"相国"的记载，如《战国策》中有（韩国）"苏代遂往见韩相国公中"④，（燕国）"君欲成之，何不使人谓燕相国"⑤，（赵国）"赵王喜，召相国而命之"⑥，等等。楚国最高执政官实为"令尹"，但有时也称相国，如《战国策·楚策三》云："君相楚二十余年矣，虽名为相国，实楚王也。"⑦ 东周、西周两国应是保存周代制度最完善的国家，但有时其最高执政官也称"相国"，如（东周国）"昭献在阳翟，周君将令相国往，相国将不欲"⑧。而称执政官为"相"，只是人们对相国的省称，董说云："至于周衰，诸侯失制，号令自己，其名不一。正卿当国，皆谓之相。"⑨ 例如《史记》中有（燕国）"燕相子之与苏代婚"⑩，（魏国）"张仪相魏一岁"⑪，（秦国）"秦王乃拜范雎为相"⑫，等等。

不过在战国青铜器铭文中，未见这两种称法，只见有"相邦"的提法，如赵国的相邦春平侯矛⑬、相邦建信君铍（相邦建鄈君铍、廿年相邦

---

① （清）阮元校刻《春秋左传正义》卷三八，中华书局，1980 年影印本，第 1996 页。
② 参见（明）董说《七国考》，中华书局，1956。
③ （唐）杜佑撰《通典》卷二〇《职官二》，王文锦等点校，中华书局，1988，第 512 页。
④ （汉）刘向集录《战国策》卷二，上海古籍出版社，1985，第 52 页。
⑤ （汉）刘向集录《战国策》卷五，上海古籍出版社，1985，第 171 页。
⑥ （汉）刘向集录《战国策》卷二四，上海古籍出版社，1985，第 851 页。
⑦ （汉）刘向集录《战国策》卷十七，上海古籍出版社，1985，第 579 页。
⑧ （汉）刘向集录《战国策》卷一，上海古籍出版社，1985，第 10 页。
⑨ （明）董说：《七国考》卷一，中华书局，1956，第 1 页。
⑩ （汉）司马迁：《史记》卷六九，中华书局，1959，第 2268 页。
⑪ （汉）司马迁：《史记》卷七〇，中华书局，1959，第 2300 页。
⑫ （汉）司马迁：《史记》卷七九，中华书局，1959，第 2412 页。
⑬ 吴镇烽编著《商周青铜器铭文暨图像集成》卷三十三，上海古籍出版社，2012，第 118 页。

建信君剑)①，秦国的相邦吕不韦矛②、相邦疾戈③、相邦冉戈④、相邦樛斿戈⑤，此外还有如相邦阳安君钺⑥、春平相邦葛得剑（春平相邦鄹得剑）⑦、安平相邦戈（司徒田子戈）⑧ 等。另外，战国时中山国也设有相邦一职，如战国中期的中山王嚳壶（中山王嚳方壶）即载有"相邦"一词，即"隹（唯）十三（四）年，串（中）山王嚳命相邦贾敱（择）郾（燕）吉金，鈏（铸）为彝壶"⑨。可见文献中多称为"相国"而不称"相邦"大概是汉代人为了回避汉高祖刘邦的名讳，而改"邦"为"国"。

战国时相国或相邦有时还被称为"丞相"，《战国策·魏策二》云"莫如太子之自相。是三人皆以太子为非固相也，皆将务以其国事魏，而欲丞相之玺"⑩，即将"相"与"丞相"对举。班固云："相国、丞相，皆秦官……秦有左右，高帝即位，置一丞相，十一年更名相国。"⑪ 但据《七国考》可知在战国时秦、赵、魏等国已经有此种称法，⑫ 可见王树民先生引《汉官仪》说其"皆六国时官"⑬ 不误。杜佑《通典》云"秦悼武王二年，始置丞相官，以樗里疾、甘茂为左右丞相。庄襄王又以吕不韦为丞相。及始皇立，尊不韦为相国，则相国、丞相皆秦官。……秦初有左右，至二世，复有中丞相"⑭，则是将丞相与相国看作两个官职，董说也持此看法，并说丞相为"战国改置，递相效也"⑮，"递，更易也"⑯，即是说设置丞相是为了弱化相国或相邦的权力。丞相添加左、右以分其权，这是君权

---

① 吴镇烽编著《商周青铜器铭文暨图像集成》卷三十三，上海古籍出版社，2012，第 421 页。
② 吴镇烽编著《商周青铜器铭文暨图像集成》卷三十三，上海古籍出版社，2012，第 119 页。
③ 吴镇烽编著《商周青铜器铭文暨图像集成》卷三十二，上海古籍出版社，2012，第 310 页。
④ 吴镇烽编著《商周青铜器铭文暨图像集成》卷三十二，上海古籍出版社，2012，第 312 页。
⑤ 吴镇烽编著《商周青铜器铭文暨图像集成》卷三十二，上海古籍出版社，2012，第 319 页。
⑥ 吴镇烽编著《商周青铜器铭文暨图像集成》卷三十三，上海古籍出版社，2012，第 449 页。
⑦ 吴镇烽编著《商周青铜器铭文暨图像集成》卷三十三，上海古籍出版社，2012，第 459 页。
⑧ 吴镇烽编著《商周青铜器铭文暨图像集成》卷三十二，上海古籍出版社，2012，第 441 页。
⑨ 吴镇烽编著《商周青铜器铭文暨图像集成》卷二十二，上海古籍出版社，2012，第 449 页。
⑩ （汉）刘向集录《战国策》卷二三，上海古籍出版社，1985，第 839 页。
⑪ （汉）班固：《汉书》卷十九上，中华书局，1962，第 724～725 页。
⑫ 参见（明）董说《七国考》卷一，中华书局，1956，第 2、53、68 页。
⑬ （宋）郑樵撰《通志二十略》，王树民点校，中华书局，1995，第 1003 页。
⑭ （唐）杜佑撰《通典》卷二一《职官三》，王文锦等点校，中华书局，1988，第 534 页。
⑮ （明）董说：《七国考》卷一，中华书局，1956，第 53 页。
⑯ （汉）许慎：《说文解字》卷二，中华书局，1963 年影印本，第 40 页。

与相权斗争的结果，但仅据秦国设左右丞相而论其与相国为两官显然证据不足，丞相有左右之设，相国也可以有，况且相国之设置时间要早于丞相，所以这种将战国之相国、丞相作为两官的说法可能并不确切。

战国时，各国在相国或相位空缺的时候，往往会设置守相、假相国（假相邦）等职。董说云"守，假官也"①，"假相，假名相也"②。"假"此处取借代之意，《说文解字注》即有"叚，借也。然则假与叚义略同"③之说。也就是说这些官员实际是一些临时性设置。守相的设置在传世文献和出土文物中都可找到证据，如传世文献《战国策·秦策五》载"文信侯出走，与司空马之赵，赵以为守相"④，出土青铜铭文有守相信平君钺⑤、守相廉颇钺（守相杢波钺）⑥、守相武襄君钺（赵武襄君剑、相邦建信君钺）⑦ 等；但假相国（假相邦）一官仅见于传世文献，如《史记·廉颇蔺相如列传》载"赵以尉文封廉颇为信平君，为假相国"⑧ 等。

二 司徒

《周礼》载大司徒要负责制定有关征收贡税的法则，即"以土均之法，辨五物九等，制天下之地征"⑨，帮助其完成律法书书写任务的"史有十二人"⑩。杜佑《通典》云"司徒，古官。……周时，司徒为地官，掌邦教。秦置丞相，省司徒"⑪，即认为战国时期仍有此官，直到秦时才废弃。春秋时期各国均设有此官，如《左传·桓公六年》"晋以僖侯废司徒"⑫、《文公七年》（宋国）"鳞瞳为司徒"⑬、《宣公十一年》（楚国）"令尹蒍艾猎

① （明）董说：《七国考》卷一，中华书局，1956，第 54 页。
② （明）董说：《七国考》卷一，中华书局，1956，第 54 页。
③ （汉）许慎撰，（清）段玉裁注《说文解字注》卷八，上海古籍出版社，1981，第 673 页。
④ （汉）刘向集录《战国策》卷七，上海古籍出版社，1985，第 285 页。
⑤ 吴镇烽编著《商周青铜器铭文暨图像集成》卷三十三，上海古籍出版社，2012，第 451 页。
⑥ 吴镇烽编著《商周青铜器铭文暨图像集成》卷三十三，上海古籍出版社，2012，第 378 页。
⑦ 吴镇烽编著《商周青铜器铭文暨图像集成》卷三十三，上海古籍出版社，2012，第 456 页。
⑧ （汉）司马迁：《史记》卷八一，中华书局，1959，第 2448 页。
⑨ （清）阮元校刻《周礼注疏》卷十，中华书局，1980 年影印本，第 704 页。
⑩ （清）阮元校刻《周礼注疏》卷九，中华书局，1980 年影印本，第 697 页。
⑪ （唐）杜佑撰《通典》卷二〇《职官二》，王文锦等点校，中华书局，1988，第 515 页。
⑫ （清）阮元校刻《春秋左传正义》卷六，中华书局，1980 年影印本，第 1751 页。
⑬ （清）阮元校刻《春秋左传正义》卷十九上，中华书局，1980 年影印本，第 1845 页。

城沂，使封人虑事，以授司徒"①、《成公二年》（齐国）"辟司徒之妻
也"②、《襄公十七年》（陈国）"宋庄朝伐陈，获司徒印"③ 等等。战国时
期魏国设有司徒之官，如《战国策·赵策四》云"魏王许诺，使司徒执范
座，而未杀也"④，《魏策三》云"王能使臣为魏之司徒，则臣能使魏献
之"⑤，他国或也设有此官。⑥

三 司乐

《周礼》载大司乐要负责制定管理学校的法令，即"掌成均之法，以
治建国之学政"⑦，帮助其完成律法书书写任务的有"史八人"⑧。在目前
所见材料中尚未发现战国时期有此官名的直接证据，但董说《七国考》说
燕国之女伶官即女司乐，即"《拾遗记》：'燕昭王时，广延国献善舞者二
人，容冶妖丽，靡于鸾翔，而歌声轻扬，乃使女伶代唱其曲。'余按伶，
乐官也。黄帝时乐师伶伦，世掌乐官，故后世号乐官曰'伶官'。女伶者，
女乐官也。《周礼》有女祝、女史。后代有女尚书、女侍中、女学士、女
博士之类，又有女将军、女司乐。女司乐即女伶官也"⑨。又《左传·成公
九年》，有"泠人"，即"晋侯观于军府，见钟仪，问之曰：'南冠而絷
者，谁也？'……对曰：'泠人也'"⑩，杨伯峻先生曰"泠人，乐官，亦作
'伶人'"⑪，董说云"补曰：泠人，乐官名。古泠氏世掌官，因以为号"⑫。
据《汉书·艺文志》战国魏国有乐人之官，即"六国之君，魏文侯最为好

① （清）阮元校刻《春秋左传正义》卷二二，中华书局，1980 年影印本，第 1875 页。
② （清）阮元校刻《春秋左传正义》卷二五，中华书局，1980 年影印本，第 1895 页。
③ （清）阮元校刻《春秋左传正义》卷三三，中华书局，1980 年影印本，第 1963 页。
④ （汉）刘向集录《战国策》卷二一，上海古籍出版社，1985，第 749 页。
⑤ （汉）刘向集录《战国策》卷二四，上海古籍出版社，1985，第 852～853 页。
⑥ 按：在没有明确材料说明春秋时某国设有某官到战国时加以废止的情况下，本书认为至
　少在名称上，战国时仍保留该官，因为无法证明进入战国之后各国出现了官僚名称系统
　上的根本性变革。
⑦ （清）阮元校刻《周礼注疏》卷二二，中华书局，1980 年影印本，第 787 页。
⑧ （清）阮元校刻《周礼注疏》卷十七，中华书局，1980 年影印本，第 754 页。
⑨ （明）董说：《七国考》卷一，中华书局，1956，第 81 页。
⑩ （清）阮元校刻《春秋左传正义》卷二六，中华书局，1980 年影印本，第 1905 页。
⑪ 杨伯峻编著《春秋左传注》，中华书局，1990，第 844 页。
⑫ （明）董说：《七国考》卷一，中华书局，1956，第 46 页。

古，孝文时得其乐人窦公，献其书，乃《周官》大宗伯之大司乐章也"①，将乐人与大司乐对举，可见乐人之职能当与大司乐之职能相似或即为大司乐的属官。乐人，有时也称师氏、师，《风俗通义》云："晋有师旷，鲁有师乙，郑有师悝、师触、师蠲、师成，又师服，晋大夫也。"② 有时则直接称为"乐师"，《史记正义》有"昔殷纣使师延作长夜靡靡之乐，以致亡国。武王伐纣，此乐师师延将乐器投濮水而死。后晋国乐师师涓夜过此水，闻水中作此乐，因听而写之"③，《周礼》大司乐下即设有乐师一官，"大司乐，中大夫二人。乐师，下大夫四人"④，主要负责部分学校教育事务，即"乐师，掌国学之政"⑤。又在楚国乐师之长官称为"乐长"，优孟即曾任此职，即"焦竑云：'予得汉延熹中碑云：'优孟，楚之乐长'"⑥，应与《周礼》大司乐一职相似。

四 司马

《周礼》载大司马要负责制定周王朝与诸侯国相关的法律，即"掌建邦国之九法，以佐王平邦国"⑦，帮助其完成律法书写任务的有"史十有六人"⑧。董说云"盖春秋列国，皆置司马也"⑨，如《左传·成公十五年》载（宋国）"荡泽为司马"⑩、《成公十六年》载（楚国）"楚子救郑。司马将中军"⑪、《成公十八年》载（晋国）"魏绛为司马"⑫、《襄公二年》载（郑国）"子国为司马"⑬、《襄公八年》载（蔡国）"以讨于蔡，获司马燮"⑭ 等等。又杜佑《通典》云："周时，司马为夏官，掌邦政。项羽

---

① （汉）班固：《汉书》卷三〇，中华书局，1962，第1712页。
② （汉）应劭撰《风俗通义校注》卷末《佚文》，王利器校注，中华书局，1981，第501页。
③ 参见（汉）司马迁《史记》卷二四，中华书局，1959，第1183页。
④ （清）阮元校刻《周礼注疏》卷十七，中华书局，1980年影印本，第754页。
⑤ （清）阮元校刻《周礼注疏》卷二三，中华书局，1980年影印本，第793页。
⑥ （明）董说：《七国考》卷一，中华书局，1956，第46页。
⑦ （清）阮元校刻《周礼注疏》卷二九，中华书局，1980年影印本，第834页。
⑧ （清）阮元校刻《周礼注疏》卷二八，中华书局，1980年影印本，第830页。
⑨ （明）董说：《七国考》卷一，中华书局，1956，第22页。
⑩ （清）阮元校刻《春秋左传正义》卷二七，中华书局，1980年影印本，第1914页。
⑪ （清）阮元校刻《春秋左传正义》卷二八，中华书局，1980年影印本，第1917页。
⑫ （清）阮元校刻《春秋左传正义》卷二八，中华书局，1980年影印本，第1923页。
⑬ （清）阮元校刻《春秋左传正义》卷二九，中华书局，1980年影印本，第1929页。
⑭ （清）阮元校刻《春秋左传正义》卷三〇，中华书局，1980年影印本，第1940页。

以曹咎、周殷并为大司马。"① 但未提及春秋战国时各国司马官职之具体设置。实际上春秋战国时各国司马一官的设置可能并不相同，因为楚国在大司马之下，还设左、右司马，如《襄公十五年》载（楚国）"荒子冯为大司马，公子囊师为右司马，公子成为左司马"②，而据董说《七国考》赵国也有左、右司马的设置，"张孟谈告赵襄子曰：'左司马见使于国家，安社稷不避死，以成其忠。'《注》：'左司马，张孟谈自谓也。'……赵必有左右司马"③。但其他国家是否如此，则需要更多材料证明。另由于战国时期周王朝已经非常衰弱，即使其仍设有大司马一官，大司马也没有实力创制管理诸侯的律法书。

五 司寇

《周礼》载大司寇要负责制定治理天下的刑法，其所制定刑法分对象使用，即"掌建邦之三典，以佐王刑邦国，诘四方：一曰刑新国用轻典，二曰刑平国用中典，三曰刑乱国用重典"④，帮助其完成律法书书写任务的有"史十有二人"⑤。司寇是先秦时期主管司法的长官，有时也被称为大正、司败等，具有修订律法书的职能。《逸周书·尝麦解》即有周成王命大正修订刑法的记载，云："维四年孟夏，王初祈祷于宗庙，乃尝麦于太祖。是月，王命大正正刑书。"⑥ 潘振云："大正，五官之长二，二伯也。正刑书，定法律也。"⑦ 庄述祖云："大正，司寇也。"⑧ 孔颖达云："司寇为诸正之长，故曰大正。"⑨ 春秋时期各国均设有此官，如《左传·文公七

① （唐）杜佑撰《通典》卷二〇《职官二》，王文锦等点校，中华书局，1988，第518页。
② （清）阮元校刻《春秋左传正义》卷三二，中华书局，1980年影印本，第1959页。
③ （明）董说：《七国考》卷一，中华书局，1956，第55~56页。
④ （清）阮元校刻《周礼注疏》卷三四，中华书局，1980年影印本，第870页。
⑤ （清）阮元校刻《周礼注疏》卷三四，中华书局，1980年影印本，第867页。
⑥ 黄怀信、张懋镕、田旭东：《逸周书汇校集注》卷六，李学勤审定，上海古籍出版社，1995，第769~771页。
⑦ 黄怀信、张懋镕、田旭东：《逸周书汇校集注》卷六，李学勤审定，上海古籍出版社，1995，第771页。
⑧ 黄怀信、张懋镕、田旭东：《逸周书汇校集注》卷六，李学勤审定，上海古籍出版社，1995，第771页。
⑨ 黄怀信、张懋镕、田旭东：《逸周书汇校集注》卷六，李学勤审定，上海古籍出版社，1995，第771页。

年》载（宋国）"华御事为司寇"①、《昭公二年》载（郑国）"司寇将至"②、《昭公三十一年》载（卫国）"齐豹为卫司寇"③、《定公元年》载（鲁国）"孔子之为司寇也"④ 等。而楚国、陈国将"司寇"称为"司败"，杜预曰"陈、楚名司寇为司败"⑤，如《史记·仲尼弟子列传》云（陈国）"陈司败问孔子"⑥，《左传·文公十年》载（楚国）"臣归死于司败也"⑦，等等。又宋国有大司寇、少司寇之分，如《左传·成公十五年》云"向为人为大司寇。鳞朱为少司寇"⑧。郑国在司寇之外，还有野司寇之设，如《左传·昭公十八年》载"使野司寇各保其征"⑨ 等。少司寇、野司寇等应是司寇的属官，分担司寇的部分职能。战国时期，司寇一职在各国仍有设置，如《战国策·西周策》载东周国有司寇布，即"司寇布为周最谓周君曰"⑩，《史记·赵世家》载李兑也曾为司寇，即"公子成为相，号安平君，李兑为司寇"⑪，等等。

六　朝士

《周礼》载朝士要负责制定周王国管理外朝的法律，即"朝士掌建邦外朝之法"⑫，帮助其完成律法书写任务的有"史六人"⑬。在传世文献及出土文献之中均未见战国时期设有朝士一官的证据，但通过战国时期各国所设之司寇，秦、齐两国所设之士师、执法两官来看，应该设有类似其职能的官职。⑭

---

① （清）阮元校刻《春秋左传正义》卷十九上，中华书局，1980 年影印本，第 1845 页。
② （清）阮元校刻《春秋左传正义》卷四二，中华书局，1980 年影印本，第 2030 页。
③ （清）阮元校刻《春秋左传正义》卷五三，中华书局，1980 年影印本，第 2126 页。
④ （清）阮元校刻《春秋左传正义》卷五四，中华书局，1980 年影印本，第 2132 页。
⑤ （清）阮元校刻《春秋左传正义》卷十九上，中华书局，1980 年影印本，第 1848 页。
⑥ （汉）司马迁：《史记》卷六七，中华书局，1959，第 2218 页。
⑦ （清）阮元校刻《春秋左传正义》卷十九上，中华书局，1980 年影印本，第 1848 页。
⑧ （清）阮元校刻《春秋左传正义》卷二七，中华书局，1980 年影印本，第 1914 页。
⑨ （清）阮元校刻《春秋左传正义》卷四八，中华书局，1980 年影印本，第 2086 页。
⑩ （汉）刘向集录《战国策》卷二，上海古籍出版社，1985，第 60 页。
⑪ （汉）司马迁：《史记》卷四三，中华书局，1959，第 1815 页。
⑫ （清）阮元校刻《周礼注疏》卷三五，中华书局，1980 年影印本，第 877 页。
⑬ （清）阮元校刻《周礼注疏》卷三四，中华书局，1980 年影印本，第 867 页。
⑭ 参见（明）董说《七国考》卷一，中华书局，1956，第 1 ~ 28 页。按：本书别处也有相关内容。

战国时期虽然延续了春秋时期的司徒、司乐、司马、司寇或司败的官位设置，但其制作律法书的职能有无明显变化，由于材料问题尚难说明。

第七节　式法书的制作者

就现有文献，仅对管理财物用度和规定文书书写样态的式法书的制作者做一讨论。

一　管理财物用度之式法书的制作者

与各部门开支用度相关的具体章程、条例，都属于管理财物用度之式法书。《周礼》中的"大宰九式"，"以九式均节财用。一曰祭祀之式，二曰宾客之式，三曰丧荒之式，四曰羞服之式，五曰工事之式，六曰币帛之式，七曰刍秣之式，八曰匪颁之式，九曰好用之式"①，酒正所用"式"，"酒正掌酒之政令，以式法授酒材。凡为公酒者，亦如之"②，等等，即属此类。据《周礼》负责制作它们的人员除了相应各部门的主要官员外，还应包括大宰、司会、司书、职岁和职内等一些对财物用度加以审计的官员。

以"大宰九式"为例。由于它是国家总的用支法度，所以对其的制定需要参考邦国各部门、各地区的实际开支用度情况，而其又属于"法"的一种，即许慎《说文解字》云"式，法也"③，故其制作者当由大宰来督导，《周礼·天官·大宰》云："大宰之职，掌建邦之六典。"④ 但由于式法书制作工作涉及的数据及专门知识过多，大宰不可能完全一个人来对各部门、各地区的财物消耗状况进行查证，故需要这方面的专门官员来起草式法书的样本。而能够掌握这种财物用度信息又具有专门管理知识的是司会、司书、职内和职岁等官，其中司会所掌握信息最为全面，所以其应是此类式法书的主要起草人；司书、职内和职岁等官则应是协助人员。

① 参见（清）阮元校刻《周礼注疏》卷二，中华书局，1980 年影印本，第 648 页。
② 参见（清）阮元校刻《周礼注疏》卷五，中华书局，1980 年影印本，第 668 页。
③ （汉）许慎：《说文解字》卷五，中华书局，1963 年影印本，第 100 页。
④ （清）阮元校刻《周礼注疏》卷二，中华书局，1980 年影印本，第 645 页。

司会,郑玄注曰"会,大计也。司会主天下之大计,计官之长,若今尚书"①,认为他是天下的总会计,是王国经济的直接管理者。他不仅要负责收取诸侯国的贡、王畿的土地税,以及民众的职业税,负责管理王国的经济开支等事,即"以九贡之法,致邦国之财用。以九赋之法,令田野之财用。以九功之法,令民职之财用。以九式之法,均节邦之财用"②,还要掌管国家内部各部门、各地区财物用度收支账簿的副本,并以此来协助王和冢宰对各部门和各地区的官员政绩进行考核,即"掌国之官府、郊、野、县、都之百物财用。凡在书契版图者之贰,以逆群吏之治,而听其会计。以参互考日成,以月要考月成,以岁会考岁成。以周知四国之治,以诏王及冢宰废置"③。可见他具有总揽官府财物各种收支数据的能力,所以他理应是起草"大宰九式"的直接负责人。其职官下所设之"史八人"④则需要帮助其完成这一任务。

而司书、职内、职岁等官应协助司会起草"大宰九式",且各有分工。其中司书掌握的财会信息最为全面,但侧重管理收入(贡、赋);职内除管理收入(贡、赋)之外,也负责一部分支出(式);职岁则只负责支出。因此三者在帮助司会起草"大宰九式"时,侧重应有所不同。

司书的职责是要全面了解官府各种财物的收支情况,并每隔三年对群吏的政绩进行大的统计,即"以周知入出百物,以叙其财,……三岁,则大计群吏之治,以知民之财、器械之数,以知田野、夫家、六畜之数,以知山林、川泽之数,以逆群吏之征令"⑤。并且官吏在各地征收税赋的标准是从司书那里获得的,在征税结束之后,又要把记录税赋完成情况的文书交到司书那里,所谓"凡税敛掌事者受法焉,及事成,则入要贰焉"⑥。其由于与官府各部门收支数据的直接接触更便利、更全面,所以在"大宰九式"的制作过程中显然要比职内和职岁负责更多的部分。

---

① (清)阮元校刻《周礼注疏》卷一,中华书局,1980年影印本,第642页。
② (清)阮元校刻《周礼注疏》卷六,中华书局,1980年影印本,第679页。
③ (清)阮元校刻《周礼注疏》卷六,中华书局,1980年影印本,第679页。
④ (清)阮元校刻《周礼注疏》卷一,中华书局,1980年影印本,第642页。
⑤ (清)阮元校刻《周礼注疏》卷七,中华书局,1980年影印本,第682页。
⑥ (清)阮元校刻《周礼注疏》卷七,中华书局,1980年影印本,第682页。

职内，郑玄注曰"主入也。若今之泉所，入谓之少内"①，即"掌邦之赋入。辨其财用之物，而执其总"②，但也负责管理部分支出用度文书，并在考核时协助职岁，"凡受财者，受其贰令而书之。及会以逆职岁，与官府财用之出，而叙其财，以待邦之移用"③。也就是说，他既要和司书负责起草有关财物收入的贡、赋一类税法文书，又要协助职岁起草部分关于财物支出的式法书。

职岁，专门负责管理国家的财物支出，并管理各级官府用以财物支出的文书规定——式法，即"掌邦之赋出。……凡官府、都鄙群吏之出财用，受式法于职岁"④。因此其有能力和职责去帮助司会起草有关国家财物用度的式法书。

这三个职官下也都有帮助其处理文书的"史"，即司书有"史四人"⑤，职内有"史四人"⑥，职岁有"史八人"⑦。这些史的部分职能即应与制作"大宰九式"有关，但应与司会的"史"一样，只是负责一般的文字性工作或对某些问题提出一些具体建议。至于其他具体官府部门财政收支式法书的制作工作，应由各部门负责财政收支的官吏及其上级主官来负责。

以上《周礼》所载，有多少符合战国时期各国的实际情况呢？战国时期各国有无司会、司书、职岁和职内等官职之设由于材料问题难以言明，但与这些官员职能相关的审计制度在当时是确实存在的，被称为"上计"。如《史记·范雎蔡泽列传》云"昭王召王稽，拜为河东守，三岁不上计"⑧，《韩非子·难二》载"李兑治中山，苦陉令上计而入多"⑨，等等。又里耶秦简 8-67 + 8-652 简云："大（太）守令曰：秦人□□□侯中秦

---

① （清）阮元校刻《周礼注疏》卷一，中华书局，1980 年影印本，第 642 页。
② （清）阮元校刻《周礼注疏》卷七，中华书局，1980 年影印本，第 682 页。
③ （清）阮元校刻《周礼注疏》卷七，中华书局，1980 年影印本，第 682 页。
④ （清）阮元校刻《周礼注疏》卷七，中华书局，1980 年影印本，第 682 页。
⑤ （清）阮元校刻《周礼注疏》卷一，中华书局，1980 年影印本，第 642 页。
⑥ （清）阮元校刻《周礼注疏》卷一，中华书局，1980 年影印本，第 642 页。
⑦ （清）阮元校刻《周礼注疏》卷一，中华书局，1980 年影印本，第 642 页。
⑧ （汉）司马迁：《史记》卷七九，中华书局，1959，第 2415 页。
⑨ （清）王先慎撰《韩非子集解》卷十五，钟启点校，中华书局，1998，第 398 页。

吏自捕取，岁上物数会九月朢（望）大（太）守府，毋有亦言。"① 大意为太守令说要在每年九月十五日进行某些官吏活动的审计，这实际即是一种"上计"活动。杨宽先生说在战国时期"每年中央的重要官吏和地方的首长，都必须把一年各种预算数字写在木'券'上，送到国君那里去，国君把'券'剖分为两，由国君执右券，臣下执左券，这样国君便可操右券来责成臣下。到了年终，臣下必须到国君那里去报核。……这种用券契来责成臣下的办法，采用了商业上的经营方法"②。而君王要在每年各官上计的时候，根据其具体的政务表现来予以惩罚或奖励，如《韩非子·外储说左下》云："西门豹为邺令，清克洁悫，秋毫之端无私利也，而甚简左右；左右因相与比周而恶之。居期年，上计，君收其玺。"③ 即是说西门豹因为未能奉承王的左右，在上计的时候受到谗言，而被罢免了官职。再如《说苑·政理》云："晏子治东阿，三年，景公召而数之曰：'吾以子为可，而使子治东阿，今子治而乱，子退而自察也，寡人将加大诛于子。'晏子对曰：'臣请改道易行，而治东阿，三年不治，臣请死之。'景公许之。于是明年上计，景公迎而贺之曰：'甚善矣，子之治东阿也。'"④ 即是说晏子因为将东阿治理得很好，但因未对左右加以奉承，在上计的时候受到谗言，遭到了齐景公的训斥，后其向景公求情，在第二年上计的时候，通过奉承王的左右，得到其帮助，而受到景公的表扬。《韩非子》《说苑》所载之事虽未必真实，却反映了当时确实存在此种制度，即《史记集解》引司马彪语："凡郡掌治民，进贤，劝功，决讼，检奸。常以春行所至县，劝民农桑，振救乏绝；秋冬遣无害吏案讯问诸囚，平其罪法，论课殿最；岁尽遣吏上计。"⑤

上计所用文书在里耶秦简中也有反映，如"除见钱三百六十，钱千付令佐处，未出计"⑥，陈伟先生解释说："计，计簿。《战国策·齐策一》：

---

① 陈伟主编《里耶秦简牍校释》（第一卷），武汉大学出版社，2012，第52页。
② 杨宽：《战国史》，上海人民出版社，1998，第217~218页。
③ （清）王先慎撰《韩非子集解》卷十二，钟启点校，中华书局，1998，第325页。
④ （汉）刘向撰《说苑校证》卷七《政理》，向宗鲁校证，中华书局，1987，第162页。
⑤ 参见（汉）司马迁《史记》卷七九，中华书局，1959，第2415页。
⑥ 陈伟主编《里耶秦简牍校释》（第一卷），武汉大学出版社，2012，第19页。

'五官之计,不可不日听也而数览。'高诱注:'计,簿籍也。'"① 就是说"上计"之"计"就是日常记录各种财务收支、人员增减等的账目细则。这些"计"所记录的情况包括各种内容,《商君书·去强》云"强国知十三数:竟内仓口之数,壮男壮女之数,老弱之数,官士之数,以言说取食者之数,利民之数,马牛刍藁之数"②,当亦在所计范围之内,如里耶秦简 J1(8)147 简即记载弩臂的出入情况,其文云"迁陵已计:卅四年余见(现)弮(弩)臂百六十九。凡百六十九。出弮(弩)臂四,输益阳。出弮(弩)臂三,输临沅。凡出七。今囨月见(现)弮(弩)臂百六十二"③,如 8-760 简记录官府仓廪的收支情况,其文云"粟米一石二斗半斗。卅一年三月丙寅,仓武、佐敬、禀人援出禀大隶妾□。令史尚监"④,如 8-1278+8-1757 简记载人员安置情况,其文云"卅一年四月癸未朔癸卯,启陵乡守逐作徒薄。受仓大隶妾三人。受司空仗城旦一人。凡四人。其一人□☑一人〔行〕☑"⑤,等等。

这些账目不仅可以用于审计官员的政绩,也可以用于解决一些现实财务问题。如里耶秦简 J1(9)1 简云:"卅三年四月辛丑朔丙午,司空腾敢言之:阳陵宜居士五(伍)毋死有赀余钱八千六十四。毋死戍洞庭郡不智(知)何县、署。今为钱校券一,上谒言洞庭尉,令毋死署所县责以受(授)阳陵司空,〔司空〕不名计,问何县官计?年为报。已訾其家,〔家〕贫弗能入,乃移戍所,报署主责(债)发。敢言之。"⑥ 王焕林先生释其大意为,阳陵县司空腾向洞庭郡诉说本县的平民毋死有罚款未交,但不知他现在在哪里服役,请求洞庭郡尉命令毋死所服役的县向其征讨,并请求那个县回报记录有关毋死服役年限的账目("计"),另外(对现有执行状况的交代)已经对他的家进行了责问,但他家过于贫困无法缴纳罚款,现在请求移交给其服役地进行追讨。⑦ 其中之"计"即是当时"上计"之制度

---

① 陈伟主编《里耶秦简牍校释》(第一卷),武汉大学出版社,2012,第 20 页。
② 蒋礼鸿撰《商君书锥指》卷一,中华书局,1986,第 34 页。
③ 王焕林:《里耶秦简校诂》,中国文联出版社,2007,第 41 页。
④ 陈伟主编《里耶秦简牍校释》(第一卷),武汉大学出版社,2012,第 218 页。
⑤ 陈伟主编《里耶秦简牍校释》(第一卷),武汉大学出版社,2012,第 304 页。
⑥ 王焕林:《里耶秦简校诂》,中国文联出版社,2007,第 57~58 页。
⑦ 参见王焕林《里耶秦简校诂》,中国文联出版社,2007,第 65 页。

中所要上交账簿文书中的一种，在此处即被用来问责人员的服役状况。另外，J1（9）2 简、J1（9）3 简、J1（9）4 简、J1（9）5 简、J1（9）6 简、J1（9）7 简、J1（9）8 简、J1（9）10 简、J1（9）11 简、J1（9）12 简等也都提到了此种"计"，与此情况相差不大，不再赘举。①

战国时期各国拥有种种计书以及上计制度，必然需要有与《周礼》所载司会、司书、职岁、职内等审计类官职相同或相近的官职设置，否则根本无法满足君主对官员政绩审计职能的需求。战国时期主簿一官即拥有类似职能，杜佑《通典》云："主簿：汉有之，魏晋亦有焉。"② 但董说《七国考》云："《风俗通》曰：'秦昭王时，蜀守李冰与江神斗，主簿刺杀江神。'按《玉海》云：'主簿，汉、晋有之。'不言秦官，应鳞失考也。"③ 此处从董说。因为这类官员掌握了第一手的财物与人员使用情况，对官府的日常收支数据最为清楚，所以从职能便利程度上讲，其也必然是管理各部门财物用度式法书制作者的重要构成部分。

二 规定文书书写样态之式法书的制作者

规定文书书写样态的式法书包含的内容与官府具体部门对不同种类的文书需求有关，所以其记录的文书样式是多样的，有法律部门的"爰书"，有会计部门的"课""计"等。以睡虎地秦墓竹简中的《封诊式》为例，它即记录和规定了多种法律文书的书写样态，如"有鞫"④ "封守"⑤ "覆"⑥ 等。

那么这类式法书的制作者是谁呢？他们应是官府系统各部门中负责处理具体文书的官吏，包括上面已经提到的司会、司书、职岁、职内等。他们是具体式法书的起草者与实际应用者，是直接处理这些日常公文的人员，具有制定该种式法书的实际需要和专门知识。战国时期是官僚体系的

---

① 参见王焕林《里耶秦简校诂》，中国文联出版社，2007，第 66、69～70、72～73、74～75、77、79～80、82、84～85、87～88、89～90、91～92 页。

② （唐）杜佑撰《通典》卷二五《职官七》，王文锦等点校，中华书局，1988，第 693 页。

③ （明）董说：《七国考》卷一，中华书局，1956，第 10 页。按：另参见（汉）应劭撰《风俗通义校注》卷末《佚文》，王利器校注，中华书局，1981，第 584 页。

④ 参见睡虎地秦墓竹简整理小组编《睡虎地秦墓竹简》，文物出版社，1990，第 148 页。

⑤ 参见睡虎地秦墓竹简整理小组编《睡虎地秦墓竹简》，文物出版社，1990，第 149 页。

⑥ 参见睡虎地秦墓竹简整理小组编《睡虎地秦墓竹简》，文物出版社，1990，第 150 页。

大发展时期，各国的统治模式发生巨变，不同部门、不同地区之间文书交流的需求大幅度增加，如果没有统一的文书书写格式，势必会造成文书信息传达上的障碍，因此处理这些具体文书的官吏有统一不同种类文书样式的职责。而长期处理大量文书的实际经验，又给了他们制作最能有效传递信息的文书样式的专业知识。这些处理文书的官吏有的是官，有直接下达各种文书样式制作规定的权力，如掌书、司日、御史、尚书等；有的只是一般的文史，可以负责起草文书样式制作规定的模板。然而，此类式法书的制作者构成比较复杂，有时君王、丞相、御史、廷尉等高层统治者也会参与其中。

如里耶秦简 8 - 461 牍①所载由下层文吏向上级呈交的关于文书用语规范的一篇文字，② 即"☑□。☑□。☑假□。☑□钱□。……诸官为秦尽更。故皇今更如此皇。……王马曰乘舆马。泰〔王〕观献曰皇帝。天帝观献曰皇帝。帝子游曰皇帝。王节戈曰皇帝。王遣曰制谴。以王令曰〔以〕皇帝诏。承〔命〕曰承制。王室曰县官。公室曰县官。内侯为轮（伦）侯。彻侯为〔死〈列〉〕侯。以命为皇帝。受（授）命曰制。□命曰制。为谓□诏。庄王为泰上皇。……王宫曰□□□。王游曰皇帝游。王猎曰皇帝猎。王犬曰皇帝犬。…… 敢言之。·九十八"③。虽然这篇文书的抬头部分已经无法辨识，但从篇末的"敢言之"三字，我们即可判定其最初必为上行文书。王焕林先生在论述文书习用语"敢告"时说："敢告：下行或平行公文中的习语。与上行公文表敬习语'敢言之'的作用一样，下行或平行公文中的两个'敢告'，也标示了文书主体的起讫。"④ 虽然据里耶秦简现有材料可知其认为"敢告"可用于下行文书的看法不确，但"敢言之"为上行文书习语的观点并不误。这在里耶秦简中可以得到明证，如 J1

---

① 此牍即里耶秦简 8 - 455 牍，注释参见《湘西里耶秦简 8 - 455 号》。可参见张春龙、龙京沙著《湘西里耶秦简 8 - 455 号》，胡平生著《里耶秦简 8 - 455 号木方性质刍议》，武汉大学简帛研究中心主办《简帛》（第 4 辑），上海古籍出版社，2009，第 11 ~ 16、17 ~ 26 页；陈伟主编《里耶秦简牍校释》（第一卷），武汉大学出版社，2012，第 155 ~ 160 页。

② 朱红林先生认为："里耶秦简 8 - 455 木方，属于官员个人抄录的有关秦统一之际有关文书用语的汇集。"参见朱红林《里耶秦简 8 - 455 号木方研究——竹简秦汉律与〈周礼〉比较研究（七）》，《井冈山大学学报》（社会科学版）2011 年第 1 期，第 125 ~ 129 页。

③ 陈伟主编《里耶秦简牍校释》（第一卷），武汉大学出版社，2012，第 155 ~ 157 页。

④ 王焕林：《里耶秦简校诂》，中国文联出版社，2007，第 55 页。

（8）134 简载司空向其上级迁陵守丞敦狐所发文书，即称"司空守樛敢言：……敢言之"①；J1（8）152 简载县少内向县丞所上文书，即称"少内守是敢言之：……敢言之"②；J1（8）157 简载启陵乡夫向其上级迁陵丞昌所上文书，即称"启陵乡夫敢言之：……敢言之"③；等等。既然是以下对上，自然不可能是命令，只能是请求性的。至于其没有一般以下对上的行政文告中的"抬头"，可能是由于它只是一篇上行文告的附件，情况与《语书》的附件一样。④ 而从其内容来看，多涉及秦统一之后最高权力者相关事务的称呼改制问题，如秦王之马、狗，要被称为舆马、皇帝犬，秦王之不同命令要被分别称为皇帝诏、承制，秦王之出游、打猎，要被称为皇帝游、皇帝猎，等等。因为事关秦王的称号问题，必然要经过秦王本人的同意。秦王嬴政二十六年在统一各国之后，曾"令丞相、御史曰：'……今名号不更，无以称成功，传后世。其议帝号'"⑤，这件牍板所载文书内容当与此事有关。由此可知某些规定文书书写样态式法书的制作过程是有君王等高级官员参与的。

需要说明的是，这篇牍文与《史记》所载有不合之处，《秦始皇本纪》云："丞相绾、御史大夫劫、廷尉斯等皆曰：'……王为'泰皇'。命为'制'，令为'诏'，天子自称曰朕。'王曰：'去泰著皇，采上古帝位号，号曰皇帝，他如议。'制曰：'可。'追尊庄襄王为太上皇。制曰：'……自今已来，除谥法。'"⑥ 这不是内容简省与否的问题，而是时间先后问题，即秦王嬴政称自己"皇帝"是完全出自他个人的想法，还是丞相绾、御史大夫劫、廷尉李斯等人已经拟定好"皇帝"之称号，由他来选择用与不用的问题。由此牍文来看，秦始皇称"皇帝"实际是丞相、御史、廷尉等人已经拟好的，他只是下达了肯定的命令，并未对"皇帝"这一称号进行修改。而且此篇文书所载的秦王改称皇帝与尊庄襄王为太上皇是在同一时间，这也与《史记》将其分为两事不同。如果司马迁在记载此事上没有错

① 王焕林：《里耶秦简校诂》，中国文联出版社，2007，第 35~36 页。
② 王焕林：《里耶秦简校诂》，中国文联出版社，2007，第 43 页。
③ 王焕林：《里耶秦简校诂》，中国文联出版社，2007，第 51~52 页。
④ 参见睡虎地秦墓竹简整理小组编《睡虎地秦墓竹简》，文物出版社，1990，第 13~15 页。
⑤ （汉）司马迁：《史记》卷六，中华书局，1959，第 235~236 页。
⑥ （汉）司马迁：《史记》卷六，中华书局，1959，第 236 页。

误，那么就存在一种可能，就是这篇文书必然出现在"追尊襄王为太上皇"这件事之后，是丞相、御史、廷尉等人对秦王嬴政已有命令的再度回复，请求他再次审阅、鉴定、批准。不过照此推断，牍文将秦"王"改称为"皇帝"与"追尊襄王为太上皇"等事放在一起，说明两事的间隔并不长，否则诸官办事效率必然过低，因为皇帝已经明确了其要更改的内容。但也存在另一种可能，即是司马迁在记载此事上存在错误，误把一事分为两事，同时也把臣子上书拟定好称号由其来定夺用与不用的事情，变成了秦君的主观意愿。另外，由此牍文可知《史记》载秦始皇改用称号一事时，省略了大量内容。

随着战国时期官僚体制的不断完善，统治者对社会管理逐渐细化，加大了对管理具体事务运作式法书的需求，因此除上文所交代的两种式法书之外，其他种类的式法书也必然大量产生。而其制作者的构成当与上述式法书的制作人员一样，既有具有直接现实功能需要及管理经验、知识的管理者，也有通过审计等方式来督导、统领制作工作的各部门长官，甚至有君王。

第八节　释法书的制作者

目前所见最早由官府颁布的释法书为睡虎地秦墓竹简中的《法律答问》。其具体作者虽尚难确定，但可知其必然是对律法运行过程中现实审判经验的总结，因为其规定多是针对某一类特定事件的法律适用问题。如对害盗"加罪"规定的询问与解释，"'害盗别徼而盗，驾（加）罪之。'·可（何）谓'驾（加）罪'？·五人盗，臧（赃）一钱以上，斩左止，有（又）黥以为城旦；不盈五人，盗过六百六十钱，黥劓（劓）以为城旦；不盈六百六十到二百廿钱，黥为城旦；不盈二百廿以下到一钱，罄（迁）之。求盗比此"[1]；对如何处理犯罪未遂人员的规定，"甲谋遣乙盗，一日，乙且往盗，未到，得，皆赎黥"[2]；对如何处理司寇盗钱后自首一事的询问与解释，"司寇盗百一十钱，先自告，可（何）论？当耐为隶臣，

---

[1] 睡虎地秦墓竹简整理小组编《睡虎地秦墓竹简》，文物出版社，1990，第93页。

[2] 睡虎地秦墓竹简整理小组编《睡虎地秦墓竹简》，文物出版社，1990，第94页。

或曰赀二甲"①；等等。

由于制定法律解释以对实际案例审判经验的总结为基础，因此其制作者必然需要负责整理案件的审理档案或者直接参与大量实际案件的审断。能够掌握案件审理档案的人员，据《周礼》，当为士师一类的司法官员。一是士师掌握着断案的八方面成例，"一曰邦汋，二曰邦贼，三曰邦谍，四者犯邦令，五曰挢邦令，六曰为邦盗，七曰为邦朋，八曰为邦诬"②。二是士师要实际协助大司寇审断乡、遂、县、方等地方的案件，并掌握案件审理的结果。士师在大司寇审断案件时，特别是疑难案件时，要向大司寇提供参考意见，并提供法律依据，即"察狱讼之辞，以诏司寇断狱弊讼，致邦令"③。在大司寇审断完案件之后，他要负责保存乡、遂、县、方等的与案件相关的文书，即"狱讼成，士师受中"④。这两方面条件使士师能够掌握大量的案例信息，这是其负责制作此类令书有利的条件。在士师之下有与大司寇等共享的处理文书工作的"史十有二人"⑤，而这些史的部分职能就有负责此类令书的具体起草或书写。士师这类官员在战国时期各国应当都有设置，如《孟子·梁惠王章句下》即云"（孟子问齐宣王）曰：'士师不能治士，则如之何？'"⑥，又《晏子春秋》景公燕赏无功而罪有司，晏子谏云"令三出，而士师莫之从"⑦，"刘向《孟子注》'士师，田齐狱官'"⑧，等等，可见齐国必有士师一官。据现有文献，未见他国有"士师"之设，或有名称上的不同。

在士师之外，战国时期某些国家的御史、廷理等官也具有一定的执法权。御史，如在君王赐酒时，要与执法一起监督饮酒者，即《史记·滑稽列传》载"赐酒大王之前，执法在傍，御史在后，（淳于）髡恐惧俯伏而

---

① 睡虎地秦墓竹简整理小组编《睡虎地秦墓竹简》，文物出版社，1990，第95页。
② （清）阮元校刻《周礼注疏》卷三五，中华书局，1980年影印本，第875页。按：称"四者"而不称"四曰"，与前后文不类，是否为版本传抄错误？
③ （清）阮元校刻《周礼注疏》卷三五，中华书局，1980年影印本，第875页。
④ 参见（清）阮元校刻《周礼注疏》卷三五，中华书局，1980年影印本，第877页。
⑤ （清）阮元校刻《周礼注疏》卷三四，中华书局，1980年影印本，第867页。
⑥ （清）阮元校刻《孟子注疏》卷二下，中华书局，1980年影印本，第2679页。
⑦ 吴则虞编著《晏子春秋集释》卷一，中华书局，1962，第26页。
⑧ （明）董说：《七国考》卷一，中华书局，1956，第24页。

饮，不过一斗径醉矣"①，汉初时御史仍有此项职能，《史记·刘敬叔孙通列传》云"御史执法举不如仪者辄引去"②。廷理，如楚国茅门之法的执行者，《韩非子·外储说右上》云"荆庄王有茅门之法，曰：'群臣大夫诸公子入朝，马蹄践雷者，廷理斩其辀，戮其御'"③ 等。他们作为一线的执法者，自然会碰到各种各样的现实情况，由于其拥有更多的专业知识和执法经验，所以在制定法律解释时也有机会参与其中。

另《商君书》云："法令皆副置。一副天子之殿中……一副禁室中……天子置三法官：殿中置一法官，御史置一法官及吏，丞相置一法官。诸侯郡县皆各为置一法官及吏，皆此秦一法官。郡县诸侯一受宝来之法令。"④ 孙诒让云："室讹为宝，又颠倒其文，遂不可通。"⑤ 大意是说要写两副法令，一副在殿中，一副在禁室，天子要分别在殿中，御史、丞相、诸侯郡县等处设置法官，诸侯郡县所受的法令来自"禁室"，国境中的所有法律都要与国君所藏法律相同。而百姓想要了解某些法律只能询问法官，即"吏民知法令者，皆问法官"⑥，即是说对法律进行解释的就是这些法官。董说云"执法，殿中法官"⑦，在秦、齐两国都设有此官，如《战国策·魏策四》云"秦自四境之内，执法以下至于长挽者"⑧，《史记·滑稽列传》语（齐国）"执法在傍，御史在后"⑨。这种官职即为各国法定法律解释的源头，其自然要参与释法书的制作过程。只是他们与士师之间是怎么样的关系，由于材料问题，现在还难以说明。此外，下文提到的直接参与案件审理的大司寇、小司寇、乡士、县士等应当也会影响到释法书的制作。

第九节　判决书的制作者

判决书，据《周礼》当由大司寇、小司寇、士师、大史及其下属史官

---

① （汉）司马迁：《史记》卷一二六，中华书局，1959，第3199页。
② （汉）司马迁：《史记》卷九九，中华书局，1959，第2723页。
③ （清）王先慎撰《韩非子集解》卷十三，钟启点校，中华书局，1998，第351页。
④ 蒋礼鸿撰《商君书锥指》卷五，中华书局，1986，第143~145页。
⑤ 参见蒋礼鸿撰《商君书锥指》卷五，中华书局，1986，第145页。
⑥ 蒋礼鸿撰《商君书锥指》卷五，中华书局，1986，第145页。
⑦ （明）董说：《七国考》卷一，中华书局，1956，第9页。
⑧ （汉）刘向集录《战国策》卷二五，上海古籍出版社，1985，第920页。
⑨ （汉）司马迁：《史记》卷一二六，中华书局，1959，第3199页。

等负责制作。

据《周礼》，大司寇在司法领域有最高审判权，从诸侯到平民的狱讼都由其审判，即"凡诸侯之狱讼，以邦典定之。凡卿大夫之狱讼，以邦法断之。凡庶民之狱讼，以邦成弊之"①。但由于国家事务众多不可能事事都亲自详细审问，所以他的审判多依靠乡士、遂士、县士、方士等对各自管理区域内案件提出的判决意见。这些判决意见可以看作判决书的草稿。如乡士掌管国中，受理乡属人民的诉讼，并区别他们的罪状，写成判决意见书，过十天之后在外朝让大司寇主持审断，即"乡士掌国中，各掌其乡之民数而纠戒之，听其狱讼，察其辞，辩其狱讼，异其死刑之罪而要之，旬而职听于朝。司寇听之，断其狱，弊其讼于朝"②。遂士、县士、方士与乡士类似，只是审判时间与审判地点不大相同：遂士是过二十天听审于朝，即"二旬而职听于朝"③；县士是过三十天听审于朝，即"三旬而职听于朝"④；方士是过三个月上报于国中，即"三月而上狱讼于国"⑤。而小司寇权力较窄，能直接审理的案件主要是万民的狱讼，即"以五刑听万民之狱讼，附于刑，用情讯之，至于旬，乃弊之，读书则用法"⑥。士师能够直接裁决的案件则仅限于经济狱讼，即"凡以财狱讼者，正之以傅别约剂"⑦。大史负责掌管邦国、官府、采邑及万民的治理文书及盟约券书，所以此类争讼要由大史决断是非并执行处罚，即"大史掌建邦之六典，以逆邦国之治；掌法以逆官府之治；掌则以逆都鄙之治。凡辨法者考焉，不信者刑之。凡邦国、都鄙及万民之有约剂者藏焉，以贰六官，六官之所登。若约剂乱则辟法，不信者刑之"⑧。这些官员之下均设有"史"，如大司寇、小司寇、士师、乡士等共用"史十有二人"⑨。而遂士、县士、方

①　（清）阮元校刻《周礼注疏》卷三四，中华书局，1980年影印本，第871页。
②　（清）阮元校刻《周礼注疏》卷三五，中华书局，1980年影印本，第875~876页。
③　（清）阮元校刻《周礼注疏》卷三五，中华书局，1980年影印本，第876页。
④　（清）阮元校刻《周礼注疏》卷三五，中华书局，1980年影印本，第877页。
⑤　（清）阮元校刻《周礼注疏》卷三五，中华书局，1980年影印本，第877页。
⑥　（清）阮元校刻《周礼注疏》卷三五，中华书局，1980年影印本，第873页。
⑦　（清）阮元校刻《周礼注疏》卷三五，中华书局，1980年影印本，第875页。
⑧　（清）阮元校刻《周礼注疏》卷二六，中华书局，1980年影印本，第817页。
⑨　（清）阮元校刻《周礼注疏》卷三四，中华书局，1980年影印本，第867页。

士、大史等官之下分别有"史十有二人"① "史十有六人"② "史十有六人"③ "史八人"④。

但战国时期有这样的官职设置吗？司寇、士师、大史⑤在战国某些国家仍有设置，乡士、县士、方士等官则被其他官员取代。因为乡士、县士、方士等官设置的基础是具有血缘属性的国野制度，杨宽先生《反映"国野"对立的乡遂制度》一文即说"'六乡'居民都是'国人'，具有国家公民的性质，属于当时统治阶级，依旧沿用传统习惯，用血统关系作为团结的手段。而'六遂'居民是'甿'或'野人'，是劳动者、被统治者"⑥。但在战国时期，这种制度早已经被打破，从国野之人原有的权力分配上看，他们获得了平等的当兵权，吕思勉先生说："古代兵制，当以春秋、战国之间为一大变。春秋之前，为兵者率皆国都附近之人，战国时乃扩及全国。"⑦ 从政治体制上看，各国普遍建立了郡县制度。此时中央司法判决由司寇、士师、御史、执法、廷理等负责；地方司法判决则由各郡县之县丞、狱史等官来负责。

中央司法判决官的设置可参见前文，此处仅谈地方审判人员县丞、狱史等。如龙岗秦简木牍所载的一篇"虚拟"判决书，"·鞫之：辟死，论不当为城旦。吏论：失者，已坐以论。九月丙申，沙羡丞甲、史丙，免辟死为庶人。令自尚也"⑧，其中将辟死由判为城旦改为免为庶人的判决命令即声称由沙羡丞甲、狱史丙制作。再如里耶秦简 8 - 754 + 8 - 1007 简所载一篇判决书，"卅年□月丙申，迁陵丞昌，狱史堪［讯］。昌辟（辞）曰：上造，居平□，待廷，为迁陵丞。□当诣贰春乡，乡［渠、史获误诣它乡，□失］道百六十七里。即与史义论赀渠、获各三甲，不智（知）劾云赀三甲不应律令。故皆毋它坐。它如官书"⑨，其中将原来对渠、获两人各

① （清）阮元校刻《周礼注疏》卷三四，中华书局，1980 年影印本，第 867 页。
② （清）阮元校刻《周礼注疏》卷三四，中华书局，1980 年影印本，第 867 页。
③ （清）阮元校刻《周礼注疏》卷三五，中华书局，1980 年影印本，第 867 页。
④ （清）阮元校刻《周礼注疏》卷十七，中华书局，1980 年影印本，第 755 页。
⑤ 参见本章"诏书、告书制作者"的相关内容。
⑥ 杨宽：《先秦史十讲》，复旦大学出版社，2006，第 158 页。
⑦ 吕思勉：《先秦史》，上海古籍出版社，2005，第 379 页。
⑧ 中国文物研究所、湖北省文物考古研究所编《龙岗秦简》，中华书局，2001，第 144 页。
⑨ 陈伟主编《里耶秦简牍校释》（第一卷），武汉大学出版社，2012，第 216 页。

罚没三甲的不符合有关法令的判决令废止的正是迁陵丞昌。再如里耶秦简 8 - 1743 + 8 - 2015 简所载一篇审讯书，其文云："廿六年八月丙子，迁陵拔、守丞敦狐诣讯般勺等，辝（辞）各如前。鞫之：成吏、閒、起赘、平私令般勺、嘉出庸（佣），賈（价）三百，受米一石，臧（赃）直（值）百卌，得。成吏亡，嘉死，审。"① 其中对般勺等人的审讯，即由迁陵拔、守丞敦狐来负责。

对于疑难案例，主审官要向其上级请示，有时甚至要请示到君王一级。贾公彦在《周礼·秋官司寇·士师》"察狱讼之辞，以诏司寇断狱弊讼"② 下疏云"狱讼辞诉，各有司存。谓若乡士、遂士、县士、方士，各主当司之狱讼。其有不决来问都头士师者，则士师审察以告大司寇断狱弊讼也"③，即是说乡士、县士、方士等遇到无法判决的案子要询问士师，而士师要把他的审理意见告知大司寇，以帮助大司寇审断这些案子。这种制度在《列女传·节义传·齐义继母》载齐宣王亲自审讯的一件杀人案件当中有所反映。其时，有人相斗而死，狱吏勘查现场发现是一击致命，被抓的两兄弟却争相承认该人是被自己所杀，以致"期年，吏不能决，言之于相，相不能决，言之于王"④。齐宣王考虑到两人都杀了会伤及无辜，都放了又会纵容犯罪，故讯问两兄弟的母亲，让她来决定谁死谁活。结果这位母亲认为应该杀掉自己的亲生儿子，留下其夫君前妻之子。齐宣王被其高义感动，"皆赦不杀，而尊其母，号曰义母"⑤。此事真假虽难以考证，但其反映的战国时期疑难案件逐级上报审断的制度确实存在。

第十节　盟书的制作者

盟书，是一种包含盟誓诸方共同承认的命令信息的协议文书，因此从

① 陈伟主编《里耶秦简牍校释》（第一卷），武汉大学出版社，2012，第385页。
② （清）阮元校刻《周礼注疏》卷三五，中华书局，1980影印本，第875页。
③ （清）阮元校刻《周礼注疏》卷三五，中华书局，1980影印本，第875页。
④ 佚名撰《全像古今烈女志传》卷三《节义传》，三台馆刊行，万历辛卯本，影印本，第34～35页。
⑤ 佚名撰《全像古今烈女志传》卷三《节义传》，三台馆刊行，万历辛卯本，影印本，第34～35页。

形式上看结盟诸方都是盟书的制作者。

一　盟书的发令者

就目前史料来看，与春秋时盟誓盛行于各个层级的情况不同，战国时期的盟誓层级相对较少，一般只发生在诸侯国与诸侯国之间，如苏秦、苏代、张仪等人为合纵或连横而促使各国相互盟誓，甚至提出了具体的盟约内容，《战国策·赵策二》即载苏秦向赵王所提建议，"莫如一韩、魏、齐、楚、燕、赵，六国从亲，以傧畔秦。令天下之将相，相与会于洹水之上，通质刑白马以盟之。约曰：秦攻楚，齐、魏各出锐师以佐之，韩绝食道，赵涉河、漳，燕守常山之北。秦攻韩、魏，则楚绝其后，齐出锐师以佐之，赵涉河、漳，燕守云中。秦攻齐，则楚绝其后，韩守成皋，魏塞午道，赵涉河、漳、博关，燕出锐师以佐之。秦攻燕，则赵守常山，楚军武关，齐涉渤海，韩、魏出锐师以佐之。秦攻赵，则韩军宜阳，楚军武关，魏军河外，齐涉渤海，燕出锐师以佐之。诸侯有先背约者，五国共伐之"①，就是说要韩、赵、魏、齐、燕、楚等六国通过盟约构建合纵的体系，对秦国实行协同作战和协同防御的措施。偶尔也有跨层级的不对称盟约，如国君与其属官的盟约，秦武王与甘茂相盟即是如此，《战国策·秦策二》载："王曰：'寡人不听也，请与子盟。'于是与之盟于息壤。"②

战国时期还有一些向自然之神盟誓的现象，如《秦骃玉牍甲》中载秦小子因病而向山神盟誓。他提出只要能使自己身体复原，愿意向山神奉献一些祭品，并使大令、大将军等也如此贡献祭祀，即"大山又（有）赐□，已吾复（腹）心昌（以）下至于足髁之病，能自复如故，请□祠用牛龚（牺）贰（贰），亓（其）齿七，□□□及羊豢，路车四马，三人壹家，壹璧先之，□□用贰（贰）龚（牺）羊豢，壹璧先之，而复华大山之阴阳，昌（以）□□咎，□咎□□，其□□里，枼（世）万子孙，昌（以）此为尚（常），句（苟）令小子骃之病日复故，告大令、大将军，人壹

---

① （汉）刘向集录《战国策》卷十九，上海古籍出版社，1985，第641页。

② （汉）刘向集录《战国策》卷四，上海古籍出版社，1985，第150页。

□□，王室相如"①。此外，还有向祖宗之神盟誓的现象，如温县盟书 T1 坎 1：2182 号石圭载"十五年十二月乙未朔，辛酉，自今台（以）生（往），都朔敢不恧恧焉中心事其宝，而与贼为徒者，丕显晋公大冢，悫愿觊女，麻摰非是"②；《侯马盟书·宗盟类二》载"赵敢不闢其腹心以事其宗而敢不尽从嘉之明定宫、平寺之命，而敢或嘆改助及伪卑不守二宫者，而敢又志复赵尼及其孙〓、茪疨之孙〓、茪直及其孙〓、緬餭之孙〓、史覻及其孙〓于晋邦之地者及群虏明者，虘君其明亟觊之，麻摰非是"③ 等，即分别是晋国都朔、赵二位大夫向其祖先之神盟誓形成的盟书。不过，这些盟誓虽然基本都是以第一人称书写，但文字工作应该并非由他们直接完成。

需要说明的是，结盟者有时会直接参与盟约具体文字内容的制定工作。如崔杼弑杀齐庄公之后，与庆封劫持将军、大夫以及一些比较有名的士人、庶人相盟，并让他们自己盟誓说"不与崔庆而与公室者，受其不祥。言不疾，指不至血者死"④，不盟誓的就要被杀掉。这即是盟誓者直接参与盟誓文字内容制定的一个表现。再如《左传·襄公九年》载晋郑之盟时，两国大夫出于本国利益考虑，创制了不同的盟约内容，即"晋士庄子为载书，曰：'自今日既盟之后，郑国而不唯晋命是听，而或有异志者，有如此盟！'公子騑趋进曰：'天祸郑国，使介居二大国之间。大国不加德音，而乱以要之，使其鬼神不获歆其禋祀，其民人不获享其土利，夫妇辛苦垫隘，无所底告。自今日既盟之后，郑国而不唯有礼与强，可以庇民者是从，而敢有异志者，亦如之！'"⑤ 晋国荀偃想要改动载书内容，公孙舍之曰："昭大神要言焉。若可改也，大国亦可叛也。"⑥ 晋国知武子听此话后才不再更改。

---

① 吴镇烽编著《商周青铜器铭文暨图像集成》卷三十五，上海古籍出版社，2012，第455页。按：另可参见该书第457页《秦骃玉牍乙》。
② 河南省文物研究所：《河南温县东周盟誓遗址一号坎发掘简报》，《文物》1983年第3期，第79页。
③ 山西省文物工作委员会编辑《侯马盟书》，文物出版社，1976，第35页。按：另可参见该书第49页宗盟类二，第50页宗盟类四，第50~51页宗盟类五。
④ 吴则虞编著《晏子春秋集释》卷五，中华书局，1962，第298页。
⑤ （清）阮元校刻《春秋左传正义》卷三〇，中华书局，1980年影印本，第1943页。
⑥ （清）阮元校刻《春秋左传正义》卷三〇，中华书局，1980年影印本，第1943页。

二 盟书的书写者

据《周礼》，战国时期盟书文字的书写工作当由大祝、司盟等官来完成，且有所分工。如大祝负责"作六辞以通上下、亲疏、远近：一曰祠，二曰命，三曰诰，四曰会，五曰祷，六月诔"①。据郑玄考证其中"会"，"谓会同盟誓之辞"②，也就是说大祝需要负责书写与祭祀鬼神及会同活动相关的盟书。祝史有掌管祭祀活动之文辞祷告的职责，如《左传·襄公二十七年》载赵孟曰"言于晋国无隐情，其祝史陈信于鬼神，无愧辞"③，《昭公二十年》载赵武曰"其祝史祭祀，陈信不愧"④；有时也直接负责盟书书写，如《哀公二十六年》载"大尹谋曰：'我不在盟，无乃逐我？复盟之乎！'使祝为载书。六子在唐盂，将盟之"⑤。

大祝也即太祝，杜佑《通典》说："太祝：殷官，与太宰等官为六太。《周官》，太祝下大夫二人，上士四人，掌六祝之辞，以祈福祥。秦汉有太祝令、丞，后汉亦曰太祝令、丞。"⑥ 似乎认为战国时期太祝之官的设置相较于西周、春秋时期没有变化。战国时期秦国设有大祝、宗祝等官，董说云"《集仙传注》：'萧史为秦大祝'"⑦，又云"《秦诅楚文》云'又秦嗣王敢用吉玉瑄璧，使其宗祝邵鳌布憗告于不显大沉久湫。'按《周礼》有大祝、小祝、器祝、诅祝。宗祝，疑诅祝之类也"⑧，且认为大祝与宗祝因盟誓事项的不同在盟书书写上有所分工。其他国家有无此种官职之设置及盟书的具体书写者职责相较于春秋时期有何变化，由于材料缺乏尚难说明。

而司盟的职责是"凡邦国有疑会同，则掌其盟约之载，及其礼仪。北面诏明神，既盟则贰之，……盟万民之犯命者，诅其不信者，亦如之……有狱

---

① （清）阮元校刻《周礼注疏》卷二五，中华书局，1980 年影印本，第 809 页。
② （清）阮元校刻《周礼注疏》卷二五，中华书局，1980 年影印本，第 809 页。
③ （清）阮元校刻《春秋左传正义》卷三八，中华书局，1980 年影印本，第 1996 页。
④ （清）阮元校刻《春秋左传正义》卷四九，中华书局，1980 年影印本，第 2092 页。
⑤ （清）阮元校刻《春秋左传正义》卷六〇，中华书局，1980 年影印本，第 2183 页。
⑥ （唐）杜佑撰《通典》卷二五《职官七》，王文锦等点校，中华书局，1988，第 694 页。
⑦ （明）董说：《七国考》卷一，中华书局，1956，第 12 页。
⑧ （明）董说：《七国考》卷一，中华书局，1956，第 12 页。

讼者，则使之盟诅"①，郑云曰："有疑，不协也。明神，神之明察者。……诏之者，读其载书以告之也。贰之者，写副当以授六官。"② 认为他要负责书写诸邦国之间有了冲突希望通过会盟的方式来解决，或者是为了诅咒那些不服从国君命令的人，或者是有官司要打等情况下制定的盟书文字内容，并要抄写副本。虽然在文献中并未找到司盟的有关活动，但有盟书保存地点"盟府"的多处记载，如《左传·僖公五年》载"藏于盟府"③、《僖公二十六年》载"载在盟府"④、《襄公十一年》载"藏在盟府"⑤ 等，《史记集解》引杜预曰"盟府，司盟之官也"⑥，可见确有司盟之官。此外，在制定一些比较重大的盟约之时，要有人负责监督盟书的书写过程，如大司寇就有"凡邦之大盟约，莅其盟书"⑦ 的职责，即在周王与诸侯因为会同而制作盟书之时，要亲自监督盟约内容的书写。

由此看来，盟书由大祝还是由司盟来书写，主要取决于诸方结盟的场合与目的。至于大祝、司盟之下所设之"史四人"⑧"史二人"⑨，因为需要帮助其完成书写任务，故也可算作盟书制作者的构成部分。

第十一节　符书、节书的制作者

符书、节书得以成为独立文种与其载体具有不可分割的关系，所以与其他令书种类的制作者只由发令者和书写者两部分构成不同，它们多了一部分，即载体制作者，将令书文字转刻或转铸在金属载体上的人员。由于符书、节书的制作者身份重合较多，故合在一起进行论述。

周初，符节应由"诸节"来负责管理。《史记·周本纪》云："乃告

---

① （清）阮元校刻《周礼注疏》卷三六，中华书局，1980 年影印本，第 881 页。
② （清）阮元校刻《周礼注疏》卷三六，中华书局，1980 年影印本，第 881 页。
③ （清）阮元校刻《春秋左传正义》卷十二，中华书局，1980 年影印本，第 1795 页。
④ （清）阮元校刻《春秋左传正义》卷十六，中华书局，1980 年影印本，第 1821 页。
⑤ （清）阮元校刻《春秋左传正义》卷三一，中华书局，1980 年影印本，第 1951 页。
⑥ 参见（汉）司马迁《史记》卷三九，中华书局，1959，第 1647 页。
⑦ （清）阮元校刻《周礼注疏》卷三四，中华书局，1980 年影印本，第 871 页。
⑧ （清）阮元校刻《周礼注疏》卷十七，中华书局，1980 年影印本，第 755 页。
⑨ （清）阮元校刻《周礼注疏》卷三四，中华书局，1980 年影印本，第 868 页。

司马、司徒、司空、诸节。"①《史记集解》引马融语"诸节"为"诸受符节有司也"②。但在后来其情况变得比较复杂。据《周礼》分析，符、节根据类型不同，由不同的官员掌管和授予，如国境上过往货物通行的节，由司关来掌管和授予，即"司关掌国货之节，以联门市"③；远方归附之民或方国向王国进行贡赋的迎来送往，由怀方氏负责给予其旌旗玺节以及其他给养，即"怀方氏掌来远方之民，致方贡，致远物，而送逆之，达之以节，治其委积、馆舍、饮食"④；对于迁徙郊以外的地的人，由比长授予其符节，即"比长各掌其比之治……若徙于他，则为之旌节而行之"⑤，等等。同时设有一个管理符、节的总负责人即掌节，他要负责掌管王国的所有符、节，分辨它们的不同用途，并确定它们的使用期限，即《周礼·地官司徒·掌节》云："掌守邦节而辨其用，以辅王命。守邦国者用玉节，守都鄙者用角节。凡邦国之使节，山国用虎节，土国用人节，泽国用龙节，皆金也。以英荡辅之。门关用符节，货贿用玺节，道路用旌节，皆有期以反节。"⑥《战国策·燕策二》引乐毅说"臣乃口受令，具符节，南使臣于赵"⑦ 中的"符节"即当来自"掌节"一类的官职。除比长外，这些官职之下都设有处理文书工作的"史"，如司关下设"史二人"⑧，怀方氏下设"史四人"⑨，掌节下设"史四人"⑩，等等，他们应有负责书写符节上所载文字的职能。

在其他文献材料中虽未见掌节、司关、怀方氏、比长等官名，却有与其职能相似或相关的官员名称，如符节、关吏、津吏、境吏等。《汉书·百官公卿表》言"少府，秦官……属官有……符节"⑪，即是说秦时符节为

---

① （汉）司马迁：《史记》卷四，中华书局，1959，第120页。
② 参见（汉）司马迁《史记》卷四，中华书局，1959，第121页。
③ （清）阮元校刻《周礼注疏》卷十五，中华书局，1980年影印本，第739页。
④ （清）阮元校刻《周礼注疏》卷三三，中华书局，1980年影印本，第864页。
⑤ （清）阮元校刻《周礼注疏》卷十二，中华书局，1980年影印本，第719页。
⑥ （清）阮元校刻《周礼注疏》卷十五，中华书局，1980年影印本，第739~740页。
⑦ （汉）刘向集录《战国策》卷三〇，上海古籍出版社，1985，第1104页。
⑧ （清）阮元校刻《周礼注疏》卷九，中华书局，1980年影印本，第699页。
⑨ （清）阮元校刻《周礼注疏》卷二八，中华书局，1980年影印本，第833页。
⑩ （清）阮元校刻《周礼注疏》卷九，中华书局，1980年影印本，第699页。
⑪ （汉）班固：《汉书》卷十九上，中华书局，1962，第731页。

少府属官，汉初此官仍有设置，《史记·吕太后本纪》云"襄平侯通尚符节"①，《史记集解》引张晏云"尚，主也。今符节令"②，此官与《周礼》中之掌节功能相近，即杜佑《通典》说"《周官》有典瑞、掌节二官，掌瑞节之事。秦汉有符节令、丞，领符玺郎"③。关吏、境吏之设，本就是为了查验诸人身份，防止敌方侵入，同时征收过往货物之关税，所以在战国时期形势紧张、社会管理严密化的情况下，掌管和授予符节之职能必然同样存在。而这些官员名称在成书于汉代或之前记录春秋战国史实的文献中也可以找到，境吏如《战国策》载"张丑为质于燕，燕王欲杀之，走且出境，境吏得丑"④，津吏如《列女传·辩通传·赵津女娟》曰"初简子南击楚，与津吏期，简子至，津吏醉卧，不能渡"⑤，关吏如《吴越春秋》云"伍员与胜奔吴。到昭关，关吏欲执之"⑥，等等。这些官吏的职能设置或许不能与《周礼》中比长、司关、掌节等官的职能一一对应，但必会涉及掌管与授予符节的相关事务。

另外，由于符节多为金属所制，所以有一个将史官所写文字转铸或转刻于符节金属载体之上的过程。这一过程是由其他职官，还是由掌管符节之属官来完成存在问题。因为掌节、司关、比长等之下并没有"工"之设置，所以符节文字的铸刻过程要么由史自己完成，要么由其他部门代为完成。后一种的可能性更大，因为铸造金属器物需要专业的设备和技术，不是一般文吏所能独自完成的。⑦《周礼·冬官·筑氏》中设有攻金之工需要掌握铸造不同器物时金锡比例，即"金有六齐：六分其金而锡居一，谓之

---

① （汉）司马迁：《史记》卷九，中华书局，1959，第409页。
② 参见（汉）司马迁《史记》卷九，中华书局，1959，第409页。
③ （唐）杜佑撰《通典》卷二一《职官三》，王文锦等点校，中华书局，1988，第558页。
④ （汉）刘向集录《战国策》卷三一，上海古籍出版社，1985，第1120页。
⑤ 佚名撰《全像古今烈女志传》卷四《辩通传》，三台馆刊行，万历辛卯本，影印本，第15页。
⑥ （汉）赵晔撰《吴越春秋》卷三《王僚使公子光传》，（元）徐天祜音注，江苏古籍出版社，1999，第19~20页。
⑦ 另外这也不符合效率原则，因为如果每一个涉及金属铸造工作的部门都设置自己的专有设备及人员，姑且不论其是否有这样的人力与物力，单从实际应用上讲，就必然会造成官府财政的沉重负担和资源配置上的巨大浪费。而且官府每个部门对铸造工作的需求量是不同的，所以需要大量使用还好，但如果一年甚至几年都不使用一次，那么平时设备的维修耗度、人员俸禄开销等将成为不必要的浪费。

钟鼎之齐；五分其金而锡居一，谓之斧斤之齐；四分其金而锡居一，谓之戈戟之齐；参分其金而锡居一，谓之大刃之齐；五分其金而锡居二，谓之削杀矢之齐；金锡半，谓之鉴燧之齐"①，可见知识之专门。又《史记·张丞相列传》云"若百工，天下作程品"②，《史记集解》引如淳语"百工为器物皆有尺寸斤两，皆使得宜，此之谓顺"③，可见器物之作，当由工所为。这也说明如果制造金属器物就该用"工"。

主管"工"的官员在尧舜时期被称为工、共工、工师，如《史记·五帝本纪》载"舜曰：'谁能驯予工？'皆曰垂可。于是以垂为共工"④，《史记集解》引马融语云（共工）"谓主百工之官也"⑤、"为司空，共理百工之事"⑥，又"垂主工师"⑦，《史记正义》云"工师，若今大匠卿也"⑧。到了春秋战国时期其有时被称为"工正"或"工尹"，如《左传·文公十年》载"王使（子西）为工尹"⑨、《宣公四年》载"芳贾为工正"⑩ 等，但职能变化并不大，即《史记集解》引贾逵云工正"掌百工"⑪。另《鄂君启车节》铭文云："王尻（处）于茂郢之游宫，大玟（工）尹脽台（以）王命，命集尹恧（悼）糈（糈），裁（织）尹逆，裁（织）觙（令）阢，帀（为）鄌（鄂）君启之賡（府）赋（就）盈（铸）金节。"⑫ 大意就是说大玟（工）尹脽台奉王之命，命令其三个属官即集尹恧（悼）糈（糈）、裁（织）尹逆、裁（织）觙（令）阢等去负责鄂君之节的具体铸造工作，这直接证明了工尹、工师及其属官要参与金属符节的制作。

掌管与授予符节部门的长官在其职权范围内是发令者，其属下之史、工则负责处理书写文字或制作载体等辅助工作。但如果面对等级比较高的

① （清）阮元校刻《周礼注疏》卷四〇，中华书局，1980 年影印本，第 915 页。
② （汉）司马迁：《史记》卷九六，中华书局，1959，第 2681 页。
③ 参见（汉）司马迁《史记》卷九六，中华书局，1959，第 2681 页。
④ （汉）司马迁：《史记》卷一，中华书局，1959，第 39 页。
⑤ 参见（汉）司马迁《史记》卷一，中华书局，1959，第 41 页。
⑥ 参见（汉）司马迁《史记》卷一，中华书局，1959，第 41 页。
⑦ （汉）司马迁：《史记》卷一，中华书局，1959，第 43 页。
⑧ 参见（汉）司马迁《史记》卷一，中华书局，1959，第 43 页。
⑨ （清）阮元校刻《春秋左传正义》卷十九上，中华书局，1980 年影印本，第 1848 页。
⑩ （清）阮元校刻《春秋左传正义》卷二一，中华书局，1980 年影印本，第 1869 页。
⑪ 参见（汉）司马迁《史记》卷三二，中华书局，1959，第 1488 页。
⑫ 吴镇烽编著《商周青铜器铭文暨图像集成》卷三十四，上海古籍出版社，2012，第 552 页。

发令者，这些部门的长官也只是辅佐性的书写或制作人员。如《王命虎符》"王命，命逾（传）赁（任）"①、《王命龙节》"王命，命逾（传）赁（任），一楮（檐、担）饲之"②、《鄂君启舟节》"大攻（工）尹脽台（以）王命……盟（铸）金节"③ 等中之"王命"，直接说明其铭文命令的发令者为君王，而其具体制作者显然只能处于辅助地位。

小　结

一般而言，战国令书的制作者是比较固定的，但在特殊情景下，起草和书写令书的人员会有较大变化，有时候可以由史官或文吏之外的其他人员负责。这种变更情况是具体的而非制度性的。这时的令书起草或书写人员与令书之间，仅存在权限关系，不存在书写职能上的必然联系。

第一，专业人士制作。某些令书涉及的事务过于专业，需要具有专门知识的人员才能制作。虽然这些人员很可能在一开始并不具有制作该令书的权限与职能，但经过统治者授权之后，他们便可以进行某些令书的制作。以法令的制定为例。制定法令的人员必然需要具备相关方面的专业知识，才能保证其制定的法律既符合统治阶级的利益，又具有实际操作性，从而维护统治的稳定。因此，这种由"法令专家"来负责制定法律的现象自西周至战国一直存在。西周时期的《吕刑》即"是姜姓吕国君主奉命制作的有关刑法的文告"④。春秋时期则有晋悼公命令"使士渥浊为大傅，使修范武子之法；右行辛为司空，使修士蒍之法"⑤、"郑人铸刑书"⑥ 等现象。战国时期这一现象更加普遍，出现了大量由"法令专家"主导的变法事件，如李悝在魏国变法，商鞅在秦国变法，吴起在楚国变法，左徒屈原为楚国书写《宪令》，等等。

---

① 吴镇烽编著《商周青铜器铭文暨图像集成》卷三十四，上海古籍出版社，2012，第532页。
② 吴镇烽编著《商周青铜器铭文暨图像集成》卷三十四，上海古籍出版社，2012，第535页。
③ 吴镇烽编著《商周青铜器铭文暨图像集成》卷三十四，上海古籍出版社，2012，第559页。
④ 杨宽：《西周史》，上海人民出版社，2003，第20页。
⑤ （清）阮元校刻《春秋左传正义》卷二八，中华书局，1980年影印本，第1923页。
⑥ （清）阮元校刻《春秋左传正义》卷四三，中华书局，1980年影印本，第2043页。按，其下注疏曰，杜注："铸刑书于鼎，以为国之常法。"孔疏："二十九年传云：'晋赵鞅、荀寅赋晋国一鼓铁，以铸刑鼎，著范宣子所为刑书焉'，彼是铸之于鼎，知此亦是鼎也。"

　　这些法律制作人员，之所以被授予制作律令的任务与其官职的职能并无直接关联，如商鞅"为左庶长，卒定变法之令"①，董说《七国考》大庶长条引刘昭语曰："自左庶长以上至大庶长，即将军也。所将庶人更卒，故以为大庶长，即大将军也。左右庶长，即左右偏裨也。"② 也就是说在起草变法令时商鞅实际是军职人员，并不具有编修法律的职责，但秦孝公认为其具有此方面的专业知识而命令其编修。再如吴起，因为楚悼王认为其具有治理国家的专门才华，故使用他为相，即"楚悼王素闻起贤，至则相楚"③，继而才让他修订楚法。

　　第二，多人参与制作。在现实环境中，某些令书的措辞、用语、表意等是否得当对于统治者而言可能具有重大影响，因此需要多人参与及多方的考虑，反复斟酌，才能完成。这种令书书写情况涉及的人员身份就会非常复杂。春秋时期郑国书写某些告书辞令的时候即存在这种现象。《左传·襄公三十一年》云："子产之从政也，择能而使之：冯简子能断大事；子大叔美秀而文；公孙挥能知四国之为，而辨于其大夫之族姓、班位、贵贱、能否，而又善为辞令；裨谌能谋，谋于野则获，谋于邑则否。郑国将有诸侯之事，子产乃问四国之为于子羽，且使多为辞令；与裨谌乘以适野，使谋可否；而告冯简子使断之。事成，乃授子大叔使行之，以应对宾客，是以鲜有败事。"④ 即是说子产从政善于根据人的不同才能来安排工作，遇到某些诸侯之间辞令交往，"子产先教裨谌创意起草，交给世叔审查，再教行人子羽修改，末了儿他再加润色"⑤，然后让子大叔去施行，所以很少失败。一件告书辞令之所以要经过这么复杂的制作过程，主要是因为郑国当时比较弱小，介于诸方势力的干扰之中，拥有一个良好的外交环境对其而言极为重要。而良好外交环境之有无，除了与本国实力强弱有根本关系之外，辞令得当与否也有重大影响。在这些告书辞令中，可能会涉及很多对郑国影响重大的政治许诺，写在文书之上则即为令书，子产为了

① （汉）司马迁：《史记》卷六八，中华书局，1959，第 2229 页。
② （明）董说：《七国考》卷一，中华书局，1956，第 14 页。
③ （汉）司马迁：《史记》卷六五，中华书局，1959，第 2168 页。
④ （清）阮元校刻《春秋左传正义》卷四〇，中华书局，1980 年影印本，第 2015 页。
⑤ 《朱自清：国学精典入门》，杨佩昌整理，中国画报出版社，2010，第 64 页。

维护郑国利益，不得不慎重其辞，反复斟酌，并询问多方意见。战国时期
这种复杂的令书制作情况仍然存在，如《吕氏春秋·审应览》云："惠子
为魏惠王为法，为法已成，以示诸民人，民人皆善之。献之惠王，惠王善
之，以示翟翦。"① 即是说惠施在替魏惠王起草完法律之后，并未直接献给
君王，而是先让百姓提意见，百姓都认为好之后，才献给魏惠王，魏惠王
虽然也认为该律法书写得很好，但也没有立即施行，而是再次询问翟翦的
意见。律法书的制作之所以要经过惠施、民人、魏惠王、翟翦的多方参
与，是因为其关系到魏国统治秩序的稳定。

第三，秘密制作。某些令书涉及内容过于机密，不宜过多人知道，所
以命令信息的发布者往往自己来完成其制作任务。由于战国时期各国间政
治与军事斗争的激化，机密性文书的制作活动变得更为普遍。如反映某些
战国史实的《六韬》中提到的应用于军事信息沟通的阴符、阴书，其设计
目的在于减少秘密外泄，使敌人难以了解己方的军事信息。这一方面需要
对符、书的制作形式进行特殊处理，符要分成八种规格形式，即《六韬·
龙韬·阴符》所载"有大胜克敌之符，长一尺；破军杀将之符，长九寸；
降城得邑之符，长八寸；却敌报远之符，长七寸；警众坚守之符，长六
寸；请粮益兵之符，长五寸；败军亡将之符，长四寸；失利亡士之符，长
三寸"②，书则要分成三份发出，合在一起才能知道文书的意思，即《六
韬·龙韬·阴书》所载"书皆一合而再离，三发而一知"③；另一方面，要
减少制作及传达过程中接触的人员，从而达到"主将秘闻，所以阴通言
语，不泄中外相知之术。敌虽圣智，莫之能识"④ 的目的。因此在文书起
草与书写过程中会涉及一些不同于常规书写者的专门人员。

第四，发令者亲自制作。出自一些特殊意愿，某些统治者会亲自制作
令书。如《清华大学藏战国竹简（一）》中之《周武王有疾周公所自以代

---

① 许维遹撰《吕氏春秋集释》卷十八《审应览》，梁运华整理，中华书局，2009，第493页。
② 《六韬》卷三《龙韬》，载《中国兵书集成》编委会编《武经七书直解》（第10～11册），
解放军出版社、辽沈书社，1990，第1224～1225页。
③ 《六韬》卷三《龙韬》，载《中国兵书集成》编委会编《武经七书直解》（第10～11册），
解放军出版社、辽沈书社，1990，第1228页。
④ 《六韬》卷三《龙韬》，载《中国兵书集成》编委会编《武经七书直解》（第10～11册），
解放军出版社、辽沈书社，1990，第1225页。

王之志（金縢）》①、《尚书》之《金縢》② 等文献即记载有周公亲自制作祝告文书一事。周武王在克商后第二年得了疾病且一直没有痊愈，于是周公亲自书写祝告之辞向先王祷告。由于其中涉及愿意以身替代武王，即"以旦代某之身"③ 的内容，不愿让他人知道，故周公亲自起草与书写该文。另《资治通鉴·周纪一》载赵简子曾亲自书写训诫命令给两个儿子，三年之后询问他们的诵习与保存情况，并以此来选定其继承者，即"赵简子之子，长曰伯鲁，幼曰无恤。将置后，不知所立，乃书训诫之辞于二简，以授二子曰：'谨识之！'三年而问之，伯鲁不能举其辞；求其简，已失之矣。问无恤，诵其辞甚习；求其简，出诸袖中而奏之。于是简子以无恤为贤，立以为后"④。

　　另外，在一些场合中，大臣为了备忘会用笏板记载君王命令从而形成令书，即《礼记·玉藻》云（臣子）"造受命于君前，则书于笏"⑤。

---

① 清华大学出土文献研究与保护中心编，李学勤主编《清华大学藏战国竹简（一）》，中西书局，2010，第 157～159 页。
② （清）阮元校刻《尚书正义》卷十三，中华书局，1980 年影印本，第 195～197 页。
③ （清）阮元校刻《尚书正义》卷十三，中华书局，1980 年影印本，第 196 页。
④ （宋）司马光编著《资治通鉴》卷一《周纪一》，（元）胡三省音注，中华书局，1956，第 7～8 页。
⑤ （清）阮元校刻《礼记正义》卷三〇，中华书局，1980 年影印本，第 1480 页。

第四章

战国令书书写格式及用语探微

由于现实应用的目的及功能差异，战国令书的不同种类形成了各自相对独特的书写格式及用语。

第一节　命书的书写格式及用语

目前发现比较完整的战国时期的册命文书较少，此处以载有战国末期秦国大良造庶长游发布赏赐右庶长歜一块土地作为宗邑命令的《宗邑瓦书》为例，其文曰：

> 四年，周天子使卿大夫辰来致文武之酢（胙），冬十一月辛酉，大良造庶长游出命曰：取杜才（在）酆邱到潏水，以为右庶长歜宗邑。乃为瓦书。卑司御不更顒封之，曰：子子孙孙以为宗邑。顒以四年冬十一月癸酉封之。自桑障（郭）之封以东，北到桑匽（堰）之［以上为正面文］封，一里廿辑。大田佐敄童曰未，史曰初。卜蛰，史羁（羁）手，司御心，志是霾（埋）封［以上为背面文］。①

这片瓦书的文字内容，包括了发令时间"四年……十一月辛酉"、发令者"大良造庶长游"、命令内容"取杜……宗邑"、器铭"顒以……是霾（埋）封"等部分。其中器铭内容的构成比较复杂，包括对"卑司御不

---

① 吴镇烽编著《商周青铜器铭文暨图像集成》卷三十五，上海古籍出版社，2012，第508页。

更酅"传达册封命令时言语"子子孙孙以为宗邑"的记载、封存册令的时间"四年""冬十一月癸酉"、受封的土地位置及面积"自桑……一里廿辑"、埋存瓦书的具体过程"大田……志是霾（埋）封"等。

仅就一件实物还很难判断这是不是战国时期册命文书的典型书写格式。不过我们知道西周时期周王室及其诸侯国内都有使用册命文书的现象，① 而且往往附带有一定的仪式，先秦以尊古为事，因此战国时期对这种仪式中传达的册命文书的书写格式应不会进行较大改变。尤其是战国之初，周考烈王册封韩虔、赵籍、魏斯为诸侯时下达的命书，应当与西周、春秋时期册命诸侯的文书书写格式一致。因为战国初年的周王室是周王朝的直接继承者，虽然此时已经十分衰弱，实力甚至比不上小的诸侯国，但在礼仪制度方面，除了因客观现实不允许，无法完成既定仪节之外，应仍以西周、春秋时期的周王朝制度为准则。因此，通过对比西周、春秋时期册命文书来分析战国时期册命文书书写格式的基本样貌应无太大问题。

目前所见西周时期的册命金文最多，春秋次之，战国再次之，其书写样式略有差异。② 陈汉平先生将体例比较完整的册命金文分为五部分，即时间地点、册命礼仪、册命内容、受命礼仪、作器铭识等，并归纳出完整的册命金文书写模板。③ 陈彦辉先生则分得更加细致，他指出："在体制上比较完整的西周册命铭文一般包括册命的时间、地点、册命仪式、授职、赐物、受命仪式、作器铭识等七个部分，也有部分册命铭文省略部分内

---

① 陈汉平先生云："（西周时期）公室册命金文、诸侯册命金文为数甚少，且其文例、礼仪、制度与王室册命金文相若。"参见陈汉平《西周册命制度研究》，学林出版社，1986，第35页。

② 可参看《君夫簋》《保员簋》《曶簋》《横簋盖》《召簋》等所载册命铭文之差异。吴镇烽编著《商周青铜器铭文暨图像集成》卷十一，上海古籍出版社，2012，第216、225、247、248、273页。

③ 陈汉平：《西周册命制度研究》，学林出版社，1986，第27~28页。按：该书第28页载，陈汉平先生说"由八十例西周铜器铭文比较研究，可得出完整之西周册命金文文例，其文例为：隹王某年某月月相辰在干支，王在某（地）。旦，王各于某（地），即位，某（人）右某（人）入门，立中廷，北向。史某受王命册，王乎史某册命某。王若曰：某，由某种原因，余册命汝官司某事。赐汝秬鬯、服饰、车饰、马饰、旂旗、兵器、土田、臣民、取征某寽。敬夙昔用事，勿废朕命。某拜手稽首，受命册，佩以出。反入觐璋。敢对扬天子丕显休命。用作朕皇（剌）祖皇（剌）妣皇考皇母宝尊彝。用祈丐眉寿万年无疆，通录永令霝冬，子子孙孙永宝用"。

容。"① 此处以完整书写了这七个部分内容的西周晚期宣王世的《卌二年逨鼎甲》为例，其文曰：

> 隹（唯）卌又二年五月既生霸乙卯，王才（在）周康穆宫，旦，王各（格）大（太）室，即立（位），嗣（司）工楸（散）右（佑）吴逨入门立中（中）廷，北卿（向），尹氏受（授）王釐书。王乎（呼）史减册釐逨，王若曰："逨，不（丕）显文武，雁（膺）受大令（命），匍（敷）有（佑）三（四）方，則（则）緐隹（唯）乃先圣且（祖）考，夹讆（绍）先王，舜（闻）董（勤）大令（命），奠周邦。余弗叚（遐）黊（忘）圣人孙子，余佳（唯）闭乃先且（祖）考，又（有）舜（勋）于周邦，韓余乍（作）女（汝）澁嗣，余肇建长父，厌（侯）于（与）采，余令（命）女（汝）奠长父休，女（汝）克奠于寽（厥）𠂤（师），女（汝）佳（唯）克井（型）乃先且（祖）考，戎厰（严）颣（允）出戡于井（邢）阿，于历㠱，女（汝）不𢦏戎，女（汝）光长父弖（以）追博戎，乃即宫伐于弓谷，女（汝）执噈（讯）隻（获）或（馘），孚（俘）器车马。女（汝）叙（敏）于戎工，弗逆朕（朕）新令（命），釐女（汝）醫（秬）鬯一卣（卣），田于郒卌田，于犀廿田。"逨捧（拜）頴（稽）首，受册釐弖（以）出。逨叙（敢）对天子不（丕）显鲁休瓢（扬），用乍（作）鼏彝，用言（享）孝于芇（前）文人，其严才（在）上，趰（翼）才（在）下，穆秉明德，丰丰鼜鼜，降余康虘屯（纯）右（祐）通录（禄）永令（命），鬙（眉）耇（寿）辥（绰）窬（绾），叭臣天子，逨甘（其）万年无强（疆），子子孙孙永宝用言（享）。②

此篇铭文中的"王"指"周宣王"，其中王曰："逨……墇田"的内容即为册命文书的正文，包括了授职（命逨继承父职）、赐物"车马"

---

① 陈彦辉：《商周青铜铭文文体论》，《文学评论》2009 年第 4 期，第 80 ~ 83 页。
② 吴镇烽编著《商周青铜器铭文暨图像集成》卷五，上海古籍出版社，2012，第 395 页。按：该书"王各（格）大（太）室"原作"王各（格）大（格）室"，"于犀墇田"后无引号，据上下文可知明显为点校错误，此处已更正。

"（秬）鬯一卣（卣），田于鄴卅田"等。"王若曰"之前的内容"隹（唯）卅又……减册賚逨"，是史官对册命时间"隹（唯）卅……旦"、地点"周康穆宫……各（格）大（太）室"、发令者"王"、受令者"酮（司）工楸（散）右（佑）吴"、协助发令者"尹氏""史减册賚逨"及人物活动的记述。"王曰"之后紧接着的是受命者的行为以及受命仪式"逨撵（拜）……畀（以）出"。再之后是器铭"逨敇（敢）……用亯（享）"，写铸造缘由和对子孙的希冀。

从这篇册命金文的内容及结构可以看出，它的整体必然不是当时册命文书的原文，而是受命者根据册命文书及当时史官对整个册命礼仪活动的记录书写完成的。其中册命仪式中受命者的行为"逨撵（拜）頔（稽）首，受册賚（以）出"、受命者对君王所说的话"逨敇（敢）对天子不（丕）显鲁休鼾（扬）"，以及受命者对其子孙说的祝福话语"用乍（作）鼑彝……永宝用亯（享）"等内容，都不可能出现在册命文书的原文之中，因为其时册命文书已经书写完成。

《宗邑瓦书》所载册命文书与这篇册命文书的书写格式有所不同，即增加了转述与执行册命信息的记录。它先记载了大良造庶长游向右庶长歜下达的册命令，然后叙述"卑司御不更䫶"按照命令对右庶长歜的封地进行实际划割。执行命书必然发生在命书下发之后。再通过其所载内容信息来源的复杂性，可知它与西周、春秋的册命金书一样，除了直接的册命文字外，其他部分都不是册命令书的原文，而是受命者刻铸器物时根据史官在册命仪式现场的记录和埋藏器物时的具体情况综合书写的，因此这些器物上的"册命文书"形式与史书体例十分相似。

那么战国时期秦国册命文书的书写格式到底是什么样子的呢？蔡邕《独断》曾说汉代册命文书的书写格式只包括时间（年、月、日）和皇帝所说的话两部分内容，而无受命者反应、受命者话语、器铭等内容，即"起年月日，称皇帝曰，以命诸侯王三公。其诸侯王三公之薨于位者，亦以策书谥其行而赐之，如诸侯之策。三公以罪免，亦赐策，文体如上，策而隶书，以一尺木两行，唯此为异者也"①。汉代去古未远，且多承秦

---

① （汉）蔡邕撰《独断》卷上，（明）程荣校，和刻本，影印本，第4~5页。

制，所以蔡邕所说的汉代册命文书原文的书写格式应与战国时期秦国制度相差无几。也就是说《宗邑瓦书》中的"四年，周天子使卿大夫辰来致文武之酢（胙），冬十一月辛酉，大良造庶长游出命曰：取杜才（在）酆邱到漓水，以为右庶长歜宗邑"内容，可能就是册命文书的原文。它的书写格式极为简单，即时间"四年……十一月辛酉"、发令者"大良造庶长游"、册命内容"取杜……宗邑"，受命者信息被囊括在命令正文中。又记载周平王册命晋文公事件的《文侯之命》，刓除后代人所补的序言，也只剩下了周平王的人称主语及口头命令，即"王若曰：'父义和，丕显文武……予则罔克。'曰：'惟祖惟父……若汝予嘉。'王曰：'父义和，其归视尔师……用成尔显德。'"[1] 考虑到其本应有制作时间、君王所在地点及活动的内容，所以其书写格式与蔡邕说的汉代册命文书书写格式大致相合。册命金文中也有类似格式，如记载周王册命君夫一事的西周中期《君夫簋盖》云"唯正月初吉乙亥，王才（在）康宫大（太）室，王命君夫曰：償求乃友，君父叚（敢）娒（奉）眔（扬）王休，用乍（作）文父丁齍（齍）彝，子子孙孙甘（其）永用之"[2]，即由三部分构成，发令时间"唯正……大（太）室"、发令者与受命者"王""君夫"、命令信息"償求……用之"，只是受命者信息在命令信息之前已经言明。抑或战国时期秦国的册命文书书写格式就是如此，即"时间＋发令者＋册命内容"，且抬头与命令信息内容分割清楚。不过秦国册命文书是否自战国一开始就完全采用了这种书写格式，仅就这一篇《宗邑瓦书》的内容，还难以定论。

战国时期其他各国的册命文书书写格式可能并非如此。它们的册命文书原文书写格式当中可能没有与命令信息分割明确的"抬头"[3]，起首部分与《鄂君启车节》相似，"大司马邵（昭）鄬（阳）敗（败）晉（晋）帀（师）于襄陵之戠（岁），顕（夏）层之月，乙亥之日，王尻（处）于茂郢之游宫，大攻（工）尹脽台（以）王命，命集尹悳（悼）糕（糈），裁（织）尹逆，裁（织）敓（令）阢，帀（为）鄾（鄂）君启之贋（府）赋

---

① （清）阮元校刻《尚书正义》卷二〇，中华书局，1980 年影印本，第 253～254 页。
② 吴镇烽编著《商周青铜器铭文暨图像集成》卷十一，上海古籍出版社，2012，第 216 页。
③ 令书"抬头"是指写在起首部分的、交代发令者、受令者、发布时间、发布地点等，与正文命令信息有明显形式上区别的内容。

（就）盥（铸）金节"①，即将发令时间"大司马……游宫"、发令者"王"、命令传达者"大攻（工）尹"、符节制作者"尹恕（悼）"等信息通过叙述的方式来表达，与命令正文之间没有用"曰""命"等字加以分隔。很多册命金文采用这种起首格式。如西周早期后段的《保员簋》在记述王的口头命令之前的起首部分叙述了公征伐东夷及自周返回的时间，并交代了公赏赐保员的时间、地点、物品，即"隹（唯）王既叀（燎），坪（厥）伐东尸（夷）。才（在）十又一月，公反（返）自周。己卯，公才（在）房，保鼎（员）逦，儶公易（锡）保鼎（员）金车"②；西周中期前段的《曶簋》在记述王的口头命令之前的起首部分书写了君王赏赐曶的时间、物品，即"隹（唯）三（四）月初吉丙午，王令（命）曶，易（锡）戠（缁）市（韨）冋黄（衡）、銮、㦿"③；西周晚期的《卹曶簋》在记述王的口头命令之前的起首部分记叙了君王赏赐卹曶的时间、地点、物品及辅助礼仪活动之人，即"隹（唯）元年三月丙寅，王各（格）于大（太）室，康公右（郃）曶（盨），易（锡）戠（织）衣、赤㦿市（韨）"④；等等。

战国时期之所以仍沿用这种册命文书书写格式，是因为册命礼仪活动本身即属于旧时代（宗法、分封时代）的遗留事物，人们既然仍要沿用这份旧的制度，对册命仪式附带的册命文书的书写格式就不会有过多变更的意愿。而册命文书中有记录君主活动及言语的内容，充分证明了这些册命文书的书写格式本于史官对君王日常口头命令的记录。因此，战国时期其他各国的册命文书的典型书写格式应为"时间＋发令者活动＋发令者＋受命者（有时包含在命令信息部分中）＋命令信息（赐赏、封官、免官等）"。

从用语上看，战国时期的册命文书已经十分规范。其前半部分即君王口头命令之前的内容，用语简单质朴规范，属于白描写作手法，如《宗邑瓦书》载"四年，周天子使卿大夫辰来致文武之酢（胙），冬十一月辛酉，大良造庶长游出命曰"⑤，简单地写了册命时间、发令者、受命者等信息，

---

① 参见吴镇烽编著《商周青铜器铭文暨图像集成》卷三十四，上海古籍出版社，2012，第552页。按：另可参见该书同卷第557、557页。
② 吴镇烽编著《商周青铜器铭文暨图像集成》卷十一，上海古籍出版社，2012，第225页。
③ 吴镇烽编著《商周青铜器铭文暨图像集成》卷十一，上海古籍出版社，2012，第247页。
④ 吴镇烽编著《商周青铜器铭文暨图像集成》卷十一，上海古籍出版社，2012，第244页。
⑤ 吴镇烽编著《商周青铜器铭文暨图像集成》卷三十五，上海古籍出版社，2012，第508页。

没有任何修饰，与其他册命文书这部分的书写用语风格基本一致，说明其已经成为一种规范。而册命文书的命令信息正文，多以"王曰""王若曰"开头，可见其下的内容是以口头表达形式出现的，但口语化特征并不明显，用语十分程式化，赏赐某人某物时用"钖"字，如"易（钖）莽（簧）"（《五年师旋簋丙》）①、"易（钖）女（汝）玄衣黹屯（纯）"（《吕簋》）②、"易（钖）女（汝）戠（织）衣"（《裁簋盖》）③ 等，让受令者履行受封官职职责时都用"用事"二字，如"吕，夓（更）乃考鼾嗣（司）奠（甸）师氏，……用事"（《吕簋》）④、"裁，令（命）女（汝）乍（作）嗣（司）土，官嗣（司）耤（耤）田，……用事"（《裁簋盖》）⑤、"嗣（司）雝宫人、虢旆，用事"（《即簋》）⑥ 等，但偶尔也有一些比较恳切的用语，如"敬母（毋）敗（败）速（绩）"（《五年师旋簋丙》）⑦。

另外，册命文书用语具有比较典型的时代性特征。这是因为册命制度与官制变革紧密相关，而战国时期各国的官制都有一定程度的改革，因此在册命文书中对官名的称呼也要随之修改。如《宗邑瓦书》中之大良造、庶长、大田佐等，即为战国时期秦国所设之官，前代无有，书写用语自然要有所变化。

第二节 "令"书的书写格式及用语

战国时期通行的法典中有一部分律文，就制作途径及书写格式而言，是由"行政命令式"⑧ 的"令"书转化而来的。由于具体"令"书向律法书转化所处阶段的不同，在书写格式上保留的行政命令形式的程度也有所

---

① 吴镇烽编著《商周青铜器铭文暨图像集成》卷十一，上海古籍出版社，2012，第 326 页。
② 吴镇烽编著《商周青铜器铭文暨图像集成》卷十一，上海古籍出版社，2012，第 341 页。
③ 吴镇烽编著《商周青铜器铭文暨图像集成》卷十一，上海古籍出版社，2012，第 421 页。
④ 吴镇烽编著《商周青铜器铭文暨图像集成》卷十一，上海古籍出版社，2012，第 341 页。
⑤ 吴镇烽编著《商周青铜器铭文暨图像集成》卷十一，上海古籍出版社，2012，第 421 页。
⑥ 吴镇烽编著《商周青铜器铭文暨图像集成》卷十一，上海古籍出版社，2012，第 423 页。
⑦ 吴镇烽编著《商周青铜器铭文暨图像集成》卷十一，上海古籍出版社，2012，第 326 页。
⑧ "行政命令式"是指在令书中具有明确的发令时间、发令者、发令词、受令者及命令内容等基本信息的"抬头"，且与正文具有明显分割的一种书写格式。因目前所发现的这一类书写形式的令书，虽然涉及行政、司法、军事、经济等多种事务内容，但由于其仍以行政事务为主，故将这一类令书的书写形式统称为"行政命令式"。

差异，但一般情况下不会被完全改写成去除发令者、发令时间等基本信息的律法条文，而是基本保持了最初的书写格式，或部分保留行政命令的书写格式。

一 尚未开始向律法书转化的"令"书书写格式及用语

一部分"令"书虽然起到了法律的作用与效果，并有可能在下次修订律法时完成由行政命令式书写格式向律法书条文式书写格式的转化，但由于尚未开始转化过程，所以其书写格式仍是行政命令式的，可概括为"'抬头'（包含发令时间、发令者、发令词'命'或'告'或'谓'、受令者等信息）＋命令正文"。典型代表是出土于青川县的战国晚期秦国《田律木牍》（又称《青川木牍》），其文曰：

> 二年十一月己酉朔二日，王命丞相戊（茂）、内史匽、吏臂，更修为田律：田广一步，袤八则为畛。亩二畛，一百（陌）道。百亩为顷，一千（阡）道，道广三步。封高四尺，大称其高。捋（埒）高尺，下厚二尺。以秋八月修封捋（埒），正疆（疆）畔，及登（发）千（阡）百（陌）之大草。九月，大除道及除陰（浍）。十月为桥，修陂堤，利津梁，鲜草離（离），非除道之时，而有陷败不可行，辄为之。四年十二月不除道者：□一日，□一日，辛一日，壬一日，亥一日，辰一日，戌一日，□一日。①

这篇具有律法属性的"令"书是秦武王向丞相茂、内史匽、吏臂下达的重新修订的"为田律"，即规定田亩、道路等规格及有关整修田地、桥、陂堤及除草的具体法令。它与下文要说的《魏户律》《魏奔命律》一样，也由时间"二年十一月己酉朔二日"、发令者"王"、受令者"丞相戊（茂）、内史匽、吏臂"、命令正文"田广……一日"等部分构成，而且"抬头"部分与命令正文内容分割明显，但并没有律名或篇名。这不仅展示了典型的行政命令式"令"书的书写样态，同时也说明这篇"令"书还

---

① 吴镇烽编著《商周青铜器铭文暨图像集成》卷三十五，上海古籍出版社，2012，第502页。

未开始进行由行政命令式书写格式向律法条文式书写格式的转化。

二　已经完成转化过程的"令"书书写格式及用语

已完成"令"书向律法书转化过程的"令"书，又可分为两种形式。一种几乎完全保存了"令"书行政命令式的书写格式，只是在末尾添加了律名，可概括为"'抬头'＋命令正文＋律名"，保存于睡虎地秦墓竹简中的《魏户律》《魏奔命律》即属此类。其文云：

> 《魏户律》　廿五年闰再十二月丙午朔辛亥，○告相邦：民或弃邑居壄（野），入人孤寡，徼人妇女，非邦之故也。自今以来，叚（假）门逆吕（旅），赘婿后父，勿令为户，勿鼠（予）田宇。三枼（世）之后，欲士（仕）士（仕）之，乃（仍）署其籍曰：故某虑赘婿某叟之乃（仍）孙。魏户律①
>
> 《魏奔命律》　廿五年闰再十二月丙午朔辛亥，○告将军：叚（假）门逆閭（旅），赘婿后父，或衞（率）民不作，不治室屋，寡人弗欲。且杀之，不忍其宗族昆弟。今遣从军，将军勿恤视。享（烹）牛食士，赐之参饭而勿鼠（予）殽。攻城用其不足，将军以埋豪（壕）。魏奔命律②

这两篇"令"书虽然都是魏安釐王针对经营商贾、开客店、逃野及赘婿等现象而下发的，但是内容并不相同。《魏户律》是魏安釐王下发给相邦的"令"书，大意是说魏安釐王不喜欢百姓离开居邑到野外居住或入赘到别人家，所以规定经商、开客店以及入赘的人不准立户，不分给其田地房产，尤其是对入赘者虽然三代之后可以做官，但在簿籍上要写明其为某入赘者的曾孙。《魏奔命律》则是魏安釐王下发给将军的"令"书，大意是说魏安釐王不喜欢经商、开客店、入赘以及废弃田地、房屋的人，要不

① 睡虎地秦墓竹简整理小组编《睡虎地秦墓竹简》，文物出版社，1990，第174页。按，该书第174页注：本条及下条尾附标题，系魏律，廿五年应为魏安釐王二十五年（公元前252年）。
② 睡虎地秦墓竹简整理小组编《睡虎地秦墓竹简》，文物出版社，1990，第175页。

是不忍心连累他们的族兄弟，就把他们都杀掉，现在派他们去充军，并命令将军不要怜惜他们，在杀牛犒赏将士的时候，要减少他们的份额，在攻城时哪里需要就派他们去哪里，甚至可以派他们去填平沟壑。

至于魏国法律会被抄写在秦简之上的原因，张继海先生说："这两条魏律被抄在秦简上，道理应同魏律产生时一样，那就是在秦攻灭六国的前后，军队伤亡严重，需要补充兵员时，秦国很多地方（包括新占区）出现了一些人弃邑居野逃避兵役的现象。"① 即是说它们实际是被秦国引进并使用的魏国法律。②

这两篇魏国"令"书内容虽然不同，但其书写格式是完全一致的。它们都是由时间"廿五年闰再十二月丙午朔辛亥"（《魏户律》）、"廿五年闰再十二月丙午朔辛亥"（《魏奔命律》），发令者"魏王"（《魏户律》）、"魏王"（《魏奔命律》），受令者"相邦"（《魏户律》）、"将军"（《魏奔命律》），命令正文"民或弃邑……某叟之乃（仍）孙"（《魏户律》）、"叚（假）门逆闾（旅）……将军以埂豪（壕）"（《魏奔命律》），篇尾律名"魏户律"（《魏户律》）、"魏奔命律"（《魏奔命律》）等几部分组成。

---

① 张继海：《睡虎地秦简魏户律的再研究》，《中国史研究》2005 年第 2 期，第 51 页。

② 曹旅宁认为这两条法律并不适用于秦国，他说："有学者认为，秦简中把这两条魏国法律抄入，说明《魏户律》、《魏奔命律》也同样适用于秦国。……我们认为这两条魏律并不适用于秦国，主要基于以下理由。首先《为吏之道》不是秦国人的撰述，而可能是六国人的杂抄之作。……其次，关于这两条魏律，日本学者大庭修指出：'这一律文是《法经》六篇法典产生之后出现的新补充法，在补充现成法典中所没有的规定时，颁下王命后来仍持续保持效力而成为法。在魏国，就用律名来称呼，但都保留王命的全文，这一点值得注意。这一方法与汉代诏书成为汉令的情形相同。'……以王命补充法典在秦国也是如此。……秦国的法律、魏国的法律、齐国的法律、楚国的法律，应都是各自独立存在，并在各自的国家内生效。……其三：秦律中早已存在与魏律类似的法律，故不存在适用后者的问题。"按：曹旅宁先生所说理由尚值得商榷，如其以《为吏之道》中多存在秦忌讳之语来判断其为六国之物，却忽略了《为吏之道》的墓主人是秦国官吏的事实，因此他所指出的秦国忌讳，在当时可能并不存在，而且《魏户律》《魏奔命律》中将魏王的称呼改为"○"，足见秦国对其加以处理；而秦国有自己的秦令补充自己法典的机制，也不能证明其不会吸收他国之法律，商鞅携《法经》入秦，即是吸收他国法律的明证；至于第三点，秦国有类似的法律，并不在于他们不可以在适当的时候再引用他国法律，而且曹旅宁先生所说的与这两条魏律类似的《垦草令》《银雀山汉律》等实际都是田法，其中对赘婿、商户等的规定并不多；所以笔者认为《魏户律》《魏奔命律》完全有可能是秦国引用魏国之法的证明。参见曹旅宁《睡虎地秦简所载魏律论考》，《广东教育学院学报》2001 年第 3 期，第 60 ~ 63 页。

这就与条文式律法书只有命令正文和篇尾标题的书写格式有很大的不同。这样的书写格式与后文提到的诏书、告书等典型的行政命令文体的书写格式有着高度的相似性，充分证明这两篇法律属性的"令"书实际是由行政命令转化而来的。但其与行政命令又有不同，即在两篇律文的最后有律名。不过这两篇律文的律名究竟是魏国时已有，还是秦国引进之后才加的，还难以定论。但仅从秦国角度而言，这些完全或部分由秦国添加的律名，正是这些行政命令样式的"令"书最终转化为律法书的标记。

另一种"令"书在转化为律法书之后，书写形式变化得更为彻底，已经完全呈现条文式的书写样态，但从残存的时间信息依然可以看出其是由行政命令式的"令"书转化而来。其书写格式可概括为"条文化正文（以时间信息开头）＋律名"。以龙岗秦简中两枚法律简内容为例：

> 九十八号简 廿五年四月乙亥以来□□马牛羊□□□▨。①
> 一一六号简 廿四年正月甲寅以来，吏行田赢律（？）诶（诈）▨。②

这两枚简残断严重，已经无法判断其律文论述的具体内容，但依然可以看出它们是标准的律法书条文式书写格式。这两条律文内容的特殊之处在于其未损坏的起首部分提到时间，即九十八号简的"廿五年四月乙亥以来"、一一六号简的"廿四年正月甲寅以来"。这在其他程式化的条文式律文中是没有的。这充分说明了其来源于行政命令形式的"令"书，但其与《魏户律》《魏奔命律》《田律木牍》等"令"书较多地保留了行政命令式书写格式的样态不同，它已经彻底将"令"书的"抬头"形式模糊化，只留下一个清晰的时间信息。至于这两条简文中提到的时间，很可能就是其最初以行政命令式书写格式"令"书的下达时间。另外，根据下文"律法书的书写格式及用语"一节的相关论述可知龙岗秦简中的简文都是省略了

---

① 中国文物研究所、湖北省文物考古研究所编《龙岗秦简》，中华书局，2001，第105页。按，该书第105页注：廿五年，秦王政二十五年，公元前二二二年。
② 中国文物研究所、湖北省文物考古研究所编《龙岗秦简》，中华书局，2001，第109页。按，该书第109页注：廿四年，秦王政二十四年，公元前二二三年。

律名的，因此这两条法律简文的完整状态是有律名的。

至于这两条"令"书书写格式为什么与《田律木牍》《魏户律》等不同，能够出现如此完全的转化，与两方面因素有关。一是律文发令者的身份不同。《魏户律》《魏奔命律》《田律木牍》等"令"书的发令者分别是魏王、秦王，所以其书写样态保存得较好，这两篇简文的发令者则可能是如里耶秦简中的"丞相令"①"太守令"②"御史令"③等相较于君王而言身份等级不高的官员。因为身份等级不同区别对待其所下"令"书的转化样式，合乎战国时期官僚科层制度等级森严的情理要求。二是律文的转化时间不同。前面几篇"令"书的转化时间距离它们成为律文的时间应该比较近，甚至由于下一次修法活动还没开始，形式上根本没有变化。《魏户律》《魏奔命律》颁布于"廿五年闰再十二月丙午朔辛亥"，也就是公元前252年，《秦律十八种》中的律文书写时间也多是在此之后或者与此同时。④关于这点，我们可以依据与这两篇简文同时出土的《语书》中提到的时间来进行推算。因为《魏户律》《魏奔命律》是抄写在《为吏之道》之后的⑤，所以其引入时间最迟应与《为吏之道》的书写时间一样。而《为吏之道》是同《语书》一同下发的或者是在其下发之后才出现的。因为《语书》中提到了关于良吏、恶吏的分别，并命令府、曹等官吏将这些官员品质登记在册，即"凡良吏明法律令，……恶吏不明法律令，……令、丞以为不直，志千里使有籍书之，以为恶吏"⑥，但其所说良吏、恶吏之分过于简略，难以执行，《为吏之道》则对恶吏、良吏的标准表述详细，完全是作为辅助《语书》执行的相关参照文件下发的，所以其下达时间应

---

① 陈伟主编《里耶秦简牍校释》（第一卷），武汉大学出版社，2012，第96页。

② 陈伟主编《里耶秦简牍校释》（第一卷），武汉大学出版社，2012，第52页。

③ 陈伟主编《里耶秦简牍校释》（第一卷），武汉大学出版社，2012，第342页。

④ 并非指所有律文内容的形成时间，而是指修法活动的时间。比如有些律文在上次修法活动中已经存在，在这次的修法活动中仍然保留，其来源或者是上一次修法活动或者更早，但其当前的合法性是与最近的修法活动相关联的。此处所指即是律法条文最近一次获得合法性来源的修法活动的时间。

⑤ 睡虎地秦墓竹简整理小组说："《为吏之道》由五十一支竹简组成，……分栏书写，……第五栏末尾还附抄了两条魏国法律。"参见睡虎地秦墓竹简整理小组编《睡虎地秦墓竹简》，文物出版社，1990，第167页。

⑥ 睡虎地秦墓竹简整理小组编《睡虎地秦墓竹简》，文物出版社，1990，第15页。

与《语书》相同或者稍晚。而《语书》颁行于"廿年四月丙戌朔丁亥"①，即公元前 227 年。② 这与《魏户律》《魏奔命律》等在魏国作为带有法律属性的行政命令式"令"书正式下达的时间相距不过二十年左右。相对于修订周期相对较长的律法书来讲，这已经是很近的了。

另外，龙岗秦简中的这两条律文记载的时间分别是"廿五年四月乙亥""廿四年正月甲寅"，龙岗秦简的整理人员一方面将其分别定为秦王政二十五年，即公元前 222 年，秦王政二十四年，即公元前 223 年；一方面认为龙岗秦简的下限为秦二世三年至汉高祖三年。③ 这种年代判定可能是有问题的，原因有以下几点。一是如果定年没有问题，那么九十八号简当与一一六号简交换位置，因为根据时间出现的先后，显然秦王政二十四年要早于秦王政二十五年。当然这也可能是原律法简自身编排所致。二是这两枚简记载时间的书写格式与整理者说的龙岗秦简年代下限有矛盾。这两枚简在提到某年某月时，都是直接称年而未贯以王号，与即时性行政文书中直接称年而不贯王号的做法完全一致，如里耶秦简中的"卅二年三月丁丑朔朔日，迁陵丞昌敢言之"④ "廿六年三月壬午朔癸卯，左公田丁敢言之"⑤ "廿六年十二月癸丑朔辛巳，尉守蜀敢告之"⑥ 等，也就是说龙岗秦简这两条律文书写的"廿五年""廿四年"都是以在其时仍活着且当位的秦国君王来记年的，这就说明了其还没经历君王朝代更替。如果按照整理者的观点将龙岗秦简的下限定为秦二世三年至汉高祖三年，那么律文中就应该标明其为"始皇"某年以来，而不是单称某年以来。

那么有没有造成龙岗秦简中这两条律文只称年不贯王号的其他可能呢？比如，律文具有固定性不需要随着时王年号的变更而进行文字上的修正。如果这种解释成立，那么就根本无法判断这两条律文以行政命令式"令"书下达的时间。因为它指的某年不仅可能是时王的某年，也可能是先王的某年。而在始皇之前统治时间超过二十五年的秦君，据司马迁《史

① 睡虎地秦墓竹简整理小组编《睡虎地秦墓竹简》，文物出版社，1990，第 13 页。
② 睡虎地秦墓竹简整理小组编《睡虎地秦墓竹简》，文物出版社，1990，第 13 页。
③ 中国文物研究所、湖北省文物考古研究所编《龙岗秦简》，中华书局，2001，第 8~9 页。
④ 陈伟主编《里耶秦简牍校释》（第一卷），武汉大学出版社，2012，第 47 页。
⑤ 陈伟主编《里耶秦简牍校释》（第一卷），武汉大学出版社，2012，第 48 页。
⑥ 陈伟主编《里耶秦简牍校释》（第一卷），武汉大学出版社，2012，第 52 页。

记》十二诸侯年表、六国年表及方诗铭《中国历史纪年表》① 公元前 841 年之后的统计来看就有八位，分别为秦庄公在位四十四年（前 821 ~ 前 778 年），秦文公在位五十年（前 765 ~ 前 716 年），秦穆公在位三十九年（前 659 ~ 前 621 年），秦桓公在位二十七年（前 603 ~ 前 577 年），秦景公在位四十年（前 576 ~ 前 537 年），秦厉公在位三十四年（前 476 ~ 前 443 年），秦惠文王在位二十七年（前 337 ~ 前 311 年），秦昭襄王在位五十六年（前 306 ~ 前 251 年）。而出现于公元前 536 年、公元前 513 年先秦时期两次成文法公开颁布即郑国 "铸刑书"②、晋国 "铸刑鼎"③ 事件之后的，就有秦厉公、秦惠文王、秦昭襄王三位，仅说称王的也有两位即秦惠文王、秦昭襄王，所以如果律文不会随时间的更改进行修订，我们根本无法判断该条命令制作的具体时间。从律文书写用语的单义性要求来看，这样的用语方式显然容易造成人们理解上的混乱，所以每一位王都应该会对律文进行一些文字上的修正。这也应是有制度规定的。《周礼》中有大量官员在每年岁首公布法律的记载，如《大宰》云 "正月之吉，始和，布治于邦国都鄙，乃县治象之法于象魏，使万民观治象。挟日而敛之"④，《大司徒》云 "正月之吉，始和，布教于邦国都鄙，乃县教象之法于象魏，使万民观教象，挟日而敛之"⑤，《大司马》云 "正月之吉，始和，布政于邦国都鄙，乃县政象之法于象魏，使万民观政象，挟日而敛之"⑥，《大司寇》云 "正月之吉，始和，布刑于邦国都鄙，乃县刑象之法于象魏，使万民观刑象。挟日而敛之"⑦，等等。这种制度规定应有每年提醒百官及民众注意法典的既有规定和修订内容的考虑。而《逸周书·尝麦解》云 "维四年孟夏，王初祈祷于宗庙，乃尝麦于太祖。是月，王命大正正刑书"⑧，《左传·宣公

---

① 参见（汉）司马迁《史记》卷十四，中华书局，1959，第 509 ~ 685 页；方诗铭编著《中国历史纪年表》（修订本），上海人民出版社，2007，第 2 ~ 34 页。

② （清）阮元校刻《春秋左传正义》卷四三，中华书局，1980 年影印本，第 2043 页。

③ （清）阮元校刻《春秋左传正义》卷五三，中华书局，1980 年影印本，第 2124 页。

④ （清）阮元校刻《周礼注疏》卷二，中华书局，1980 年影印本，第 648 页。

⑤ （清）阮元校刻《周礼注疏》卷十，中华书局，1980 年影印本，第 706 页。

⑥ （清）阮元校刻《周礼注疏》卷二九，中华书局，1980 年影印本，第 835 页。

⑦ （清）阮元校刻《周礼注疏》卷三四，中华书局，1980 年影印本，第 871 页。

⑧ 黄怀信、张懋镕、田旭东：《逸周书汇校集注》卷六，李学勤审定，上海古籍出版社，1995，第 769 ~ 771 页。

十六年》载"武子归而讲求典礼，以修晋国之法"①、《成公十八年》载
"二月，乙酉朔，晋侯悼公即位于朝。……使士渥浊为大傅，使修范武子
之法；右行辛为司空，使修士䓹之法"②，即是西周时期周王及春秋时期晋
公使人重修法律的明证。虽然这种律法修订活动并不只是文字上的，但应
该也有解决文字引发歧义问题的考虑。因此从这一点来看，这种认为法律
用词固定而导致称年不贯王号现象发生的解释就是不对的或者不全面的。

　　然而如果将抄写这批律文的时间下限定在始皇时期，则可以顺利解
释。因为是时王，所以不需要加任何区别性的称呼就能实现律文单义表达
的目的。但这个解释也有缺陷，因为它不能解释为什么其书写格式变化得
如此大，所以它应当与上面提到的"令"书发令者身份原因结合起来考
虑，即是说发令者的身份不是君王，因此其形式出现了比较大的变化，但
因为抄写律文时仍在时王当政期内，所以并未冠以任何区分先王时王的词
语，单称某年某月某日。这与龙岗秦简木牍书写的时间"九月丙申"③也
不矛盾。龙岗秦简的整理者经过查证发现在秦汉初期合乎这一日期要求的
有五个年份，分别为秦始皇三十七年（前210年）、秦二世二年（前208
年）、汉高祖三年（前204年）、汉高祖六年（前201年）、汉高祖七年
（前200年），又推测写牍之人是因为秦末大乱而无所适从故不书年，进而
认为其当为汉高祖三年所制。④这一说法并不足据。因为在秦简文书中不
书写年份的情况很多，以里耶秦简为例，如 J18（133）简"八月癸巳，迁
陵丞□告司空主"⑤、J18（134）简"四月庚辰，迁陵守丞敦狐却（却）之
司空"⑥、J1（9）2 简"四月壬寅，阳陵守丞恬敢言之"⑦等。难道这与官
员因天下大乱无所适从有关？显然不是。之所以不书写年份，是因为它们
均为当年所制。结合前文所论，可知这块牍板最可能是在秦始皇三十七年
时制。因而龙岗秦简中的简文均不冠王号是符合情理的。

---

① （清）阮元校刻《春秋左传正义》卷二四，中华书局，1980 年影印本，第 1889 页。
② （清）阮元校刻《春秋左传正义》卷二八，中华书局，1980 年影印本，第 1923 页。
③ 中国文物研究所、湖北省文物考古研究所编《龙岗秦简》，中华书局，2001，第 144 页。
④ 参见中国文物研究所、湖北省文物考古研究所编《龙岗秦简》，中华书局，2001，第 8～
　9、145 页。
⑤ 王焕林：《里耶秦简校诂》，中国文联出版社，2007，第 30 页。
⑥ 王焕林：《里耶秦简校诂》，中国文联出版社，2007，第 36 页。
⑦ 王焕林：《里耶秦简校诂》，中国文联出版社，2007，第 66 页。

那么这两条律法会不会不是由行政命令转化而来的，而是在编定律文时书写的呢？可能性不大。法律制定不是一两天可以完成的，不太可能在制定法律时加上具体的时间，除非添加的是一个未来时，即这一律文起作用的时间点。但龙岗秦简这两条律文显然不是对未来时间的规定，它们都是对过往时间的描述，故称"某年某月某时以来"，即九十八号简载"廿五年四月乙亥以来"、一一六号简载"廿四年正月甲寅以来"。这说明在这两条律法书写之时，律文中的规定已经实施一段时间了。"令"书由于是为弥补律法在施行过程中的不足而出现的，只有在下一次的律法修订活动中才有可能成为律文的一部分，完成由行政命令式书写格式"令"书向条文式书写格式律法书的转化。但这种由"令"向法（律）的转化并不是百分之百的，必然会有相当一部分"令"书由于不符合下一位君王的统治思想或理念而被淘汰。

从用语上看，这些"令"书由于向律法书转化的完成程度不同，存在很大的差异。《田律木牍》一类的"令"书，由于尚未进入下一轮的律文修治过程，所以其用语与后文提到的诏书、告书等典型行政命令是一样的。这与当时统治者作为权力核心往往要兼管司法、行政、军事等各种事务的统治模式及文种之间功能的相互交叉有很大关系。《魏户律》《魏奔命律》一类"令"书由于进入转换过程之后，仍然保留了较多的行政命令书写格式，因此兼有诏书、告书和法律条文的用语特色，呈现了复合式的用语特征。但就整体用语风格而言，它们与行政命令式的诏书、告书差别不大。此处，主要谈一下这两篇"令"书的用语变更现象。

在这两篇"令"书中，它们刻意用"○"替代了原令文当中的"魏安釐王"的王号，可见秦国在引入魏国法律的时候，进行了部分用语调整。这种做法可能与这两篇"令"书的重新抄写时间有直接关系。它们第一次经魏王下发的时间是公元前 252 年；而这一次出现在《为吏之道》之后的重新抄写时间，则是在公元前 227 年前后；这距魏国被秦所灭时间公元前 225 年很近。所以无论这两篇律文是同《语书》及《为吏之道》一同下发的，还是在《语书》之后下发的，当时秦魏两国的关系都是相当紧张的。如果这两篇律文抄写的时间是公元前 227 年，那么抄写敌国的律文时，必然需要对其君王称呼进行某些修改，否则使用时会有情感上的不适。况且此时秦国统一全国的目标已经很明显，怎么能够忍受魏王与自己一样称"王"，这些理由足以解释通其在文字用语上出现变更的现象。而如果把这两篇律文重新抄写时间定于公元前225年或之后，那么彼时魏国已经被秦国所灭，成为秦国的下属区域，"魏王"之称号必然要隐去。就此来看，笔者更倾向于认为它们的抄写时间在公元前225年或稍晚的时期。

《魏户律》《魏奔命律》被引进秦国之后在书写格式上可能至少经历了两次变更。第一次变更是在这两篇"令"书内容之后加了律名"魏户律""魏奔命律"，但未对"魏王"称号进行变更。这主要是为了区分其来源及所涉内容。"魏户律""魏奔命律"中的"魏"即是指明这两篇律文来源于"魏"，从而将其与秦王所下的"令"书区分开来。秦王"令"书的效力显然要高于这些引入的魏王"令"书。而两篇律文中的"户律""奔命律"则与《秦律十八种》中的律名"金布律""工律""传食律"等一致，即为了方便使用与制作。这当中还有一个疑点，即"户律""奔命律"是在魏国时已有，还是在秦国时才添加的问题。虽然由于材料不足尚难说明，但历代学者认为秦国经历过"改法为律"的变革[1]，即使在魏国它们已有篇名，也不称为"律"而称"法"，要到被秦国引入之后才改称"律"。第二次变更是将"魏王"称号改为"○"。这主要与双方的敌对关系及当时的政治、军事形势有关。

另外，就是如龙岗秦简九十八号简与一一六号简等中所载的完成转化过程的"令"书，它们在用语上除了保留"令"书中原有的时间信息之外，基本与条文式律法无异，也符合律法书书写用语的五种基本要求，即准确性、单义性、规范性、朴实性、精练性等，可参看下文。

---

[1] 武树臣先生说："两千年来，历史文献当中关于战国时秦国商鞅据《法经》'改法为律'的记载，主要有以下四处：一是北齐魏收撰《魏书·刑罚志》……二是唐司空房玄龄、褚遂良等奉诏集体编辑的《晋书·刑法志》……。三是唐太尉长孙无忌、刑部尚书唐临等奉诏集体编辑的《唐律疏议》……第四是唐首辅大臣奉诏集体编辑的《唐六典》……商鞅'改法为律'之说最早即源于《唐律疏议》。"参见武树臣《秦"改法为律"原因考》，《法学家》2011年第2期，第28~29页。

第三节　诏书的书写格式及用语

最初诏书、告书发令者的身份并无严格区分，但逐渐开始有所偏向，这导致了两者在书写格式及用语特征上的分离。目前所见最早的秦国实物诏书制作于秦始皇廿六年。可这些诏书能在多大程度上反映战国秦诏书的书写格式呢？因为我们知道秦国在统一六国之后，进行了一次令书种类改革，即《史记·秦始皇本纪》云"命为'制'，令为'诏'"①，所以不禁要问这些诏书是战国秦既有的书写格式，还是改制之后的结果？就目前材料来看，笔者认为这是秦国诏书的固有书写格式，不过我们说的这种"固有"是相对于认为在秦始皇统一天下之后才有诏体文书的观点来讲的，其在秦国的使用及与告书分离的年代当在战国中后期，离统一之时不算太远。因为除令书种类变革之外，目前史料中仅记载有秦国对文书用语及写作制度的变革事件，② 如里耶秦简 8 - 461 木牍载"王马曰乘舆马。秦［王］观献曰皇帝。天帝观献曰皇帝。帝子游曰皇帝。王节戈曰皇帝。王遣曰制遣。以王令曰［以］皇帝诏。承［命］曰承制"③、《史记·秦始皇本纪》云"去泰著皇，采上古帝位号，号曰皇帝"④ 等，但没有证据显示秦国在统一之后对诏令文书的书写格式进行了重新规定⑤，况且秦王朝与战国秦一脉相承，所以以秦代诏书推测战国末期秦国诏书书写格式不会偏离太远。

---

① （汉）司马迁：《史记》卷六，中华书局，1959，第 236 页。
② 参见王铭《文书书写规则考略》，《档案与建设》1986 年第 1 期，第 26 ~ 27 页。按：此处所说的写作制度仅指文书当中的留白、标点、避讳等格式。
③ 陈伟主编《里耶秦简牍校释》（第一卷），武汉大学出版社，2012，第 156 页。
④ （汉）司马迁：《史记》卷六，中华书局，1959，第 236 页。
⑤ 在谈论令书文种时，我们已经说过改"命为'制'，令为'诏'"的实际情况可能是"令为'制'，命为'诏'"，它是在将秦国制度推向全国的基础上进行了一部分创新，即创立出了一个新的文体"制"，但"诏"是其固有文体，只是将"命"的部分文体功能合并过来而已，所以"诏"应该没有大的文体格式上的变化。而即使按前文提到的不将"命为'制'，令为'诏'"中的命、令理解为命书、诏书，而将其理解为大的命令、小的命令的观点来看，也不影响"诏"是秦代继承旧有文体的判断。因为照此推断，它也只是增加了一个新的文体"制"，限定了"诏"的一部分功能而已，而无法证明其在文体书写格式上有所创新。

先来看几篇由秦始皇和秦二世发布的诏书。

其一，铸刻于始皇诏方升上的秦始皇诏书：

> 廿六年，皇帝尽并兼天下诸侯，黔首大安，立号为皇帝，乃诏丞
> 相状、绾，灋（法）度量剚（则）不壹，歉疑者皆明壹之。①

这篇诏书是秦始皇二十六年，秦国在完成统一之后，为统一全国的度量衡而作。它由发令时间"廿六年"、发令者始"皇帝"、受令者"丞相状、绾"、命令信息"灋（法）度……皆明壹之"等内容构成。其整体书写格式可以概括为"发令时间＋发令者＋发令词'诏'＋受令者＋命令信息"。它与典型行政令书的书写格式不同，"抬头"与命令信息正文之间夹杂着一些叙事性文字，即"皇帝尽并兼天下诸侯，黔首大安，立号为皇帝"，时间信息也非常模糊，而典型的行政令书都是具体到月日的，如里耶秦简所载：

> 六月丙午，洞庭守礼谓迁陵啬夫：□署迁陵巫论言史（事），署中曹发，它如律令。②
>
> 六月乙未，洞庭守礼谓县啬夫：听书从事□□军吏在县界中者各告之。新武陵别四道，以次传。别书写上洞庭尉。皆勿留。③
>
> 卅一年后九月庚辰朔辛巳，迁陵丞昌谓仓啬夫：令史言以辛巳视事，以律令假养，裘令史朝走启。定其符。它如律令。④

它们分别是洞庭守礼向迁陵啬夫、洞庭守礼向县啬夫、迁陵丞向仓啬夫下达的关于某些具体事件处理方法的令书。三者都有非常具体的时间，"六月丙午""六月乙未""卅一年后九月庚辰朔辛巳"，古人以天干地支记日，可知"丙午""乙未""辛巳"即是发令之日。秦国诏书这种不记

---

① 吴镇烽编著《商周青铜器铭文暨图像集成》卷三十四，上海古籍出版社，2012，第276页。

② 陈伟主编《里耶秦简牍校释》（第一卷），武汉大学出版社，2012，第46页。

③ 陈伟主编《里耶秦简牍校释》（第一卷），武汉大学出版社，2012，第193页。按：原书校点"夫"字之后无"："，当是遗漏所致。

④ 陈伟主编《里耶秦简牍校释》（第一卷），武汉大学出版社，2012，第359页。

载月、日、时间的书写格式，与战国时期君王下达的其他命令文书是不同的，如载有战国晚期秦武王更修为田律命令的《田律木牍》（又称《青川木牍》）即有明确的时间"二年十一月己酉朔二日"①，载有魏国君王下达的治理逃野、逆旅、赘婿等现象命令的《魏户律》《魏奔命律》也有明确时间，《魏户律》"廿五年闰再十二月丙午朔辛亥"②、《魏奔命律》"廿五年闰再十二月丙午朔辛亥"③，等等。那么这种独特的"抬头"格式是不是秦国诏书的典型特征呢？这一问题，我们稍后讨论。

其二，载于两诏椭量上的秦始皇与秦二世诏书，其文云：

> 廿六年，皇帝尽并兼天下诸侯，黔首大安，立号为皇帝，乃诏丞相状、绾，灋（法）度量剕（则）不壹，歉疑者皆明壹之。元年制诏丞相斯、去疾，灋（法）度量尽始皇帝为之，皆有刻辞焉。今袭号，而刻辞不称始皇帝，其于久远也，如后嗣为之者，不称成功盛德。刻此诏，故刻左，使毋疑。④

这篇铭文由秦始皇廿六年诏书和秦二世元年诏书构成。始皇诏书前文已述，此处单看秦二世元年诏书。它是秦二世胡亥即位之时，为向天下人表明不会改变始皇发布的统一度量衡的诏令而作。其内容由发令时间"元年"、受令者"丞相斯、去疾"、命令信息"灋（法）度……刻辞焉"、器铭"今袭号……使毋疑"等部分构成。与先秦时期转刻于器物之上的册命金文中的器铭不属于册命原文不同，这件器物上的器铭当是诏书原文的组成部分。这从本件器物无法看出，因为在此器物上"二世诏书"所刻之位置确实在"始皇诏书"左侧，完全对应"故刻左"一语。但从其他同样载刻有这两篇诏书的器物上可以看出，如北私府椭量上铸刻的同样两篇诏书位置就与两诏椭量不同，其中始皇廿六年诏书被刻铸在椭量之外壁，秦二

① 吴镇烽编著《商周青铜器铭文暨图像集成》卷三十五，上海古籍出版社，2012，第502页。
② 睡虎地秦墓竹简整理小组编《睡虎地秦墓竹简》，文物出版社，1990，第174页。
③ 睡虎地秦墓竹简整理小组编《睡虎地秦墓竹简》，文物出版社，1990，第175页。
④ 吴镇烽编著《商周青铜器铭文暨图像集成》卷三十四，上海古籍出版社，2012，第292页。按：原文句读为"皇帝尽并兼天下，诸侯黔首大安"有误，现更正。

世诏书被刻铸在椭量内底，其位置并非左右之分，① 所以"故刻左，使毋疑"之语也就失去了指向意义，那么该句就不可能是后来添加的。因此从其外在的书写格式看，秦二世诏书的书写格式可以概括为"发令时间＋发令词'诏'＋受令者＋命令信息＋器铭"。与始皇廿六年诏书相比，秦二世诏书的"抬头"既没有叙事性话语，也没有发令者信息，但它有前者所没有的器铭。另外，在时间信息书写方面，秦二世诏书与始皇廿六年诏书相同，即没有诏书制作或下达的具体月、日、时等信息。

其三，在湖南益阳兔子山九号井（J9）出土的一枚简牍（J9③：1）所载秦二世诏书的书写格式更加独特，其文云：

> 天下失始皇帝，皆遽恐悲哀甚，朕奉遗诏，今宗庙吏及箸以明至治大功德者具矣，律令当除定者毕矣。元年与黔首更始，尽为解除流罪，今皆已下矣，朕将自抚天下（正）吏、黔首，其具行事，已分县赋援黔首，毋以细物苛劾县吏，亟布。以元年十月甲午下，十一月戊午到守府。（背）②

这篇诏书是秦二世即位之后，为获得支持、安定统治、笼络民心而作，期望通过大赦天下减轻罪罚来安抚百姓，进而得到民众的拥护。这篇诏令当中提到三个时间，即"元年""元年十月甲午""十一月戊午"等。其中第一个时间，属于命令信息的正文内容；第二个时间，是该诏书最初下发的时间；但第三个时间，是该诏书现实到达"守府"的时间，还是诏书规定的到达时间需要讨论。如果其为前者，那么它就是邮传接收记录。但显然它与常见的邮传接收记录写法不同。以里耶秦简为例，如 J1（8）133 简"八月癸巳，水下四刻，走贤以来"③、J1（8）152 简"四月甲寅日

---

① 参见吴镇烽编著《商周青铜器铭文暨图像集成》卷三十四，上海古籍出版社，2012，第306～307页。

② 湖南省文物考古研究所：《二十年风云激荡　两千年沉寂后显真容》，《中国文物报》2013年12月6日，第006版。

③ 王焕林：《里耶秦简校诂》，中国文联出版社，2007，第30页。

中，佐处以来"①、J1（8）157 简 "正月丁酉旦食时，隶妾冉以来，欣发"② 等，这些记录中都没有如同此篇诏令的最初下发时间的记录，但它们有该诏书不具有的非常精确的到达时间，即 "水下四刻""日中""旦食时"，及送达人员身份信息，即 "走贤""佐处""隶妾冉"，甚至还有接收人的信息，即 "欣发"。这是有秦法规定的，《睡虎地秦墓竹简·行书》即云 "行传书、受书，必书其起及到日月夙莫（暮），以辄相报殹（也）"③。所以此篇诏书中的第三个时间应是诏书规定的邮传时间，即规定应该在什么日期之前送达，这种规定是为了便于追究耽误文书传达时间人员的责任，即《睡虎地秦墓竹简·行书》曰 "勿敢留。留者以律论之"④ "宜到不来者，追之"⑤，但从 "以元年十月甲午下，十一月戊午到守府" 与诏书正文的位置关系看，它不是诏书的原文内容，更不是构成诏书 "抬头" 部分的 "时间格" 内容，它是由负责传达诏书的机构所写。因此由这篇诏令的正文来看，它与上面所说的其他秦国诏书一样，令书制作或下达的时间信息是模糊的，也没有 "抬头" 与命令正文信息的明确分割界限，甚至在发令者、受令者等信息方面叙述也不明确，需要从正文中分析才可获知。

我们可以发现上面所举三篇秦国诏书的书写格式有两个比较典型的特征：一是诏书 "抬头" 与命令正文内容没有明确的分割界限；二是诏书原文中缺乏制定或下发的具体时间信息。先来看秦国诏书书写格式的第一个特征。这些诏书的 "抬头" 书写格式不仅与里耶秦简、睡虎地秦墓竹简中地方官府发布的 "告" 类令书完全不同（可参考下文），而且与《魏户律》《魏奔命律》等魏国君王下达的 "令" 书书写格式也不相同（可参考上文）。但它与《鄂君启节》及一些册命金文的开头格式有几分相似，即都是将时间、发令者及发令者活动或其他事件信息混合在一起（可参看《册二年逑鼎甲》《保员簋》《卻智簋》《智簋》等）。这说明此种抬头与命令正文内容不分的书写格式，并不是秦国诏书独有的。

---

① 王焕林：《里耶秦简校诂》，中国文联出版社，2007，第43页。
② 王焕林：《里耶秦简校诂》，中国文联出版社，2007，第52页。
③ 睡虎地秦墓竹简整理小组编《睡虎地秦墓竹简》，文物出版社，1990，第61页。
④ 睡虎地秦墓竹简整理小组编《睡虎地秦墓竹简》，文物出版社，1990，第61页。
⑤ 睡虎地秦墓竹简整理小组编《睡虎地秦墓竹简》，文物出版社，1990，第61页。

再来看秦国诏书的第二个特征。秦君诏书采用如此做法，可能是为了将自己的诏令与地方官发的告令区分开来，进而体现自己的独尊地位。这一变革应该在秦统一之前既已开始，与秦始皇命令丞相、御史议制帝号的出发点是一致的，即"今名号不更，无以称成功，传后世"[1]。诏书不记载制作或下发月日信息的做法，并不是秦国独有的，其他国家也有类似情况。如战国中期兆域图铜版中记载的一篇"诏体告书"[2]，它包括正文和附件[3]两部分，此处仅录正文部分，其文曰："王命贾为逃（兆）乏（窆），阔閦（狭）少（小）大之呦（呦），又（右）事者官圂之，连（进）退逃（兆）乏（窆）者，死亡（无）若（赦），不行王命者，恭（殃）逴（连）子孙。元（其）一从，元（其）一痼（藏）府。"[4] 刘来成先生认为此篇为战国时期中山王𰀕命令其相为其修建兆域、陵墓时所作的诏命，按其解释，此篇内容大意是君王命令相"贾"修建兆域、陵墓，其工程各处的大小宽窄标准已经确定，你们要按标准执行，有敢擅自进入或离开墓室、修建墓室执行墓葬制度时不服从王命的，要被杀死并殃及子孙，此项诏命共有两件，一件随葬，一件入库。[5] 其中某些解释有待商榷，即"连（进）退逃（兆）乏（窆）者，死亡（无）若（赦）"一句，并不是指擅自进出墓室、陵墓，而是指擅自更改墓室的格局、尺寸标准，因为上句已经说明墓室、陵墓的尺寸已经确定，下文是说不按照王命修建的要被如何处罚，所以联系上下文来看，其"进退"实际当就修建墓室、陵墓的规格尺寸而言。从书写格式角度看，其与上面几篇秦国诏书的情况相似，

---

① （汉）司马迁：《史记》卷六，中华书局，1959，第236页。

② 本书说《兆域图铜版》所载的内容为"诏"书是就其书写格式而言，而非就命令词"命"而言；因为这一时期的多数国家还处于"诏""告"不分的阶段，此文书就是这一情况的代表，与秦国成熟的诏书区分，本书将其称为"诏体告书"。

③ 在《兆域图铜版》的命令正文内容之外，还有其他文字，被标注在与其一同刻铸的《兆域图》之中。《兆域图》绘画了整个墓室的格局，并在每条绘画的线段上都附有一段说明尺寸的文字。这部分文字、图画与这篇"诏体告书"并不是分离的，它是这篇君王命令得以施行的具体标准，类似于正文的附件，但在这篇令书中，它们被写在一起，没有完全分离。

④ 吴镇烽编著《商周青铜器铭文暨图像集成》卷三十五，上海古籍出版社，2012，第96页。按：另参见该书第98~99页图版。

⑤ 参见刘来成《战国时期中山王𰀕兆域图铜版释析》，《文物春秋》1992年第S1期，第25~34页。按：刘来成之释文与吴镇烽一书略有差异，可参看。

"抬头"与"命令正文"没有严格的分割界限，但更加极端，即从文中找不出任何有关制作或下发的时间信息，只有发令者、受令者以及命令信息等内容。它之所以不载制作或下发的具体月日等信息，或者是出于展现自己的权威不受时间限制的考虑，或者与其带有一定的"死亡"意味有关，因为其中一件副本要埋藏于墓穴中，但具体是何种原因，尚待足够材料证明。

但如果令书中没有详细的日期，必然会造成执行过程中受令者对其理解的障碍，而战国时期君王下达的诏体文书之所以可以如此，除了上文已说的传达机构会在其上添加下达时间和到达时间的规定之外，更主要的是因为在战国时期有着比较完善的史官记录制度和文书存档制度。这两种制度通过各自的记载，能够解决诏书文字中时间信息缺失带来的麻烦，可参看"盟书的书写格式及用语"一节中的相关论述。

由始皇诏方升、两诏椭量、益阳兔子山 J9③：1 号简牍、兆域图铜版等所载的诏书可知，战国时期君王诏书的书写格式是"发令时间（只具体到'年'，甚至可以没有）+发令者（也可以没有）+受令者+发令词'诏'+命令信息+器铭或附件（也可以没有）"。这种书写格式中"抬头"与"命令正文"没有明确的分割界限。至于地方官府诏书的书写格式，尚有待更多材料的发现。

就诏书包括"诏体告书"的用语而言，因其发展程度不同而具有一定程度的混杂性，其发令词在不同国家、不同时期、不同令书中存在差异，有用"命"的如《兆域图铜版》，有用"诏"的如《始皇诏方升》，直到秦统一之后才统一用"诏"。这种用语上的混杂性是由其自身文体功能的混乱造成的。整个战国时期告书、命书、诏书三种文体功能都在不断交叉、分裂与彼此侵蚀，且在不同国家发展的程度不同。又诏书的书写用语，既不似法律类令书简单朴实，也不似誓书、檄书一类令书铺陈排比。它的语言虽然以平白记述为基础，但往往也要略加修饰，不过修饰之词极为简单，如《始皇诏方升》"皇帝尽并兼天下诸侯，黔首大安"中的"尽""大"，《两诏椭量》"不称成功盛德"中的"成""盛"，益阳兔子山 J9③：1 号简牍所载秦二世诏书"皆遽恐悲哀甚"中的"皆""遽""甚"，等等，通过极为简单的修饰用字，其想要表达的事物状态就勾勒出来。

从语言风格来看，战国及秦代的诏书包括"诏体告书"比较书面化和正规化，汉代诏书则与其区别较大，口语化比较严重，可能大多是当时的白话，章太炎即说："白话记述，古时素来有的，《尚书》底诏诰全是当时的白话，汉代的手诏，差不多亦是当时的白话，经史所载更多照实写出来的。"① 如汉高祖刘邦曾下达寻找可以被任命为梁王、淮南王的人选的诏书，"诏曰：'择可以为梁王、淮阳王者'"②，汉文帝刘恒曾下达开设籍田并赦免需要耕作百姓的诏书，"诏曰：'夫农，天下之本也，其开藉田，朕亲率耕，以给宗庙粢盛。民谪作县官及贷种食未入、入未备者，皆赦之'"③，汉武帝曾下达整修山川祠堂、祠礼的诏书，"诏曰：'河海润千里，其令祠官修山川之祠，为岁事，曲加礼'"④ 等，都明显带有口语化特征。两者存在这样的差别，可能因为前者是经过史官起草润色之后才发布的，后者是当时君王自己直接书写或者史官直接记录君王的"口头命令"略加润色之后下发的，另外可能还与君王自身的文化素养水平有一定的关系。

第四节　告书的书写格式及用语

告书按其文书内容的整体构成样态，可以分为单行式和附件式两种。

一　单行式告书的书写格式及用语

单行式告书，是指其以独立文件形式下发，不带有其他附属部分。此类告书，不仅在使用者身份上有国君与各级官府官员之别，在书写格式上也有细微差异。用于国君发布命令的告书，可以参看前文提到的《田律木牍》《魏户律》《魏奔命律》等，去除部分文书篇尾的律名即可，书写格式可概括为"发令时间＋发令者＋发令词告、谓、命＋受令者＋命令信

① 《章太炎：国学的精要》，杨佩昌整理，中国画报出版社，2010，第22页。
② （汉）班固：《汉书》卷一下，中华书局，1962，第72页。
③ （汉）班固：《汉书》卷四，中华书局，1962，第117页。
④ （汉）班固：《汉书》卷六，中华书局，1962，第157页。

息"。其中发令词"告""谓"属于告书的专用词，而"命"则通用于当时多种令书中，这是其文体功能存在交叉的表现。①

战国末期秦国各级官府官员下发的告令书，其整体的书写格式是一致的。此处以里耶秦简所载为例②：

> J1（9）5 简　四月己未朔乙丑，洞庭叚（假）尉觿谓迁陵丞：阳陵卒署迁陵，以律令从事，报之。/嘉手。以"洞庭司马"印行事。敬手。③
>
> J1（9）6 简　卅五年四月己未朔乙丑，洞庭叚（假）尉觿谓迁陵丞：阳陵卒署迁陵，以律令从事，报之。/嘉手。以"洞庭司马"印行事。④
>
> J1（9）7 简　卅五年四月己未朔乙丑，洞庭叚（假）尉觿谓迁陵丞：阳陵卒署迁陵，其以律令从事，报之。当腾，[腾]。/嘉手。以"洞庭司空"印行事。敬手。⑤

这三篇简文都是洞庭叚（假）尉觿就与阳陵相关的某些事务向迁陵丞下达命令的记录。将这些文件认定为档案记录而非原件是没有问题的，这由其印信是用文字表述的，即"以'洞庭司马'印行事"，而不是印信的图形模样显示即可看出。它们均由时间"四月己未朔乙丑""卅五年四月己未朔乙丑""卅五年四月己未朔乙丑"，制令者"洞庭叚（假）尉觿"，

---

① 从秦国角度而言，人们可能会将使用"命"这一发令词的令书归入"制"，因为秦国有改命为制的措施，但使用发令词"命"的《田律木牍》展现出来的格式与地方官府所发"告"是完全一致的，所以我们认为在战国末期之前的其他国家，"诏""告""命""谓"等发令词的使用可能没有特别严格的区分。因为在他们的国家中，诏书、告书、"令"书等虽然都已经产生，但还没有彻底分化清楚。而且对于某一具体令书的归类，应综合其发令者身份、命令内容属性和书写格式来分析。

② 战国秦国与秦朝一脉相承，其间没有特别大的文书种类变革，在统一之后，某些文书种类不再被君王所用而已，其书写格式并未有明显变化，因此以秦代告书来研究战国秦告书的书写格式不会有任何问题，而且根据下文带有附件的战国时期告书类的《语书》也可得出如此结论。

③ 王焕林：《里耶秦简校诂》，中国文联出版社，2007，第 74～75 页。

④ 王焕林：《里耶秦简校诂》，中国文联出版社，2007，第 77 页。

⑤ 王焕林：《里耶秦简校诂》，中国文联出版社，2007，第 79～80 页。

发令词"谓",受令者"迁陵丞",命令信息"阳陵……报之""阳陵……报之""阳陵……当腾,[腾]",签名"嘉手",印玺"以'洞庭司马'印行事",签名"敬手"等部分构成。但在某些信息格式上有些差别,如J1(9)5简,只有月日信息,缺少年份记载,这与龙岗秦简木牍的情况一样,当年所写文书有时可以省写年份;J1(9)6简,缺少最后的书手签名,或为漏签所致。

由于这几篇都不是告令书的原文,所以就得面对这些档案记录的信息之中哪些是原文内容,哪些不是原文内容的问题。笔者认为除篇末书手签名尚有疑问之外,均属原文内容,只是有些内容在档案记录时发生了一些变化,如"洞庭司马"的印信由图章形式变成了文字表述。那么文中的"嘉手"是否为原令书的构成部分呢?应当是。它与"敬手"的形成方式可能并不相同,"敬手"或与初始文书有关,但尚难确定其有何种关系,①"嘉手"则应是令书原件书写者的签名,也就是说"嘉"实际是洞庭一方的文吏,而非迁陵的文吏。因为从王焕林《里耶秦简校诂》收录的简文中可以发现"嘉手"这一签名出现的位置十分固定。其签名所属简的行文方向全为洞庭一方发往迁陵一方,而且只有他一个人作为书手的签名,且位置都在"以'洞庭司马'印行事"几字之前,如J1(9)8简云"洞庭叚(假)觻谓迁陵丞:……嘉手。以'洞庭司马'印行事"②、J1(9)6简云"洞庭叚(假)尉觻谓迁陵丞:……嘉手。以'洞庭司马'印行事"③等,可见其与正文部分紧紧相连。而除了他之外的书手签名则统一出现在"以'洞庭司马'印行事"几字之后,与"嘉手"同时出现的"敬手"即是如此,如J1(9)1简云"洞庭叚(假)尉觻谓迁陵丞:……嘉手。以'洞庭司马'印行事。敬手"④、J1(9)2简云"洞庭叚(假)尉觻谓迁陵丞:……嘉手。以'洞庭司马'印行事。敬手"⑤、J1(9)3简云

---

① 胡平生先生《里耶秦简所见秦朝行政文书的制作与传送》一文在研究秦代追赏牍文书时认为"敬手"实际"应指卅三年正面文件的经手人",文书背面的某手应与初始文书有关,但是否是文书原件的直接制作者尚待进一步研究。参见胡平生《胡平生简牍文物论稿》,中西书局,2012,第137~160页。

② 王焕林:《里耶秦简校诂》,中国文联出版社,2007,第82页。

③ 王焕林:《里耶秦简校诂》,中国文联出版社,2007,第77页。

④ 王焕林:《里耶秦简校诂》,中国文联出版社,2007,第58页。

⑤ 王焕林:《里耶秦简校诂》,中国文联出版社,2007,第66页。

"洞庭叚（假）尉觿谓迁陵丞：…… 嘉手。以'洞庭司马'印行事。敬手"①。其他如 J1（9）4 简、J1（9）5 简、J1（9）7 简、J1（9）10 简、J1（9）11 简、J1（9）12 简等，② 也莫不如是。

那么会不会是嘉、敬两人分工不同造成的呢？即一个负责抄写文书原稿文字，一个负责存档，所以"嘉"的签名紧邻正文内容，"敬"的签名在末尾。这一解释并不合理，因为果真如此，那么"嘉手"的签名应该出现在篇末，即"以'洞庭司马'印行事"之后，而不是之前。因为战国时期的公文已经普遍使用玺印来增强其可信性与效力，虽然印章多被用于封签之上，属于令书的外部构成，但它也是令书信息的重要组成部分，不然也不会出现在这一档案记录里。如果"嘉手"真的是令书档案抄写者的签名，那么每次其都只抄写令书正文，留下印章信息让负责存档的人抄写，这于理不合。而且使用两人签名，与官府追求机制运作高效性的要求也不一致，因为这样简单的任务，并不需要两个人来完成。况且这些档案本身不是特别重要的内容，不需要采用多人分签以保证存档安全的做法。

既然"嘉手"不是存档人员的签名，那么"嘉"也不会是存档人员，那么其是什么人呢？笔者认为他是洞庭郡的书吏，是令书原件或副本的直接书写者，"嘉手"是其完成令书书写任务之后的签名。我们知道，战国及秦各级官府官员的文书使用量非常大，告令不可能尽为发令者自己书写，需要书吏来帮忙完成。既然是经人书写，就存在书写者有意或无意违背发令者本意书写出一些本不该出现在文书当中的内容或缺少某些内容的可能。为了便于查出令书文字内容错误的来源，并追究这些书写令书人员的责任，需要这些书吏在自己负责书写的令书原件或副本当中签名。文献中就有汉时令书书写者因书写错误而被罚的事件记载，如尚书郎为汉明帝撰写赐降胡缣一文时，错把"十"字写成"百"字，惹怒明帝，招致鞭笞，即《后汉书·钟离意传》云："时诏赐降胡子缣，尚书案事，误以十为百。帝见司农上簿，大怒，召郎将笞之。"③ 这是文书书写管理制度进步

---

① 王焕林：《里耶秦简校诂》，中国文联出版社，2007，第 70 页。

② 参见王焕林《里耶秦简校诂》，中国文联出版社，2007，第 72～73、74～75、79～80、84～85、87～88、89～90、91～92 页。

③ （刘宋）范晔：《后汉书》卷四一，中华书局，1966，第 1409 页。

的表现。这与当时铸造金属器物时，工匠要在其上铸刻自己名字的目的一样，如《寺工敏钺》载"十七年，寺工敏造"①、《寺工邦钺》载"十九年，寺工邦"② 等当中的"寺工敏""寺工邦"即是负责铸造各自兵器的人员签名，这便于追究责任。当然其中或许有工匠炫耀自己功绩的因素，但这不是设计这一制度时考虑的内容。

那么为什么目前所见的大量诏书，如《魏奔命律》《魏户律》《田律木牍》《语书》等令书当中都没有书吏签名呢？这可能是因为令书原件书写者的签名并不书写于正文之内，而是写于别处，只是存档时，记录人员才将其写在原文之下，以明确其责任。而上面说的令书都不是存档文件，所以没有显示出令书原件或副本抄写者的签名也不奇怪，可参见下文附件式告书书写格式的相关论述。

由此可知，单行式的告令原文的正文内容完整书写格式应为"发令时间＋发令者＋发令词'告'或'谓'＋受令者＋命令信息"，而其正文内容之外，有时还有"书写者签名＋印信"。

二　附件式告书的书写格式及用语

附件式告书，是指在告书的正文原件之外，还附带有其他文件。如睡虎地秦墓竹简中的《语书》，即带有与其正文告令书写格式不同的附件，③但《语书》附件简尾的"语书"二字，又充分说明其与前面正文是一体的、不可割裂的。

《语书》的正文：

> 廿年四月丙戌朔丁亥，南郡守腾谓县、道啬夫：古者，民各有乡俗，其所利及好恶不同，或不便于民，害于邦。是以圣王作为法度，以矫端民心，去其邪避（僻），除其恶俗。法律未足，民多诈巧，故后有间令下者。凡法律令者，以教道（导）民，去其淫避（僻），除其恶俗，而使之之于为善殹（也）。今法律令已具矣，而吏民莫用，

① 吴镇烽编著《商周青铜器铭文暨图像集成》卷三十三，上海古籍出版社，2012，第341页。
② 吴镇烽编著《商周青铜器铭文暨图像集成》卷三十三，上海古籍出版社，2012，第357页。
③ 参看睡虎地秦墓竹简整理小组编《睡虎地秦墓竹简》，文物出版社，1990，第13页。

乡俗淫失（泆）之民不止，是即法（废）主之明法殴（也），而长邪避（僻）淫失（泆）之民，甚害于邦，不便于民。故腾为是而修法律令、田令及为间私方而下之，令吏明布，令吏民皆明智（知）之，毋巨（距）于罪。今法律令已布，闻吏民犯法为间私者不止，私好、乡俗之心不变，自从令、丞以下智（知）而弗举论，是即明避主之明法殴（也），而养匿邪避（僻）之民。如此，则为人臣亦不忠矣。若弗智（知），是即不胜任、不智殴（也）；智（知）而弗敢论，是即不廉殴（也）。此皆大罪殴（也），而令、丞弗明智（知），甚不便。今且令人案行之，举劾不从令者，致以律，论及令、丞。有（又）且课县官，独多犯令而令、丞弗得者，以令、丞闻。以次传；别书江陵布，以邮行。①

《语书》的附件：

凡良吏明法律令，事无不能殴（也）；有（又）廉絜（洁）敦悫而好佐上；以一曹事不足独治殴（也），故有公心；有（又）能自端殴（也），而恶与人辨治，是以不争书。·恶吏不明法律令，不智（知）事，不廉絜（洁），毋（无）以佐上，緰（偷）随（惰）疾事，易口舌，不羞辱，轻恶言而易病人，毋（无）公端之心，而有冒抵（抵）之治，是以善斥（诉）事，喜争书。争书，因恙（佯）瞑目扼掔（腕）以视（示）力，讦询疾言以视（示）治，诬訑丑言麃斫以视（示）险，阬阆强肮（伉）以视（示）强，而上犹智之殴（也）。故如此者不可不为罚。发书，移书曹，曹莫受，以告府，府令曹书之。其书最多者，当居曹奏令、丞，令、丞以为不直，志千里使籍书之，以为恶吏。语书②

这篇带有附件的告令是秦国南郡太守腾在其制定的律令施行效果不佳的情况下，向其管辖的县、道啬夫发布的。《语书》正文内容为太守讲述

---

① 睡虎地秦墓竹简整理小组编《睡虎地秦墓竹简》，文物出版社，1990，第13页。
② 睡虎地秦墓竹简整理小组编《睡虎地秦墓竹简》，文物出版社，1990，第15页。

其制定律法的初衷，及对执行效果不佳原因的分析，并制定了一些新的促进律法施行的政策，即区分善吏与恶吏并对其加以劝勉或惩戒，以推进律法的施行；其附件内容是区分"善吏"与"恶吏"的具体标准以及一些具体的统计上报方法。

《语书》正文内容的书写格式与单行式告令基本相同，由时间"廿年四月丙戌朔丁亥"、制令者"南郡守腾"、发令词"谓"、受令者"县、道啬夫"、命令内容"古者……邮行"等部分构成。但与前面里耶秦简中的单行式告令书写格式又有不同，未见"玺印"和抄录原件或副本令书的书手签名。之所以未见玺印，是因为在战国及秦代玺印主要是用于封检，并不与正文并行，而上面几篇单行式告书之所以有玺印信息，是因为那是告书的存档记录。因此，此处虽然未见玺印，但在封检下发时，其上必有印。至于没有书写令书原件或副本的书手签名，原因可能有三。第一，这本不是官府制作或传达的令书原件或副本，这篇告令实际只是誊写的副本，所以将书手签名给忽略了。这与墓主人为掌管文书的小吏身份相符。他并不是县、道啬夫，不可能作为受令者而保有该令书的原件或副本。第二，令书原件上本没有书手签名，是因为此为原件且由发令者南郡太守腾亲自书写。但这种可能性比较小，因为一郡之中往往包含数县、数道，太守自己书写一份令书原件尚在情理之中，但同时书写多份，不太符合常理。第三，前文已说的一种原因，即书手签名本不签在令书原件或副本的正文当中，而是签在别处，又此篇《语书》不是存档文件，所以未对两种信息进行整合。相较之下，第一种与第三种原因的可能性较大。

《语书》的附件书写格式虽然简单，但比较特殊，即由没有独立"抬头"的正文内容和简末篇名"语书"构成。但"语书"是正文内容和附件内容的整体篇名，还是这篇附件的"篇名"？睡虎地秦墓竹简整理小组说"语书"前面的告书与后面的文字似乎是分开编联的，"后段有'发书，移书曹'等语，文意与前段呼应，可能是前段的附件。原有标题在最后一支简的背面"①，因此将"语书"二字作为整篇告令的名字。这一做法未免有些武断。因为"语书"很可能只是附件的篇名。这篇文告由单行式告书

① 睡虎地秦墓竹简整理小组编《睡虎地秦墓竹简》，文物出版社，1990，第13页。

和附件两部分构成，它们之间只是一种统属关系，即单行式告书是统领，附件是附属。怎么能用附属部分的篇名来称呼整篇文告？再者，目前所见的单行式告书，在其结尾都没有篇名，说明这些告书本就没有别的称谓。

由于附件只是令书正文的辅助文件，所以其书写格式有时如《语书》附件呈现的文字状态，有时则可能如"诏体告书"《兆域图铜版》所载令书附件呈现的图画形态，不一而足，视其具体需要而定。由此可知，附件式告书的书写格式可以概括为"令书正文（发令时间＋发令者＋发令词'告'或'谓'＋受令者＋命令信息）＋附件（格式视其具体情况而定）"，有的可能也要附加令书原件或副本书写者的签名、玺印等。

从用语上看，单行式告书与附件式告书有所不同。单行式告书在战国末期至秦时，已经形成了比较固定的程式化语言表述体系，语言风格简洁、严谨、规范。如对发令者与受令者的称呼十分程式化，以上面所举的里耶秦简中的三篇告书为例，发令者自称"洞庭叚（假）尉觿"，称对方为"迁陵丞"，都是以自身"官职"名称为定语。上级对下级的命令词称"谓"或"告"，同样比较固定。①而且三篇令书均以"以律令从事"结尾，足见告书命令信息正文的用语已经十分标准化和书面化。不过对"以律令从事""如律令"等语的含义，历来有些争论。应劭云"文书下'如律令'，言当承宪绳墨，动不失律令也"②，仅把其当作惯用语来对待，不特指具体律令，但王焕林先生综合王国维、陈直、张伯元等前辈学者的看法认为，"先秦至汉初，'如律令'确有具体法令条文可按，大致在汉武帝时代，始逐渐成为公文催促命令习语，魏晋以降，则已演变为道家符箓术语"③，两相比较，王说更符合事物发展的一般规律，故从其说。

附件式告书正文除了具有类似单行式告书规范用语的风格外，更加突出的是可以根据所要表达的信息内容差异，采用不同的语言风格，具有很大的灵活性。如《语书》正文部分用语表达就不是直白的、朴实的，而是采用了循序渐进的表达手法，以加强对其理论的阐发，首先说古圣先贤制

---

① 上级对下级下达告令书时多用"谓"字，也有称"告"字的现象，但极少，可参看本书第二章"告书源流"一节。
② （汉）应劭撰《风俗通义校注》卷末《佚文》，王利器校注，中华书局，1981，第584页。
③ 王焕林：《里耶秦简校诂》，中国文联出版社，2007，第175页。

定律法的目的，然后说自身制定法律的良苦用心和美好心愿与古圣先贤相同，接着说现在存在违背其制定法律的现象，继而说造成这一现象的原因，最后说对这一现象采取的措施；动之以情，晓之以理，言辞恳切，层层推进。不仅如此，其在词句之间也有一些铺陈与修饰性语言，如"若弗智（知），是即不胜任、不智殹（也）；智（知）而弗敢论，是即不廉殹（也）"①，通过"智"和"不智"两种相反的假设，推导出法令不行完全是执行和传达律法官员的责任，即要么能力不够，要么不够廉洁。本篇告书有些地方甚至使用了对仗手法，如"去其淫避（僻），除其恶俗"②，以"去"对"除"，以"淫避（僻）"对"恶俗"，动词对动词，名词对名词，起到了美化语言的作用，使语句变得更加整齐有力。

这种语言表达上的灵活性，与其他令书中缺乏表现力与生命力的格式化、书面化语言是不同的。它应主要是受到了当时比较盛行的诸子散文影响。诸子散文多以论理、争辩为能事，如《庄子》《孟子》《荀子》《战国策》等当中的论理之文，通过前后呼应的文字、整齐划一的句式、丰富多彩的词汇、幽默风趣的比喻，其所论之理或丝丝入扣、无懈可击，或气势磅礴、排江倒海，或诙谐风趣、沁人心脾，最终使论理之对象心服口服，以行其所论之理、所言之事。诸子学说风行于整个战国时代，其所用的这种具有丰富语言表达形式与高超词句使用能力的论理之文，不可能不对当时的公文写作产生影响。但令书毕竟是实用公文，这种实用性限制了其语言的表现力，所以能够使用灵活语言表达的令书文种比较少，在战国时期以诏书、告书及盟书中的一部分为代表。而由于诏书的使用者主要为君王，其语言更注重典雅庄重而非华丽优美，又多口语化表达，所以部分告书的语言灵活性、优美性要胜过诏书。而对前代使用灵活用语表达方式的训诫令书如《保训》《命训》《长训》的学习③，可能也对战国告书的用语产生了一定影响。

此外，附件式告书用语还具有一定的混合特征。这是因为告书正文与

---

① 睡虎地秦墓竹简整理小组编《睡虎地秦墓竹简》，文物出版社，1990，第13页。
② 睡虎地秦墓竹简整理小组编《睡虎地秦墓竹简》，文物出版社，1990，第13页。
③ 参见清华大学出土文献研究与保护中心编，李学勤主编《清华大学藏战国竹简（一）》，中西书局，2010，第143页；黄怀信、张懋镕、田旭东：《逸周书汇校集注》卷一，李学勤审定，上海古籍出版社，1995，第21～59页。

附件之间往往只是统领与被统领关系，而无文体内容上的直接联系，所以正文与附件的文风并不总是统一的，如前文提到的"诏体告书"《兆域图铜版》，它的正文内容与附图即是如此关系。附件之图文是为了让受令者更好地领会发令者的要求，它是正文的附属，被正文统领。从形式上看，两者差别也很大，一个是纯文字，一个是图文，文风用语显然不同。《语书》附件虽然文风与正文类似，但格式差别很大，即后者具有格式化的"抬头"，而前者没有。

需要说明的是，告书用语灵活与否主要是其用途与功能决定的，而不是其书写格式造成的。单行式告书用语之所以比较程式化，是出于处理日常政务的需要，因为这样能够提高官府机构运行的效率。附件式告书也可以写得比较程式化，如"诏体告书"《兆域图铜版》所载内容，但它采用灵活语言表达形式时，往往用意较深，如《语书》主要在于规劝官吏认真执行律法，以改变当时的社会风气，因此需要动之以情、威之以法，即以道理规劝，以法律督促，从而使官吏认真施行法律，最终达到"以教道（导）民，去其淫避（僻），除其恶俗，而使之之于为善殹（也）"的目的。因此，这篇告书脱离了那种枯燥乏味的规范式语言，采用了典雅、恳切的语言表达方式。而其附件内容是要帮助正文督促下属官吏更好地去执行律法的，因此也是以说理的方式书写。它的目的不是简单地处理政务、按章办事，而是在于教化人心、因循善诱，故先说了"良吏"和"恶吏"的区别和标准，然后说"恶吏"应该受到惩罚，即"如此者不可不为罚"[1]，最后下达要曹、府、令、丞等共同负责查处恶吏的政令，没有表现力、生命力的语言在此处显然不适用。

第五节　誓书的书写格式及用语

春秋末战国初的誓书保存较少，且很不完整，基本只有部分正文内容，按其用途仍可分为两种，一为誓众征伐用途的誓书，二为宣布政令的誓书。它们在书写格式及用语上有一定的差别。

---

① 睡虎地秦墓竹简整理小组编《睡虎地秦墓竹简》，文物出版社，1990，第15页。

一 用于誓众征伐的誓书书写格式及用语

以越王勾践为征伐吴王夫差所作誓令为例:

> (勾践) 乃致其众而誓之曰:"寡人闻古之贤君,不患其众之不足也,而患其志行之少耻也。今夫差衣水犀之甲者亿有三千,不患其志行之少耻也,而患其众之不足也。今寡人将助天灭之。吾不欲匹夫之勇也,欲其旅进旅退。进则思赏,退则思刑,如此则有常赏。进不用命,退则无耻,如此则有常刑。"①

从这篇誓令的语言表述看,"曰"字之前的内容不是誓令原文,而是《国语》作者为方便叙述史事而添加的,"曰"字之后的是誓令的正文内容。在誓命正文里,他先宣扬自己发动战争的正义性,即说夫差不若古代贤君,只重视实力,不重视道德,所以我要替天行道;然后下达征伐夫差时的军队戒令,即要士卒以赏罚为度听从其进退之命。其正文书写格式可以概括为"宣扬己方正义诉斥敌方罪恶的内容 + 赏进罚退纪律规定的内容"。这与《左传·哀公二年》赵简子征讨范氏、中行式时所作的誓令基本一致,但赏罚规定不如后者具体明晰。赵简子将战争胜利之后不同身份人员得到的奖励及如果自己不道义应受到的惩罚规定得很清楚,即"克敌者,上大夫受县,下大夫受郡,士田十万,庶人工商遂,人臣隶圉免。志父无罪,君实图之!若其有罪,绞缢以戮,桐棺三寸,不设属辟,素车朴马,无入于兆,下卿之罚也"②。不过勾践所作赏罚规定不明晰的誓书书写格式,才是千年以来誓令的书写传统,如夏代《甘誓》"用命赏于祖,弗用命戮于社,予则孥戮汝"③、商代《汤誓》"尔不从誓言,予则孥戮汝,罔有攸赦"④、周代《牧誓》"尔所弗勖,其于尔躬有戮"⑤ 等。

---

① 上海师范大学古籍整理组校点《国语》卷二〇,上海古籍出版社,1978,第637页。
② (清) 阮元校刻《春秋左传正义》卷五七,中华书局,1980年影印本,第2156页。
③ (清) 阮元校刻《尚书正义》卷七,中华书局,1980年影印本,第155页。
④ (清) 阮元校刻《尚书正义》卷八,中华书局,1980年影印本,第160页。
⑤ (清) 阮元校刻《尚书正义》卷十一,中华书局,1980年影印本,第183页。

二 用于宣布政令的誓书书写格式及用语

先以越王勾践发布的繁衍民众誓令为例：

> （勾践）乃致其父母昆弟而誓之曰："寡人闻，古之贤君，四方之民归之，若水之归下也。今寡人不能，将帅二三子夫妇以蕃。"①

它的内容比较简单，先说古代贤君可以使四方之民归附，然后说自己无此能力，所以要率领民众繁衍生息。其中没有提及赏罚问题，这与春秋时期秦穆公所作的一篇誓令相同，只是后者内容更为复杂，其文云：

> 秦穆公伐郑，晋襄公帅师败诸崤，还归，作《秦誓》。《秦誓》公曰："嗟！我士，听无哗！予誓告汝群言之首。古人有言曰：民讫自若是多盘。责人斯无难，惟受责俾如流，是惟艰哉！我心之忧，日月逾迈，若弗云来。惟古之谋人，则曰未就予忌；惟今之谋人，姑将以为亲。虽则云然，尚猷询兹黄发，则罔所愆。番番良士，旅力既愆，我尚有之。仡仡勇夫，射御不违，我尚不欲。惟截截善谝言，俾君子易辞，我皇多有之！昧昧我思之，如有一介臣，断断猗，无他伎，其心休休焉，其如有容。人之有技，若己有之。人之彦圣，其心好之，不啻若自其口出。是能容之，以保我子孙黎民，亦职有利哉！人之有技，冒疾以恶之；人之彦圣而违之，俾不达，是不能容，以不能保我子孙黎民，亦曰殆哉！邦之杌陧，曰由一人；邦之荣怀，亦尚一人之庆。"②

这是秦国被晋国打败，被俘虏将领归还秦国之后，秦穆公所作誓戒群臣的文书。誓令正文可分为四个层次：第一层"嗟……之首"，写受命者为何人及发命者的命令意图，即让己方属官听从自己讲述的话；第二层"古人……有之"，写秦穆公认识到古人所说听人劝诫是多么困难的正确性后，悔恨自己不听从别人的劝诫，并说自己以后决策军国大事之时，一定

---

① 上海师范大学古籍整理组校点《国语》卷二〇，上海古籍出版社，1978，第635页。
② （清）阮元校刻《尚书正义》卷二〇，中华书局，1980年影印本，第256页。

要多请教谋臣及年老之人，感叹自己以前不能亲近勇夫和武士反被一些言辞浅薄之人所迷惑的错误；第三层"昧昧……殆哉"，写秦穆公对自己官员的训诫，希望他们能够有容人之量，将别人的能力当作自己的能力，这样对子孙众民有大的益处，如果他们没有容人之量，嫉恨他人的能力，对子孙众民就会有大害；第四层"邦之……之庆"，写对自己的诫勉，说国家繁荣或危难与自己息息相关。可以看出，它没有明确的赏罚之令，只有一些希冀、劝诫之词。

两种誓令书写格式上的差别是其各自特殊用途造成的。用于誓众征伐用途的誓令，由于有阐明战争合理性和鼓舞己方士卒的需要，所以一方面要大肆渲染敌方的罪恶与己方的正义，另一方面要下达明确纪律赏罚命令，其中后一方面内容才是誓令的核心。而用于宣布政令的誓令与之有所不同，其主要是希望通过感化而不是威慑的方式来使受令者自觉地执行某种指令，所以内容中有时并无明确的赏罚规定。这说明一种令书通过书写格式的内在调整可以使其文体功能出现一定的延展。

以上所说均为誓令的正文书写格式，在其之前有没有序言或"抬头"呢？我们知道《尚书》记载诸誓之前都有序言，如《甘誓》载"启与有扈，战于甘之野，作《甘誓》"①、《汤誓》载"伊尹相汤伐桀，升自陑，遂与桀战于鸣条之野，作《汤誓》"②、《秦誓》载"秦穆公伐郑，晋襄公帅师败诸崤，还归，作《秦誓》"③ 等。不过它们是誓令原有的，还是由当时史官存档或后人添加的存在一定问题。因为在保存有战国时期《尚书》类书写原貌的出土文献当中没有这样的序言。如《清华大学藏战国竹简（一）》中的《尹至》载"隹（惟）尹自瀕（夏）廙（徂）白（亳），桼（逮）至才（在）汤"④、《尹诰》载"隹（惟）尹既返（及）汤咸又（有）一惪（德），尹念天之敗（败）西邑瀕（夏）"⑤、《皇门》载"隹（惟）

① （清）阮元校刻《尚书正义》卷七，中华书局，1980 年影印本，第 155 页。
② （清）阮元校刻《尚书正义》卷八，中华书局，1980 年影印本，第 160 页。
③ （清）阮元校刻《尚书正义》卷二〇，中华书局，1980 年影印本，第 256 页。
④ 清华大学出土文献研究与保护中心编，李学勤主编《清华大学藏战国竹简（一）》，中西书局，2010，第 128 页。
⑤ 清华大学出土文献研究与保护中心编，李学勤主编《清华大学藏战国竹简（一）》，中西书局，2010，第 133 页。

正〔月〕庚午，公雯（格）才（在）者（库）门"① 等，都是开篇即直接书写正文。因此孙星衍《尚书今古文注疏》、皮锡瑞《今文尚书考证》等将《书序》单独列为一章，认为其为史官存档时所加或后人添补，② 是有一定道理的。

然而，如果誓令去掉序言，那么就只剩下单纯君王之言语或君王与他人的对话内容，即"公曰""王曰""誓曰"的正文内容而已，使人无法直观地了解其制作誓令的起因、时间、地点、意图等，这会给其文体功能的实现带来重大阻碍。誓书多根据临时情况制作，因此命令多是有时效性的。如《甘誓》、《汤誓》、《牧誓》、"赵简子之誓"等，都是针对某场具体战争而作，其中的命令信息也多指向该场战争中特定人群的某些行为，脱离具体时空就只剩下借鉴和指导意义。那些受种种原因限制而不能亲临君王宣读誓言现场的受令者必然会有发令者是谁、在何时何地下发、现在是否仍有效力等一系列的疑问，而这会严重影响命令信息的顺畅传达。所以就文体功能性而言，在社会层级相对复杂的背景下，君王发布的誓令命令信息之前必有交代发令时间、受令者、发令者等信息的内容。这既符合人认知事物的原理，也符合事物功能运用的规律。

那么誓令命令信息之前内容的书写格式是怎样的呢？应与史官直记君王口头命令之前的内容相似。首先目前所见誓令的发令者基本是一方之君主，如《甘誓》的发令者为夏启③，《汤誓》的发令者为商汤④，《牧誓》的发令者为周武王⑤，《秦誓》的发令者为秦穆公⑥，"赵简子之誓"⑦ 的发令者为赵简子，"勾践之誓"的发令者为越王勾践⑧，等等，在发布誓令之

---

① 清华大学出土文献研究与保护中心编，李学勤主编《清华大学藏战国竹简（一）》，中西书局，2010，第 164 页。

② 《书序》问题极为复杂，因并非此处内容的重点，故不展开论述，可参见（清）孙星衍撰《尚书今古文注疏》，陈抗、盛冬铃点校，中华书局，1936 年，第 557 页；（清）皮锡瑞撰《今文尚书考证·书序第三十》，盛冬铃、陈抗点校，中华书局，1989，第 479~482 页。

③ 参见（清）阮元校刻《尚书正义》卷七，中华书局，1980 年影印本，第 155 页。

④ 参见（清）阮元校刻《尚书正义》卷八，中华书局，1980 年影印本，第 160 页。

⑤ 参见（清）阮元校刻《尚书止义》卷十一，中华书局，1980 年影印本，第 183 页。

⑥ 参见（清）阮元校刻《尚书正义》卷二〇，中华书局，1980 年影印本，第 256 页。

⑦ 参见（清）阮元校刻《春秋左传正义》卷五七，中华书局，1980 年影印本，第 2156 页。

⑧ 参见上海师范大学古籍整理组校点《国语》卷二〇，上海古籍出版社，1978，第 635、637 页。

时，他们都是当时己方势力集团中的最高统帅。其次，这些誓令传达的命令都是直接的口头命令，"王曰""公曰""曰"等字眼即是明证。最后，至少在西周初年之后，史官直记君王口头命令的做法已经形成制度。① 三者相加，可知西周之后誓令的最初版本必然为史官所记。虽然誓书需要经历一个转制过程才能下发传达，但毕竟要以史官对君王言行的最初记录为基础。

因此综合看来，誓书的完整书写格式应为"序言或'抬头'（制作时间、地点、缘由、发令者等）＋命令信息正文（受令者、赏罚规定等）"。其中部分誓书命令信息正文又可分为两部分，一为叙述己方正义和敌方罪恶，二为赏罚命令或其他政令。

从用语上分析，誓书具有时代性特征。如随着朝代的更替，参加征讨的军队组织及官职会发生某些变化，这在誓书中即有体现。如制作《甘誓》之时，部队构成还相对简单，层级也较少，故下达誓令时仅称"六事之人"②，而到了武王伐纣制作《牧誓》之时，部队构成与层级已经比较复杂，所以下达誓令时涉及众多官职之名，即"我友邦冢君，御事：司徒、司马、司空，亚旅、师氏，千夫长、百夫长，及庸、蜀、羌、髳、微、卢、彭、濮人"③ 等。

另外，由于部分誓书存在鼓励己方士气和打压敌方气焰的目的，所以用语往往有所夸张，如《甘誓》中"有扈氏威侮五行，怠弃三正，天用剿绝其命"④ 一句，说有扈氏几乎轻慢废弃了全部应有的政教、大法，这尚在可能范畴之中，但说连上天都要惩罚他了，未免有拉大旗扯虎皮之嫌。不过由于誓书具有向己方下达赏罚之令的实用性，所以在命令信息部分比较严谨，如赵简子之誓曰："克敌者，上大夫受县，下大夫受郡，士田十万，庶人工商遂，人臣隶圉免。"⑤ 即将上大夫、下大夫、士、庶人、工、商、遂、人臣、隶、圉等不同层级之人在克敌之后可以获得的赏赐明确说出来，防止言语混乱或表述不清导致的纷争。誓书夸张与严谨相结合的特

---

① 孙瑞：《论周代令书的形成》，《档案学通讯》2008 年第 1 期，第 89～92 页。
② （清）阮元校刻《尚书正义》卷七，中华书局，1980 年影印本，第 155 页。
③ （清）阮元校刻《尚书正义》卷十一，中华书局，1980 年影印本，第 183 页。
④ （清）阮元校刻《尚书正义》卷七，中华书局，1980 年影印本，第 155 页。
⑤ （清）阮元校刻《春秋左传正义》卷五七，中华书局，1980 年影印本，第 2156 页。

征是通过极为简洁的用语实现的。因为虽然尽可能多的夸张敌方罪恶和己方正义能够坚定将士征伐对方的决心，但简单的话语更便于流传与理解。这是誓书篇幅通常较短的原因之一。

第六节　檄书的书写格式及用语

目前笔者所见战国时期檄书原文仅有秦相张仪所制威吓楚相一篇，且应为残文，即《史记·张仪列传》载"始吾从若饮，我不盗而璧，若笞我。若善守汝国，我顾且盗而城"①。虽然从残文尚难断定其是否为令书，但用其对比分析战国檄令书的书写格式应是可以的。该残文可分为两部分，一说自己曾受的不公待遇，二是威胁要下达攻伐命令；但其之前有无"抬头"，"抬头"格式是怎么样，仅据此材料，无法判定。因此，我们不得不通过对比春秋、秦汉时期类似性质的"檄"②来推断其书写格式的原有样态。春秋为其源头，秦汉为其流变，由源而下，由流而上，相互印证，应该能得出比较正确的结论。又檄书因功用之不同可分为两种：用于扬己方正义、诉敌方罪恶的檄书，用于调兵的檄书。

一　用于扬己方正义、诉敌方罪恶檄书的书写格式及用语

先看其源头，《吕相绝秦》一文，其文云：

> 夏四月戊午，晋侯使吕相绝秦，曰："昔逮我献公及穆公相好，戮力同心，申之以盟誓，重之以昏姻。天祸晋国，文公如齐，惠公如秦。无禄，献公即世。穆公不忘旧德，俾我惠公用能奉祀于晋。又不能成大勋，而为韩之师。亦悔于厥心，用集我文公，是穆之成也。文公躬擐甲胄，跋履山川，逾越险阻，征东之诸侯，虞、夏、商、周之胤而朝诸秦，则亦既报旧德矣。郑人怒君之疆场，我文公帅诸侯及秦围郑。秦大夫不询于我寡君，擅及郑盟。诸侯疾之，将致命于秦。文

---

① （汉）司马迁：《史记》卷七〇，中华书局，1959，第2281页。
② 由于檄书在春秋时期尚非独立文种，所以虽然一些文书具有了檄书的性质和作用，但尚不可称为檄书，故加引号以区别。

公恐惧，绥静诸侯，秦师克还无害，则是我有大造于西也。无禄，文公即世，穆为不吊。蔑死我君，寡我襄公，迭我殽地，奸绝我好，伐我保城，殄灭我费滑，散离我兄弟，挠乱我同盟，倾覆我国家。我襄公未忘君之旧勋，而惧社稷之陨，是以有殽之师。犹愿赦罪于穆公。穆公弗听，而即楚谋我。天诱其衷，成王陨命，穆公是以不克逞志于我。穆、襄即世，康、灵即位。康公，我之自出，又欲阙翦我公室，倾覆我社稷，帅我蟊贼，以来荡摇我边疆，我是以有令狐之役。康犹不悛，入我河曲，伐我涑川，俘我王官，翦我羁马，我是以有河曲之战。东道之不通，则是康公绝我好也。及君之嗣也，我君景公引领西望曰：'庶抚我乎！'君亦不惠称盟，利吾有狄难，入我河县，焚我箕、郜，芟夷我农功，虔刘我边陲，我是以有辅氏之聚。君亦悔祸之延，而欲徼福于先君献、穆，使伯车来命我景公曰：'吾与女同好弃恶，复修旧德，以追念前勋。'言誓未就，景公即世，我寡君是以有令狐之会。君又不祥，背弃盟誓。白狄及君同州，君之仇雠，而我之昏姻也。君来赐命曰：'吾与女伐狄。'寡君不敢顾昏姻，畏君之威，而受命于吏。君有二心于狄，曰：'晋将伐女。'狄应且憎，是用告我。楚人恶君之二三其德也，亦来告我曰：'秦背令狐之盟，而来求盟于我，昭告昊天上帝、秦三公、楚三王曰：余虽与晋出入，余唯利是视。不穀恶其无成德，是用宣之，以惩不壹。'诸侯备闻此言，斯是用痛心疾首，昵就寡人。寡人帅以听命，唯好是求。君若惠顾诸侯，矜哀寡人，而赐之盟，则寡人之愿也，其承宁诸侯以退，岂敢徼乱？君若不施大惠，寡人不佞，其不能诸侯退矣。敢尽布之执事，俾执事实图利之。"①

杨伯峻先生注云："吕相，魏锜之子魏相。魏锜亦称吕锜，故魏相亦称吕相，下文乃绝秦书，或由吕相执笔，或由吕相传递。其后秦作《诅楚文》，仿效此书。杜注云：'盖口宣己命'恐不确。"② 即认为此篇内容，当由文书形式传达。不过其言秦国作《诅楚文》的时候仿效该文，当仅就

① （清）阮元校刻《春秋左传正义》卷二七，中华书局，1980 年影印本，第 1911～1912 页。
② 杨伯峻编著《春秋左传注》，中华书局，1990，第 861 页。

具体内容的文笔句式而言。① 因为二者性质及书写格式并不相同,此篇属于宣扬己方正义和诉斥敌方罪恶、命其听令的"檄"书,而《诅楚文》属于人与神灵盟誓之盟书。

这篇"檄"书是晋侯在秦晋关系恶化之后,派使臣吕相到秦国宣布与其断绝关系时所作。它的正文可以分为两大部分。其中第一部分"昔逮我……昵就寡人"内容比较复杂,又可分为三层:第一层"昔逮……成也",写晋国与秦国之故交,说之前两国之间有婚姻,有盟约,虽然有过冲突,但秦穆公曾帮助晋文公归国,这是秦国的功劳;第二层"文公……西也",写晋文公对秦国的报答,即曾带同自己一起征伐的众国去朝拜秦国,并与秦国一同包围郑国,结果秦国私自与郑国订立盟约,引起诸侯的不满,是晋文公劝阻才使秦国免于受损;第三层"无禄……寡人",写晋国率诸侯征讨秦国的缘由,即自秦穆公即位以来,秦国对晋国的多次滋扰及其他不仁不义之举,如发动战争、侵占县邑、损毁庄稼、屠杀边民、背叛盟约等,引起狄人及诸侯的不满,晋国不得以才率领他们对秦国进行征讨。第二部分"寡人……利之"内容相对简单,写晋国对秦国所下命令,即如果秦国同意订立盟约,自己就率领诸侯撤退,如果秦国不同意,那么将继续征讨,让秦国仔细考虑此事的利弊。

从书写格式上分析,这篇篇幅冗长的"檄"文,实际结构非常简单,由包含时间"夏四月戊午"、发令者"晋侯"、传达者"吕相"、受命者"秦"② 等信息的"抬头"和命令信息正文"昔逮……利之"两部分构成。但其"抬头"部分是《左传》作者补写的,还是原文如此,《左传》作者

---

① 史党社和田静两位先生就曾对杨伯峻先生认为《诅楚文》仿效《吕相绝秦》之说提出质疑,认为"盟诅乃东周常事,既有专职人员起草相关文书,其文体亦如公文有一定格式,……《诅楚文》不一定抄吕相绝秦书"。参见史党社、田静《郭沫若〈诅楚文考释〉订补》,《文博》1998 年第 3 期,第 60 页。

② 从这篇文书的话语指向来说,它直接诉说对象是"秦",让他按照自己提供的一些建议去做一些事;但从"合法性"上讲,晋国与秦国并为当时之诸侯国,晋国没有向秦国下达命令的权力,那么是否说明其不是令书呢?并非如此。因为其中很多命令话语,实际是指向晋国自身的,比如"赐之盟,则寡人之愿也,其承宁诸侯以退,岂敢徼乱?君若不施大惠,寡人不佞,其不能以诸侯退矣",大意为如果秦国答应结盟,自己就率领诸侯撤退,否则将会继续征讨,也就是说,晋国是以允诺对本国行为的处理方式来与秦国进行讨价还价的,所以这篇檄文的命令对象实际是晋国自身而非秦国,秦国对该文书的反应只是触发晋国所允诺行为的条件。

只是将其直接原样抄录或略作变形引用过来，我们稍后再做讨论。先来看《史记·司马相如列传》载汉武帝时期制作的檄文，其文曰：

> 告巴蜀太守：蛮夷自擅不讨之日久矣，时侵犯边境，劳士大夫。陛下即位，存抚天下，辑安中国。然后兴师出兵，北征匈奴，单于怖骇，交臂受事，诎膝请和。康居西域，重译请朝，稽首来享。移师东指，闽越相诛。右吊番禺，太子入朝。南夷之君，西僰之长，常效贡职，不敢怠堕，延颈举踵，喁喁然皆争归义，欲为臣妾，道里辽远，山川阻深，不能自致。夫不顺者已诛，而为善者未赏，故遣中郎将往宾之，发巴蜀士民各五百人，以奉币帛，卫使者不然，靡有兵革之事，战斗之患。今闻其乃发军兴制，惊惧子弟，忧患长老，郡又擅为转粟运输，皆非陛下之意也。当行者或亡逃自贼杀，亦非人臣之节也。夫边郡之士，闻烽举燧燔，皆摄弓而驰，荷兵而走，流汗相属，唯恐居后，触白刃，冒流矢，义不反顾，计不旋踵，人怀怒心，如报私仇。彼岂乐死恶生，非编列之民，而与巴蜀异主哉？计深虑远，急国家之难，而乐尽人臣之道也。故有剖符之封，析珪而爵，位为通侯，居列东第，终则遗显号于后世，传土地于子孙，行事甚忠敬，居位甚安佚，名声施于无穷，功烈著而不灭。是以贤人君子，肝脑涂中原，膏液润野草而不辞也。今奉币役至南夷，即自贼杀，或亡逃抵诛，身死无名，谥为至愚，耻及父母，为天下笑。人之度量相越，岂不远哉！然此非独行者之罪也，父兄之教不先，子弟之率不谨也；寡廉鲜耻，而俗不长厚也。其被刑戮，不亦宜乎！陛下患使者有司之若彼，悼不肖愚民之如此，故遣信使晓喻百姓以发卒之事，因数之以不忠死亡之罪，让三老孝弟以不教诲之过。方今田时，重烦百姓，已亲见近县，恐远所溪谷山泽之民不遍闻，檄到，亟下县道，使咸知陛下之意，唯毋忽也。①

此篇檄文的制作背景是武帝派唐蒙去掠取与开通夜郎及以西的僰中，

---

① （汉）司马迁：《史记》卷一一七，中华书局，1959，第3044～3046页。

但唐蒙过多征发兵卒，擅用战法杀死大帅，使巴蜀人民感到恐慌，为此武帝派司马相如前去责难他，并趁机让司马相如向巴蜀太守作檄文告知自己的本意。其命令正文可分为五层：第一层"蛮夷……之患"，写当前已经不存在征伐蛮夷的问题，说蛮夷长期拥兵自重、侵扰边境使士大夫蒙受惊扰，但当今皇上皇威远扬、征东伐西、战无不克、四方镇服、万方来朝，已经没有战争之患；第二层"今闻……意也"，写皇帝派唐蒙征兵的本意，即是说征发士兵本为去犒赏有功之人，并不是为了打仗，所以不用担忧；第三层"当行……宜乎"，写对应履行兵役义务的人及其父母的训诫和劝勉，先说贪生怕死不是臣子应有之节义，并以边郡之士的勇猛尽职来反问那些不愿服从征兵命令的人员为何不能像人家一样尽责，然后说服兵役立功之后可能享受到的好处，如加官晋爵、扬名后世等，而不尽职责将被人耻笑，并说这种不尽责现象的出现不单是本人的问题，也是父母教育缺失的结果；第四层"陛下……之过"，写下达该檄文的缘由及目的，即担心有司、百姓不知道自己的本意，同时训教那些有不忠之罪、死罪的人及其父母；第五层"方今……忽也"，写对该檄文传达过程的命令，即要求檄文所到之郡县迅速将其下发下去，使人民都知道，不要遗忘。

从书写格式上看，《史记》记载的这篇檄文没有发令时间、发令者、书写者等信息，只有"抬头"部分的命令词"告"、受令者"巴蜀太守"及命令信息正文"蛮夷……忽也"。发令时间与发令者的缺失，是司马迁在编写史书时故意省略，还是汉代皇帝制作檄文时的特殊格式呢？这与《吕相绝秦》的问题相似，只是一个是"有"的问题，一个是"没有"的问题。因此我们需要讨论一下最初下达的檄文当中有没有发令时间、发令者等"抬头"信息。

关于汉代檄文"抬头"，黄才庚先生说"有一定的程式，开头是'年月日某官告某某'"①，即由"发令时间＋发令者＋受令者"组成。那么就是说《史记》此处引用的这篇檄文，原来有发令时间与发令者等信息，司马迁只是对这一信息进行了变动。在转载这篇檄文之前，《史记》有"相如为郎数岁，会唐蒙使略通夜郎西僰中，发巴蜀吏卒千人，郡又多为发转

① 黄才庚：《我国历代诏令文书发展述略》，《四川大学学报》（哲学社会科学版）1990 年第 3 期，第 95 页。

漕万余人，用兴法诛其渠帅，巴蜀民大惊恐。上闻之，乃使相如责唐蒙，因喻告巴蜀民以非上意"① 之语句，它交代了司马相如制作檄文的背景，即因唐蒙之事而作，故檄文制作时间必然在此期间，而受命者为巴蜀之民也已说明，可能又出于重点突出司马相如的文采和《史记》一书体例的考虑，司马迁主动将檄文的时间、受令者等内容进行了某些转化或直接略去。

令书之前不载具体"抬头"的体例，在《史记》中极为常见，不仅限于战国与秦代令书，引用的汉代诏书也多如此。如《史记·孝文本纪》载汉文帝入主未央宫所下诏书，"于是夜下诏书曰：'间者诸吕……酺五日'"②，又《史记·孝文本纪》载为齐太仓令女儿请求废除肉刑一事所下诏书，"书奏天子，天子怜悲其意，乃下诏曰：'盖闻有虞氏之时……其除肉刑'"③，又《史记·孝武本纪》载汉武帝郊雍礼毕之后所下诏书，"过洛阳，下诏曰：'三代邈绝……以奉先王祀焉'"④，等等，其中不见诏书的原本"抬头"，记载的时间也不过是"于是夜""书奏天子，天子怜悲其意""过洛阳"等，相对模糊，而非诏书下达的确切时间，虽然这些诏书可能本就没有类似行政命令的"抬头"⑤，但即为君王所言，必然有史官记录和存档记录，司马迁作为太史令可以获得这些信息，然而他在写书之时并未添加。

《史记》之所以采用这种隐去檄书发令时间信息的书写方式，除了发令者为皇帝可能本就没有此格式的原因之外⑥，主要是因为它以记事为目的，虽然在某些地方要参考一些令书原文，但为了论述的连贯性与流畅性，需要对令书原貌进行些许变动。因此《史记》转引的司马相如所作谕

---

① （汉）司马迁：《史记》卷一一七，中华书局，1959，第3044页。

② （汉）司马迁：《史记》卷十，中华书局，1959，第417页。

③ （汉）司马迁：《史记》卷十，中华书局，1959，第427~428页。

④ （汉）司马迁：《史记》卷十二，中华书局，1959，第461页。

⑤ 汪桂海先生即认为汉代诏书没有下达诏书之时间，其时间为立卷者所补，其云："汉代的官府往来文书通常都有具文时间，章奏文书也有清楚的年月日，皇帝的策书在文字结构上也有时间一项，只有制书、诏书、戒敕没有具文时间。文书立卷者把所整理的文书以类相从的同时，还须依时间顺序加以编排，文书没有具文时间不便于整理，因此，在整理之前要把制书、诏书等文书的时间补注上去。"参见汪桂海《汉代官文书制度》，广西教育出版社，1999，第198~215页。

⑥ 战国时期仅秦国诏书有类似格式，且以令书传达机制、史官记录君王命令制度、文书存档制度保证其信息完整，其他文种当非如此。

告巴蜀太守檄文当中应包含时间、发令者等信息构成的"抬头"，只是被司马迁转化与省略了。

那么《左传》所引《吕相绝秦》的原文中有没有时间、发令者等信息呢？也应有。如果这篇文告只有正文内容，那么《左传》作者从何得知这篇文告发布的确切时间、发令者、传令者信息？所以《左传》作者对此"檄"文的处理，要么是采取了与司马迁相同的做法，即进行了一定程度的变动，要么就是完整录入，即"夏四月戊午，晋侯使吕相绝秦"一句即是该文的原有"抬头"。前一种可能性比较大，因为此处采用了鲁国的纪年而非晋国的纪年，称"晋侯"而非"晋公"。正文则为原"檄"书的直接转引，因为从文章的表述角度来看，它是以第一人称来写的，多处称"我"①"寡人"② 等，用语也比较委婉客气，即使是逼迫秦国订立盟约，也采用以下侍上请求的语气，如"寡人帅以听命"③"君若惠顾诸侯"④"赐之盟"⑤，等等。

由源头之春秋、流变之秦汉"檄"文书写格式，可以推知战国时期此类檄书的完整书写格式应为"'抬头'（包括发令时间、发令者、受令者等信息，其中受令者信息必不可省）＋命令信息"。其中命令信息一般分为两大部分，第一部分辨明是非大义，第二部分下达命令。但这仅就体例而言，在战国时期应该尚不存在如后世《金石例》当中总结的那样严苛的檄文程式。⑥

---

① （清）阮元校刻《春秋左传正义》卷二七，中华书局，1980 年影印本，第 1911 页。

② （清）阮元校刻《春秋左传正义》卷二七，中华书局，1980 年影印本，第 1912 页。

③ （清）阮元校刻《春秋左传正义》卷二七，中华书局，1980 年影印本，第 1912 页。

④ （清）阮元校刻《春秋左传正义》卷二七，中华书局，1980 年影印本，第 1912 页。

⑤ （清）阮元校刻《春秋左传正义》卷二七，中华书局，1980 年影印本，第 1912 页。

⑥ 《金石例》载："某年某月某日某官告某处（或曰移某郡）。盖闻（云云）。末云檄到如章，书不尽意。（或云兹言不欺其听，无惑；或云兹言不爽其听，无违。故为檄委曲，檄到，其善详所处，如律令。或云檄到宣告，咸使闻知）。司马长卿《喻蜀檄》（首云告巴蜀太守，末云檄到邙下县道，使咸喻陛下意，毋忽）。陈孔章《为袁绍檄豫州》（首云左将军预州刺史郡国相守），盖闻（云云），司空曹操（云云），幕府（云云），广宣恩信班扬符赏，布告天下（云云），如律令。《檄吴将校部曲》（首云年月朔日，守尚书令或告江东诸将校部曲及孙权宗亲中外），盖闻（云云），故令往募爵赏，科条如左，檄到详思至言，如诏律令。钟士季《檄属文》（末云各其宣布，咸使闻知）。宋《告司兖二州》（末云幸加三思，详择利害，又尚书符征南府，末云文书千里驿行）。"参见（元）潘昂霄《金石例》，文渊阁四库全书电子版，上海人民出版社、迪志文化出版公司，1999，影印本。

二　用于调兵的檄书的书写格式及用语

文献中有作调兵之用的檄书，如《商君书·兵守》云"客治簿檄，三军之多，分以客之候车之数"①，蒋礼鸿释曰"檄者，所以征调"②，与上文用于扬己方正义、斥敌方罪恶的檄书在书写格式上有所不同。目前所见最早的这类檄令原文为秦代将领调兵而制，即《史记·南越列传》云"嚣死，佗即移檄告横浦、阳山、湟溪关曰：'盗兵且至，急绝道聚兵自守!'"这类檄书书写格式与地方官府所下告书相似，即"'抬头'（包含发令者、发令词'告'或'谓'、受令者等）＋命令正文"，只是在载体规格上略有不同，可参见下文。

这从居延汉简所载檄书中可以找到证据，如仓丞吉命令侯者去侦察敌情及尉丞司马去督查的檄书，即"得仓丞吉兼行丞事，敢告都尉卒人，诏书清塞仅侯望，备薰（烽）火，虏即入，料度可备，中毋远追，为虏所作。书已前下，檄到卒人，遣尉丞司马数循行严兵"③；都尉司马命令肩水侯官按太守府檄书律令行事，即"都尉事司马丞登行丞事，谓肩水侯官，传移檄到，如太守府檄书律令"④。这两件檄书与战国告书略有不同，即没有时间格。不过一些需要转发的檄书当中是有时间格的，如居延都尉根据甲渠侯上报的敌情而下达的关于军事部署的檄令，"十二月辛未，将兵护民田官居延都尉谓城仓长禹兼行［丞事］。广田以次传行望远止。……禁止往来行者，定蓬火辈送，便战斗具，毋为虏所萃槲，已先闻知。失亡，重事，毋忽如律令"⑤。这是檄书类型不同导致的书写格式差异，还是简牍残缺或编联错位导致的简文不全，尚难说明。不过檄书即使没有时间格，已有文书传达和存档过程中的登记制度也可以保证其时间信息的完整。

从用语层面看，檄书因功用之不同，风格差别较大。黄才庚先生将檄

---

① 蒋礼鸿撰《商君书锥指》卷三，中华书局，1986，第73页。
② 蒋礼鸿撰《商君书锥指》卷三，中华书局，1986，第73页。
③ 中国社会科学院考古研究所编《居延汉简甲乙编（下）》，中华书局，1980，第9页。
④ 中国社会科学院考古研究所编《居延汉简甲乙编（下）》，中华书局，1980，第9页。
⑤ 参见连劭名《西域木简中的记与檄》，《文物春秋》1989年第Z1期，第27页。

书的功用概括为威敌、辟吏、讨敌、征召、晓谕、檄迎等①，其中用于威敌、讨敌、晓谕、檄迎的檄书，因为要言己方之正义、诉敌方之不仁，所以一般都是动之以情、晓之以理，语言铺排扬厉，从上文《吕相绝秦》，张仪及司马相如所作的晓谕、威敌性檄文即可看出；而用于辟吏、征召之檄书，因为以使受命者迅速知晓命令信息为目的，铺排说理性的话语相对较少，所以这两种檄文的语言风格比较简洁、明快，如《史记·南越列传》载佗命令横浦、阳山、湟溪关拥兵自守的檄文，仅言"盗兵且至，急绝道聚兵自守"②，只有短短十余字，没有铺陈渲染，简单准确地说明了制令者的意图。

结合汉代檄文的用语特征及发展水平、战国时期张仪所制檄书的文辞、春秋时期《吕相绝秦》铺排渲染的用语风格、檄文作为公文书的职能要求、战国时期公文整体的发展水平及时代特征等来看，战国时期檄文的用语风格，应当既有其铺陈渲染的一面，也有其朴实规范的一面，铺陈渲染主要体现在其正文说理辩道之处，朴实规范体现在其记载发令者、受令者等信息的"抬头"之处。具体檄文的制作用语，因用途之不同而各有偏向。

第七节　律法书的书写格式及用语

战国时期各国通行的律法书多数采用条文式格式书写。条文式书写格式，是针对律法条文在发令者、发令时间、受令者等令书所应包含的基本信息方面叙述不清，甚至缺少某些基本信息的书写格式而言，可概括为条文式"命令正文 + 律名"。以《睡虎地秦墓竹简·秦律十八种》中的几条律法条文为例：

> 官府叚（假）公车牛者□□□叚（假）人所。或私用公车牛，及叚（假）人食牛不善，牛誓（觱）；不攻閒车，车空失，大车轴绖（鬐）；及不芥（介）车，车蕃（藩）盖强折列（裂），其主车牛者及

---

①　参见黄才庚《我国历代诏令文书发展述略》，《四川大学学报》（哲学社会科学版）1990年第 3 期，第 95 页。

②　（汉）司马迁：《史记》卷一一三，中华书局，1959，第 2967 页。

吏、官长皆有罪。司空①

　　仓扁（漏）歾（朽）禾粟，及积禾粟而败之，其不可食者不盈万石以下，谇官啬夫；百石以上到千石，赀官啬夫一甲；过千石以上，赀官啬夫二甲；令官啬夫、冗吏共赏（偿）败禾粟。禾粟虽败而尚可食殹（也），程之，以其耗（耗）石数论负之。效②

　　上造以下到官佐、史毋（无）爵者，及卜、史、司御、寺、府，糒（粝）米一斗，有采（菜）羹，盐廿二分升二。传食律③

　　由上可知，这些法律条文缺少令书发令者、发令时间等信息④，它们只包含某种特定情境下出现的身份不确的受令者及命令正文内容。首先看《司空律》，其大意是说如果有人私用官府的牛车，或者虽然是借用但没有好好喂牛，使牛变瘦了，或者不对车辆进行修理，使车辆翻倒，车轴弯曲，或者未掩盖好车辆致使车伞损毁，那么主管牛车的人、领用牛车的官吏都有罪责。这条法令的受令者是"主车牛者及吏、官长"，但命令信息讲的是构成受令者罪行的种种情况。其次看《效律》。其大意是说粮仓漏雨或堆积造成粮食腐烂的，除命令啬夫及官吏赔偿损失之外，要根据腐败的粮食数目对啬夫进行相应的处罚：腐败粮食之数不足一百石，斥责该官府的啬夫；超过一百但不足一千石，罚啬夫一甲；超过一千石，罚啬夫二甲；如果有些粮食虽然败坏但仍可食用，就对其价值进行估量，然后判处赔偿数额。这条法令的受令者是啬夫及吏，但命令信息是构成对其处罚的种种条件及相应的处罚方式。再次看《传食律》。其大意是说下到没有爵位的佐、史、卜等人员，上到上造等官，每餐供应粝米一斗、菜羹、二十二分之二升盐。此条文的受令者是上造以下无爵的官府人员和管理传舍的官吏，而命令信息的内容是关于不同身份人员在经过传舍之时，所能享用的物质待遇问题。

　　这些律文中说的受令者要成为真正的受令者，其身份及所作所为需要

---

① 睡虎地秦墓竹简整理小组编《睡虎地秦墓竹简》，文物出版社，1990，第49页。
② 睡虎地秦墓竹简整理小组编《睡虎地秦墓竹简》，文物出版社，1990，第57页。按："万"字当为"百"字之误。
③ 睡虎地秦墓竹简整理小组编《睡虎地秦墓竹简》，文物出版社，1990，第60页。
④ 由律法条文中不包含具体的命令发布者和下发时间，可以知道它们不是即时性的命令。

符合律文规定的各种情景，简言之，其成为受令者需要满足一定条件，如管理牛车的官吏要受到处罚，必须是私用牛车或者牛、车损坏；啬夫及吏要赔偿粮食并被罚甲，前提是要有粮食损毁；没有爵位的人员至上造等官要想享受上述餐、米、盐等供应的待遇，则必须同时满足身份及因公出行等条件。另外，从它们包含的内容信息来看，每条与每条之间相对独立，且针对的事务与命令对象有所不同，不具有直接联系，所以可以被单独使用。

为了便于律法书的书写、学习及实际运用，众多的独立法律条文往往被制作者按内容属性收录于不同的大章节之下，这些章节多用标题或律名加以区分。吕思勉先生《章句论》对古书章节标题的看法，"章则或有标题，或无标题。有标题者，例居全章文字之后"①，在此处也有同样适用的情况。睡虎地秦墓竹简中的《秦律十八种》在不同章内的不同小节后面都有律名，如《田律》竹简尾部的"田律"二字，②《厩苑律》竹简尾部的"厩苑"二字，③《仓律》竹简尾部的"仓"字④，等等。但龙岗秦简中的所有律法简文，在竹简末端并未书写有律名。《云梦龙岗六号秦墓及出土简牍概述》一文将未发现律名的原因归结为简牍残断过于严重⑤，这一说法有待商榷。因为龙岗秦简没有出现律名，可能是抄写者本就没有抄录此种信息，而非保存问题导致的文字缺失。

战国及秦法律条义的律名多数题在竹简末尾，因此只要在龙岗秦简中认真寻找下端简文内容保存相对完整的竹简即可以得知其原来有无抄写律名。实际上龙岗秦简中还存有不少下端简文内容保存相对完整的竹简，如四号简、二〇号简、三四号简、三九号简、五七号简等。⑥ 除六五号简、

---

① 吕思勉：《文字学四种》，上海古籍出版社，2009，第 11 页。
② 参见睡虎地秦墓竹简整理小组编《睡虎地秦墓竹简》，文物出版社，1990，第 19 ~ 22 页。
③ 参见睡虎地秦墓竹简整理小组编《睡虎地秦墓竹简》，文物出版社，1990，第 22 ~ 25 页。
④ 参见睡虎地秦墓竹简整理小组编《睡虎地秦墓竹简》，文物出版社，1990，第 25 ~ 35 页。
⑤ 龙岗秦简整理者云："可能由于严重残损的缘故，现存的竹简上没有一个律名。"参见中国文物研究所、湖北省文物考古研究所编《龙岗秦简》，中华书局，2001，第 4 页。
⑥ 参见中国文物研究所、湖北省文物考古研究所编《龙岗秦简》，中华书局，2001，第 71、79、86、89、95 页。按：另外还有六五号简（第 98 页）、六九号简（第 99 页）、八六号简（第 103 页）、一〇五号简（第 107 页）、一〇八号简（第 107 页）、一〇九号简（第 107 页）、一六一号简（第 126 页）、一七二号简（第 128 页）、一七四号简（第 128 页）、一九五号简（第 130 页）、二三九号简（第 138 页）、二四〇号简（第 138 页）、二四三号简（第 138 页）、二五四号简（第 139 页）。

一七四号简、二四〇号简等明显属于未完成书写内容转入下简之外①，其他诸简内容都已经结束，但并未出现律名。这显然不能简单地将简文中未出现律名的原因归咎于竹简残断过甚了。虽然其中以"律"字结尾的二四〇号简比较特殊，但其为律名残留的可能性并不大。因为龙岗秦简简文中的"律"字之后，通常都跟有其他文字，如八号简"不从律者，令、丞☒"②、一一六号简"田赢律（?）诈（诈）☒"③、一一七号简"论之如律。☒"④、一六六号简"律赐苗☒"⑤、一七七号简"律予租☒"⑥、二二五号简"律论之□☒"⑦等等，所以在二四〇号简"律"字之后也应接有其他内容，它并不是该条律文的结尾。

那么这是否说明，战国及秦存在某些没有篇名或律名的律法条文呢？并非如此。战国各国律法进入了大发展阶段，许多类似在律文之后书写律名的格式性做法基本已经形成制度。龙岗秦简的法律简文没有律名主要与其性质有关。《云梦龙岗六号秦墓及出土简牍概述》一文认为，"龙岗简其实只有一个中心，那就是'禁苑'……秦代官吏制度规定，各县应分别通知设在该县的都官，抄写该官府所遵用的法律，而龙岗简正是从各种法律条文中抄出了与禁苑管理相关的内容，编在了一起"⑧，我们基本同意这一看法。也正因为如此，与《睡虎地秦墓竹简·秦律杂抄》当中部分律法简的抄写状况一样，⑨ 龙岗秦简的抄写者可能是为了抄录方便，而没有将律名抄录下来，只是更为彻底，一个律名也没有抄写。不过龙岗秦简的抄写者并未将律文混乱地紧紧拼接在一起，而是在律文之间保留了一定的空白。如四五号简"皆与同罪"⑩、一二〇号简"赀一甲"⑪、一三九号简

---

① 参见中国文物研究所、湖北省文物考古研究所编《龙岗秦简》，中华书局，2001，第98、128、138页。

② 中国文物研究所、湖北省文物考古研究所编《龙岗秦简》，中华书局，2001，第74页。

③ 中国文物研究所、湖北省文物考古研究所编《龙岗秦简》，中华书局，2001，第109页。

④ 中国文物研究所、湖北省文物考古研究所编《龙岗秦简》，中华书局，2001，第110页。

⑤ 中国文物研究所、湖北省文物考古研究所编《龙岗秦简》，中华书局，2001，第127页。

⑥ 中国文物研究所、湖北省文物考古研究所编《龙岗秦简》，中华书局，2001，第129页。

⑦ 中国文物研究所、湖北省文物考古研究所编《龙岗秦简》，中华书局，2001，第136页。

⑧ 中国文物研究所、湖北省文物考古研究所编《龙岗秦简》，中华书局，2001，第5页。

⑨ 参见睡虎地秦墓竹简整理小组编《睡虎地秦墓竹简》，文物出版社，1990，第69~90页。

⑩ 中国文物研究所、湖北省文物考古研究所编《龙岗秦简》，中华书局，2001，第92页。

⑪ 中国文物研究所、湖北省文物考古研究所编《龙岗秦简》，中华书局，2001，第111页。

"赀二甲"①、一六二号简 "稼偿主"②、二〇八号简 "赀二甲"③、二一〇号简 "勿禁"④、二二七号简 "官"⑤、二四六号简 "道官"⑥ 等律文之后的留白。不过采取这种做法并不是为了节省简册的使用量，因为很多律法简文之后的留白过长，如八六号简⑦、一〇九号简⑧、一三五号简⑨，根本无法实现这一目的。至于采用这种做法的真正原因，尚待进一步的考证。

从用语上看，这些律法条文虽然制作于两千多年前，但也基本符合现代法律文书用语的规范性、朴实性、精练性、准确性、单义性的要求。⑩首先看规范性。不同律法条文在提到相同身份的人员、相同性质的事物时，其称谓是规范统一的。人员称谓像 "田啬夫"，《田律》提到该官时均使用全称，如 "田啬夫、部佐谨禁御之"⑪ "赐田啬夫壶酉（酒）束脯……殿者，谇田啬夫"⑫ 等；事物称谓像对惩罚某人几甲时的用词均为 "赀"，如《关市》"不从令者赀一甲"⑬、《徭律》"六日到旬，赀一盾；过旬，赀一甲"⑭、《效律》"公器不久刻者，官啬夫赀一盾"⑮等。其次看朴实性。与文学作品不同，律法条文属于实用公文，在描述事物时不会使用过多的修饰词，仅以反映事物的客观特征为原则。如《内史杂》云 "县各告都官在其县者，写其官之用律"⑯制作者没有具体描写 "哪些县"、如何 "告" 等。这种描写和叙述方式满足了律文成为普遍行为规范的要求，因为现实事物在细节层面是多变的，对其进行过多的描写只会造成法

① 中国文物研究所、湖北省文物考古研究所编《龙岗秦简》，中华书局，2001，第 119 页。
② 中国文物研究所、湖北省文物考古研究所编《龙岗秦简》，中华书局，2001，第 126 页。
③ 中国文物研究所、湖北省文物考古研究所编《龙岗秦简》，中华书局，2001，第 134 页。
④ 中国文物研究所、湖北省文物考古研究所编《龙岗秦简》，中华书局，2001，第 134 页。
⑤ 中国文物研究所、湖北省文物考古研究所编《龙岗秦简》，中华书局，2001，第 137 页。
⑥ 中国文物研究所、湖北省文物考古研究所编《龙岗秦简》，中华书局，2001，第 138 页。
⑦ 中国文物研究所、湖北省文物考古研究所编《龙岗秦简》，中华书局，2001，第 35 页。
⑧ 中国文物研究所、湖北省文物考古研究所编《龙岗秦简》，中华书局，2001，第 38 页。
⑨ 中国文物研究所、湖北省文物考古研究所编《龙岗秦简》，中华书局，2001，第 43 页。
⑩ 参见马海音《论司法文书制作的语言要求》，《甘肃政法学院学报》2000 年第 1 期，第 78～82 页。
⑪ 睡虎地秦墓竹简整理小组编《睡虎地秦墓竹简》，文物出版社，1990，第 22 页。
⑫ 睡虎地秦墓竹简整理小组编《睡虎地秦墓竹简》，文物出版社，1990，第 22 页。
⑬ 睡虎地秦墓竹简整理小组编《睡虎地秦墓竹简》，文物出版社，1990，第 42 页。
⑭ 睡虎地秦墓竹简整理小组编《睡虎地秦墓竹简》，文物出版社，1990，第 47 页。
⑮ 睡虎地秦墓竹简整理小组编《睡虎地秦墓竹简》，文物出版社，1990，第 59 页。
⑯ 睡虎地秦墓竹简整理小组编《睡虎地秦墓竹简》，文物出版社，1990，第 61 页。

律适用上的障碍。再次看精练性。它要求语句简短凝练。这在法律条文中也很明显，像写受令人仅提到其官称，如《内史杂》"都官岁上出器求补者数，上会九月内史"① 条中之都官、内史，《传食律》"御史卒人使者"② 条中之御史，《置吏律》"官啬夫节（即）不存"③ 条中之官啬夫，等等。制作者没有叙述过多不必要的信息，如该人的长相好坏、品格优劣、衣着新旧等，而是笼统地、抽象地、概括地书写满足令书使用情况的人员。最后看准确性和单义性。如上文所举的《效律》，它将官员所犯的错误和与之对应的惩罚完全量化，什么官员在如何情景之下对应如何的处罚手段被一一限制，避免了语义含混造成的律文使用困难，充分体现了法律用语的准确性和单义性特征。

律法条文书写用语的五个特性并非独立存在，而是统一于法律条文写作中的，任何一个特性缺失，都会导致令书在制作、传达、执行等过程中出现某些不必要的问题。如果缺少规范性，每条律文都各说各话，对名物称呼以各自地区方言及制作者个人喜好为裁夺标准，必然会造成令书传达方面的困难。因为在先秦时期乃至现在，不同地区对同一事物的称呼往往并不一致，如果没有规范统一的用语，必然会导致人们对律法适用对象的认识差别。这显然与律法的普适性原则不符。而如果缺少朴实性和精练性，对于用极通俗易懂的语言三言两语即可表述清楚明白的事情，任凭个人才性的发挥，肆意汪洋、洋洋洒洒，写成几百、几千乃至万字，会严重增加制作和传达的难度。而如果缺少准确性和单义性，执法官吏及受审者各就其对律文内容的理解来进行阐释，那么必然会产生重大的执行障碍。整体而言，令书的目的本就在于准确传达统治者的命令信息，单就通行的律法而言，如果不能很好地满足这个要求，那么也就失去了存在的意义。

第八节　式法书的书写格式及用语

由于目前管理财物用度的式法书原文尚未发现，故此处仅以《封诊

---

① 睡虎地秦墓竹简整理小组编《睡虎地秦墓竹简》，文物出版社，1990，第62页。
② 睡虎地秦墓竹简整理小组编《睡虎地秦墓竹简》，文物出版社，1990，第60页。
③ 睡虎地秦墓竹简整理小组编《睡虎地秦墓竹简》，文物出版社，1990，第56页。

式》为例探讨规定文书书写程式的式法书书写格式及用语。①

此类式法书在书写格式及用语方面具有明显的复合性质，即在不同位置具有较大差异，概括来讲就是"条文式律法 + 多种文书书写格式"。《封诊式》的开篇是两条条文式书写格式的律文，即：

> 治狱　治狱，能以书从迹其言，毋治（笞）谅（掠）而得人请（情）为上；治（笞）谅（掠）为下；有恐为败。②

> 讯狱　凡讯狱，必先尽听其言而书之，各展其辞，虽智（知）其诡，勿庸辄诘。其辞已尽书而毋（无）解，乃以诘者诘之。诘之有（又）尽听书其解辞，有（又）视其它毋（无）解者以复诘之。诘之极而数诡，更言不服，其律当治（笞）谅（掠）者，乃治（笞）谅（掠）。治（笞）谅（掠）之必书曰：爰书：以某数更言，毋（无）无解辞，治（笞）讯某。③

这两条律文除了律名，即"治狱""讯狱"，是写在简首之外，与前文所说律法书条文式的书写格式完全一样，均不包含明确的发令者、发令时间、受令者等信息。不过该如何解释这两条律文律名书写在简首而非简尾的现象呢？是不是可以根据吕思勉先生《章句论》在分析古书篇名、标题名时所说"古书凡篇皆有标题，即所谓篇名也。篇名例居全篇文字之前。古书标题，皆小题在上，大题在下，小题即篇名也。篇名多无所取义，即缘篇必有之之故。章则或有标题，或无标题。有标题者，例居全章文字之后"④ 的观点，来判定律名写于律文之前的书写格式是不合规矩的呢？不

---

① 睡虎地秦墓竹简整理小组认为其除篇首两条律法之外，"其余各条都是对案件进行调查、检验、审讯等程序的文书程式，……它从一个侧面具体地反映了秦代法律的阶级实质"。由于秦代法律制度多是承袭战国秦国而来，虽然有少量变革，但都不是根本性的，尤其是有关法律文书书写格式规定的式法书，本是从长期法律实践的过程中发展得来，实用性较强且与统一后需要变革的礼仪等级制度几乎没有关联，所以用其推断战国秦国规定文书书写样态式法书的书写格式及用语应无太大问题。睡虎地秦墓竹简整理小组编《睡虎地秦墓竹简》，文物出版社，1990，第 147 页。

② 睡虎地秦墓竹简整理小组编《睡虎地秦墓竹简》，文物出版社，1990，第 147 页。按，另该书第 164 页注：第九八号简即最后一支简背面书写有"封诊式"三字。

③ 睡虎地秦墓竹简整理小组编《睡虎地秦墓竹简》，文物出版社，1990，第 148 页。

④ 吕思勉：《文字学四种》，上海古籍出版社，2009，第 11 页。

可以。因为吕思勉先生这一论断并不全面，有些地方需要修正。第一，不是所有古书篇目都有篇名，如《清华大学藏战国竹简（一）》中的《尹至》《尹诰》《程寤》，《清华大学藏战国竹简（三）》中的《良臣》《祝辞》，郭店楚简中的《老子》《唐虞之道》《忠信之道》，《上海博物馆藏战国楚竹书（二）》中的《民之父母》《鲁邦大旱》《从政》等，在原篇之上均未见有篇名。① 第二，虽然确实有的篇题写在篇末的竹简末端，如《清华大学藏战国竹简（一）》中《祭公之顾命（祭公）》的篇名即写于篇末的第二十一简下端，② 但更多的是如《清华大学藏战国竹简（三）》中的《周公之琴舞》《芮良夫毖》，《上海博物馆藏战国楚竹书（二）》中的《子羔》《容城氏》等，《上海博物馆藏战国楚竹书（三）》中的《中弓》《亘先》，《上海博物馆藏战国楚竹书（四）》中的《内豊》《曹沫之阵》等，将篇题书写于整篇简册当中的某一简的背面。③

但无论如何修正吕思勉先生的观点，其对古书篇名位置的分析，在此处可能都不适用。因为这两篇并不是持有者自己创作的文学作品，而是官方颁布的法律类令书。而法律类令书篇题、律名的书写位置与一般古书篇名、章节名的书写位置是有区别的。以睡虎地秦墓竹简中《秦律十八种》《秦律杂抄》《封诊式》《魏户律》《魏奔命律》的篇题名、律名位置为例来分析，《秦律十八种》当中的每一条律文末尾都记有律名，其中《效律》

---

① 参见清华大学出土文献研究与保护中心编，李学勤主编《清华大学藏战国竹简（一）》，中西书局，2010，第128、133、143页；清华大学出土文献研究与保护中心编，李学勤主编《清华大学藏战国竹简（三）》，中西书局，2012，第157、164页；刘钊《郭店楚简校释》，福建人民出版社，2005，第1～3、28～29、148～150、160～161页；马承源主编《上海博物馆藏战国楚竹书（二）》，上海古籍出版社，2002，第154～173、204～210、215～231、233～238页。

② 参见清华大学出土文献研究与保护中心编，李学勤主编《清华大学藏战国竹简（一）》，中西书局，2010，第175页。

③ 载于《清华大学藏战国竹简（三）》第134页（第一简简背）、第146页（第一简简背）；《上海博物馆藏战国楚竹书（二）》第188页（第五简简背）、第292页（第五十三简简背）；《上海博物馆藏战国楚竹书（三）》第275页（第十六简简背）、第291页（第三简简背）；《上海博物馆藏战国楚竹书（四）》第221页（第一简简背）、第245页（第二简简背）。参见清华大学出土文献研究与保护中心编，李学勤主编《清华大学藏战国竹简（三）》，中西书局，2012；马承源主编《上海博物馆藏战国楚竹书（二）》，上海古籍出版社，2002；马承源主编《上海博物馆藏战国楚竹书（三）》，上海古籍出版社，2003；马承源主编《上海博物馆藏战国楚竹书（四）》，上海古籍出版社，2004。

在第一支简的背面还有"效"字为篇名;《秦律杂抄》因为是为方便自己
使用而非传达的,则有的有律名,有的没有律名;《封诊式》在最后一支
简反面书有篇名,并且简文分为二十五部分,每部分第一支简简首都有小
标题;《魏户律》《魏奔命律》的律名写于竹简的末尾。因此,刨除为方便
应用而抄写的《秦律杂抄》来看,法律类令书的书写格式极其严谨,又据
秦法规定主管法令的官吏要进行专门的学习,如果达不到要求就要被处以
罪责,而删改法令一字就可能被杀死,即《商君书·定分》曰"主法令之
吏有迁徙物故,辄使学读法令所谓。为之程式,使日数而知法令之所谓。
不中程,为法令以罪之。有敢剟定法令一字以上,罪死不赦"①,可知《封
诊式》当中这两条律文的律名书写简首应当是其原始书写状态。

那么为什么《秦律杂抄》、龙岗秦简当中的部分律文可以不写律名,
不写律名不比调整律名位置的罪过更大吗?如果不写律名都不会受到处
罚,调整律名的位置有什么关系?这是不是可以证明,我们认为《封诊
式》的律名书写于简首是其原始书写样态的看法有错误呢?并非如此。这
些律文之所以可以不写律名,主要与其持有者的身份有关。睡虎地秦墓竹
简的主人应为当时律文的传达者和执行者②,即官府人员需要到他这里来
抄写或查询部分律文,所以其要保持不同种类律法原有书写样态,但其中
也有些律法只需其执行而非传达,故可以减省律名。而龙岗秦简的主人是
律法的直接使用者,属于法律执行部门的末端机制成员,并不需要严格按
照法律格式,故可以对其进行删减。

那么这两条律文律名的书写位置不同于其他律文简的原因何在呢?这
与《封诊式》特定的书写格式类型有关。采用条文式书写格式的律法在使
用中是可以分开的,每一条律文都可以单独拿出来,而不影响其执行效力
和律法属性。其书写律名完全是为了区分律文条款的不同,虽然将律名书
写于简首也可以实现这一目的,但将律名书写于简末已是当时通行的制
度。《封诊式》篇首这两条律文律名的书写位置恰恰是为了区别于当时的

① 蒋礼鸿撰《商君书锥指》卷五,中华书局,1986,第 140~141 页。
② 睡虎地秦墓竹简的主人作为相关律文的"传达者"与负责文书传达的邮传系统人员不同,
他们作为秦代司法系统的一员,除了传达法律之外,也有其他职能,这也是其抄写《秦
律杂抄》时可以对律名进行某些省减的原因。

通行制度，因为它所表示的含义并不仅是分割两条简文，同时也是为了表明这两条简文并不是孤立存在的，它们共同从属丁《封诊式》。它们有作为后面几十篇文书模板的功能，如果将这两条律文拿掉，后面的文书模板也就失去了律法意义。也就是说，这两条律文律名书写于简首既有分割律文的作用，又有赋予后面文书程式律法效力的作用，而获得了律法效力的文书书写程式是不允许被违反的，里耶秦简 8－704 简背、8－706 简背即记载了守丞矰因所作"课"的文书格式违犯了有关式令要求，而被上级要求重写的事件，"▨□守书曰课皆□癒（应）式令，令矰定□▨……▨言之守府。丙申、己亥、甲辰追，今复▨……▨守丞矰敢言之：令二月□亥追，今复写前日▨"①。

在讨论完《封诊式》起首简文律名的书写格式问题之后，我们接着分析《封诊式》的复合式书写格式。在治狱、讯狱律文之后，是二十三篇各类带有标题的"爰书"书写程式模板，即有鞫、封守、覆、盗自告、□捕、□□、盗马、争牛、群盗、夺首、□□、告臣、黥妾、羁（迁）子、告子、廐（疠）、贼死、经死、穴盗、出子、毒言、奸、亡自出等等。在单个文书模板之前加上标题，一是为了区分不同文书的格式，一是为了表明其统属于《封诊式》，且令书效力是挂靠在前两条律文之下的。又因为这些文书模板并不是一般意义上的法律条文，所以其书写格式与律文有很大不同。而且这些爰书的书写模板与诏书、告书一类的行政命令式文书书写格式也有差异，即它们都有篇名，却多数没有文书发出时间及文书发出者等基本信息，有的甚至连文书接收者的信息都没有。此处仅举几例比较简短的篇章来说明《封诊式》在整体书写格式构成方面的复合性特征，如

　　覆　敢告某县主：男子某辞曰："士五（伍），居某县某里，去亡。"可定名事里，所坐论云可（何），可（何）罪赦，［或］覆问毋（无）有，几籍亡，亡及遝事各几可（何）日，遣识者当腾，腾皆为

---

① 陈伟主编《里耶秦简牍校释》（第一卷），武汉大学出版社，2012，第 207 页。按：该书第 60 页有"群志Ⅰ式具此Ⅱ中。以Ⅲ8－94"，其下第 61 页注曰："式，文书格式。《封诊式·出子》云：'其一式曰：……'整理小组注释云：'式，指文书程式。'"

报，敢告主。①

　　盗自告　□□□爰书：某里公士甲自告曰："以五月晦与同里士五（伍）丙盗某里士五（伍）丁千钱，毋（无）它坐，来自告，告丙。"即令［令］史某往执丙。②

　　□捕　爰书：男子甲缚诣男子丙，辞曰："甲故士五（伍），居某里，迺四月中盗牛，去亡以命。丙坐贼人□命。自书甲见丙阴市庸中，而捕以来自出。甲毋（无）它坐。"③

　　这三篇文书模板分别是关于请求上级确定其询问的某些事务、根据盗贼自己的口供而下达某些命令、抓捕盗贼的人自己供述等的文书。在简首都有标题即"覆""盗自告""□捕"，独立于正文的"抬头"即"敢告某县主""□□□爰书""爰书"。而"抬头"之后的正文内容不是类似法令的具体规定，而是对不同案件文书书写格式及文书所应包含某些具体内容的叙述。与法律条文的直接执行性不同，这些文书模板要通过类比使用，而非直接抄录。这是因为《封诊式》中的文书模板记录的都是执法过程中可能遇到的具体事务，而具体事务随时随地都在变化。

　　这些文书模板是从事司法工作的人员书写具体文书的参照，是《封诊式》前两条律文得以实现的手段与途径。而后面这些文书模板对前两条法令的依赖更大，只有在前两条律文的统领下才具有法律效力。因此，单独拿出前面或后面的部分，都会破坏该式法书的完整性和使用性，促使《封诊式》从整体上呈现较为明显的复合式书写形态。

　　与《封诊式》书写格式的复合性特征相应，其在书写用语上也具有复合性特征，即在不同位置体现出不同的用语特征。如前两条律文体现了律文用语的五种基本特性，即准确性、单义性、规范性、朴实性、精练性，可参见前文。后面几十篇不同文书模板体现的却是式法文书的模糊性、抽象性用语特征。这从其中模糊的人称即可看出，比如"某县主"④"某

---

① 睡虎地秦墓竹简整理小组编《睡虎地秦墓竹简》，文物出版社，1990，第150页。
② 睡虎地秦墓竹简整理小组编《睡虎地秦墓竹简》，文物出版社，1990，第150页。
③ 睡虎地秦墓竹简整理小组编《睡虎地秦墓竹简》，文物出版社，1990，第150页。
④ 睡虎地秦墓竹简整理小组编《睡虎地秦墓竹简》，文物出版社，1990，第148页。

县"① "某里"② "某里公士甲"③ "士五（伍）甲"④ "男子丙"⑤ 等，所指都非常宽泛，这是出式法书作为普适性规范决定的。由于具体文书的书写内容要随着现实情况而变更，式法书的制作者不可能将所有的情况一一规定出来，因此不得不使用这种词语。而且如果将其中的模糊性词语如"某县主"中的"某"，换成具体的迁陵或者阳陵，显然无法满足实际需求，因为类似情况完全可能发生在其他地方。

另外，这些文书模板作为具体文书的规范，将具体文书当中的某些习惯用语也归纳进来了，比如《覆》"敢告"⑥、《盗自告》"自告"⑦、《□捕》"辞曰"⑧ 就分别是从官吏向平级官府报告、犯罪者向官报告、抓捕犯罪者自述等角度书写文书时使用的用语。以"敢告"为例，此词在秦代官府公文中十分常见，是平行公文的习语，⑨ 如里耶秦简"棨道邹敢告迁陵丞主"⑩ "巴叚（假）守丞敢告洞庭守主"⑪ "旬阳丞滂敢告迁陵丞主"⑫ 等等。

第九节　释法书的书写格式及用语

目前所见战国及秦释法书以《法律答问》为代表，其书写格式可概括为条文式的"问＋答"。仅举其中几条为例：

求盗盗，当刑为城旦，问罪当驾（加）如害盗不当？当。⑬

---

① 睡虎地秦墓竹简整理小组编《睡虎地秦墓竹简》，文物出版社，1990，第149页。
② 睡虎地秦墓竹简整理小组编《睡虎地秦墓竹简》，文物出版社，1990，第149页。
③ 睡虎地秦墓竹简整理小组编《睡虎地秦墓竹简》，文物出版社，1990，第150页。
④ 睡虎地秦墓竹简整理小组编《睡虎地秦墓竹简》，文物出版社，1990，第151页。
⑤ 睡虎地秦墓竹简整理小组编《睡虎地秦墓竹简》，文物出版社，1990，第151页。
⑥ 睡虎地秦墓竹简整理小组编《睡虎地秦墓竹简》，文物出版社，1990，第150页。
⑦ 睡虎地秦墓竹简整理小组编《睡虎地秦墓竹简》，文物出版社，1990，第150页。
⑧ 睡虎地秦墓竹简整理小组编《睡虎地秦墓竹简》，文物出版社，1990，第150页。
⑨ 前已言根据现有里耶秦简材料，王焕林先生所说"敢告：下行或平行公文中的习语"有误。参见王焕林《里耶秦简校诂》，中国文联出版社，2007，第55页。
⑩ 陈伟主编《里耶秦简牍校释》（第一卷），武汉大学出版社，2012，第43页。
⑪ 陈伟主编《里耶秦简牍校释》（第一卷），武汉大学出版社，2012，第46页。
⑫ 陈伟主编《里耶秦简牍校释》（第一卷），武汉大学出版社，2012，第48页。
⑬ 睡虎地秦墓竹简整理小组编《睡虎地秦墓竹简》，文物出版社，1990，第94页。

甲盗牛，盗牛时高六尺，毃（系）一岁，复丈，高六尺七寸，问甲可（何）论？当完城旦。①

司寇盗百一十钱，先自告，可（何）论？当耐为隶臣，或曰赀二甲。②

这几条律法是针对现实情况如何适用法律的解释，其大意分别是问在抓捕盗贼的过程中，本来应该附加肉刑判为城旦，但像害盗一样的加罪是否应当，回答是应当；甲偷牛之时身高六尺，囚禁一年之后，再度测量身高为六尺七寸，甲应该如何判罚，回答是应该判为完城旦；③ 司寇偷盗了一百一十钱，已经自首了，该如何判罚，回答是应该耐为隶臣或罚没二甲。从书写格式上看，它们都由问和答两部分构成，都是先针对现实案件中由律文描述不清楚引发执行障碍的具体情况提出疑问，即"问罪当毃（加）如害盗不当""问甲可（何）论""可（何）论"，然后加以回答，即"当""当完城旦""当耐为隶臣，或曰赀二甲"。这些内容共同构成了对律法的解释，去掉问或答，都不是完整的法律意义表达。

需要说明的是，按照睡虎地秦墓竹简整理小组在1990年版《睡虎地秦墓竹简》一书中对《法律答问》的分章，其中有些条目的书写格式并不是问答式的，而是条文式的，如"甲谋遣乙盗，一日，乙且往盗，未到，得，皆赎黥"④。那么这种条文式会不会是问答式的变种，与行政命令式书写格式的"令"书变成条文式书写格式律法书的情况类似呢？应该不会。之所以存在这样的现象，更可能是睡虎地秦墓竹简整理小组在整理竹简过程中，误将其与之前的"问题"分离开来造成的。这些看似独立存在的条文式书写格式条目实际也是从属于上面一个问题的，是对上面所提问题回答的一个补充。这种问题与回答分离的情况，在该书中并不

---

① 睡虎地秦墓竹简整理小组编《睡虎地秦墓竹简》，文物出版社，1990，第95页。
② 睡虎地秦墓竹简整理小组编《睡虎地秦墓竹简》，文物出版社，1990，第95页。
③ 睡虎地秦墓竹简整理小组说："古时一般认为男子十五岁身高六尺，详见孙诒让《周礼正义》卷二一。简文常说'六尺'、'不盈六尺'，可能六尺在判刑时是一种界限。秦六尺约合今一·三八米。"参见睡虎地秦墓竹简整理小组编《睡虎地秦墓竹简》，文物出版社，1990，第95页。
④ 睡虎地秦墓竹简整理小组编《睡虎地秦墓竹简》，文物出版社，1990，第94页。

少见，例如：

　　夫盗三百钱，告妻，妻与共饮食之，可（何）以论妻？非前谋殹（也），当为收；其前谋，同罪。夫盗二百钱，妻所匿百一十，可（何）以论妻？妻智（知）夫盗，以百一十为盗；弗智（知），为守臧（赃）。①

　　削（宵）盗，臧（赃）直（值）百一十，其妻、子智（知），与食肉，当同罪。②

　　削（宵）盗，臧（赃）直（值）百五十，告甲，甲与其妻、子智（知），共食肉，甲妻、子与甲同罪。③

　　第一条有问答设置，第二、三条则好像在直接陈述某事，但实际上后两条是对第一条问答设置内容的补充。它们在内容和性质上紧密关联，都是关于丈夫偷盗钱财，妻与子在知道或不知道其为盗贼，以及与盗贼共用盗资购肉食的情况下，如何判罚其妻与子的规定，也就是说后两条实际应与第一条编排在一起。但为何睡虎地秦墓竹简整理小组要将它们分开？这是因为被分离出来的后两条本就与具有问答设置的第一条分属于不同的简，整理小组完全是根据简的关系来编联的。那为什么具有内容与性质关联的条文要分简书写呢？这是因为后两条律文是在第一条完成之后才添加到条目之下的，也就是说它们可能不是在同一次修法活动中形成的，第一条进入《法律答问》的时间要早于后两条。

　　这种问答形式释法书的书写格式与律法书有诸多相似之处，如没有发令者、发令时间及明确的受令者等信息，却没有律名。这是因为释法书是针对案件中某些法律具体适用问题而创制的，其来源于各种判例。由于案件在审理过程中可能要涉及多种法律，负责审判案件的官员要综合考虑犯罪者的身份、情节、动机等多种因素，僵硬地使用某一法条必然会造成法律适用方面的问题，所以很难将这一判例归到某种法律律名之下。现实案

---

① 睡虎地秦墓竹简整理小组编《睡虎地秦墓竹简》，文物出版社，1990，第97页。
② 睡虎地秦墓竹简整理小组编《睡虎地秦墓竹简》，文物出版社，1990，第97页。
③ 睡虎地秦墓竹简整理小组编《睡虎地秦墓竹简》，文物出版社，1990，第98页。

件的复杂性致使《法律答问》的内容非常丰富，其中有关于偷盗案件的，如"甲盗钱以买丝，寄乙，乙受，弗智（知）盗，乙论可（何）殴（也）？毋论"①；有关于官吏徇私枉法的，如"将上不仁邑里者而纵之，可（何）论？当黥（系）作如其所纵，以须其得；有爵，作官府"②；有关于刑杀案件的，如"甲谋遣乙盗杀人，受分十钱，问乙高未盈六尺，甲可（何）论？当磔"③；等等。而且从法律规范的对象来看，《法律答问》也与律法书不同，律法书是针对社会成员的普遍规则，其命令指向每一个被其条文所限制的人员，应用范围十分广；《法律答问》却是用来指导司法官员审判具体案件的，应用范围相对较窄。又由于其条文描述的内容都是针对某一案件的情况如何适用法律的解释，而不是具体律文对现实情况的规定，所以其条文之后不加律名也属自然。

从用语上看，因为同样属于法律类令书的大范畴，《法律答问》的用语也具有准确性、单义性、规范性、朴实性、精练性等特征，但具体用语有些不同，如其中大量使用模糊人称，但用语很规范，通篇基本只使用"甲"④"乙"⑤等词来表示不同的人，未有混乱用语现象。这些模糊的人称，体现了律法的普适性，因为它可以代指任何一个满足律文规定条件的人。这种用语也见于《封诊式》，但情况不同。《封诊式》的模糊人称多用于文书模板部分，而单看这些文书模板其并无律法效力，但《法律答问》是对具体法律适用的解释，本身即为令书。

第十节　判决书的书写格式及用语

战国时期执法官员在审理案件之后，会对当事人做出判决，如受审人

① 睡虎地秦墓竹简整理小组编《睡虎地秦墓竹简》，文物出版社，1990，第96页。
② 睡虎地秦墓竹简整理小组编《睡虎地秦墓竹简》，文物出版社，1990，第108页。
③ 睡虎地秦墓竹简整理小组编《睡虎地秦墓竹简》，文物出版社，1990，第109页。
④ 如"人臣甲"（第94页）、"甲盗牛"（第95页）、"甲盗不盈一钱"（第96页）、"甲盗钱以买丝"（第96页）、"士五（伍）甲盗一羊"（第100页）等，可参见睡虎地秦墓竹简整理小组编《睡虎地秦墓竹简》，文物出版社，1990。
⑤ 如"甲告乙盗直（值）□□"（第103页）、"甲告乙盗牛"（第103页）、"今乙盗羊"（第104页）、"问乙高未盈六尺"（第109页）、"甲捕乙"（第125页）等，可参见睡虎地秦墓竹简整理小组编《睡虎地秦墓竹简》，文物出版社，1990。

员不服裁定，可以向上一级官府申诉要求重新审判。① 现今所见判决书原文即多为受审人员申诉之后再次审判的结果。如里耶秦简中的 8 – 209 简，其文云：

> 廿七年［八月丙戌，迁陵拔］讯欧，辞曰：上造，居成固畜□□☑□狱，欧坐男子毋害诈（诈）伪自☑·鞫欧：失捽（拜）驾奇爵，有它论，赀二甲□□□☑。②

这篇简文属于官府存档文书，故其中既包含了对犯人欧的审讯文书内容，又包含了上级复核该案件之后下达的判决书内容。"鞫欧"两字之后，是判决书正文内容。"鞫"，判决书之起首词，《尔雅·释言》云："鞫、究，穷也。"③ 郭璞注曰："皆穷尽也。"④ "欧"是受审人的名字。"失捽（拜）驾奇爵，有它论，赀二甲□□□☑"为判决内容。再来看龙岗秦简木牍所载文书，其文云：

> 鞫之：辟死，论不当为城旦。吏论：失者，已坐以论。九月丙申，沙羡丞甲、史丙，免辟死为庶人。令自尚也。⑤

虽然对这一文书的性质还存有争论⑥，但用其推测战国时期判决书的书写格式，应不会有太大偏差，因为即使是伪造的，也是就其文书内容而言，而不是文书格式层面的。此判决书也以"鞫"为起首词，"之"为判决对象辟死的代称，"之"字后面的文字内容，为判决书正文内容。龙岗

---

① 刘玉堂、贾济东：《楚秦审判制度比较研究》，《江汉论坛》2003 年第 9 期，第 82～86 页。
② 陈伟主编《里耶秦简牍校释》（第一卷），武汉大学出版社，2012，第 114 页。
③ （清）阮元校刻《尔雅注疏》卷三，中华书局，1980 年影印本，第 2581 页。
④ （清）阮元校刻《尔雅注疏》卷三，中华书局，1980 年影印本，第 2581 页。
⑤ 中国文物研究所、湖北省文物考古研究所编《龙岗秦简》，中华书局，2001，第 144 页。
⑥ 《龙岗秦简·附录》中李学勤《云梦龙岗木牍试释》、黄盛璋《云梦龙岗六号秦墓木牍与告地策》、胡平生《云梦龙岗六号秦墓墓主考》、刘国胜《云梦龙岗牍考释补正及其相关问题的探讨（摘要）》、胡平生《云梦龙岗秦简"禁苑律"中的"奊"（墙）字及相关制度》等文章。参见中国文物研究所、湖北省文物考古研究所编《龙岗秦简》，中华书局，2001，第 149～172 页。

秦简的整理者在此处可能有点校错误，即"吏论"之后的"："应去掉，当表述为"吏论失者，已坐以论"，大意为吏的判决失误造成的惩罚，已经承受了的不再追究。"九月"二字之后才是新的判决命令，由发令时间"九月丙申"、发令者"沙羡丞甲、史丙"、判决命令"免辟……尚也"构成。再看湖南益阳兔子山 J3⑤：1 简所载判决书，其文曰：

> 鞫（正面）鞫：勋，不更，坐为守令史署金曹，八月丙申为县输元年池加钱万三千临湘，勋匿不输，即盗以自给，勋主守县官钱，臧二百五十以上，守令史劾无长吏使者，审。元始二年十二月亲（辛）酉益阳守长丰、守丞临湘右尉□、兼掾勃、守狱史腾，言数罪以重爵减，髡钳勋为城旦，衣服如法驾，责如所主守盗，没入臧县官，令及同居会计备偿少内，收入司空作。（背面）①

此篇判决文书也是经上级复核之后再次审判的结果，但与龙岗秦简木牍所载判决书略有不同，即它有"标题"——正面之"鞫"字。其内容构成也比较复杂，不过仍先以"鞫"字为判决书起首词，然后书写受审人的姓名"勋"，复述案情及最初的审判情况"勋，不更，……守令史劾无长吏使者，审"，重新审判的时间、人员、经过和结果"元始二年十二月……收入司空作"等内容。

虽然这三件审判文书都是秦代之物，但没有任何史料显示，在战国秦国与秦代之间存在文书书写格式上的巨大变革，所以以秦代判决书推测战国秦的判决书书写格式，不会有太大偏差。而从这三件秦代复审判决书来看，其书写格式大体可以归纳为"标题'鞫'（可有可无）＋起首词'鞫'＋判决对象＋判决命令正文"。其中判决命令正文一般包括两个部分，一为复述案件起因、上次审判的经过及结果，二为新判决令的制作时间、发令者、判决命令。至于首次审判形成的判决书书写格式，尚待更多材料发现。

从用语上看，判决书与律法书一样，具有准确性、精练性、规范性等特征，但更为突出的是其与其他律法文书用词的相通性及用语对象上的具

---

① 湖南省文物考古研究所：《二十年风云激荡　两千年沉寂后显真容》，《中国文物报》2013年 12 月 6 日，第 006 版。

体性特征。相通性特征是说判决书中的审讯问罪词"鞫"，判罚词"赀""免""坐"等字，在其他律文中均有出现，而且含义相同或相近。审讯问罪词"鞫"，如《封诊式·有鞫》"敢告某县主：男子某有鞫"①，《法律答问》"其狱鞫乃直（值）臧（赃）"②"以乞鞫及为人乞鞫者"③等。经济判罚词"赀"字，如《法律答问》"当赀二甲"④、《关市》"不从令者赀一甲"⑤、《徭律》"赀二甲"⑥等。刑事及行政判罚词"免"字，如《司空》"免城旦劳三岁以上者，以为城旦司寇"⑦、《军爵》"免以为庶人"⑧、《效律》"节（即）官啬夫免而效"⑨等。"坐"字，如《效律》"各坐其所主"⑩、《法律答问》"各坐臧（赃）"⑪"当坐所赢出为盗"⑫等。之所以存在这种相通性，是因为律文是固定的法条规范，需要在现实运用中体现其作用，而判决书就是其实际应用的结果，也就是说判决书实际是律法的实用化、具体化。与律文具有普适性的情况不同，判决书在制作下达过程中，必须有具体的对象，如上文提到的殹、之（辟死）、勋等。其他如时代性、凝练性等用语特征在判决书中也有体现，但与同时期其他种类令书相比，并不突出，故不再赘述。

第十一节　盟书的书写格式及用语

按盟誓对象的不同，盟书可以分为两类，即向自然之神盟誓的盟书和向祖先之神盟誓的盟书。它们在书写格式及用语上有比较明显的差别，因此分别加以论述。

---

① 睡虎地秦墓竹简整理小组编《睡虎地秦墓竹简》，文物出版社，1990，第148页。
② 睡虎地秦墓竹简整理小组编《睡虎地秦墓竹简》，文物出版社，1990，第101页。
③ 睡虎地秦墓竹简整理小组编《睡虎地秦墓竹简》，文物出版社，1990，第120页。
④ 睡虎地秦墓竹简整理小组编《睡虎地秦墓竹简》，文物出版社，1990，第102页。
⑤ 睡虎地秦墓竹简整理小组编《睡虎地秦墓竹简》，文物出版社，1990，第42页。
⑥ 睡虎地秦墓竹简整理小组编《睡虎地秦墓竹简》，文物出版社，1990，第47页。
⑦ 睡虎地秦墓竹简整理小组编《睡虎地秦墓竹简》，文物出版社，1990，第53页。
⑧ 睡虎地秦墓竹简整理小组编《睡虎地秦墓竹简》，文物出版社，1990，第55页。
⑨ 睡虎地秦墓竹简整理小组编《睡虎地秦墓竹简》，文物出版社，1990，第57页。
⑩ 睡虎地秦墓竹简整理小组编《睡虎地秦墓竹简》，文物出版社，1990，第72页。
⑪ 睡虎地秦墓竹简整理小组编《睡虎地秦墓竹简》，文物出版社，1990，第96页。
⑫ 睡虎地秦墓竹简整理小组编《睡虎地秦墓竹简》，文物出版社，1990，第129页。

一 向自然之神盟誓盟书的书写格式及用语

战国时期统治者虽然已经相对理性，但仍比较迷信自然之神的能力，所以往往祈祷自然之神向其赐福或帮助其达成某种心愿或目的，有的还要通过在已有贡品的基础上再向自然之神许诺将来给予某些物品的手段，来使自然之神对其加以眷顾。之所以采用将来时的许诺而不是立即拿出许诺的交换物品，是因为统治者在向神灵提出某种要求的时候，并不能马上得知神灵的意愿，需要根据将来事物的发展情况，来判断神灵是否同意并满足了其要求。因此，这种向自然之神盟誓的盟书，颇似现代的合同，只是合同的一方是看不到实体的神灵。

统治者通过对未来行为许诺的方式形成的文字，是具有法律效力的，即《史记·晋世家》云"天子无戏言。言则史书之，礼成之，乐歌之"①。君王口头许诺尚且因被史官记录而成为令书，何况行诸别种文书呢？他们既然相信自然之神的能力，又岂敢对其加以欺骗？因此，虽然统治者与自然神灵建立的这种结盟关系并不可靠，但对统治者自身而言，一旦自然之神满足了他的诉求，他就要按照既定盟约完成自己的许诺。这类盟书书写格式在战国时期尚未统一，形式比较多样。如《岣嵝碑》（又称《神禹碑》或《禹碑》），其文云：

> 隹（唯）王二年六月丁酉，承铜（嗣）戊（越）臣富（宪）亘朱屮，凡吕（以）悤（愸）巛（顺），卒（厥）日登。余盟（盟）于此，曰：虔宝（主）山麓，女（汝）弼益畐（福），利屰（朕）四行，王生（姓）禾（和）攸（攸），卑（俾）帀（师）长黍。扬王。凤夕衰赏，穆用工，娶（期）允有乍（作）。南夆（峰）开（渊）百（陌），曲（曲）则（侧）丘田，烟屮（草）鼏盗，用搽（拜）光屰（朕）。②

---

① （汉）司马迁：《史记》卷三九，中华书局，1959，第 1635 页。
② 吴镇烽编著《商周青铜器铭文暨图像集成》卷三十五，上海古籍出版社，2012，第 470 页。按：关于《岣嵝碑》释文的争论非常多，各方议论差距之大，不可调和，有的学者认为它是记载大禹治水的，曹锦炎先生认为它是战国时期越国太子朱勾代表他的父亲越王不寿上南岳祭山的颂词，而刘志一认为它是楚庄王三年（前611）歌颂楚庄王灭庸国的历史过程和功勋。此处采用的是吴镇烽《商周青铜器铭文暨图像集成》所收录的释文。

　　这是战国时期越国太子朱勾代表其父越王不寿上南岳衡山祭山时所作盟誓。刨除叙事性"抬头""佳（唯）王……于此"不论，曹锦炎先生认为这篇盟书大致由三层意思构成：第一层"虔宝（主）……长黍"，朱勾夸赞衡山之神辅弼越国的圣德，希望衡山神使自己代越王（征战）四方的目的能够顺利（实现），最终获得天下太平；第二层"扬王……有乍（作）"，朱勾颂扬王的恩德，说自己日夜进勉，谨慎行事，希望有所作为；第三层"南夆（峰）……光朕（朕）"，朱勾看到南面山峰，水潭道路，依附于弯弯曲曲的丘田，草树浮烟，一片宁谧之景，拜谢越王对自己的恩宠。① 其中曹先生对此盟书第三层意思的解释，可能不确。碑文在开头即明言"余盟（盟）于此"，郑玄曰"盟，以约辞告神，杀牲歃血，明著其信也"②，说明此文是朱勾为与山神结盟而作。他与山神结盟的目的不是单纯颂扬山神的圣德，而是有所求的，即"利朕（朕）四行，王生（姓）禾（和）攸（攸）"。如果按照曹先生的解释，那么碑文中是没有提到山神帮助其完成这一心愿或达到这一目的之后，他要给山神贡献什么。有所求而无所献，不符合古人祈求神灵帮助时的惯常做法。因为在古人眼中，神灵与人一样具有性情、喜好、欲求，对其有所求之时，要以一些物品作为交换。如武王生病，周公为其向祖先之神祈祷时，要以贡献玉璧、玉珪与否来讨价还价，即《尚书·金滕》云"尔之许我，我其以璧与珪归俟尔命；尔不许我，我乃屏璧与珪"③；宋公为了达成东夷归附的目的，就曾想让邾文公杀死鄫子作为祭品献给次睢的土地神，以换取神的帮助，即《左传·僖公十九年》载"夏，宋公使邾文公用鄫子于次睢之社，欲以属东夷"④；齐襄公称侯之后，以骝狗、黄牛、羝羊等祭祀少暤之神，即《史记·封禅书》云"秦襄公既侯，居西垂，自以为主少暤之神，作西畤，祠白帝，其牲用骝驹黄牛羝羊各一云"⑤；等等。

　　那么该如何理解碑文的第三层意思呢？这关键在于对碑文最后一句"用撵（拜）光朕（朕）"中"朕"字含义的理解。此处"朕"不是

　① 参见曹锦炎《岣嵝碑研究》，《文物研究》1989 年第 9 期，第 201～214 页。
　② （清）阮元校刻《周礼注疏》卷三四，中华书局，1980 年影印本，第 868 页。
　③ （清）阮元校刻《尚书正义》卷十三，中华书局，1980 年影印本，第 196 页。
　④ （清）阮元校刻《春秋左传正义》卷十四，中华书局，1980 年影印本，第 1810 页。
　⑤ （汉）司马迁：《史记》卷二八，中华书局，1959，第 1358 页。

"我"的意思，而应作"征兆"之意，如《庄子·应帝王》云"体尽无穷，而游无朕"①、《鬼谷子·捭阖》云"达人心之理，见变化之朕焉"②等中的"朕"。"用拜光朕"意为"以拜谢（山神）的吉利征兆"。也就是说，"南夆（峰）胏（渊）百（陌），曲（曲）则（侧）丘田，烟艸（草）霝蠤"并不是朱勾有感而发的景色描绘，而是其向山神的许诺，即以南面山峰及水潭道路依附的丘田烟草宁谧作为对山神的祭品或供养，以换得山神的眷顾，从而达到山神保佑他实现有所作为的目的。

接着来分析一下这篇盟书的书写格式。它包括了盟誓的时间"隹（唯）王二年六月丁酉"、盟誓者"承銅（嗣）戉（越）臣宦（宪）亘朱丩""虔宝（主）山麓"③、颂词"女（汝）弼益畐（福）"、希望山神帮助其达成的心愿"利夲……长黍"、颂词"扬王"、自己的诚意"夙夕……有乍（作）"、向神的许诺"南夆（峰）……光夲（朕）"等部分。该盟书采用的是向神灵诉说的口吻，即一方向另一方告知的方法来书写。这是由于盟誓的一方是神灵，在统治者眼中其地位要高于自己，而且盟誓者并不能确定神灵是否能够同意自己制作的盟书内容。它的书写格式可以概括为"盟誓时间＋盟誓者＋盟约内容（自己对神灵的诉求＋自己对神灵的回报）"。有的盟书书写格式则与之不同，如《秦骃玉牍甲》（又称《秦玉牍》、《小子骃玉牍》或《曾孙骃玉牍》），其文曰：

> 又（有）秦曾孙小子骃曰：孟冬十月，卒（厥）气寠（戕）周（凋），余身替（曹、遭）病，为我戚忧，忠忠（申申）反厌（侧），无閒（间）无瘳，众人弗智（智、知），余亦弗智（知），而靡又（有）鼎（定）休，吾窮（穷）而无奈之可（何），永（咏）懖（叹）忧盐（愁）。周世既昮（没），典灋（法）薛（散）亡，惴惴小子，欲事天地，四亟（亟、极）三光，山川神示（祇），五祀先祖，而不得卒（厥）方，鏊（牺）毁既美，玉帛既精，余毓子卒（厥）

① （清）郭庆藩辑《庄子集释》卷三下《应帝王第七》，王孝鱼整理，中华书局，1961，第307页。
② 许富宏撰《鬼谷子集校集注》，中华书局，2008，第2页。
③ "虔宝（主）山麓"为自然之神，说其为"盟誓者"是从盟誓仪式制作形式角度来讲的。

惑，西东若耄（蠢）。东方又（有）土姓，为刓（刑）灋（法）民，其名曰陘（经），洁（絜）可㠯（以）为灋（法），□可㠯（以）为正（政）。吾敢告之，余无辠（罪）也，使即（明）神智（知）吾情，若即（明）神不□亓（其）行，而无辠（罪）□友（宥），□□蟞蟞，栾（烝）民之事即（明）神，孰敢不精。小子骃敢㠯（以）芥（玠）圭、吉璧、吉丑（纽）㠯（以）告于华大山，大山又（有）赐□，已吾复（腹）心㠯（以）下至于足踝之病，能自复如故，请□祠用牛鲞（牺）贰（贰），亓（其）齿七，□□□及羊鲞，路车四马，三人壹家，壹璧先之，□□用贰（贰）鲞（牺）羊鲞，壹璧先之，而复华大山之阴阳，㠯（以）□□咎，□咎□□，其□□里，枼（世）万子孙，㠯（以）此为尚（常），句（苟）令小子骃之病日复故，告大令、大将军，人壹□□，王室相如。①

这篇盟文是战国时期秦惠文王所作。在那时其身患重病不得医治，故向华山之神祭祷，希望能够得到神佑使其痊愈。从盟文中秦惠文王对华山山神保佑自己能够健康如初的请求，即"复（腹）心㠯（以）下至于足踝之病，能自复如故"，以及对华山之神完成其心愿之后的许诺，即"请□祠用牛鲞（牺）贰（贰），……王室相如"中，可以看出此属令书无疑。但在书写格式上，与《峋嵝碑》盟书有明显不同。这在"抬头"和正文部分都有表现。它的"抬头"部分中没有时间信息，只有盟誓者的信息，即"又（有）秦曾孙小子骃"。盟书正文可分为三层。第一层"孟冬……忧鳌（愁）"，写的是祭祷华山的原因，即在孟冬十月自己身遭疾病而无可奈何，一直难以痊愈。第二层"周世……不精"，辩解说自己没有罪过，认为自己对天地、四极、三光、山川、祖先之神，尊崇备至，贡献了精美的牺牲和玉帛，且在各地都很谨慎；任用的东方土姓"经"在其封地里修整律法，廉洁奉公；让华山之神明察其罪过之有无。第三层"小子……相如"，写其与华山之神相约的内容，他以圭、璧、纽等向华山祷告，希望华山之神能够使他痊愈，并许诺说如果华山之神能够达成他的心愿，他会

① 吴镇烽编著《商周青铜器铭文暨图像集成》卷三十五，上海古籍出版社，2012，第455页。按：另可参见该书第457页《秦骃玉牍乙》。

用牛、羊、路车等物品先来祭祀，且愿意让这种供养方式成为一种世代为常的制度，使大令、将军、王室等也照此行事。由此，其书写格式可以概括为"盟誓者＋盟誓缘由＋自我申辩＋盟约内容"。至于其书写格式中为什么没有时间格的问题，稍后讨论。下面我们看另一篇盟书，其不仅没有时间格，而且没有明确的"抬头"与正文的分隔界限，甚至连向神灵的许诺都没有，即《诅楚文刻石·巫咸》，其文曰：

> 又（有）䅤（秦）嗣王，敃（敢）用吉玉宣璧，使其宗祝邵鼛，布惷告于不（丕）显大神巫（厥）湫，䁌（以）底楚王熊相之多辠（罪）。昔我先君穆公及楚成王，是缪（僇）力同心，两邦若壹。䌷䁌（以）婚姻，袗䁌（以）斋盟。曰枼万子孙，毋相为不利。亲卬（仰）不（丕）显大神巫咸而质焉。今楚王熊相，康回无逼（道），淫夸甚乱，宣参竞从（纵），变输盟剌（约），内之剹（则）虤（暴）虐不辜，刜（刑）戮孕妇，幽剌（约）敕𫐉（蔽），拘围其叔父，寘者（诸）冥室椟棺之中。外之剹（则）昌佱（改）坔（厥）心，不畏皇天上帝，及不（丕）显大神巫咸之光列威神，而兼倍（背）十八世之诅盟，衛（率）者（诸）侯之兵䁌（以）临加我。欲划伐我社稷，伐咸（灭）我百姓，求蔑法（废）皇天上帝及不（丕）显大神巫咸之恤祠、圭玉、羲（牺）牲，述（遂）取俉（吾）边城新郢及郊、敔，俉（吾）不敃（敢）曰可。今有悉兴其众，张矜意怒，饬甲厎兵，奋士师，䁌（以）倍（逼）俉（吾）边竞（境），将欲复其𥅺（凶）逑（求）。唯是䅤（秦）邦之嬴众敝赋，鞙鞫栈與，礼傻（叟）介老，将之䁌（以）自救殹（也）。亦应受皇天上帝，及不（丕）显大神巫咸几灵德赐，克剂楚师，且复略我边城。敃（敢）数楚王熊相之倍（背）盟犯诅。著者（诸）石章，以盟大神之威神。[1]

一般认为，这篇盟誓碑文是战国后期秦、楚两国交恶之时，秦王命令宗祝邵鼛祈求天神巫咸保佑秦国获胜，并诅咒楚国败亡而作，因称《诅楚

---

[1] 吴镇烽编著《商周青铜器铭文暨图像集成》卷三十五，上海古籍出版社，2012，第461页。按：另可参见该书第464页《诅楚文刻石·湫渊》，第467页《诅楚文刻石·亚驼》等。

文》。与《岣嵝碑》《秦骃玉牍甲》不同，这篇盟书中只记载了在举行仪式时用了吉玉宣璧，而没有对大神厵（厥）湫在完成其心愿之后的进一步许诺。那么这还能算作令书吗？当然能。之所以有这样的疑问，是因为没有理解统治者制作这一盟书时的想法。在战国统治者眼中，神灵与人一样是自然界客观存在的事物，在某些特殊情况下并不需要向其许诺物品，依然可以与其结成盟友。从秦王角度看，楚国对自己的攻击不仅"欲刲伐我社稷，伐威（灭）我百姓"，同样也对大神厵（厥）湫不利，即"求蔑法（废）皇天上帝及不（丕）显大神巫咸之恤祠、圭玉、羲（牺）牲"，两者具有共同利益，所以不需要对其进行物质"贿赂"，通情达理的大神也应站在自己一边，与自己结成战争同盟，完成其所肩负的任务，即"亦应受皇天上帝，及不（丕）显大神巫咸几灵德赐，克剂楚师，且复略我边城"。

现在来看这篇盟书的书写格式。与《秦骃玉牍甲》一样，它缺少制作令书的时间信息，即没有记载书写盟书的年、月、日、时，这也造成了学者在其断代问题上的分歧①。而且它没有与正文内容分割清晰的独立"抬头"，其采用了叙事性的表达格式，将盟誓者"又（有）霖（秦）嗣王""大神厵（厥）湫"、代盟者"宗祝邵鼛"等信息，放到了"盟誓缘由"之中，即在一开始先说明其盟誓缘由"叔（敢）用……多辜（罪）"，写秦嗣王使宗祝邵鼛用吉玉宣璧告知大神厵（厥）湫楚王熊相的多种罪状。接着"昔我……脁（凶）述（求）"，逐条细数楚王的罪状，说楚王背弃了秦穆公与楚成王结成的盟约，骄奢淫逸，大行无道，在内残杀孕妇，"幽刜（约）敕哝（誡）"，关押他的叔父，并将其埋入墓室棺木之中；在外不惧怕上帝、大神巫咸的神威，背弃十八世的祖盟，率诸侯攻打我秦国，想要攻灭我的社稷，伐灭我的百姓，废掉皇天上帝及大神巫咸的祭祀，并攻取了我的边城，逼犯我的边境。然后"唯是……边城"，叙述"盟约内容"，一是写自己的任务及决心，说秦国虽然人弱钱少，车辆破败，但里

---

① 宋朝欧阳修起初在《集古录》中认为《诅楚文》作于秦昭王时代，所诅之楚王为顷襄王。后来观点发生改变，在《真迹跋尾》中认为其作于秦惠文王时期。郭沫若《诅楚文考释》认为《诅楚文》作于秦惠文王更元十三年、楚怀王十七年（公元前312）。王美盛《诅楚文考略》认为《诅楚文》当作于公元前208年。参见郭沫若著作编辑出版委员会编《郭沫若全集》卷九，科学出版社，1982，第285～295页。

叟介老也要自救；二是写大神㘸（厥）湫的任务，其应保佑秦国打败楚国军队，收复被夺取的边城，并认为皇天上帝和大神巫咸也会站在自己这一边。最后"叙（敢）数……威神"，是类似于青铜铭文中的器铭，说明了制作此篇盟文的用途及制作方法，即状告楚王诸条罪状，并和大神建立盟约共同对抗楚国，且刻诸石章以为证。与之同时代基于同种缘由制作的盟书，如《诅楚文刻石·湫渊》《诅楚文刻石·亚驼》等，在书写格式上也基本采用了上述样式，只是个别词略有变动。它们的书写格式可以概括为"盟誓缘由（包含盟誓诸方、代盟者等信息）＋逐条诉说对方之罪恶＋盟约内容＋器铭"。由此看来，向自然之神盟誓的盟书还没有形成十分统一的书写格式。然而，从大体上讲，它们都包含一些基本信息，即盟誓缘由、盟誓者、盟约内容，至于盟书制作时间、器铭以及盟书的具体内容如颂词、申辩词等，则视具体情况或省略或增加，因此可将这类盟书的书写格式大致归纳为"盟誓时间（或有或无）＋盟誓缘由＋申诉内容（或有或无）＋盟约内容＋器铭（或有或无）"。

另外，这些盟书还有一个十分特殊的共同点，即没有对双方不履行盟约的情况加以规定。这是因为一方面统治者结盟的对象是神而非人，他们对神是敬畏的，不敢对神提出约束性的要求，而且也不可能对神有什么实际惩罚；另一方面统治者希望神与自己站在一起，而不是站在对立面惩罚自己，所以也不会写自己违背承诺后，神应该如何惩罚自己的内容。这与统治者向祖先之神盟誓的盟书不同。

现在我们分析一下《秦骃玉牍甲》《诅楚文刻石·巫咸》等盟书书写格式当中没有"时间格"的问题。因为如果在完整的盟书中没有记载制作时间信息的话，不仅会给后人认定其制作时代造成麻烦，如关于《诅楚文刻石·巫咸》制作的时代就有很多争论，而且对当时的人来说，也会在核实盟书规定任务完成度方面造成障碍。时人如果无法判断盟书的制作时间，自然也就不知道自己是否已经履行过这些要求了，从而导致重复或漏掉执行既定盟约现象的发生。那么为什么在《秦骃玉牍甲》《诅楚文刻石·巫咸》等盟书当中未发现制作时间信息呢？有以下几种可能。

其一，这些刻石、玉牍拓文不完整。这种可能性不大。虽然经郭沫若考证认为现今流传的多种诅楚文拓本，甚至包括某些原拓在内都不是对原石的直接拓写，而原石亦不得见，所以对其上所载之文字或可质疑，① 但三块原石拓本"抬头"部分同时缺失的可能性微乎其微。而且即使诅楚文刻石是有所缺失的，《秦骃玉牍甲》的内容也不会缺失。因为《秦骃玉牍甲》释文本出自现今所见出土实物，其完整程度不容怀疑。

其二，这几篇没有记载制作时间的盟书都属于秦国，所以这可能是秦国盟书的特殊书写格式，而其制作时间当由其他制度记录。这种看法有一定道理，但把不记载制作时间信息当作秦国盟书的特殊书写格式，缺乏有力证据。现今所知的秦国刻石文书都有一定的时间信息，例如《史记·秦始皇本纪》载秦始皇时期的几块碑文，像《邹峄山刻石》云"二十有六年，初并天下，罔不宾服"②，《琅琊台刻石》语"维二十八年，皇帝作始"③，《罘刻石》曰"维二十九年，时在中春"④，等等。虽然时间比较模糊，且与正文未加分割，但毕竟是有时间信息的，这一点与秦国诏书相似。我们不好再加以解释说，在刻石文书上书写制作时间的做法，是秦统一中国后从其他国家学来的。而且下文向祖先之神盟誓盟书当中也都有制作盟书的时间信息。

不过，如果这一解释是正确的，那么负责记载这些盟书制作时间信息的制度是什么呢？有两种。一是史官记录制度。《秦骃玉牍甲》《诅楚文刻石·巫咸》等的发令者都是君王，在他们身边有左史、右史、御史等一类专门官员，随时记录他们的言行。而秦国史官随时记录的君王口头命令是有具体时间的，参见前文，所以由君王发布命令制作的盟书可以省略时间。二是档案记录制度。春秋战国时期设置有专门保存盟书副本的机构，即盟府。而根据战国及秦时期的档案保存制度，被保存文书的相关时间信息会被详细记录。里耶秦简中即有严格的文书收发记录制度，官府在接收或发送文件之时要登记具体时间。接收时间记录，如"六月乙亥水十一刻

---

① 参见郭沫若著作编辑出版委员会编《郭沫若全集》卷九，科学出版社，1982，第 279～285 页。
② （汉）司马迁：《史记》卷六，中华书局，1959，第 243 页。
③ （汉）司马迁：《史记》卷六，中华书局，1959，第 245 页。
④ （汉）司马迁：《史记》卷六，中华书局，1959，第 249 页。

刻下二，佐同以来"①"十月辛卯旦，胸忍索秦士五（伍）状以来"②"四月甲寅日中，佐处以来"③等，陈伟先生说"以来"即是把文书送达④，由此可知其中之时间"六月乙亥水十一刻刻下二""十月辛卯旦""四月甲寅日中"等，即是接收文书的时间。发出时间记录，如"三月丁丑水十一刻刻下二，都邮人□行"⑤"二月壬寅水十一刻刻下二，邮人得行"⑥"四月癸丑水十一刻刻下五，守府快行少内"⑦等，其中"行"字即表示文书送出，因此"三月丁丑水十一刻刻下二""二月壬寅水十一刻刻下二""四月癸丑水十一刻刻下五"等，即为文书送出时的时间记录。另外，秦国官员在执行某些公务时也要进行详细的时间记录，如《商君书·定分》云"诸官吏及民有问法令之所谓也于主法令之吏，皆各以其故所欲问之法令明告之，……明书年、月、日、时，所问法令之名以告吏民"⑧，即是说主法官吏在告知民众所问之律法时，要有明确的时间及内容记录。所以，战国时期秦国制作与保存这些盟书的时候，应该也有较为详尽的时间记录。

其三，因为祭祀和制作盟书的时间非同一天，所以不好将两个不同的日期书写到上面，这只是盟书书写的一种特殊情况，但并不是普遍制度。这种解释也有一定的道理。《秦骃玉牍甲》《诅楚文刻石·巫咸》等可能就是出于这个考虑而未添加书写时间。不过两者还有些不同，一个是君王亲自参与书写的，一个是在君王的授意下祭祀官代君王写的，这从"抬头"部分的叙述方式即可看出，前者是一方向另一方当面诉说口吻，后者却是第三者的叙事口吻。《秦骃玉牍甲》虽然以秦君的口吻来书写，但是秦君很可能并没有出现在盟誓仪式上，因为当时其已经病得比较重，不太适合参加这样的活动。他所作的盟书，是通过其他方式，如行政命令向巫祝下

---

① 陈伟主编《里耶秦简牍校释》（第一卷），武汉大学出版社，2012，第43页。
② 陈伟主编《里耶秦简牍校释》（第一卷），武汉大学出版社，2012，第49页。
③ 陈伟主编《里耶秦简牍校释》（第一卷），武汉大学出版社，2012，第92页。
④ 参见陈伟主编《里耶秦简牍校释》（第一卷），武汉大学出版社，2012，第7页。按：第17号注释。
⑤ 陈伟主编《里耶秦简牍校释》（第一卷），武汉大学出版社，2012，第48页。
⑥ 陈伟主编《里耶秦简牍校释》（第一卷），武汉大学出版社，2012，第93页。
⑦ 陈伟主编《里耶秦简牍校释》（第一卷），武汉大学出版社，2012，第94页。
⑧ 蒋礼鸿撰《商君书锥指》卷五，中华书局，1986，第142页。

派的。因为不能确定具体祝祷的日期，所以未在盟书内容前面加写作时间。而受命祭祀的巫祝，面对君主已经写好的盟书文字，又岂敢在前面妄加时间，故保持了盟书文字的原样内容。《诅楚文刻石·巫咸》不载时间信息的成因，可能更加复杂一些。因为其并不是君王提前写好的，这从首句即可看出，"又（有）霖（秦）嗣王，叙（敢）用吉玉宣璧，使其宗祝邵鰲，布愁告于不（丕）显大神丕（厥）湫"，它是宗祝受君王之命而作。而宗祝写作这篇盟书是在盟誓仪式之中还是之前，存有疑问。因为有些盟书是当场书写的，如前文说过的崔杼弑杀齐庄公之后，胁迫士大夫、晏子等人与自己当场盟誓，《左传·襄公九年》晋郑之盟时，参盟之诸大夫当场更改盟书内容，等等，即是其证。但无论是提前书写，还是当场书写，宗祝没有书写制作盟书的时间，应是出于对君王命令下发时间的尊重。因为两者时间上存在差异，故舍弃了自己应书写的制作时间。而其在盟书开头的叙事中没有写秦君授意其进行盟誓仪式及制作盟书的时间，则是出于盟书固有格式的考虑。因为极少出现在同一盟书中记载两个时间的情况，盟书书写的时间，多是盟誓的时间，而不是下达盟誓命令的时间。

综合来看，第二、第三种解释都有一定道理，但实际情况可能更为复杂，就是这两种解释中的部分因素都起到了某些作用。如第二种解释中的其他制度辅助其记录了时间，故不再需要在盟书中记载制作时间；第三种解释中的宗祝出于尊重君王下达命令时间及盟书固有格式的考虑，也不好再在内容中书写制作时间。至于出于对神灵的特殊敬畏或者自身威严的需求而不书写制作时间的可能性不大，故不再赘述。

二　向祖先之神盟誓盟书的书写格式及用语

与向自然之神盟誓的盟书中盟誓者既有现实的人，也有超现实的神，而神既充当见证者，也充当盟誓者的情况不同，向祖先之神盟誓的盟书中盟誓者都是现实存在的人，充当盟誓见证者的神，并不是盟誓者。在传世文献中即记载有战国此类盟书，但多为草拟且书写格式不完整，如《战国策·赵策二》中的"苏秦所拟盟书"①、《战国策·燕策一》中的"苏代所

---

① 参见（汉）刘向集录《战国策》卷十九，上海古籍出版社，1985，第641页。

拟盟书"①，无法看出其整体结构。不过出土文献如侯马盟书、温县盟书中保留了大量春秋战国之交书写格式完整的此类盟书。此类盟书书写格式一般包括盟书制作时间、盟誓者、盟誓内容、誓词等，如温县盟书 T1 坎 1：2182 号石圭所载盟书，其辞曰：

> 十五年十二月乙未朔，辛酉，自今台（以）坓（往），鄅朔敢不慭慭焉中事其宔，而与贼为徒者，丕显晋公大冢，意愿睍女，麻夆非是。②

它以举行盟誓仪式的年、月、日、时的时间信息"十五年十二月乙未朔，辛酉"为"抬头"，与其下内容分割明显。书写盟誓者"鄅朔"用的是人名，而不是人称代词，参盟人、盟誓内容、誓词等信息融为一体。这与告书将发令时间、发令者、受令者等信息都放在"抬头"中的做法是不同的。这是这类盟书书写格式的典型特征，几乎所有向祖先盟誓的盟书都采用了如此写法。但在实际应用中盟书的各部分根据具体情况会有所变化。如《侯马盟书·宗盟类一》中的一篇盟书，其文曰：

> 十又一月甲寅胐乙丑，敢用一元显皇君晋公，余不敢惕兹审定宫、平陕之命，女嘉之□□夫〓（大夫），夫〓（大夫）之兹以，不饰（帅）从韦（盟）书之言，皇君，睍（视）之麻夆。③

此盟书的时间格中只有月、日、时，即"十又一月甲寅胐乙丑"，省略了制作年份信息。参盟者为"余"，侯马盟书整理者认为其为第一人称代词，"主盟人自称，即'我'"④，又《左传·僖公九年》即有"余敢贪

---

① 参见（汉）刘向集录《战国策》卷二九，上海古籍出版社，1985，第 1068 页。
② 河南省文物研究所：《河南温县东周盟誓遗址一号坎发掘简报》，《文物》1983 年第 3 期，第 79 页。
③ 山西省文物工作委员会编辑《侯马盟书》，文物出版社，1976，第 33 页。按：此处释文根据该书摹写及后文注释书写。
④ 山西省文物工作委员会编辑《侯马盟书》，文物出版社，1976，第 34 页。

天子之命，无下拜?"①，可见"余"在当时确实可以用作第一人称代词，不过在其他盟书中均无直接使用人称代词的做法。另外，这篇盟书与温县盟书 T1 坎 1：2182 号石圭所载盟书的结尾也不太一样，仅称"睨（视）之麻塞"。再如温县盟书 T1 坎 1：3780 号石圭所载盟文，其文曰：

> 辛酉，自今以坒（往），儲敢不怂怂焉中心事其宝，而敢与贼为徒者，丕显晋公大冢，遹悫睨女，麻塞非是。②

此盟书时间格中的年、月、日等信息都被省略，仅保留了盟誓时辰"辛酉"。盟誓者用人名"儲"而非人称代词，其他部分格式则基本与 T1 坎 1：2182 号石圭所载盟书相同。再如温县盟书 T1：3797 号石圭所载盟书，其文曰：

> 辛酉，自今台（以）坒（往），兴敢不慭慭焉中心事其宝，而敢与贼为徒者，丕显晋公大冢，遹悫睨女，麻塞非是。兴适宋。③

此盟书在时间格信息上与 T1 坎 1：3780 号石圭所载盟书相同，仅保留盟书时辰"辛酉"，而誓词结尾出现变化，在"麻塞非是"之后，加了"兴适宋"三字。"兴"为盟誓者姓名，"兴适宋"，意为兴要去宋国或宋地，这三个字表明了盟誓的原因。而有的盟书完全省略了时间格信息，也就是说它没有"抬头"，只有盟书正文内容。如《侯马盟书·宗盟类二》中的盟书，其文曰：

> 趄敢不開其腹心以事其宗，而敢不尽从嘉之明定宫、平時之命，而敢或鼓改助及肉皁不守二宫者，而敢又志复赵尼及其孙〓、犹痃之孙〓、犹直及其孙〓、趩鋰之孙〓、史醜及其孙〓于晋邦之地者及群

<hr />

① （清）阮元校刻《春秋左传正义》卷十三，上海古籍出版社，1980 年影印本，第 1800 页。
② 河南省文物研究所：《河南温县东周盟誓遗址一号坎发掘简报》，《文物》1983 年第 3 期，第 79 页。
③ 河南省文物研究所：《河南温县东周盟誓遗址一号坎发掘简报》，《文物》1983 年第 3 期，第 80 页。

> 虖明者，虞君其明亟視之，麻埜非是。[①]

这篇盟书即没有盟誓制作时间信息。它在盟誓者的称呼上用人名“趠”而非第一人称代词。结尾也略有变化，称“明亟覗之，麻埜非是”而非“適悉覗女，麻埜非是”。而有的盟书则是将年、月、日、时等时间信息组成的时间格“抬头”，换成了其他“抬头”。如温县盟书 T1 坎 1：1845 号石圭所载盟书，其辞曰：

> 圭命自今以坒（往），竦敢不忞忞焉中心事其宔，而敢与贼为徒者，丕显晋公大冢，適悉覗女，麻埜非是。[②]

此篇盟书就是以“圭命”二字为“抬头”。盟誓者用人名“竦”而非人称代词，其他部分书写格式基本与 T1 坎 1：2182 号石圭所载盟书相同。还有的盟书书写格式更为特殊。如《侯马盟书·纳室类》中的一篇盟书，其文曰：

> 余自今以往，敢不逹从此明质之言，而尚敢或内室者，而或婚宗人兄弟或内室者，而弗执弗献丕显晋公大冢，明亟覗之，麻埜非是。[③]

在这篇盟书中，不仅找不到任何有关制作时间的明确信息，而且连替换性的抬头“圭命”二字也找不到。盟誓者信息出现在了“自今以往”之前，而非“敢不……非是”之前。盟书结尾语采用“明亟覗之，麻埜非是”或“適悉覗女，麻埜非是”或其他用语，可能对盟约内容的传达并无太大影响，但时间格、盟誓者信息的变化，则可能对盟约信息的传达产生重大影响。因为时间信息不明，则无法得知其盟誓的时间，也就无法得知应当履行盟誓的起始时间。在不记载盟誓时间信息或信息不全的盟书中

---

① 山西省文物工作委员会编辑《侯马盟书》，文物出版社，1976，第 35 页。按：另可参见第 49 页宗盟类二，第 50 页宗盟类四，第 50～51 页宗盟类五。

② 河南省文物研究所：《河南温县东周盟誓遗址一号坎发掘简报》，《文物》1983 年第 3 期，第 80 页。

③ 山西省文物工作委员会编辑《侯马盟书》，文物出版社，1976，第 40 页。

"自今以往"的表述显然是模糊的，不知道盟誓活动时间的人，无法据此了解盟约内容生效的具体时间。盟誓者信息的缺失或者模糊如仅称"余"则危害更大，它可能使整篇盟书成为空文。所以，从人的认知习惯来讲，这些信息应当是不可缺失的，但为何在这些盟书中是可以省略的呢？有以下两种可能性。第一，这与盟书的叙述角度有关。上文诸篇盟书在盟誓之前无论称名如"䣄""兴""竦"，还是不写任何词，其实都是从盟誓者自己的角度而言的。前文所提"余"如果为第一人称代词，其叙述角度自然也是如此。如果不是第一人称代词，则与诸盟书称名一样，也都是盟誓者自称其名。因为盟书本要经本人亲自发布才有效力，前文多次提及的《左传·襄公九年》的晋郑结盟诸大夫亲自诉说盟誓内容、崔杼弑君之后需要胁迫晏子及士大夫等人亲自盟誓等，即是盟誓之言必须经由参盟者自己发布的明证。自称己名，不加官称等表明身份的词，或是出于对祖先之神的敬畏及现实礼法的要求。《礼记·曲礼》云"父前子名，君前臣名"①，此例甚多，如康子馈赠孔子药时，孔子拜而受之，说"丘未达，不敢尝"②，"丘"即是孔子自称其名；范痤向信陵君上书时称"痤，故魏之免相也"③，"痤"即是范痤自称己名；侯生对信陵君说话之时，称"今日嬴之为公子亦足矣"④，"嬴"即是侯生自称己名；等等。祖先之神虽然并非现实之"君"，但其地位仍较自己为高，所以要称己名以示尊重。而盟书之前不写任何抬头信息，直接说盟誓内容，则更是第一人称视角叙述的典型特征。比如我想干什么，从我的视角而言，直接诉说想干什么就可以，不必非得在之前加上"我"字这一主语。盟誓内容如果为盟誓者直接书写或通过其口头诉说由祝史记录，那么制作时间和参盟者信息的省略，就要解释为因他们亲自参与了这一活动，所以必然不会忘记这一盟书内容。又因为他们从盟誓当天就开始履行盟约内容了，所以也不需要了解盟约的这些信息。第二，存在相关的记录制度，所以不必在盟书中书写这些信息。这与我们分析的向自然之神盟誓的盟书不记载制作时间原因中的第二种解释

---

① （清）阮元校刻《礼记正义》卷二，中华书局，1980 年影印本，第 1241 页。
② （清）阮元校刻《论语注疏》卷十，中华书局，1980 年影印本，第 2495 页。
③ （汉）司马迁：《史记》卷四四，中华书局，1959，第 1856 页。
④ （汉）司马迁：《史记》卷七七，中华书局，1959，第 2378 页。

相似，即存在史官记录制度和档案记录制度来保证这些信息的完整性，可参看。但这些参盟者并非君王，而只是大夫一级，难道也有随时跟随他们并记录其言行的史官存在吗？我们知道，在春秋时期史官制度已经开始扩展到诸侯国，不仅诸侯有史，大夫也有史。只是大夫的史可能并非时时跟随，而是只参与一些比较重大的事件。而且这些盟誓仪式中都有身为宗族领袖的人员主持，如侯马盟书的主盟人赵鞅①、温县盟书的主盟人韩简子②，应有史官在场进行记录，故盟书中虽然不写盟誓活动的时间，但在史官记录中可以查证。至于档案记录制度也可参看向自然之神盟誓盟书不记载制作时间信息的第二种解释，此处不再赘述。

就这类盟书的整体书写格式而言，其虽然一般包含了类似告书的年、月、日、时等制作时间信息，但与告书的"抬头"中包含发令者、受令者信息不同，其参盟者信息是与后面的盟约内容联结为一体的；而且盟誓内容与誓词也无明显分割，在盟誓内容之前也多没有盟誓缘由的叙述。此类盟书的书写格式可以概括为"盟誓时间或'圭命'（都可省略）＋盟誓者（可省略）＋盟约内容＋誓词＋盟誓缘由（一般省略）"。

从用语上分析，向自然之神盟誓的盟书与向祖先之神盟誓的盟书是不同的。向自然之神盟誓的盟书虽然不像法律类令书或行政命令类令书一样具有严格规范的语言，但仍有一些程式化的特征。如《岣嵝碑》中赞颂君王的用语"扬王"，在很多册命文书中都可以找到类似的语句，像《南季鼎》（又称《白裕父鼎》、《白俗父鼎》或《庚季鼎》）之"对覭（扬）王休"③、《五年师旋簋丙》之"敄（敢）易（扬）王休"④、《吕簋》之"对覭（扬）天子休"⑤ 等。再如《秦驷玉牍甲》中的"枼（世）万子孙"，不仅在《诅楚文刻石·巫咸》中再次出现，其他青铜铭文中也有类似用语，像《即簋》之"万年子子孙孙"⑥、《自鼎》（又称《自作尊鼎》）之

---

① 参见山西省文物工作委员会编辑《侯马盟书》，文物出版社，1976，第65～68页。

② 汤志彪：《温县盟书盟主简论》，《古籍整理研究学刊》2012年第5期，第32～34页。

③ 吴镇烽编著《商周青铜器铭文暨图像集成》卷五，上海古籍出版社，2012，第258页。

④ 吴镇烽编著《商周青铜器铭文暨图像集成》卷十一，上海古籍出版社，2012，第326页。

⑤ 吴镇烽编著《商周青铜器铭文暨图像集成》卷十一，上海古籍出版社，2012，第341页。

⑥ 吴镇烽编著《商周青铜器铭文暨图像集成》卷十一，上海古籍出版社，2012，第423页。

"万年无彊（疆），子孙"①、《舟鼎》之"万年子孙"② 等。这些盟书有时还会使用一些修饰性语言。如《岣嵝碑》中"曲（曲）则（侧）丘田，烟艸（草）屓盙"一句，在"丘田"之前用"曲（曲）则（侧）"，表示弯弯曲曲，在"艸（草）"之前用"烟"字表示其多，"屓盙"二字形容其生长之茂盛。再如《秦骃玉牍甲》中"吾窮（穷）而无奈之可（何），永（咏）戁（叹）忧盩（愁）"一句，通过"永（咏）戁（叹）忧盩（愁）"中的"永"字形容其"叹气"之长，"忧盩（愁）"二字形容其内心之忧，充分勾勒出秦小子骃无所适从、忧愁无奈之状。再如《诅楚文刻石·巫咸》中"今有悉兴其众，张矜意怒，饰甲底兵，奋士师"一句，"悉"不仅显示楚国兴兵之人多，还显示出楚国那种要侵犯秦国的决心，"张矜意怒"体现出了楚王的骄横霸道，"饰""底""奋"三个动词，完整地将楚王整治并发动军队的一连串行为及楚王的果断与决心勾勒出来，用词简单贴切，句式明快有力。

从大的论述结构上看，此类盟书受诸子论理文字影响较大，无论句式上，还是论说层次上都有很大的散文化倾向。《秦骃玉牍甲》是秦小子向神灵请求治愈病痛的祷祝之辞，侧重点本该在此，但在这之前，他花了大量篇幅论述自己得病之后，苦苦寻求原因而不得，然后说自己对神灵敬畏，祭祀不曾废弃，任人得当，百姓咸服，来证明其不当受此病痛的折磨。论说层次分明，结构严谨，在语言上也极其严整，在散语中也有四字连排，如"周世既叟（没），典澶（法）薛（散）亡，惴惴小子，欲事天地，四亟（亟、极）三光，山川神示（祇），五祀先祖"，连用七个四字短语，结构整齐，气势宏大。再如，《诅楚文刻石·巫咸》中秦王祈求大神毕（厥）湫帮助自己打败楚国，不是通过贿赂的手段，而是通过向大神讲道理、摆事实，证明楚国有种种劣行，以说服大神帮助自己。先说秦楚曾经关系甚好，订有盟约；然后说当今楚王无道，不仅破坏历来的秦楚友好同盟，不顾曾在大神巫咸面前立下的誓言，而且对内施行暴政，刑法残暴，倒行逆施，泯灭人性，对外则亵渎上帝大神，不畏其威灵，背叛誓言，率诸侯之兵以犯"我"；继而说楚王这些劣行不仅对秦国有害，对大

---

① 吴镇烽编著《商周青铜器铭文暨图像集成》卷四，上海古籍出版社，2012，第79页。
② 吴镇烽编著《商周青铜器铭文暨图像集成》卷四，上海古籍出版社，2012，第120页。

神、皇天上帝也是不利的；最后说大神理应站在自己的一边，与自己结成同盟共同对抗楚国。叙事有先后内外之分，层层展开，动之以情，晓之以理，令人信服。

向祖先之神盟誓盟书的语言则已经具有程式化、规范化特征，出现了大量的固定套语。如表示自己从此刻开始履行盟约，基本用"自今台（以）生（往）"四字；阐述自己不应该做的行为，用"敢用"二字开头；表示自己愿意接受祖先之神的监督，如果不履行盟约就愿意接受惩罚，要用"遹悉覠女，麻塞非是"、"明亟覠之，麻塞非是"或其他类似的简略用语。因此这类盟书篇幅的长短，基本只与其包含的时间信息的长短、盟誓者数量的多少以及盟约包含内容等有关，如温县盟书 T1 坎 1：3780 号石圭所载盟文与 T1 坎 1：2182 号石圭所载盟文，两者长短不同仅是因为一个包含了年月日信息，即"十五年十二月乙未朔"①，而另一个却没有。这说明这类盟书已经形成了极其程式化的框架结构，类似于现在的"填空式文书"②，即只需要在对应条框内填入相应内容即可。

这种程式化的用语致使这类盟书与向自然之神盟誓的盟书具有较大差异，它具有类似法律类令书用语的简洁性。这可以从这类盟书的篇幅长短看出来。上面所举的此类盟书最长的不过百余字，而向自然之神盟誓的盟书动辄二三百字，甚至四五百字。简洁的用语使盟书内容之间的衔接显得更加自然流畅，用意简单明了，便于盟誓内容的记录与传达。

与法律类令书用语的准确性与单一性不同，这类盟书的用语含义并不统一。其中既有用语含义相对模糊、概括的，也有用语含义相对准确的。相对模糊的如温县盟书 T1 坎 1：1845 号石圭所载盟书称"敢不忿忿焉中心

---

① 河南省文物研究所：《河南温县东周盟誓遗址一号坎发掘简报》，《文物》1983 年第 3 期，第 79 ~ 80 页。

② 熊先觉先生云："司法文书从形式上可分为填空式、表格式、拟制式等文书。对于填空式、表格式的司法文书，其语文的表达规定得很死，只需要按照硬性规定的项目和要求，使用恰当的字词如实填充即可。"另可参见潘庆云先生言："按照法律文书制作的格式及其所呈现的形态分类。按照这种标准，法律文书由简到繁可以分为填空式文书、表格式文书、笔录式文书和文字叙述式文书。"赵朝琴先生云："按制作的繁简、难易程度分类……分为三类：表格类、填空类、叙述类。"参见熊先觉《中国司法文书学》，中国法制出版社，2006，第 51 页；潘庆云编著《法律文书》，清华大学出版社，2008，第 10 ~ 11 页；赵朝琴主编《法律文书通论》，郑州大学出版社，2004，第 16 ~ 18 页。

事其宝，而敢与贼为徒者，丕显晋公大冢，遥悉瞯女，麻睪非是"①，意为敢不忠心侍奉其主人，而与盗贼为一党，祖先之神就会惩罚他。其中并未指明什么是忠心，什么样的行为才算是忠心事主，而什么行为算是与盗贼为一党。这种用语使盟誓者在履行盟约内容时有了很大的自我量度空间，因为他可以根据自己的需要来理解和执行盟约内容。之所以采用如此用语，除了是因为盟约想要追求的效果可能包含很多而无法一一列举之外，也与其语言的文化背景有关，即盟誓者不需要说得特别明白，盟誓人员也可以明白其应当履行的相关承诺。而这类盟书中用语含义比较准确的情况，多是针对某些具体事务的约定。如《侯马盟书·纳室类》所载盟书曰"敢或内室者，而或婚宗人兄弟或内室者，而弗执弗献丕显晋公大冢，明亟瞯之，麻睪非是"②，意义就很明白，是说敢有纳室、与宗人兄弟婚姻或与宗人兄弟纳室的行为的，就会受到祖先之神的惩罚。这是对盟誓者特定行为的具体要求，而不是泛泛的约定。

另外，此类盟书中多有诅咒用语。"遥悉瞯女，麻睪非是""明亟瞯之，麻睪非是"，即是对不遵守盟约人员的诅咒，大意为祖宗神灵为鉴，不遵守盟约就绝子绝孙。③ 这与当时的社会变革有关。刘勰说"在昔三王，诅盟不及，时有要誓，结言而退"④，徐师曾说"周衰，人鲜忠信，于是刑牲歃血，要质鬼神，而盟繁兴，然俄而渝败者多矣"⑤。"诅盟"始于三王之后的说法，虽不可信，但其确实在春秋战国时期迅速增多，上文所举诸盟书即是明证。战国中期之后，单纯的诅盟也不能使结盟诸方彼此相信，春秋时期已经开始出现的交质现象在此时变得更加普遍，如赵国长安君即曾入齐国为人质，秦公子子楚曾入赵国为人质，燕太子丹曾入秦国为人质，等等，甚至还出现了专门供质人居住的质宫及相应的管理制度。⑥ 这足以

① 河南省文物研究所：《河南温县东周盟誓遗址一号坎发掘简报》，《文物》1983 年第 3 期，第 80 页。
② 山西省文物工作委员会编辑《侯马盟书》，文物出版社，1976，第 40 页。
③ 河南省文物研究所：《河南温县东南盟誓遗址一号坎发掘简报》，《文物》1983 年第 3 期，第 81 页。
④ （梁）刘勰撰《文心雕龙》卷二，杨明照校注拾遗，中华书局，1959，第 65 页。
⑤ （明）徐师曾撰《文体明辨序说》，罗根泽校点，人民文学出版社，1962，第 125 页。
⑥ 参见孙瑞《试论战国时期人质的几个特点》，《史学集刊》1997 年第 4 期，第 1~4 页；孙瑞《试论春秋时期的人质》，《史学集刊》1996 年第 1 期，第 12~17 页。

说明"无论是交质抑或是委质，在信誉方面战国时期都逊于春秋时期。春秋时期比较讲求信用，多认为质只是手段，诚信则为根本；而战国时期则多不讲诚信，而只是赤裸裸的权力、金钱关系，当时的社会舆论也多注重实力与实利"①。因此盟书的施行效力也大打折扣。

第十二节　符书的书写格式及用语

目前所见战国及秦代符书的实物较多，按铭文书写格式可以分为三类：秦虎符、被时人混称为"节"的虎节、被时人混称为"节"的其他诸节。② 下面逐一分析。

一　秦虎符的书写格式及用语

此类符书有四块，其铭文如下：

《杜虎符》③　甲兵之符，右才（在）君，左才（在）杜。凡兴士被（披）甲，用兵五十人㠯（以）上，必会君符，乃敢行之。燔燧（燧）之事，虽母（毋）会符，行殹也。④

《新郪虎符》　甲兵之符，右才（在）王，左才（在）新郪。凡兴士被（披）甲，用兵五十人㠯（以）上，［必］会王符，乃敢行之。燔燧（燧）事，虽母（毋）会符，行殹也。⑤

① 晁福林：《春秋战国时期的"质子"与"委质为臣"》，《传统文化与现代化》1999年第3期，第39页。
② 因为按其两片式的制作形式来看，它们实际应被称为"贵将军虎符""韩将庶虎符""辟大夫虎符"，由此也可见虽然从功能上符、节的区分已经比较明显，但时人对符、节在称呼上仍有些混乱。由于这几块"虎节"与虎符的制作方式更接近，故放在此处论述。
③ 马非百先生、曾维华先生认为其铸造于秦惠文王时期，而戴应新先生认为其铸造于秦昭襄王时期。按：此处采用马、曾二者之说。参见马非百《关于秦国杜虎符之铸造年代》，《史学月刊》1981年第1期，第20~21页；曾维华《秦国杜虎符铸造年代考》，《学术月刊》1998年第5期，第79~80页；戴应新《秦杜虎符的真伪及其有关问题》，《考古》1983年第11期，第1012~1013页。
④ 吴镇烽编著《商周青铜器铭文暨图像集成》卷三十四，上海古籍出版社，2012，第551页。
⑤ 吴镇烽编著《商周青铜器铭文暨图像集成》卷三十四，上海古籍出版社，2012，第550页。

《阳陵虎符》 甲兵之符，右才（在）皇帝，左才（在）阳陵。①

《栎阳虎符》 ［甲兵之符，右才（在）］皇帝，左才（在）乐（栎）阳。②

从这几块秦国虎符铭文内容可以发现其书写格式，既与告书的行政命令式书写格式不同，即它们"抬头"与正文内容没有明确的分割，且缺乏基本的发令时间信息；也与律法书的条文式书写格式有差别，即没有律名，而《阳陵虎符》《栎阳虎符》当中甚至没有直接的命令信息。其铭文内容，首先是定性，即每块符开头所写"甲兵之符"，说明其是有关兵士的符；其次是按持有者身份及符的右左依次说明两爿符的所在，即其文云右在君、在王、在皇帝等，左在杜、新郪、阳陵、栎阳等。这两部分是秦国虎符铭文的基本书写内容，可概括为"某某之符，右在甲，左在乙"。其中"某某"是符的用途或性质，"甲"为地位较高的右爿块符的持有者，一般为君王，"乙"为地位较低的左爿块符的持有者，一般为地方掌管军事的官员。

在秦国虎符铭文内容的基本书写格式之外，有的虎符根据具体需要又加上了更加详细的规定，其书写格式可概括为"'某某之符，右在甲，左在乙'+虎符权力使用细节"。如《杜虎符》中的"凡兴士被（披）甲。用兵五十人吕（以）上，必会君符，乃敢行之。燔燹（燧）之事，虽母（毋）会符，行殹也"、《新郪虎符》中的"凡兴士被（披）甲，用兵五十人吕（以）上，［必］会王符，乃敢行之。燔燹（燧）事，虽母（毋）会符，行殹也"等。它们规定了虎符使用的细节，即征调士兵五十人以上时必须和君王持有的另一爿虎符来配合使用，但如果碰到比较紧急的烽燧战事，则可单独使用。虽然这部分内容并不是每块秦国虎符都有，但从《新郪虎符》和《杜虎符》来看，其书写格式也是固定的，先交代符在正常情况下如何使用，即"凡兴士被（披）甲，用兵五十人吕（以）上，必会王符，乃敢行之"，然后说明面对紧急情况如何使用，即"燔燹（燧）事，虽母（毋）会符，行殹也"。

为何有的虎符铭文只包含基本书写格式而有的却具有附加信息呢？这

---

① 吴镇烽编著《商周青铜器铭文暨图像集成》卷三十四，上海古籍出版社，2012，第548页。
② 吴镇烽编著《商周青铜器铭文暨图像集成》卷三十四，上海古籍出版社，2012，第549页。

应与虎符持有者的权力及职能差异有关。战国时期各国已经有常备军之设，①而常备军之将领与君王多以虎符为凭信来征调部队，即秦虎符铭文说的"必会王符"。但在君王给予将领权力的问题上，则因将领所处位置不同而有差异。新郪在战国时期属于秦国的边陲之地。据王国维《秦新郪虎符跋》考证，新郪本属魏地，在秦王政五年前后才被秦吞并，②所以其时秦国对该地方的控制并不稳定。新郪虎符的持有者即当为这一时期此处的镇守将官。而杜地在周时属于杜伯国，秦武王时即在此地设置杜县，秦献公都栎阳之时，其距都城较远，但到孝公都咸阳时，③它则成为秦都南面的门户，始皇统一天下之后甚至可能属于内史的管辖范围。杜地作为战国时期秦国都城之门户，必然有重要的将领守护。由于新郪虎符、杜虎符的持有者是守护边疆或京师的将领，所以会涉及一些君王无法迅速给出处理办法的紧急军情，即符文中所谓的"燔燧（燧）事"，而军事胜败往往在旦夕之间，所以需要赋予其镇守军官更多的权力，使其能够灵活地应对这些状况，即允许他们可以不用配合王符而使用调兵权。但从另一角度看，由于新郪、杜地或处边陲或处京师附近，一旦发生叛乱，君王都难以有足够的应对时间，所以要严格限制两地将官的调兵权，即"用兵五十人昌（以）上"就需要"会王符"。这种虎符铭文中对地方镇守将官调兵权的限制与放任，完全是出于维护秦王统治的考虑，一是增强其机动性，提高军队战斗力，一是防止士兵叛变，维持国家稳定。而《阳陵虎符》《栎阳虎符》中没有《新郪虎符》《杜虎符》后面"凡兴兵……行殿也"的内容，则是因为在当时秦已经统一全国，虎符铭文中称"皇帝"是其明证，④其持有者成为地处内地或边陲的常备军武将，征战之事减少，保护地方太平成为其主要责任，君王为了防止地方武将拥兵作乱，所以要限制其调兵

---

① 陈恩林先生即认为（战国时期）"普遍兵役制正是常备军赖以建立的基础。所以七强实行普遍兵役制，说明他们都已经设立了常备军。这是毋庸怀疑的"。参见陈恩林《先秦军事制度研究》，吉林文史出版社，1991，第167页。

② 参见王国维《观堂集林》卷十八，中华书局，1959年影印本，第904~905页。

③ 参见（北魏）郦道元《水经注》卷十九，陈桥驿校证，中华书局，2007，第450页。

④ 秦王嬴政，在统一天下之后才令丞相、御史奏议帝号，改称皇帝，《史记》即载："秦初并天下，令丞相、御史曰：'……议帝号。'丞相绾、御史大夫劫、廷尉斯等皆曰：'……王为泰皇……。'王曰：去泰著皇，采上古帝位号，号曰皇帝。"参见（汉）司马迁《史记》卷六，中华书局，1959，第235~236页。

权，只有当君王同意时，将领才可以调兵。那些由君王派去征战的将领调动军队的情况即与此类似，故有"信陵君窃符救赵"的故事。其时赵国被齐国围困，魏国为救赵国而出兵，但是由于畏惧自身损伤，盘踞在战地之外不敢前行。信陵君鉴于此，通过魏王之宠姬偷取兵符才得以调动军队。① 此时魏国将领所持兵符的权限即可能与阳陵虎符、栎阳虎符相似，因为持符将领没有定夺出兵与否的权力，其调兵权力被收归于君王，故其面对战事只能在原地待命而不能自作主张。另外，战国时期这类符可能通常会配合君王发布的诏告类令书使用，因此在信陵君"矫魏王令代晋鄙"② 时，晋鄙会对其产生怀疑。这恐怕也是《阳陵虎符》《栎阳虎符》与《新郪虎符》《杜虎符》的不同之处。

这种将领所处位置的时空差异，造成了君王赋予其权力的不同，进而导致了符文字内容及书写格式的区别，所以有的秦国虎符铭文书写当中出现了基本格式以外的内容，由于这种符书的重要性及需求量都比较大，所以铭文的书写格式也同样具有一定的固定性和规范性。

二 被混称为"节"的虎节的书写格式及用语

这类"节"有《贵将军虎节》《韩将庶虎节》《辟大夫虎节》等。学者目前对它们的铭文释读及阅读顺序尚有不同看法，吴镇烽先生《商周青铜器铭文暨图像集成》未收录《贵将军虎节》，故对其他两个铭文释读如下：

《韩将庶虎节》 叡（韩）牁（将）庶信节，境（？）丘牙（与）娄绀。③

《辟大夫虎节》（又称《辟大夫虎符》） 辟大夫信节，境（？）丘牙（与）娄绀，贵［将军信节］。④

---

① 参见（汉）司马迁《史记》卷七七，中华书局，1959，第 2379～2382 页。
② （汉）司马迁：《史记》卷七七，中华书局，1959，第 2381 页。按：此处的"王令"是王命文书还是口头命令，因目前证据不足，尚难判断。不过笔者认为口头命令的可能性更大，因为如果是王命文书那么晋鄙就不会也不敢怀疑。
③ 吴镇烽编著《商周青铜器铭文暨图像集成》卷三十四，上海古籍出版社，2012，第 542 页。
④ 吴镇烽编著《商周青铜器铭文暨图像集成》卷三十四，上海古籍出版社，2012，第 543 页。

李家浩先生《贵将军虎节与辟大夫虎节——战国符节铭文研究之一》未对《韩将庶虎节》进行释读，对其他两个铭文释读如下：

《贵将军虎节》　填丘牙（与）娄绖，贵牺（将）军信节。①
《辟大夫虎节》　［填］丘牙（与）娄绖，辟大夫信节。②

由上文可知，吴、李两家释文的区别主要是阅读顺序及释读字数。李据《增订历代符牌图录》做的《辟大夫虎节》释文相较于吴氏所做释文，缺少"贵［将军信节］"五字。《辟大夫虎节》如果没有"贵［将军信节］"五字，且"境丘"或"填丘"、"娄綷"或"娄绖"两者确实如李家浩先生所言均为地名的话，那么它就会和其他两块符节一样，阅读顺序对其铭文内容的理解影响并不大。但现实是《辟大夫虎节》确实存在这五字③，而"境丘"或"填丘"、"娄綷"或"娄绖"也不一定都是地名，那么就不得不认真考虑其阅读顺序问题。

那么究竟哪一个阅读顺序对呢？笔者认为吴镇烽先生给出的阅读顺序应更加合理，原因有二：第一，它符合战国时期众多符书将定性文字放在前面的惯例，如前文所举秦国的《杜虎符》《新郪虎符》《阳陵虎符》《栎阳虎符》等都是以符的性质即"甲兵之符"为开头，而且这些符书的阅读顺序不存在问题，这应是符节铭文的固定开头；第二，从吴镇烽《商周青铜器铭文暨图像集成》提供的图版资料，可以明显看出"境（？）丘牙（与）娄綷贵"与"辟大夫信节"分为左右两行，④ 如果按李家浩先生的读法则其铭文应是"境（？）丘牙（与）娄绖，贵将军信节，辟大夫信节"，显然文理不通。因此，以上诸符书释文应采取吴镇烽先生之读法，

---

①　李家浩：《贵将军虎节与辟大夫虎节——战国符节铭文研究之一》，《中国历史博物馆馆刊》1993 年第 2 期，第 50 页。

②　李家浩：《贵将军虎节与辟大夫虎节——战国符节铭文研究之一》，《中国历史博物馆馆刊》1993 年第 2 期，第 51 页。

③　从《商周青铜器铭文暨图像集成》图版内容，可清晰看到比李家浩先生所释读的铭文多一"贵"字，但尚不明吴先生后四字所补的依据。参见吴镇烽编著《商周青铜器铭文暨图像集成》卷三十四，上海古籍出版社，2012，第 543 页。

④　吴镇烽编著《商周青铜器铭文暨图像集成》卷三十四，上海古籍出版社，2012，第 543 页。

而《贵将军虎节》的阅读顺序自然也应当更正为"贵牁（将）军信节，填丘牙（与）娄緋"。

另外，对符节释文内容理解正确与否也会影响我们对符节铭文真实书写结构的判断。李家浩先生将《辟大夫虎节》中之"辟"字解读为"壁"，认为辟大夫与辟司徒一样主壁垒，主管沟洫、防御等事，将《贵将军虎节》中之"贵"字解读为"锐"字，认为锐将军主管锐兵。① 这在没有《辟大夫虎节》后五字"贵［将军信节］"的情况下可以解释通，但有这五个字，就很难解释通顺。因为在同一块符节之上不可能同时出现两种对其定性的文字，也就是说在《辟大夫虎节》中"辟大夫信节"与"贵［将军信节］"不可能都是由名词构成的偏正短语。《贵将军虎节》与《辟大夫虎节》中之"贵"字含义是不同的，前者可能确实如李家浩先生所说当解为"锐"，后者则应是形容词动用的"贵"字，即表示"以……为贵"或"比……贵"的意思，其究竟取哪种意思，就要看辟大夫与将军的官职孰高孰低，因为该节书内容就是在比较辟大夫虎节与将军虎节的权力大小。就目前材料来看，无论将"辟大夫"理解为"壁大夫"还是"嬖大夫"，都应该取第一种意思即"以……为贵"为确。

先看李家浩先生将"辟大夫"理解为"壁大夫"的情况，那么他就是壁司徒一类的官员，地位显然要比将军低，所以辟大夫虎节的权力自然也要低于将军虎节的权力。即使将"辟大夫"理解为"嬖大夫"也是如此。嬖大夫之官见于春秋时期，《左传·昭公元年》记载子产训子男时说，子晳为上大夫，你为嬖大夫，而你不下拜，就是不尊重贵人，即"子晳上大夫，女嬖大夫，而弗下之，不尊贵也"②，杨伯峻先生注曰："晋、郑、吴皆谓下大夫为嬖大夫。"③ 又《国语·吴语》云"十行一嬖大夫，建旌提鼓，挟经秉枹。十旌一将军，载常建鼓，挟经秉枹"④，可见嬖大夫在军中是负责竖立旗帜、敲击战鼓等事，而每十行就设置一个的嬖大夫显然要低于十旌才设置一个的将军。战国时期，齐国大夫的官职也并不高，许多

文人凭借游说即可获得这一官职，而且可以同时设置很多，如《史记·田敬仲完世家》云："宣王喜文学游说之士，自如驺衍、淳于髡、田骈、接予、慎到、环渊之徒七十六人，皆赐列第，为上大夫，不治而议论。"① 齐国将军一职则可能较为尊贵，燕国破齐之时，田单就曾担任过将军一职，即《史记·田单列传》"立以为将军，以即墨距燕"②。又据李家浩先生说"辟大夫虎节传出自山东胶县，其地战国时属齐。因此，辟大夫虎节和贵将军都应该是齐国之物"③。所以将军一职必然要高于大夫，而且即使在秦国也是如此。《商君书·赏刑》在论述无论身份高低，所受刑罚都应该统一时说："所谓一刑者，刑无等级，自卿相、将军以至大夫、庶人，有不从王令，犯国禁，乱上制者，罪死不赦。"④ 其中将军一职即排在大夫之前。《商君书·境内》《汉书·百官公卿表》记载的秦国军功爵制表的官阶排列高低也可以证明。《商君书·境内》有十七级爵位，即公士、上造、簪袅、不更、大夫、官大夫、公大夫、公乘、五大夫、客卿、正卿、大庶长、左更、中更、右更、少上造、大良造。⑤《汉书·百官公卿表》有二十级，即公士、上造、簪袅、不更、大夫、官大夫、公大夫、公乘、五大夫、左庶长、右庶长、左更、中更、右更、少上造、大上造、驷车庶长、大庶长、关内侯、彻侯。⑥ 两者虽有所区别，但并不影响我们对将军与大夫官职高低的比较。董说《七国考》引刘昭之语云："自左庶长以上至大庶长，即将军也。"⑦ 而无论《商君书·境内》还是《汉书·百官公卿表》，其中大夫一类官职，即大夫、官大夫、公乘、五大夫等，都是排在左庶长之下的，也就是说大夫的职位要低于将军。所以综上所论，《辟大夫虎节》中之"贵"字应取"以……为贵"之意。

再就是"境丘"或"填丘"、"娄绁"或"娄绁"是否均为地名的问题。李家浩先生认为两者都是地名，"据节铭，此二节分别是由填丘发给

① （汉）司马迁：《史记》卷四六，中华书局，1959，第1895页。
② （汉）司马迁：《史记》卷八二，中华书局，1959，第2453页。
③ 李家浩：《贵将军虎节与辟大夫虎节——战国符节铭文研究之一》，《中国历史博物馆馆刊》1993年第2期，第50~55页。
④ 蒋礼鸿撰《商君书锥指》卷四，中华书局，1986，第101页。
⑤ 参见蒋礼鸿撰《商君书锥指》卷五，中华书局，1986，第115~121页。
⑥ 参见（汉）班固《汉书》卷十九上，中华书局，1962，第739~740页。
⑦ （明）董说：《七国考》卷一，中华书局，1956，第14页。

娄绀的贵将军和辟大夫的，填丘显然不是一般的城邑，按理讲应该是齐国
的国都，否则的话不会有此种特权。……颇疑节铭'填丘'即'营丘'，
在此实际上是指齐都临淄。娄绀不见于文献记载，其地理位置，可据辟大
夫虎节出土地定在胶县境内"①。李家浩先生认为"填丘"为地名且可能是
"营丘"的看法应该采纳，但"娄绀"是否为地名则存在一些问题。一是
其不见于文献记载，二是这一判断的大前提及依据材料有一点问题。它的
大前提就是李家浩先生所说的该铭文应有的阅读顺序，而前文已经说明这
一阅读顺序并不正确。依据材料问题是指他的佐证史料是六朝而非战国或
秦的符节铭文，其说"'皇帝与上党太守铜虎符第三。''皇帝与离后护军
铜虎符第一。'节铜与此符铭句型相同，唯符铭'与'前之字是'皇帝'
而不是地名，末尾多虎符的编号。于此可见，'娄绀'也是地名，贵将军、
辟大夫则是其地的长官"②。他注意到了《辟大夫虎节》与以上两块汉符书
铭文的区别，即没有末尾编号，却没有指出目前所见的战国及秦符节铭文
中均没有末尾编号，也就是说战国符书与汉代符书铭文书写格式之间有一
定的差别。又按照吴镇烽先生的释读方式，将"娄绀"作为地名，那么
"辟大夫信节，境（？）丘牙（与）娄绀，贵［将军信节］"的意思应为
"辟大夫信节，境丘颁发给娄绀的，效力弱于将军信节"，而将"贵"解为
"锐"则更加难通，即"辟大夫信节，境丘颁发给娄绀的，锐将军信节"。
现今所见战国及秦符节铭文中未有此句式。如果这不是齐国兵符铭文特有
的句式表达习惯，那么"娄绀"很可能并不是地名，而是某件事务。果真
如此，那么这两块符书也就不是作调兵之用，而是为了帮助持符者证明自
己的身份使"境（？）丘"之官给予或帮助其"娄绀"。只是由于文献中
未见"娄绀"，尚不知其具体为何种事务。

　　本书倾向于认为"娄绀"为事务名而非地名，因为这符合除少数铭文
极短的符节之外，目前所见多数战国符节铭文的表达习惯，即要在铭文中
写明持节者的权力或任务，如《杜虎符》中有规定持节者调兵权使用方式

---

①　李家浩：《贵将军虎节与辟大夫虎节——战国符节铭文研究之一》，《中国历史博物馆馆
　　刊》1993 年第 2 期，第 53 页。
②　李家浩：《贵将军虎节与辟大夫虎节——战国符节铭文研究之一》，《中国历史博物馆馆
　　刊》1993 年第 2 期，第 52～53 页。

的内容，即"凡兴士被（披）甲，用兵五十人吕（以）上，必会君符，乃敢行之。燔燹（燧）之事，虽母（毋）会符，行殹也"①；《王命虎符》中有规定持节者具有传赁任务的内容，即"命遄（传）赁（任）"②；《王命龙节》中有规定持节者具有传赁任务且享受待遇的内容，即"命遄（传）赁（任），一檐（檐、担）飤之③；等等。

由此可知这三件符书的基本书写格式是，首先写持有者的身份，即敔（韩）牺（将）庶、辟大夫；其次写该节的性质，即信节；最后写持符（节）者的权力、任务或作用，如"境（？）丘牙（与）娄绺"等。而有的符书如《辟大夫虎节》在这些基本内容之后又增加了规定该符节权力高低的内容，即"贵［将军信节］"。整体而言，这类符书书写格式可以归纳为"某（持有者的职官名）＋某（标示'节'的属性）'节'＋权力（持有者的权力）＋权力比较（比较该节与其他节的权力大小，这一点或有或无）"。

三 被混称为"节"的其他诸符的书写格式及用语

在虎符之外，还有一些采用马、熊、虎、雁等造型，两爿制式被称为"节"的符。由于两块雁节④中的一块铭文已经模糊不清，而另一块铭文书写格式与两块鹰节十分接近，故放在下文论述，其他诸符的铭文如下：

《骑传马节》　骑遄（传）竹厕（佴）。⑤

《亡纵熊节》　亡纵一乘。⑥

《齐节大夫马节》　齐节大夫欧五乘。⑦

《乘虎符》　乘□□八□□乘。⑧

---

① 吴镇烽编著《商周青铜器铭文暨图像集成》卷三十四，上海古籍出版社，2012，第551页。
② 吴镇烽编著《商周青铜器铭文暨图像集成》卷三十四，上海古籍出版社，2012，第532页。按：另可参见该书第533、534页。
③ 吴镇烽编著《商周青铜器铭文暨图像集成》卷三十四，上海古籍出版社，2012，第535页。按：另可参见该书第537~541页。
④ 参见吴镇烽编著《商周青铜器铭文暨图像集成》卷三十四，上海古籍出版社，2012，第544~545页。
⑤ 吴镇烽编著《商周青铜器铭文暨图像集成》卷三十四，上海古籍出版社，2012，第526页。
⑥ 吴镇烽编著《商周青铜器铭文暨图像集成》卷三十四，上海古籍出版社，2012，第527页。
⑦ 吴镇烽编著《商周青铜器铭文暨图像集成》卷三十四，上海古籍出版社，2012，第529页。
⑧ 吴镇烽编著《商周青铜器铭文暨图像集成》卷三十四，上海古籍出版社，2012，第530页。

这些符书铭文对其自身属性并未交代，而是直接标出了它的用途或效力。但就其所载少量文字，还难以说明其确切用途，不过应与邮传或军事有关。《骑传马节》有"骑遽（传）竹屎（佴）"字样，其中"骑"字应非指骑兵，而是指在战国时期已经比较流行的单人骑马传达信息的方式，此处当作名词用；"传"字指明了其用途，《说文解字》云"传，遽也"①，段玉裁注云"《周礼》行夫：掌邦国传遽。注云：传遽，若今时乘传骑驿而使者也。《玉藻》：士曰传遽之臣。注云：传遽，以车马给使者也。《左传》、《国语》皆曰：以传召伯宗。注皆云：传，驿也。汉有置传、驰传、乘传之不同。按：传者，如今之驿马。……又文书亦谓之传"②，结合"骑"字，可知其当取传遽之意，类似于汉代之驰传；"竹屎（佴）"尚不知何意，可能为人名或官名，也可能为某件事务的称谓。如果"竹屎（佴）"是人名或官名则前面"骑传"是他的职务；如果"竹屎（佴）"为事务名，那么"骑传"可能是官名或对传递信息人员的专门称呼，而"竹屎（佴）"也就是持符者要负责传达信息的职能界限或范围。笔者倾向于认为"竹屎（佴）"为事务名，即其书写格式应为"职官＋事务"。

《亡纵熊节》《齐节大夫马节》《乘虎符》等则可能与军事有关。因为三块节的铭文都提到了"乘"，而"乘"在古代是指由四匹战马和一辆战车组成的兵车，如《国语·周语中》载"左右皆免胄而下拜，超乘者三百乘"③、《孟子·梁惠王章》载"万乘之国，弑其君者，必千乘之家"④、《战国策·西周策》载"秦令樗里疾以车百乘入周"⑤ 等中之"乘"即取此意。所以几块节铭文中的"一乘""五乘""□乘"⑥ 等，应是指兵车的数量，其前面的"亡纵""齐节大夫欧""乘□□"⑦ 则应是名词，即掌管这些兵车官员的名称，但也可能是动词，即指持节者对几辆兵车的某种权力。"齐节大夫欧"则包含了上述两种可能性，即既有作为官名的"齐节

---

① （汉）许慎：《说文解字》卷八，中华书局，1963 年影印本，第 165 页。
② （汉）许慎撰，（清）段玉裁注《说文解字注》卷八，上海古籍出版社，1981，第 677 ~ 678 页。
③ 上海师范大学古籍整理组校点《国语》卷二，上海古籍出版社，1978，第 60 页。
④ （清）阮元校刻《孟子注疏》卷一上，中华书局，1980 年影印本，第 2665 页。
⑤ （汉）刘向集录《战国策》卷二，上海古籍出版社，1985，第 50 页。
⑥ 由于文字残损或许应连读为"□□乘"或"八□□乘"。
⑦ 或读为"乘□□八□""乘□□八"。

大夫"，又有作为动词表示官员权力的"欧"。如若如此，那么这类节的铭文书写格式应为"官名（或有或无）＋权力词（对后面事务的某种权力）＋某某乘（某某指数量）"。当然此处谈论的只是一种可能，因为战国官制史料残缺过甚，很难确定"亡纵""齐节大夫欧""乘□□"中是否包含某种官名，所以其具体所指，有待进一步研究。

从用语上看，这些符书具有高度的规范性、凝练性、时代性。其规范性相对于律文而言程度更高，与所举虎符铭文基本一模一样，很像一个模板，只需要根据实际内容填写名词即可。战国虎形符节铭文书写格式的高度规范性，与其重要程度和大量使用有关。战国时期各国之间战争频发，关系到国家生死存亡的兵符被大量使用，如果铭文不是规范性的文字表述，则必然会导致使用上的混乱，影响其预想功能的发挥。凝练性是指符书用字十分简洁，几乎没有任何铺张性的描述词，而是采用最简单直白的语言来书写，其原因有二：一是每块兵符书写或铸刻空间有限，不具有承载大量文字的客观条件；二是符书为实用而制，目的在于传达命令信息，而繁复的词句或华丽的辞藻不利于满足这一要求。时代性是指符书用语与时代变化紧紧相连。如虎符铭文中对右爿持有者的称呼，《杜虎符》称"君"，《新郪虎符》称"王"，《阳陵虎符》《栎阳虎符》称"皇帝"，这种战国中期、战国晚期、秦统一时期秦国国君称号上的变更，显示了秦国政治制度及地位的变化。最初称"君"是因为在当时周天子的威望还没有完全消除，在形式上仍具有最高统治者的身份，秦国尚不敢僭越。后改称"王"则是魏齐"徐州相王"事件之后各国彻底摆脱周王朝礼制限制纷纷称王趋势的体现。而改称"皇帝"，则是在秦国完成统一后，秦君认为自己功绩盖过三皇五帝、天下唯其独尊的表现，故其言"今名号不更，无以称成功，传后世。其议帝号"①，体现了由多国纷争到一国统一历史发展趋势的暂时完成。兵符铭文中持有者的称呼之所以有时代性，是因为其属于政治、军事运行机制的重要构成部分，与时势发展变化息息相关。如果国内秦君已经称王，而兵符上仍称君，或国内称皇帝，而兵符仍称王，则会造成持有者和受令者认知混乱，影响符书功能的实现，所以统治者绝不允

---

① （汉）司马迁：《史记》卷六，中华书局，1959，第236页。

许如此重要的令书种类在用语上落后于时代变革。

第十三节　节书的书写格式及用语

由于战国时期统治者在实际使用过程中对节书使用功能及目的进行区分，其铭文书写格式及用语产生了较大差异，大致可分四类：王命节书、鹰形节书、鄂君启节书、其他节书。下面逐一讨论。

一　王命节书的书写格式及用语

此类节书有三种，分别为：

《王命虎符》　王命，命车駐。①
《王命虎符》　王命，命遰（传）赁（任）。②
《王命龙节》　王命，命遰（传）赁（任），一檐（檐、担）飤之。③

这类节书主要与邮传有关，它们赋予了持节者在邮传过程中的某种权力，如使用车马、接受补给等。这些节书在吴镇烽《商周青铜器铭文暨图像集成》点校上有些问题，即"王命"之后的"，"当为"："，因为"王命"实际是这类节的"抬头"，第二个"命"字以后才是命令的内容。其书写格式可概括为"'王命'＋'命'＋命令内容（持节者的具体权力）"。

二　鹰形节书的书写格式及用语

这类节书有两件，铭文内容及书写格式完全一致，分别为：

---

① 吴镇烽编著《商周青铜器铭文暨图像集成》卷三十四，上海古籍出版社，2012，第531页。
② 吴镇烽编著《商周青铜器铭文暨图像集成》卷三十四，上海古籍出版社，2012，第532页。按：另可参见该书第533、534页。
③ 吴镇烽编著《商周青铜器铭文暨图像集成》卷三十四，上海古籍出版社，2012，第535页。按：另可参见该书第537～541页。

第一件鹰节　　传虞（遽）甫戍燕，舟复（得）三千不句酉。①
第二件鹰节　　传虞（遽）甫戍燕，舟复（得）三千不句酉。②

战国时还有两块采用符的双卩制式却被称为节的雁节，其铭文内容及书写格式都不同，分别为：

第一件雁节　　造□八□□右□，□□八丙。③
第二件雁节　　传虞（遽）甫戍燕，舟三千不［句酉］。④

第一件雁节的铭文残损严重，无法辨识其具体内容，此处不论。而第二件雁节与两件鹰节的铭文基本一致，从其铭文中之"传虞（遽）"（指邮传驿马）和"舟"（指船）分析，或均与水路邮传之事有关。"甫"，《说文解字》云"男子美称也"⑤，当与前面的"传虞（遽）"连读，为掌管或负责邮传车马官员的名称。"戍燕"之意有两种可能性：第一，"戍"训为"越"，当"经过"讲，"燕"为地名，"戍燕"合起来意为"经过燕地"；第二，"戍"训为"务"，意为需求，"燕"古同"宴"，意为"饮食"，"戍燕"合起来意为"需要饮食补给"。"舟"，"船也"⑥。"得"，《说文解字》云"行有所得也"⑦，此处当意为"许可，允许"。"三千"当为数量词，此处为泛称，意为多或全部。"句酉"现在意为"句子的开头"，从句子的语法构成上看在此处其当作动词，绝非此意。"句"或当为"勾"，意为"停留，逗留"。"酉"或与"囚"相通，意为"拘留，限制"。"句酉"二字为"拘留限制、敷衍拖沓"之意。若以上推论不误，雁节之意为"传虞（遽）甫经过燕地的时候，三千舟船官不得对其阻拦"或"传虞（遽）甫需要补给的时候，三千舟船官不得敷衍拖沓"。两件鹰

---

① 吴镇烽编著《商周青铜器铭文暨图像集成》卷三十四，上海古籍出版社，2012，第546页。
② 吴镇烽编著《商周青铜器铭文暨图像集成》卷三十四，上海古籍出版社，2012，第547页。
③ 吴镇烽编著《商周青铜器铭文暨图像集成》卷三十四，上海古籍出版社，2012，第544页。
④ 吴镇烽编著《商周青铜器铭文暨图像集成》卷三十四，上海古籍出版社，2012，第545页。
⑤ （汉）许慎：《说文解字》卷三，中华书局，1963年影印本，第70页。
⑥ （汉）许慎：《说文解字》卷八，中华书局，1963年影印本，第176页。
⑦ （汉）许慎：《说文解字》卷二，中华书局，1963年影印本，第43页。

节与第二块雁节的铭文意思相同，只是采用了倒装句式，将"得"字提前。就书写格式而言，它们都是先写使用者身份，即"传虡（遽）甫"，然后写节书的应用情境，即"戊燕"，然后写规定的权力"舟三千不［句酉］"或"舟昃（得）三千不句酉"。因此这类节书书写格式可概括为"持有者身份＋用途（该节的权力应用情境）＋命令内容（该节权力所针对的人员所应采取的措施）"。需要说明的是，由于雁节采用符的双刌制式，所以其在使用时可能需要"合符"，就是说应有另一刌与其铭文内容及书写格式完全一样的雁节存在。

三 鄂君启节书的书写格式及用语

鄂君启节因铭文书写内容不同，又可分为鄂君启车节和鄂君启舟节两种，其中车节三件，舟节两件。各取其一为例：

《鄂君启车节》 大司马卲（昭）鄥（阳）敓（败）晉（晋）帀（师）于襄陵之戠（岁），頴（夏）㞋之月，乙亥之日，王凥（处）于茇郢之游宫。大攻（工）尹脽台（以）王命，命集尹悊（悼）䊦（糈），裁（织）尹逆，裁（织）㿱（令）阢，纫（为）鄦（鄂）君启之賡（府）賦（就）盠（铸）金节，车五十歬（乘），戠（岁）羅（赢）返，母（毋）载金、革、黾（箘）筹（箭），女（如）马，女（如）牛、女（如）德（特），屯十台（以）堂（当）一车，女（如）㯡（檐、担）徒，屯廿㯡（檐、担）台（以）堂（当）一车，台（以）毁于五十歬（乘）之审（中），自鄦（鄂）芾（市），就易（阳）㙓（丘），就邡（方）城，就臠（象）禾，就栖（柳）焚（棼），就緜易（阳），就高㙓（丘），就下邿（鄝、蔡），就居鄵（巢），就郢，见其金节剈（则）母（毋）政（政、征），母（毋）舍（舍）桴（穛、馔）飤（飤），不见其金节剈（则）政（政、征）。①

《鄂君启舟节》 大司马卲（昭）鄥（阳）敓（败）晋帀（师）于堀（襄）陵之戠（岁），頴（夏）㞋之月，乙亥之日，王凥（处）

---

① 吴镇烽编著《商周青铜器铭文暨图像集成》卷三十四，上海古籍出版社，2012，第552页。按：可参见该书第555、557页。

于莪郢之游宫。大攻（工）尹脽台（以）王命，命集尹恕（悼）豬（楮）、裁（织）尹逆、裁（织）毆（令）阢，纾（为）鄳（鄂）君启之府（府）赋（就）盥（铸）金节，屯三舟纾（为）一舿（舸），五十舿（舸），哉（岁）罷（赢）返，自鄳（鄂）歨（市），逾油（淯），让（上）滩（汉），就屑（穀），就芸（郧）易（阳），逾滩（汉），就郢（襄），逾頝（夏），内（入）邡（涢），逾江，就彭射（泽），就松（枞）易（阳），内（入）濆（泸）江，就爰陵，让（上）江，内（入）湘，就睒（睒），就郯（洮）易（阳），内（入）瀟（潘、耒），就郫（郴），内（入）渚（澬、资）、沅、澧、澬（油），让（上）江，就木闌（关），就郢，戛（得）其金节齡（则）母（毋）政（政、征），母（毋）舍（舍）桴（橾、馈）飤，不戛（得）其金节齡（则）政（政、征），女（如）载马、牛、羊，台（以）出内（入）闌（关）齡（则）政（征）于大府（府），母（毋）政（征）于闌（关）。①

这两种节书是战国晚期楚王颁发给鄂君启在经商过程中可以享受某些免税待遇的凭证。它们首先写了下达制作该节书命令的年、月、日等时间信息，即《鄂君启车节》之"大司马……之游宫"、《鄂君启舟节》之"大司马……之游宫"。它采用了楚国官方惯用的"以前一年的大事纪年"②的方式，如望山楚简有"齐客张果晤（问）［王］于莪郢之哉（岁）"③"［郁客］困［刍］晤（问）王于［莪郢之岁］"④"☒周之哉（岁）"⑤，包山楚简有"鲁易（阳）公以楚币（师）鋖（后）𪘚奠之岁"⑥"齐客墜（陈）豫訕王之哉（岁）"⑦"东周之客酱綆至（致）胙（胙）于

---

① 吴镇烽编著《商周青铜器铭文暨图像集成》卷三十四，上海古籍出版社，2012，第559页。按：另可参见该书第561页。
② 湖北省荆沙铁路考古队编《包山楚简》，文物出版社，1991，第14页。
③ 湖北省文物考古研究所、北京大学中文系编《望山楚简》，中华书局，1995，第68页。
④ 湖北省文物考古研究所、北京大学中文系编《望山楚简》，中华书局，1995，第68页。
⑤ 湖北省文物考古研究所、北京大学中文系编《望山楚简》，中华书局，1995，第107页。
⑥ 湖北省荆沙铁路考古队编《包山楚简》，文物出版社，1991，第17页。
⑦ 湖北省荆沙铁路考古队编《包山楚简》，文物出版社，1991，第17页。

茇（栽）郢之戗（岁）"①，等等。而且楚国有自己的一套月名系统，秦的
十月、十一月、十二月、正月、二月、三月、四月、五月、六月、七月、
八月、九月，分别对应楚的冬（中）夕、屈夕、援夕、刑夷（尸、屎）、
夏屎（夷、尸）、纺月、七月、八月、九月、十月、爨月、献马。②至于
日、时的命名，楚国则采用了当时通用于诸侯国的天干地支计时方法，以秦
国为例，里耶秦简即有"十一月辛卯朔朔日"③"四月甲寅日中"④"二月壬
寅朔朔日"⑤等等。而"王尻（处）于茇郢之游官"也可以表时间，即讲
此时为王处于何宫之时。《吕氏春秋·春秋十二纪》云"孟春之月……天子
居青阳左个，……仲春之月……天子居青阳太庙，……季春之月……天子
居青阳右个，……孟夏之月……天子居明堂左个，……仲夏之月……天子
居明堂太庙，……季夏之月……天子居明堂右个，……孟秋之月……天子
居总章左个，……仲夏之月……天子居总章太庙，……季秋之月……天子
居总章右个，……孟冬之月……天子居玄堂左个，……仲冬之月……天子
居玄堂太庙，……季冬之月……天子居玄堂右个"⑥，即说明天子每月所处
位置是不同的，反过来天子居某宫也可以表示时间。册命文书中也有此种
记载，用法与之类似，不过并不像《吕氏春秋》记载的天子每月所居不同
那么严格，有不同月份在同一宫的现象，如西周时期《即簋》中之"隹
（佳）王三月初吉庚申，王才（在）康宫，各（格）大（太）室"⑦，《卅
二年逨鼎甲》中之"隹（唯）卅又二年五月既生霸乙卯，王才（在）周

① 湖北省荆沙铁路考古队编《包山楚简》，文物出版社，1991，第17页。
② 湖北省文物考古研究所、北京大学中文系编《望山楚简》，中华书局，1995，第86页。
　按：《包山楚简》云（楚国）"月序为冬柰、屈柰、远柰、智屎、旨月、夏柰、八月、九月、十月、奂月（缺献马）"。湖北省荆沙铁路考古队编《包山楚简》，文物出版社，1991，第14页。
③ 陈伟主编《里耶秦简牍校释》（第一卷），武汉大学出版社，2012，第83页。
④ 陈伟主编《里耶秦简牍校释》（第一卷），武汉大学出版社，2012，第92页。
⑤ 陈伟主编《里耶秦简牍校释》（第一卷），武汉大学出版社，2012，第93页。
⑥ 参见许维遹撰《吕氏春秋集释》卷一《孟春纪》、卷二《仲春纪》、卷三《季春纪》、卷四《孟夏纪》、卷五《仲夏纪》、卷六《季夏纪》、卷七《孟秋纪》、卷八《仲秋纪》、卷九《季秋纪》、卷十《孟冬纪》、卷十一《仲冬纪》、卷十二《季冬纪》，梁运华整理，中华书局，2009，第6、34、59、84、104、130、155、176、195、216、238、258页。
⑦ 吴镇烽编著《商周青铜器铭文暨图像集成》卷十一，上海古籍出版社，2012，第423页。

康穆宫，旦，王各（格）大（太）室"①，等等。其次，写由大工尹承王命命人制造这两种节的经过，即《鄂君启车节》之"大攻（工）尹……盥（铸）金节"、《鄂君启舟节》之"大攻（工）尹……盥（铸）金节"。再次，写使用这两种节书的权利，可以在什么情况下获得免税的权利，包括免税地点范围、货物种类、货物数量，同时也言明持节者不可运输之货物，即《鄂君启车节》之"车五十兗（乘）……就郢"，《鄂君启舟节》之"屯三舟……就郢"。再次，写这两种节书的使用方法，使用者必须携带该节，如果没有携带该节书，则要对其征税，即《鄂君启车节》之"见其金节劓（则）……不见其金节劓（则）齍（政、征）"，《鄂君启舟节》之"旻（得）其金节劓（则）……不旻（得）其金节劓（则）政（政、征）"。此外，《鄂君启舟节》在末尾又专门加上了对其运载马牛羊等物时征收货物税的规定，即"女（如）载马、牛、羊，台（以）出内（入）鬨（关）劓（则）政（征）于大齍（府），母（毋）政（征）于鬨（关）"。因此，这类节书书写格式可以概括为"该节制作下发的时间＋制造节的经过＋该节的权利及使用范围＋该节的使用方法＋对该节权利的补充（或有或无）"。

四 其他节书的书写格式及用语

这类节书有三件，分别为：

《节节》 节。②
《憼节》 惵（惵）节。③
《采者节》 采者箍节。④

这类节书铭文极为简短，看不出它们是否具有某种固定的书写格式。《节节》铭文只标出了其自身属性，仅称"节"。《憼节》中的"惵（惵）"

---

① 吴镇烽编著《商周青铜器铭文暨图像集成》卷五，上海古籍出版社，2012，第395页。按：原书作"大（格）室"应为点校错误，现更正。
② 吴镇烽编著《商周青铜器铭文暨图像集成》卷三十四，上海古籍出版社，2012，第525页。
③ 吴镇烽编著《商周青铜器铭文暨图像集成》卷三十四，上海古籍出版社，2012，第526页。
④ 吴镇烽编著《商周青铜器铭文暨图像集成》卷三十四，上海古籍出版社，2012，第528页。

应是节的定性词，因为在目前所见符节书的书写格式当中出现"节"或"符"字的，其之前紧接着的内容多为定性词，如《辟大夫虎节》"辟大夫信节"① 中"节"字之前的"信"，《杜虎符》"甲兵之符"② 中"符"字之前的"甲兵之"。至于《采者节》中的"采者旃"，如按《辟大夫信节》的命名方式分析，那么"采者"为官名，"旃"为定性词；如按《杜虎符》的命名方式分析，"采者旃"则均为定性词。那么"采者旃"中有没有可能包含人名？这种可能性较小，因为节书与符书一样通常情况下不是专为某一个人设计的，而是为官吏行使某种职能方便制作的。这些节书书写格式可以概括为"官名或定性词（或有或无）＋'节'字"。

从用语上看，战国时期节书既与律法书有些相似，具有准确性、单义性、规范性、朴实性、精练性，又有其自身特点，即虽然用语构成比较复杂，但一般情况下含义都是具体的。如对持节者身份或节性质的规定，像《憨节》中"节"前之"憨（愲）"③ 字，《采者节》中"节"前之"采者旃"④ 字，等等。再如对持节者任务及权力的规定，像《王命龙节》规定了持有者具有的传赁任务以及沿途具体享受多少补给，即"王命，命诇（传）赁（任），一檐（檐、担）飤之"⑤。这是节书用语最主要的特征。另外，节书与符书一样，用语也具有时代性。这是因为其铭文中包含重要的官职信息，而官职设置是有时代变化的，所以为了保证节书所载信息的准确传达与使用，必须随时更新。至于其他用语的特点，则因节书的国别、种类、持节者被赋予的权力等具体差异而有所不同。

小　结

除上述讨论的十三种令书书写格式之外，在战国时期很可能还存在一

---

① 吴镇烽编著《商周青铜器铭文暨图像集成》卷三十四，上海古籍出版社，2012，第543页。
② 吴镇烽编著《商周青铜器铭文暨图像集成》卷三十四，上海古籍出版社，2012，第551页。
③ 吴镇烽编著《商周青铜器铭文暨图像集成》卷三十四，上海古籍出版社，2012，第526页。
④ 吴镇烽编著《商周青铜器铭文暨图像集成》卷三十四，上海古籍出版社，2012，第528页。
⑤ 吴镇烽编著《商周青铜器铭文暨图像集成》卷三十四，上海古籍出版社，2012，第535页。按：另可参见该书第537～541页。

种特殊的令书书写格式，即"在上行文书原件上书写的批复"。它是统治者针对下属上书提出之问题，在这篇文书的原本上作出文字意见后形成的令书。它并不能算一种令书种类，只是一种特殊的书写格式。"在上行文书原件上书写的批复"可分为两部分，一部分为上行文书，一部分为统治者批复的命令。虽然至今为止并未发现战国时期这类令书的原件，但可以通过现有之史料记载，结合当时的史实及文体功能需要来分析其大致样态。由于批复针对的主要是一些已经说明了是向谁请求、请求的事情是什么，并提供了一些可行性建议的上行文书，所以君王往往只需要表示同意或不同意即可，故其回答必然是极简短的，有时甚至只用一两个字。如秦始皇命丞相、御史等议制帝号时，针对他们所上奏章作出修改之后，直接以"制曰：可"① 进行批复。在汉初也有这样的批复。如《汉书·景帝纪》载景帝元年十月下诏书让丞相、列侯、中二千石、礼官商议宗庙礼仪事务，丞相臣嘉等回奏曰："陛下永思孝道，立昭德之舞以明孝文皇帝之盛德，皆臣嘉等愚所不及。臣谨议：'世功莫大于高皇帝，德莫盛于孝文皇帝。高皇帝庙宜为帝者太祖之庙，孝文皇帝庙宜为帝者太宗之庙。天子宜世世献祖宗之庙。郡国诸侯宜各为孝文皇帝立太宗之庙。诸侯王列侯使者侍祠天子所献祖宗之庙。请宣布天下。'制曰'可'。"② 其中"制"为定性词，其应是在秦始皇改"命为'制'，令为'诏'"③ 之后才出现的，它说明这属于皇帝发布的关于制度的批复，即蔡邕曰"制书，帝者制度之命也"④。"可"表示应允了奏章所提出的一些做法。这种"在上行文书原件上书写的批复"的出现，与战国时统治者所要处理的事务陡然增多有关。虽然国家每件事务都要由君王亲自去思考与制定具体的处理方法显然不太现实，但某些君王并不愿放弃对国家的实际控制权。《史记·秦始皇本纪》载"天下之事无小大皆决于上，上至以衡石量书，日夜有呈，不中呈不得休息"⑤，即是说秦始皇之时，天下大小之事都要由他来决定，因而每天都要批改大量奏章，为此他还制定了每天的工作量，不达到此标准，

---

① （汉）司马迁：《史记》卷六，中华书局，1959，第 236 页。
② （汉）班固：《汉书》卷五，中华书局，1962，第 138 页。
③ （汉）司马迁：《史记》卷六，中华书局，1959，第 236 页。
④ （汉）蔡邕撰《独断》卷上，（明）程荣校，和刻本，影印本，第 5 页。
⑤ （汉）司马迁：《史记》卷六，中华书局，1959，第 258 页。

就不休息。由此可知君王批改奏章的任务很重，而且事务种类也很繁杂，如果每一封奏章都要在新简上书写回复命令，一是烦琐，二是增加错误率，而如果直接在臣子上书原件上批复，就可节省大量时间，而且命令所指所言一目了然。从书写格式上看，其由于由两部分性质不同的内容构成，所以并没有特定的书写规范，就其内容属性，可将书写格式概括为"上行文书格式（时间＋书写人＋'告'＋裁断者＋正文）＋定性词（'诏曰''令曰''命曰'等）＋命令信息（可或不可或修正性意见）"。在书写用语方面，其具有一定混杂性。前一部分用语与其自身文书种类属性有关，后一部分用语的主要特征是简洁，因为其本身就是为了应对大量文书难以处理的问题而产生的，出于提高处理政务效率的考虑，不太可能使用冗长的表述语言。

需要补充说明的是，战国令书被应用于一些特殊场合时，其书写格式及用语可能会有所变通。如统治者出于对某些军事令书保密的需要，会对其书写格式及用语进行特殊处理。《六韬·龙韬·阴书》就曾记载一种将文书一分为三并由不同的人分次传送以保证军事信息安全的方法，即"太公曰：'诸有阴事大虑，当用书，不用符。主以书遗将，将以书问主。书皆一合而再离，三发而一知。再离者，分书为三部；三发而一知者，言三人人操一分，相参而不知情也。此谓阴书。敌虽圣智，莫之能识。'"①

---

① 《六韬》卷三《龙韬》，载《中国兵书集成》编委会编《武经七书直解》（第10~11册），解放军出版社、辽沈书社，1990，第1227~1228页。

第五章

战国令书载体材质及规格探究

目前已知战国令书载体的材质主要有竹木、金属、玉石等三类①，不同材质又有多种形制，如竹木有简、牍（方），金属有器物、片块，玉石有碑牍、简圭等，并因令书种类、发令者、使用者等的差异在规格上有所区别，故分而论之。

第一节　以竹木简、牍（方）为载体的令书规格

战国时期以竹木简、牍（方）为载体的令书种类很多，规格也十分多样。

一　以竹木简为载体的规格

战国时期以竹木简为载体的令书种类最多，包括命书、"令"书、诏书、告书、誓书、檄书、律法书、式法书、释法书等。② 需要说明的是，

---

① 使用丝织类材质作为文书载体的现象，在战国之前也已经出现，蒋伯潜先生甚至认为在春秋时期已经出现了丝帛类载体替代简牍的萌芽。《韩非子》云"先王寄理于竹帛"，《吕氏春秋》曰"孙叔敖日夜不息，不得以便生为故，故使庄王功迹著乎竹帛，传乎后世"，其中记载先王训诫故事、庄王故事的"竹帛"中之"帛"即为丝帛一类的丝织品载体，而"理""功迹"即是其载体所载之文字内容，这些内容当中很可能包含令书成分。但由于至今未发现载有令书的战国帛书实物，故此处暂不讨论。参见蒋伯潜《诸子通考》，岳麓书社，2010，第7页。

② 竹木材质是战国时期最为常用的书写载体，是除了符书、节书、盟书中的一部分之外，令书的第一载体材质。有时出于特殊目的，令书会采用多种材质载体，如册命文书的第一载体是简册，但常被转刻在金属制器上，即杨宽先生所说"内史掌书王命，贰之者录册命的副本而藏王室，其授予受命者的简册，往往载之于彝器"。参见杨宽《西周史》，上海人民出版社，2003，第822页。

探讨战国时期以竹木简为载体的令书规格，需要将秦及秦以前的用作文书书写载体的所有竹简规格都纳入考量范围之中：一方面是因为战国令书是按命令属性对战国文书进行的一种类型划分，从不同角度看有的令书可能同时从属于按其他标准划分的类型，所以在很多情况下战国令书与其他文书的载体规格是相同的，如龙岗秦简中的律法简、岳麓书院藏秦简中的司法文书简、里耶秦简中的告书简等，并没有规格差异，这从下文的数据对比中即可看出；另一方面是由于目前发现的直接记载有不同种类令书的战国及秦代竹木简实物较少①，不得不将所有已发现的该时代的竹木简规格情况都纳入研究之中作为参考。

首先来看简的宽度和厚度。目前发现的战国及秦代竹简，按其出土地可分为秦简和楚简，它们在简的宽、厚规格上略有差异，但区别不大。先看秦简，其宽度多为 0.4～1.1 厘米，厚度为 0.1～0.2 厘米。如：

龙岗秦简简宽 0.5～0.7、厚 0.1 厘米；扬家山 135 号秦墓竹简简宽 0.5、厚 0.1 厘米；江陵王家台 15 号秦墓竹简简宽 0.7～1.1 厘米；关沮秦汉墓竹简简宽 0.4～1、厚 0.06～0.15 厘米；天水放马滩秦简简宽 0.7、厚 0.2 厘米；岳麓书院藏秦简宽 0.5～0.8 厘米。②

再看楚简，其宽度为 0.5～1.1 厘米，厚度为 0.1～0.2 厘米。如：

长沙杨家湾 M006 号墓竹简简宽 0.6 厘米；常德市德山夕阳坡 2

① 这主要是针对所有令书种类的载体情况而言，单就某一种令书的竹木简载体而言，其数量可能并不少，如律法简的数量就非常多，但命书、誓书、檄书几乎没有发现竹木简载体的实物原件，释法书、式法书也仅有《法律答问》《封诊式》等少数篇目，判决书又多为档案副本而非原件，不足以判定其具体规格情况。

② 参见骈宇骞、段书安编著《二十世纪出土简帛综述》，文物出版社，2006，第 6～13、38～50 页；陈松长《岳麓书院所藏秦简综述》，《文物》2009 年第 3 期，第 75～88 页；朱汉民、陈松长主编《岳麓书院藏秦简贰》，上海辞书出版社，2011；中国文物研究所、湖北省文物考古研究所编《龙岗秦简》，中华书局，2001；刘德银《江陵王家台 15 号秦墓》，《文物》1995 年第 1 期，第 37～43 页；湖北省荆州市周梁玉桥遗址博物馆《关沮秦汉墓清理简报》，《文物》1999 年第 6 期，第 26～47 页；甘肃省文物考古研究所、天水市北道区文化馆《甘肃天水放马滩战国秦汉墓群的发掘》，《文物》1989 年第 2 期，第 1～11、31 页。

号楚墓简简宽 1.1 厘米；湖南慈利石板村 36 号战国墓简简宽 0.4 ~ 0.6、厚 0.1 ~ 0.2 厘米；湖北江陵县藤店 1 号墓竹简简宽 0.9 厘米，江陵天星观 1 号楚墓竹简简宽 0.5 ~ 0.8 厘米；包山楚简简宽 0.8 ~ 1 厘米、厚 0.1 ~ 0.15 厘米；九店楚简简宽 0.6 ~ 0.8、厚 0.1 ~ 0.13 厘米；望山二号墓楚简简宽 0.6 ~ 0.67、厚 0.1 ~ 0.16 厘米；上海博物馆藏战国楚简除《纣衣》篇竹简宽约 0.7 厘米、《慎子日恭俭》宽 0.4 ~ 0.5 厘米外，多数竹简宽 0.6 厘米，厚 0.12 厘米。[①]

一般情况下，我们可能会认为简的长度与宽度、厚度是呈正比的，但从实际的竹简数据看，并非如此。看几个例子：关沮秦汉墓竹简中的甲、乙组简长 29.3 ~ 29.6、宽 0.5 ~ 0.7、厚 0.08 ~ 0.09 厘米，而丙组简长 21.7 ~ 23、宽 0.4 ~ 1、厚 0.06 ~ 0.15 厘米；甘肃天水放马滩秦简中的甲种《日书》最长 27.5、宽 0.7、厚 0.2 厘米，而乙种《日书》长 23、宽 0.6、厚 0.2 厘米；上海博物馆藏战国楚竹书中的《周易》《柬大王泊旱》《季庚子问于孔子》《竞公疟》《平王问郑寿篇》等篇的竹简分别长 44、

---

① 骈宇骞、段书安编著《二十世纪出土简帛综述》，文物出版社，2006，第 6 ~ 13、38 ~ 50 页；马承源主编《上海博物馆藏战国楚竹书（一）》，上海古籍出版社，2001；马承源主编《上海博物馆藏战国楚竹书（二）》，上海古籍出版社，2002；马承源主编《上海博物馆藏战国楚竹书（三）》，上海古籍出版社，2003；马承源主编《上海博物馆藏战国楚竹书（四）》，上海古籍出版社，2004；马承源主编《上海博物馆藏战国楚竹书（五）》，上海古籍出版社，2005；马承源主编《上海博物馆藏战国楚竹书（六）》，上海古籍出版社，2007；马承源主编《上海博物馆藏战国楚竹书（七）》，上海古籍出版社，2008；马承源主编《上海博物馆藏战国楚竹书（八）》，上海古籍出版社，2011；马承源主编《上海博物馆藏战国楚竹书（九）》，上海古籍出版社，2012；湖北省文物考古研究所、北京大学中文系《望山楚简》，中华书局，1995；湖北省荆沙铁路考古队编《包山楚简》，文物出版社，1991；湖北省文物考古研究所、北京大学中文系编《九店楚简》，中华书局，2000；考古研究所湖南调查发掘团：《长沙近郊古墓发掘记略》，《科学通报》1952 年第 7 期，第 493 ~ 497 页；湖南省文物管理委员会：《长沙仰天湖第 25 号木椁墓》，《考古学报》1957 年第 2 期，第 85 ~ 94、118 ~ 123 页；湖南省文物管理委员会：《长沙杨家湾 M006 号清理简报》，《文物参考资料》1954 年第 12 期，第 20 ~ 46 页；文物编辑委员会编《文物考古工作十年（1979—1989）》，文物出版社，1991，第 211 页；湖南省文物考古研究所、慈利县文物保护管理研究所：《湖南慈利石板村 36 号战国墓发掘简报》，《文物》1990 年第 10 期，第 37 ~ 47 页；荆州地区博物馆：《湖北江陵藤店一号墓发掘简报》，《文物》1973 年第 9 期，第 7 ~ 13 页；湖北省荆州地区博物馆：《江陵天星观 1 号楚墓》，《考古学报》1982 年第 1 期，第 71 ~ 115 页；荆沙铁路考古队：《江陵秦家咀楚墓发掘简报》，《江汉考古》1988 年第 2 期，第 36 ~ 43 页。

24、约 39、55、33～33.2 厘米，但宽度均为 0.6 厘米，厚度同为 0.12 厘米。这些简的长度不一，最长可达 55 厘米，最短只有 21.7 厘米，但在宽度、厚度上并无巨大差别，宽度集中在 0.4 至 1 厘米之间，厚度集中在 0.06 至 0.2 厘米之间，与多数战国及秦竹简的宽、厚规格近似，可见竹简的宽度、厚度与其长度并无必然联系。

由此看来，作为战国令书载体的竹木简宽度、厚度应该也是比较固定的，其宽度为 0.4～1 厘米、厚度为 0.1～0.2 厘米。但无论是秦简还是楚简，都有一些竹木类简牍在宽度和厚度上比较特殊，秦简如里耶秦简中的簿籍简宽 1.8～4.8 厘米，券书简宽 1.2～2.0 厘米，而一些封检不仅宽 1.8～3.3 厘米，厚度更是达到 1.3～1.8 厘米；楚简如湖北随县曾侯乙墓竹简宽 1.5 厘米左右，长沙仰天湖第 25 号木椁墓竹简厚度接近 1 厘米。这些都属于比较特殊的情况，并非战国令书使用竹简作为载体时的主流宽、厚规格。至于秦、楚两国在令书使用竹木简为载体时，宽度与厚度规格方面高度一致的原因，我们稍后再作讨论。

既然战国时期竹木简的宽度与厚度是固定的，那么可知当时的人们不以此来区分令书的等级和类型。他们以什么来区分呢？应主要是通过简的长度差别来满足这一需求。这可以从上面所举的一些例子当中看出来：载有不同内容的竹木简长度差异很大，少则差六七厘米，多的甚至可以相差 20 多厘米。也就是说，在不考虑竹木材质差异的情况下[1]，令书的等级和类型只与竹简的长度有关。

战国令书竹木简长度问题比较复杂，即使采用侯外庐先生比较笼统的说法，"古文官书，简长二尺四寸，诸子则为尺书"[2]，也会涉及采用何种"尺"的问题。因为根据谷春帆先生的研究，"先秦有两种尺，大小不同。一种长 17 厘米左右，据说是殷尺。另一种是长 22～23.10 厘米，是战国

---

[1] 竹木材质是有优劣之分的，甘肃省文物考古研究所在整理悬泉置遗址发现的竹木简牍时即说："木材初步鉴定有油松、红松、白杨、桦柳等。其质地的使用与文书的性质、内容、级别有密切关系。如油松和红松，质细而平，且不易变形，多用于级别较高的各种官府文书、诏书、律令、科品、重要簿籍的书写。白杨、桦柳，质粗而易变形，多用于一般文书的抄写。"参见甘肃省文物考古研究所《甘肃敦煌汉代悬泉置遗址发掘简报》，《文物》2000 年第 5 期，第 4～20 页。
[2] 侯外庐：《中国古代思想学说史》，岳麓书社，2010，第 14 页。按：侯外庐先生此处所说的"官书"应当包括所有的官府发布的文书，即官府颁发的书籍和法律、行政等文书。

尺，是大尺。殷尺是小尺。……这个小尺系统曾长期通行。秦始皇统一度量衡没有立刻消灭它。汉初还常见称引"①。也就是说，如果依照侯外庐先生所说的官书长二尺四寸，那么以殷尺计算其长度为 40.8 厘米左右，以战国尺计算其长度则为 52.8～55.44 厘米。那么战国令书竹木简的长度是按殷尺计算，还是按战国尺计算呢？

先看秦简的长度规格情况：

> 睡虎地秦墓竹简长度集中在 23～27.8 厘米。龙岗秦简的长度为 28 厘米。里耶秦简大部分简长 23 厘米，个别如簿籍类简长 46 厘米，券书《校券》简长 37 厘米等。江陵扬家山 135 号墓出土遣策长 22.9 厘米。江陵王家台 15 号秦墓出土竹简长度分两种，分别长 45、23 厘米。关沮秦汉墓出土竹简长度分两种，分别长 29.3～29.6、21.7～23 厘米。甘肃天水放马滩战国秦汉墓出土竹简长度分两种，分别长 27.5、23 厘米。岳麓书院藏秦简长度可以分三种，分别长约 30、27、25 厘米。②

---

① 谷春帆：《中国古代经济史中几个问题的考释（续）》，《北京大学学报》（哲学社会科学版）1980 年第 6 期，第 53～55 页。

② 骈宇骞、段书安编著《二十世纪出土简帛综述》，文物出版社，2006，第 6～13、38～50 页；陈松长：《岳麓书院所藏秦简综述》，《文物》2009 年第 3 期，第 75～88 页；朱汉民、陈松长主编《岳麓书院藏秦简贰》，上海辞书出版社，2011；睡虎地秦墓竹简整理小组编《睡虎地秦墓竹简》，文物出版社，1990；中国文物研究所、湖北省文物考古研究所：《龙岗秦简》，中华书局，2001；湖北省文物考古研究所编《里耶秦简（一）》，文物出版社，2012；孝感地区第二期亦工亦农文物考古训练班：《湖北云梦睡虎地十一号秦墓发掘简报》，《文物》1976 年第 6 期，第 1～10 页；湖北省文物考古研究所、云梦县博物馆：《湖北云梦睡虎地 M77 发掘简报》，《江汉考古》2008 年第 4 期，第 31～37 页；湖北省江陵县文物局、荆州地区博物馆：《江陵岳山秦汉墓》，《考古学报》2000 年第 4 期，第 537～562 页；刘德银：《江陵王家台 15 号秦墓》，《文物》1995 年第 1 期，第 37～43 页；湖北省荆州地区博物馆：《江陵扬家山 135 号秦墓发掘简报》，《文物》1993 年第 8 期，第 1～11、25 页；湖北省荆州市周梁玉桥遗址博物馆：《关沮秦汉墓清理简报》，《文物》1999 年第 6 期，第 26～47 页；四川省博物馆、青川县文化馆：《青川县出土秦更修田律木牍——四川青川县战国墓发掘简报》，《文物》1982 年第 1 期，第 1～13 页；甘肃省文物考古研究所、天水市北道区文化馆：《甘肃天水放马滩战国秦汉墓群的发掘》，《文物》1989 年第 2 期，第 1～11、31 页。

睡虎地秦墓竹简和龙岗秦简中的律法简、岳麓书院藏秦简中的《奏谳书》①、江陵王家台 15 号秦墓中的《效律》、里耶秦简中的《告书》，均为官书无疑，如果对应战国尺则为一尺到一尺二寸、一尺二寸、二尺、一尺，如果对应殷尺则为一尺三寸到一尺六寸、一尺六寸、二尺六寸、一尺三寸。秦简对应的战国尺寸在文献中均可找到根据，如章太炎先生在谈论古代《诗》《书》《礼》《乐》等官书制作规格时曾说："官书用二尺四寸之简书之。郑康成谓六经二尺四寸，《孝经》半之，《论语》又半之是也。《汉书》称律曰'三尺法'，又曰'二尺四寸之律'。律亦经类，故亦用二尺四寸之简。惟六经为周之官书，汉律乃汉之官书耳。"② 蔡邕《独断》论汉之策书时说："其制长二尺，短者半之。"③ 许慎《说文解字》说檄书为"二尺书"④，段玉裁认为古本应为"尺二书"⑤，即长一尺二寸。但对应殷尺所得尺寸，则多找不到文献证据，由此可知秦国令书以竹木简为载体时必然是以战国尺为衡量标准。但如果秦简用的是战国尺，那么就会出现一个问题，就是秦国律法书的长度并非以二尺四寸为主，而是以一尺或一尺二寸为主，间或有二尺。而且对比其他种类文书的竹木简长度来看，秦国使用竹木简做令书载体时没有按其种类进行特别区分，只是在书写一些重要典籍时才有所差别，即采用二尺或二尺四寸的长度。

事实果真如此吗？就目前材料，还难以定论。以里耶秦简来断定一般的告书用简规格，其准确性还比较高，但以其他数据来判断律法书、式法书、释法书等令书种类的规格，则证据不足。以律法书为例。因为目前所发现的战国及秦律法简的持有者等级并不高，只是一般的地方小官吏，所以难以判定中央官府律法书用简的规格。如睡虎地秦墓竹简的主人，睡虎地秦墓竹简整理小组认为"十一号墓的墓主很可能就是《编年纪》中提到的喜。……在秦始皇时历任安陆御史、安陆令史、鄢令史及鄢的狱吏等与司法有关的职务"⑥。"鄢吏"为一般小吏自不必说，而安陆御史、安陆令

---

① 陈松长：《岳麓书院所藏秦简综述》，《文物》2009 年第 3 期，第 75~88 页。
② 《章太炎：在苏州国学讲习会的讲稿》，杨佩昌整理，中国画报出版社，2010，第 97 页。
③ （汉）蔡邕撰《独断》卷上，（明）程荣校，和刻本，影印本，第 4 页。
④ （汉）许慎：《说文解字》卷六，中华书局，1963 年影印本，第 124 页。
⑤ （汉）许慎撰，（清）段玉裁注《说文解字注》卷六，上海古籍出版社，1981，第 488 页。
⑥ 睡虎地秦墓竹简整理小组编《睡虎地秦墓竹简·出版说明》，文物出版社，1990，第 2 页。

史、鄢令史官阶也不高。此处御史之官与秦之御史大夫、监御史不同，它在战国及秦时的职位并不高，《周礼》中为君王服务之御史也不过统领"中士八人、下士十有六人"①，更何况喜为秦国地方上的御史。至于令史，杜佑《通典》云："汉官也。……其尚书郎初与令史皆主文簿，其职一也。……旧制，尚书郎限满补县长，令史补丞尉。"② 说令史为汉官，由睡虎地秦简足证其非，但其确实是主管文簿的，其墓葬中发现的大量简牍文书即是明证。又杜佑所言均指汉代的尚书、令史，他们的地位较之战国及秦时已经大大提升，因此可以补县长、县丞之缺，其在战国及秦时恐无这样的地位，而且杜佑说的是中央令史，而非地方令史，地方令史显然地位要更低。再如龙岗秦简的主人，据胡平生《云梦龙岗六号秦墓墓主考》一文考证，"墓主名辟，……是一位腿有残疾、被判'城旦'之刑的犯人，他的腿残有可能是受刖刑所致；……服刑未完，他便去世，遂就地埋葬"③，可见他的地位更低，至死之时都非自由人。由于墓主人的官阶都不高，不是中央主管文书的官员，因此他们所掌文书多数只是文书副本，而不是原件。既然是副本，持有者就有可能只是根据其自身需要（包括自己意愿、抄写环境等）选择书写载体，令书原件规格所具有的那种等级区分作用，被无意识地模糊化了，也就是说战国令书在传达过程中，有二次制作的现象，而这在一定程度上消除了不同令书种类之间的规格差异。但如果这种在传抄不同种类令书时，使用不同规格载体的行为是被动的或被限制的呢？那么中央和地方在令书使用载体规格方面必然有严格的规定。如中央的律法书可以使用二尺四寸或者三尺的竹木简，但地方的律法书副本只能使用二尺或者一尺二寸的竹木简，胡平生《简牍制度新探》即说"律令册大概也有几种性质不尽相同的'版本'，一种是中央政府所直接颁布下达的律令册，长三尺；一种是郡国以下各级官府或个人转发或为了使用的方便根据前者抄录的册书，长度与一般文书简册相同"④。两相比较，令书使用竹木简的不同规格虽然受到一定的个人主观因素影响，但在当时

---

① （清）阮元校刻《周礼注疏》卷十七，中华书局，1980 年影印本，第 755 页。
② （唐）杜佑撰《通典》卷二二《职官四》，王文锦等点校，中华书局，1988，第 609 页。
③ 中国文物研究所、湖北省文物考古研究所编《龙岗秦简》，中华书局，2001，第 160 页。
④ 胡平生：《简牍制度新探》，《文物》2000 年第 3 期，第 72 页。

等级森严的"科层制"① 官府中，影响最大的应仍是制度。

再来看楚简的长度规格情况：

《清华大学藏战国竹简（一）》中的简的长度集中在44.4～47.5厘米，个别如《保训》简长28.5厘米；《清华大学藏战国竹简（二）》中的简长为44.6～45厘米；《清华大学藏战国竹简（三）》中的简长集中在44.7～45厘米，个别如《良臣》《祝辞》等篇简长32.8厘米。《清华大学藏战国竹简（四）》简长分三类，分别为16、35、43.5～43.7厘米。《清华大学藏战国竹简（五）》简长集中在44～49厘米。长沙仰天湖出土竹简长22厘米。长沙杨家湾出土竹简长13.5厘米。常德市德山夕阳坡2号楚墓中出土竹简长68厘米。湖南慈利石板村36号战国墓出土简长约45厘米。湖北江陵县藤店1号墓葬出土残简最长18厘米。江陵天星观1号楚墓出土竹简长68～71厘米。湖北随县曾侯乙墓出土竹简长72～75厘米。郭店楚简长度可以分三种，分别为15.1～17.1、26.4～28.3、30.6～32.5厘米。包山楚简长度分三种，分别为54.9～55.2、63.7～69.8、72.3～72.6厘米。九店楚简分两种，一种是56号墓出土简长46.6～48.2厘米，一种是621号墓残简最长22.2厘米。望山楚简一号墓均为残简，最长约39.5厘米；二号墓整简最长64.1厘米。《上海博物馆藏战国楚竹书（一）》简长集中在54.3～57厘米。《上海博物馆藏战国楚竹书（二）》简分两种，分别长42.6～46.2、54.2～55.4厘米。《上海博物馆藏战国楚竹书（三）》简长分三种，分别为39.4、44～47、53厘米。《上海博物馆藏战国楚竹书（四）》中的完简分两种，分别为24、44.2～47.5厘米，残简分三种，一种残简最长56.1厘米，一种残简最长51.6厘米，一种残简最长27厘米。《上海博物馆藏战国楚竹书（五）》中的完简分四种，分别为39、40.4～43、44.2～45、54.1～54.5厘米，残简一种长45.2厘米。《上海博物馆藏战国楚竹书（六）》简分三种，分别长32～33.9、43.5～46、54.6～55厘米。《上海博物馆藏战国楚竹书

① 赵鼎新：《东周战争与儒法国家的诞生》，夏江旗译，华东师范大学出版社、上海三联书店，2006，第76页。

（七）》中的完简分四种，分别长 33.1～33.9、40、41.6～43.7、52 厘米，残简一种长 34～47.5 厘米不等。《上海博物馆藏战国楚竹书（八）》中的完简分为四种，分别长 33.1～33.4、42～44.1、45.6～46.2、53 厘米，残简一种长 39.1 厘米。《上海博物馆藏战国楚竹书（九）》简分四种，分别长 33.1～33.3、37、43.4～44、46 厘米。①

从这些简的长度来看，楚国应该也使用的是战国尺，理由与上文所论秦简相似。其中清华大学藏战国竹简载有多篇《尚书》内容，其中的《尹诰》②《说命》③《保训》④ 等分别属于前代创制的诰书、命书、训书等令书种类，对应战国尺约长二尺、二尺、一尺二寸，也就是说除《保训》外，其他两篇前代令书与其他种类的官书长度一致，基本就是二尺；对应殷尺则分别约为二尺六寸、二尺六寸、一尺七寸。清华大学藏战国竹简中的史书《系年》⑤ 也属于官书，对应战国尺约长二尺，对应殷尺则长二尺六寸。常德市德山夕阳坡 2 号楚墓中出土竹简，对应战国尺约长三尺，对应殷尺则约长四尺。湖南慈利石板村 36 号战国墓出土简，对应战国尺约长二尺，对应殷尺则约长二尺六寸。《上海博物馆藏战国楚竹书（六）》中的三种简，对应战国尺约为一尺四寸、二尺、二尺四寸，对应殷尺则约为二尺、二尺六寸、三尺二寸等。这种殷尺对应下的楚简长度规格，无法在典籍中找到根据；但如果对应战国尺，则与传统文献记载较为符合。

---

① 参见清华大学出土文献研究与保护中心编，李学勤主编《清华大学藏战国竹简（一）》，中西书局，2010；清华大学出土文献研究与保护中心编，李学勤主编《清华大学藏战国竹简（二）》，中西书局，2011；清华大学出土文献研究与保护中心编，李学勤主编《清华大学藏战国竹简（三）》，中西书局，2012；清华大学出土文献研究与保护中心编，李学勤主编《清华大学藏战国竹简（四）》，中西书局，2013；清华大学出土文献研究与保护中心编，李学勤主编《清华大学藏战国竹简（五）》，中西书局，2015。按：其他数据来源参见上文注解。
② 参见清华大学出土文献研究与保护中心编，李学勤主编《清华大学藏战国竹简（一）》，中西书局，2010，第 133 页。
③ 参见清华大学出土文献研究与保护中心编，李学勤主编《清华大学藏战国竹简（三）》，中西书局，2012，第 122、125、128 页。
④ 参见清华大学出土文献研究与保护中心编，李学勤主编《清华大学藏战国竹简（一）》，中西书局，2010，第 143 页。
⑤ 参见清华大学出土文献研究与保护中心编，李学勤主编《清华大学藏战国竹简（二）》，中西书局，2011，第 135～200 页。

楚国虽然与秦国一样也使用战国尺，但在竹木简长度规格方面的情况要比秦国复杂得多。从上述楚国竹木简的长度分析，楚简长度与文书种类有一定关系，如清华大学藏战国竹简中的《保训》等属于前代创制的令书，《系年》为史书，长度多为二尺；湖南慈利石板村36号战国墓出土竹简内容多为史书类，长度约为二尺；① 包山楚简中的司法文书简有两种规格，一种长二尺四寸左右，一种长三尺左右。② 而在书写同种文书时，竹木简的长度则与持有者的身份有关。如长沙仰天湖的遣策只有22厘米③，对应战国尺则约为一尺；包山楚简中的遣策则长72厘米左右④，对应战国尺约为三尺一寸；而曾侯乙墓出土的遣策更是长达72~75厘米⑤，对应战国尺则约为三尺一寸到三尺二寸。三者虽同为遣策类文书，但长度差异巨大。这应是墓主人身份尊卑不同造成的，即地位越高使用的简越长，反之越短。墓主人的身份等级可从其墓葬规格及随葬器物种类、等级、数量看出。对于长沙仰天湖第25号墓墓主人，湖南省文物管理委员会说，"从他的椁棺层数、雕花木板及随葬品中的女侍俑、武士俑、铜剑等来看，都可说明它是当时楚国的贵族阶级"⑥，但包山二号墓"墓主男性，名邵𨒍，官居左尹，等级身份约合周制'大夫'级"⑦，及曾侯乙墓墓主人为当时统治一方的列侯且其葬制明显僭越了天子之制⑧，相比之下，长沙仰天湖第25号墓墓主人等级显然要低一些，其所用的遣策规格自然也低。从上面的数据可知楚国有三尺简及三尺以上的简，因此一些法律类令书可能确实要用三尺简来书写，而其他种类令书的载体长度应为二尺四寸到三尺。与秦简

---

① 参见湖南省文物考古研究所、慈利县文物保护管理研究所《湖南慈利石板村36号战国墓发掘简报》，《文物》1990年第10期，第37~47页。
② 参见湖北省荆沙铁路考古队编《包山楚简》，文物出版社，1991，第3~14页。
③ 参见湖南省文物管理委员会《长沙仰天湖第25号木椁墓》，《考古学报》1957年第2期，第85~94页。
④ 参见湖北省荆沙铁路考古队编《包山楚简》，文物出版社，1991，第3~14页。
⑤ 参见随县擂鼓墩一号墓考古发掘队《湖北随县曾侯乙墓发掘简报》，《文物》1979年第7期，第1~14页。
⑥ 湖南省文物管理委员会：《长沙仰天湖第25号木椁墓》，《考古学报》1957年第2期，第85~94页。
⑦ 湖北省荆沙铁路考古队编《包山楚简·序言》，文物出版社，1991，第1页。
⑧ 随县擂鼓墩一号墓考古发掘队：《湖北随县曾侯乙墓发掘简报》，《文物》1979年第7期，第1~14页。

相同，楚简也存在中央与地方用简的长度区别，但有时地方用简规格也有可能比较高，汉简中某些地方的简就符合"二尺四寸"的规格，如武威汉木简甲本中的《士相见》《泰射》《服传》等简，平均出土长度在 55.5～56.0 厘米。[①] 这与其文书属性有一定关系。另外，战国时期楚国令书与其他文书种类用简的长度是有差异的，如上海博物馆藏战国楚竹书多为前代令书典籍，地位接近一般的令书，其长度多为二尺到二尺四寸，郭店楚简经书典籍较小但也有一尺二寸，郭店楚简中的《语丛》和长沙杨家湾出土不明内容的竹简则只有六寸到八寸。此外，对比战国及秦代的楚简与秦简，可以发现楚国令书使用的竹木简一般要比秦国长一些，稍后分析其原因。

　　总的来说，战国令书载体在规格上有中央与地方的等级之分，中央令书用简普遍要长于地方令书用简，前者长度普遍为二尺、二尺四寸或三尺等，后者长度普遍为一尺或一尺二寸。这是大多数令书种类用简的长度规格，有些令书种类用简规格则比较特殊。如战国册命文书的长度规格。陈梦家先生采用了官书"二尺四寸"的传统说法，认为"先秦列国简书，亦如此长度"[②]，但事实恐怕并非如此。蔡邕说汉代的册命文书"其制长二尺，短者半之，其次一长一短两编"[③]，刨除其中的"一短"不论，单就其长二尺就无法对应二尺四寸。汉承秦制，其册命制度必然去古未远，至少与秦相差无几，而秦国之册命在战国时期未曾断绝，受过册封的有商鞅、吕不韦、白起、穰侯等，所以其册命文书的制作变化应该不大。因此如果陈梦家先生是正确的，战国及秦册命文书的竹木简载体用二尺四寸之长度，汉代则用二尺的长度，那么汉代对战国及秦代流传下来的册命制度必然做了较大的修改。但史书上只提到了叔孙通修礼，是否在这一制度上也进行了某些修改不得而知。不过笔者倾向于认为汉代册命文书与秦应相差无几。另外，对于檄书的规格，仅据许慎《说文解字》云"二尺书"[④]，或其他学者考证当为"尺二书"[⑤]，即认为其长二尺或一尺二寸（与战国及

---

① 王焕林：《里耶秦简校诂》，中国文联出版社，2007，第 5～6 页。

② 陈梦家：《汉简缀述》，中华书局，2004，第 293 页。

③ （汉）蔡邕撰《独断》卷上，（明）程荣校，和刻本，影印本，第 4 页。

④ （汉）许慎：《说文解字》卷六，中华书局，1963 年影印本，第 124 页。

⑤ （汉）许慎撰，（清）段玉裁注《说文解字注》卷六，上海古籍出版社，1981，第 488 页。

秦的一般公务文书尺度相类）①，尚有些勉强。

现在来分析一下前面所提的两个问题。为什么秦国与楚国在使用竹木简作为令书载体时，在简的宽度与厚度上并没有较大差别？原因可能有三。第一，与材料自身及处理技术、处理理念有关。竹子的竹龄决定了竹子的厚度，处理竹子的技术以及人们对书写载体平整度的现实需要决定了其宽度。许慎《说文解字》云"周制，寸、尺、咫、寻、常、仞诸度量，皆以人之体为法"②，即是说周代事物之尺寸规格都是按照人的身体大小来确定的，这是以舒适、便捷为目的的表现。因此在客观条件允许的情况下，竹木简的宽度和厚度必然以最适合人的书写、携带等实用功能为标准。秦、楚两国之人均认定此为最舒适之法，故都采用此种规格。第二，竹木简使用时间已经非常久远，各国在互通信息中已经逐渐达成一种默契。简册作为令书载体出现很早，至迟在商周时期已经出现，张荫麟先生通过研究殷代甲骨中出现的"册"字认为"甲骨文书中有册字，像竹简汇集之形。既有笔又有简册，可知当有写在简册上的文书"③；陈梦家先生根据殷商甲骨中出现的"乍册"一官也认为"殷代已有竹木简的册书，大约是不成问题的"④。而战国距商代已经有上千年之久，各国在长期沟通使用中形成了一些共用的制度。第三，秦、楚两国关系密切。楚国在春秋时已经开始与秦国有所交流，这种交流有和平方式也有战争方式。和平方式如曾与秦国长期通婚、结盟，《诅楚文刻石·巫咸》即曰"昔我先君穆公及楚成王，是缪（僇）力同心，两邦若壹。绊旦（以）婚姻，衿旦（以）斋盟。曰枼万子孙，毋相为不利"⑤。两国之间的战争也较多，如张仪以六百里土地骗楚怀王与齐国绝交，结果未给，就造成了楚国挥军攻秦一役。⑥这种或结盟或战争的关系使秦楚两国长期保持着联系，因此在往来通信文书的规格上也必然有所交流。这可能也是楚国各方面制度都相对特殊，但

---

① 现代所见檄书实物多为汉代之物，其形制与战国檄书有多大差别，尚难证明。可参见骈宇骞、段书安编著《二十世纪出土简帛综述》，文物出版社，2006，第55～56页。
② （汉）许慎：《说文解字》卷八，中华书局，1963年影印本，第175页。
③ 张荫麟：《中国史纲》，岳麓书社，2010，第8页。
④ 陈梦家：《殷墟卜辞综述》，中华书局，1988，第518页。
⑤ 吴镇烽编著《商周青铜器铭文暨图像集成》卷三十五，上海古籍出版社，2012，第461页。
⑥ 参见（汉）刘向集录《战国策》卷四，上海古籍出版社，1985，第133～138页。

令书也有二尺四寸、三尺等规格的原因之一。为什么秦、楚两国在用竹木简作为令书载体时，在长度上差别比较大？原因可能有三。第一，目前发现的材料不全，即秦国也有大量的长简，但是未被发现。我们目前所见的秦简以法律简、行政文书简、日书简为主，但未见与礼仪制度紧密相关的竹简，而楚国简与其长度规格差异主要就是出现在这一部分，即卜筮祭祷简。这不好用秦、楚文化差异来解释，即说楚国兴盛占卜祭祀、鬼神观念浓重，故有这类大简，秦国鬼神观念淡薄故没有这类简。因为睡虎地秦墓竹简、天水放马滩秦简等中也都有日书，而日书本就为占卜之用，所以可以说秦国这类简比较少，但如果说绝对没有，恐怕并不能令人信服。第二，材料获取难易不同。楚国地处南方湿热之地，竹产量较高，而秦国虽也有巴蜀之地产竹，但产量必定比楚要小，因此常需要用木简来作为代替品。相对而言楚国获取竹子显然更加容易，所以在战国时期文书使用量剧增造成的对载体材料的需求迅猛增加的情况下，楚国仍可以采用一些更长、更为奢侈的尺度规格，而秦国为了节约成本，需要对载体原材料进行合理节省。第三，思想观念差异。秦本属周之侯国，所以其文书规格与周相差无几，而楚国本不在周文化范围圈内，可能出于保持自己文化独立性的考虑，故意要与周王朝的竹木简载体规格加以区别。楚王熊渠就曾主动将楚国的等级制度与周王朝加以区别，将其三子都封为王，即《史记·楚世家》云："熊渠曰：'我蛮夷也，不与中国之号谥。'乃立其长子康为句亶王，中子红为鄂王，少子执疵为越章王，皆在江上楚蛮之地。"[①] 楚国这种文化独立性的需求，极有可能延伸到承载其核心统治意识的令书载体规格之上，其中甚至还有打压周文化的目的，故楚简一般比周王朝属国的简要更长、更大。

二 以竹木牍（方）为载体的规格

牍（方）是战国令书选用竹木材质作为载体时的另一种常用形制。有些学者将牍与方分开研究[②]，但实际上两者差别并不大，许慎《说文解字》

---

① （汉）司马迁：《史记》卷四〇，中华书局，1959，第 1692 页。
② 《二十世纪出土简帛综述》所引李均明《简牍文书学·简牍素材》一文即将方与牍并举，而且该书也采取了这一观点。可参见骈宇骞、段书安编著《二十世纪出土简帛综述》，文物出版社，2006，第 50～53 页。

云"牍，书版也"①，《史记集解》引如淳语曰"方，版也，谓书事在版上者也"②，可以统称为"牍"，即段玉裁《说文解字注》说"牍专谓用于书者，然则《周礼》之版，《礼记》之方皆牍也"③。牍与方的差别可能仅体现在各自的长宽比例上，即牍的长宽比要大于方的长宽比，故此处不对两者加以区分。牍（方）长度取值范围要略小于竹木简的长度取值范围，其长度多为战国尺的一尺或二尺，在宽度、厚度方面也与竹木简有较大差别。目前所见战国及秦的竹木牍实物数量不多，且以秦牍为主，列举其规格数据如下：

> 青川木牍两件，M50：17 号，长 46、宽 3.5、厚 0.5 厘米；M50：16 号，长 46、宽 2.5、厚 0.4 厘米。龙岗秦简木牍，长 36、宽 3.2、厚 0.5 厘米。湖北云梦睡虎地秦墓两件木牍，木牍 M4：11，长 23.1、宽 3.4、厚 0.3 厘米，木牍 M4：6，残长 17.6、宽 2.6、厚 0.3 厘米。里耶秦简中多数简牍长 23、宽 1.4～5 厘米，又 8－455 号木方长 12.5、宽 27.4 厘米。江陵岳山秦汉墓木牍两件，M36：43 号，长 23、宽 5.8、厚 0.55 厘米，M36：44 号，长 19、宽 5、厚 0.55 厘米。江陵王家台 15 号秦墓竹牍，残长 21、宽 4 厘米。关沮秦汉墓木牍，长 23、宽 4.4、厚 0.25 厘米。包山楚简木牍一件，数据不详。④

上文已经说过，秦国采用的是战国尺，所以这些竹木牍数据，应按战国尺计算。其中青川木牍所载为秦武王发布更修为田律的法令，长二尺；龙岗秦简所载为对辟死罪行的判决书，长一尺五寸余；江陵岳山秦汉墓 M36：44 号木牍所载内容为日书，长一尺。说明载体是否采用木牍形制与文书种类没有必然联系，但在规格上会有所区别。另其他诸牍所载多为地方行政文告含告令或书信等，长度为一尺左右，如湖北云梦睡虎地秦墓出

---

① （汉）许慎：《说文解字》卷七，中华书局，1963 年影印本，第 143 页。
② 参见（汉）司马迁《史记》卷九六，中华书局，1959，第 2675 页。
③ （汉）许慎撰，（清）段玉裁注《说文解字注》卷七，上海古籍出版社，1981，第 576 页。
④ 青川木牍数据参见四川省博物馆、青川县文化馆《青川县出土秦更修田律木牍——四川青川县战国墓发掘简报》，《文物》1982 年第 1 期，第 13 页。按：其他数据来源参见前文注释。

土的两件木牍、里耶秦简中的多数简牍等，只有一件里耶秦简 8 - 455 号木方形制比较特殊，长半尺左右，所载为有关更改君王称号问题的上行文告。① 从这些数据分析，可以得出几点结论：第一，与竹木简情况相似，竹木牍的宽度、厚度与其长度关系不大；第二，竹木牍厚度虽然比竹木简略大，不过不同竹木牍之间相差很小，多在 0.3 至 0.55 厘米，说明竹木牍的厚度取值比较固定；第三，不同竹木牍之间的宽度相差很大，最窄的只有 1.4 厘米，最宽的却有 27.4 厘米，说明其宽度并不固定。

不过有几个问题需要分析：为什么竹木牍的长度取值范围小于竹木简的长度取值范围？为什么竹木牍的宽度会相差如此之大？为什么竹木牍的厚度要超过竹木简？这些问题看似各自孤立，却相互关联。

竹木牍的长度取值范围之所以被包含于竹木简的长度取值范围之中，是因为其是为弥补竹木简载体功能不足而产生的。战国令书制作者选择竹木材质时，主要根据字数的多少来决定是使用简还是使用方（牍），即《仪礼·聘礼》言："百名以上书于策，不及百名书于方。"② 就实际发现的牍（方）来看，这一说法并不准确，多数牍（方）所载字数在百字之上，而且采用了双面书写的方式，如包山竹简竹牍载 154 字③，再如睡虎地秦墓出土的木牍载 200 字左右④，这说明书写载体形制与文书内容篇幅有直接关系。战国令书制作者选择竹木材质载体形制时的真正标准可能是，篇幅较短，即在牍（方）双面足以完成书写的，则采用牍（方）；篇幅较长，牍（方）双面无法满足书写要求的，则用简册。因此，篇幅通常比较长的律法书、式法书、释法书等令书采用简册来书写，篇幅较短的命书、"令"书、诏书、告书、誓书、檄书等令书种类则可以采用牍（方）来进行书写。可是，既然竹木材质所载内容篇幅有这样的标准，那么为什么竹木牍还会有不同的长度呢？这当与竹木简采用不同长度的原因相同，

① 朱红林先生认为："里耶秦简 8 - 455 木方属于官员个人抄录的有关秦统一之际有关文书用语的汇集。"参见朱红林《里耶秦简 8 - 455 号木方研究——竹简秦汉律与〈周礼〉比较研究（七）》，《井冈山大学学报》（社会科学版）2011 年第 1 期，第 125 页。

② （清）阮元校刻《仪礼注疏》卷二四，中华书局，1980，第 1072 页。

③ 湖北省荆沙铁路考古队编《包山楚简》，文物出版社，1991，第 14 页。

④ 湖北孝感地区第二期亦工亦农文物考古训练班：《湖北云梦睡虎地十一座秦墓发掘简报》，《文物》1976 年第 9 期，第 51~61 页。

主要是为了区分令书种类和等级，如记载秦武王诏书的青川木牍，其长度就是二尺，其规格明显要高于长一尺五寸余载写地方判决书的龙岗秦简木牍或长一尺载写秦地方告书的里耶秦简竹木牍。牍（方）采用的规格制度是等级越高的令书载体越长，反之越短。后世其他文书亦是如此，如在西汉与匈奴往来通信中，匈奴为显示自己的高大地位，就使用了比西汉一方来信更长、更大的牍（方），即《史记》云："汉遗单于书，牍以尺一寸，辞曰'皇帝敬问匈奴大单于无恙'，所遗物及言语云云。中行说令单于遗汉书以尺二寸牍，及印封皆令广大长，倨傲其辞曰'天地所生日月所置匈奴大单于敬问汉皇帝无恙'，所以遗物言语亦云云。"①

既然是为了区分等级，显示发令者地位的不同，且是竹木简形制的扩展，那么战国时期的最高统治者在使用牍（方）时，为什么不采用竹简长度的顶级制度即三尺或三尺以上的标准？原因可能有二。一是与我们发现的竹木牍（方）材料自身属性有关。目前所见竹木牍（方）主要属于秦国，而秦国竹木简也没有发现三尺或三尺以上的，所以秦国可能本就没有或较少有三尺及三尺以上的简牍。但楚国有没有三尺或三尺以上的竹木牍（方）现在还较难判断，因为现在发现的楚牍仅有一块，而楚国有大量三尺以上的竹木简，所以楚国竹木牍（方）可能有三尺及以上的。二是与竹木牍（方）载有的内容篇幅有关。在当时通行字体大小之下，竹木牍（方）本身所能载有的文字并不少，多的可以达到200字，如果不是特别长的命令文字内容，那么二尺左右的长度已经完全够用，不需要过长。如果这一理由成立，那么可以说秦、楚两国应该都没有或较少有三尺或三尺以上的竹木牍（方）。不过比较言之，笔者更倾向于第一种解释。

那么竹木牍（方）为什么又会有不同的宽度呢？这主要是实际书写内容的需要，即篇幅的长短决定的。令书种类和等级确定之后，竹木牍（方）的长度就会被确定下来，那么能够影响其承载内容多少的因素就主要是宽度了，所以令书文字内容越多，其宽度也会越大，但令书制作者对其宽度的增大不是无限制的，那种像里耶秦简中8－455号木方将宽度加大到27.4厘米的情况，必然是极少的，同样篇幅的文字，其首选载体应是简

---

① （汉）司马迁：《史记》卷一一〇，中华书局，1959，第2899页。

册。当然牍（方）的宽度也和书写文字的大小、字距、行距等有一定关系，但并不主要。

竹木牍（方）为什么通常比竹木简要厚呢？应主要是实用原因造成的。竹木简主要是以成"卷"的编联形式出现的，这样的形式便于保存，竹简之间相互依靠，不容易被折断或损毁；竹木牍（方）则多是单片出现，如果不采用增加其厚度的做法，那么在传递过程中，竹木牍（方）很容易被折断损毁。所以在一定程度上增加其厚度，完全是为了便于保存。那么为什么竹木牍（方）的厚度多在 0.3 至 0.55 厘米，而不采用更厚的规格呢？一是与制作竹木牍（方）的材质有关。我们知道，木牍（方）主要是仿制竹牍（方）产生的，其厚度也主要是仿制竹牍（方），所以木牍（方）的厚度在一定程度上取决于竹牍（方）的厚度标准，而竹牍（方）之所以选择这个厚度范围，可能是因为这个范围内的竹子取材比较容易。二是这种厚度的竹木牍（方）已经具有了相当的抗折压能力，完全达到了在传递过程中对载体保存的要求。这两方面原因决定了其所采用的厚度取值标准。

在竹木简、牍（方）之外，战国令书有时可能还会用到一些形制规格比较特别的竹木材质载体。如用于臣子记载君王口头命令的笏有时也可以用竹木制作，顾炎武《日知录·主簿》曰："古有简策以记事，若在君前，以笏记事。"① 又《礼记·玉藻》云："天子以球玉，诸侯以象，大夫以鱼须文竹，士竹本、象可也。……造受命于君前，则书于笏。……二尺有六寸，其中博三寸，其杀六分而去一。"② 可知臣子在君前受命时，要把命令写在笏上面，天子、诸侯、大夫、士要分别以玉球（玉石材质）、象牙（因非普遍文种所用载体，故未单独分类）、竹木等制作笏板，但在形制规格上似乎并无区分，均采用长二尺六寸、宽三寸的制式。由此可知令书的种类和等级与笏的形制规格没有直接关联。再如觚，在里耶秦简中有少量发现，其在战国时或可用于发布檄书。据数量较多的汉代觚用途分析，它

---

① 顾炎武云："《主簿》：《周礼》'司会'注'主计会之簿书。'疏云：'簿书者，古有简策以记事，若在君前，以笏记事。后代用簿，簿，今手版。故云吏当持簿，簿则簿书也。'"参见（清）顾炎武《日知录校释》，张京华校释，岳麓书社，2011，第976页。

② （清）阮元校刻《礼记正义》卷三○，中华书局，1980年影印本，第1480页。

虽主要用于抄写字书，但有时也用作檄书的载体，如府檄、警备檄。① 觚为多面体，"正面削出五至六个坡面，背面平整，长二三厘米"②，与简牍形制差别很大，但长度区别不大，属于一般地方官府公文所用简牍的长度规格，相当于战国尺的一尺。

第二节　以金属器物、片块为载体的令书规格

战国时期使用金属材质作为载体的令书种类有命书、诏书、告书、符书、节书等，且由于各自铸造目的不同，规格差异较大。

一　以金属器物为载体的规格

战国时期以金属器物为载体的令书种类有命书、诏书、告书等。这些令书被刻铸于金属载体之上，一般起的只是记录事件或讲述铸造该器物原因的作用，但几种令书刻铸于器物之上的铭文内容差异，对载体器物的形制与规格又有一定影响。

刻铸于器物之上的命书，多非原文，而是经过某些变化的，最为常见的一种变化即是加了一些叙事或赞美君王让子孙永保所铸器物的器铭。添加叙事的，如记载齐侯命太子赏赐洹子孟姜在其舅丧事上可用某些祭祀物品命令的《洹子孟姜壶甲》（又称《齐侯罍》）③，"齐厌（侯）女罹（雷）希（聿）丧其殴（舅），齐厌（侯）命大（太）子乘遽来句宗百（伯），圣（听）命于天子曰：……于上天子用璧玉备，一嗣（笥），于大无嗣（司）折（誓）、于大嗣（司）命用璧、两壶、八鼎，于南宫子用璧二备，玉二嗣（笥），鼓钟一肆。……用御尔事"；④ 添加器铭的，如记载齐灵公

---

① 参见裘锡圭《〈居延汉简甲乙编〉释文商榷（续六）》，《人文杂志》1983 年第 6 期，第 97～99 页；王伦信《"觚"与简牍时代的习字材料》，《基础教育》2011 年第 6 期，第 120～124 页；骈宇骞、段书安编著《二十世纪出土简帛综述》，文物出版社，2006，第 53～55 页；吴然《汉代简牍中的觚》，硕士学位论文，首都师范大学，2013。

② 湖南省文物考古研究所编著《里耶秦简（一）·前言》，文物出版社，2012，第 1 页。

③ 吴镇烽将该器物定在春秋晚期，但其采用历史分期标准与本书不同，其春秋晚期即本书之春秋战国之交或战国早期。

④ 吴镇烽编著《商周青铜器铭文暨图像集成》卷二十二，上海古籍出版社，2012，第 423 页。

册命庚一事的《庚壶》①，"隹（唯）王正月初吉丁亥，殷王之孙，右币（师）之子武吊（叔）曰庚，睪（择）其吉金，台（以）盥（铸）其滐（盥）壶。齐三军围釐（莱），冉（崔）子辖（执）鼓，庚大门之，辖（执）者獻（献）于霁（灵）公之所。公曰：甫甫（庸庸），离（赏）之台（以）邑，嗣（嗣）衣、裘、车、马，……曰：不可多也，天□□□□受（授）衣（汝）"②。西周、春秋时期同类器物也有类似情况。如《五年师旋簋丙》中之"旋叔（敢）易（扬）王休，用乍（作）宝殷（簋），子子孙孙永宝用"③、《吕簋》中之"吕对揚（扬）天子休，用乍（作）文考障（尊）殷（簋），邁（万）年宝用"④、《即簋》中之"即叔（敢）对揚（扬）天子不（丕）显休。用乍（作）朕（朕）文考幽吊（叔）宝殷（簋），即甘（其）万年子子孙孙永宝用"⑤ 等等。

之所以存在此现象，是因为这些刻铸于金属器物上的命书多数情况下并非发令者为传达命令信息而作，而是受令者为记录、夸赞、传颂其自身或祖宗功绩而铸造。它们属于命书的副本，因此其载体形制规格并没有固定规律。就是说，这些命书副本载体器物的形制规格，基本只与器物自身使用目的有关，而与发令者身份、令书种类及命令内容没有太大关系。如同样是记载册命文书有形制为簋的，如《五年师旋簋丙》《吕簋》《哉簋盖》⑥《即簋》等，也有形制为鼎的，如《南季鼎》⑦《卅二年迷鼎甲》⑧等，甚至还有瓦片形制的，如《宗邑瓦书》⑨（非金属材质）等。而且即使是同样形制，刨除该器物的花纹、配饰等不论，其大小规格也有很大差距，以上文所举诸簋为例，其他《五年师旋簋丙》"通高24.5、口径23.4、腹深10.5厘米"⑩，《哉簋盖》"通高2.5、腹深1.4、径7寸"⑪（约

---

① 与《洹子孟姜壶甲》（《齐侯罍》）的断代问题一致。
② 吴镇烽编著《商周青铜器铭文暨图像集成》卷二十二，上海古籍出版社，2012，第433页。
③ 吴镇烽编著《商周青铜器铭文暨图像集成》卷十一，上海古籍出版社，2012，第326页。
④ 吴镇烽编著《商周青铜器铭文暨图像集成》卷十一，上海古籍出版社，2012，第341页。
⑤ 吴镇烽编著《商周青铜器铭文暨图像集成》卷十一，上海古籍出版社，2012，第423页。
⑥ 吴镇烽编著《商周青铜器铭文暨图像集成》卷十一，上海古籍出版社，2012，第421页。
⑦ 吴镇烽编著《商周青铜器铭文暨图像集成》卷五，上海古籍出版社，2012，第258页。
⑧ 吴镇烽编著《商周青铜器铭文暨图像集成》卷五，上海古籍出版社，2012，第395页。
⑨ 吴镇烽编著《商周青铜器铭文暨图像集成》卷三十五，上海古籍出版社，2012，第508页。
⑩ 吴镇烽编著《商周青铜器铭文暨图像集成》卷十一，上海古籍出版社，2012，第326页。
⑪ 吴镇烽编著《商周青铜器铭文暨图像集成》卷十一，上海古籍出版社，2012，第421页。

合高 8.25 厘米、腹深 4.62 厘米、径 23.1 厘米），《即簋》"通高 15、口径
22.9、腹深 12.6 厘米"①，等等。三者高、腹深、口径相差颇大，但并无
证据显示，这与持有者的身份有直接关系，而且其上所载也均为册命文
书，所以也看不出令书文种与载体尺寸规格之间有何关系。但如果说命书
与其金属载体形制毫无关系，也有些不妥，因为目前所见册命文书载体形
制以鼎、簋居多，只是在具体尺寸规格上各依所需而有不同。这与时人比
较重视鼎、簋，以其为国之重器的观念有关。

　　与多数铸刻于金属器物之上的册命文书采用添加器铭方式来发挥其记
述事件的功能不同，一些载有君王口头命令（诏告类令书）的金属器物，
则直接用令书原文或稍加节省的方法来达到记述事件的目的。不过这些铸
刻的文字内容，基本也是起器铭作用，不具有直接传达君王命令的功能，
因此其载体规格也是以器物本身的使用性为基础，而与发令者身份、令书
等级及种类等因素无关。如春秋晚期或战国早期的《越王嗣旨不光剑》
载："戉（越）王戉（越）王，旨（嗣）旨不光，自乍（作）用攻（?）。
台（嗣）戉（越）不光佳（唯）曰：可，乍（作）于元用釡（剑）。"②
其记录的是越王决定将某件物品制作成自己佩剑的口头命令。它本身即是
作为器铭出现的，目的在于说明铸造该剑的缘由，而非传达命令，因此其
具体形制与令书种类关系不大。虽然其形制与发令者身份有一定关系，但
这种关系比较弱，因为即使其上未刻有任何铭文，作为越王佩剑也要采用
如此形制规格。不过其与令书内容有一定关系，即越王命令要做的是
"剑"，即是说铸造之物，无论采用何种规格，其基本器形都应是剑。再
如，战国早期越国《者汈镈》载："隹（唯）戉（越）十有九年，王曰：
者汈，女（汝）亦虔秉不汭泾，用禹刺（烈）粒（壮），光之于聿（肆），
女（汝）其用丝（兹），妥（绥）安乃耇（寿）。"③ 这是一件记载越王赏
赐者汈的口头命令的器物。作为一件乐器，其制作主要是以奏鸣音乐为目
的，而所铸铭文不过是附带，因此其形制"通高 39.7、钮高 11、舞修 22、

①　吴镇烽编著《商周青铜器铭文暨图像集成》卷十一，上海古籍出版社，2012，第 423 页。
②　吴镇烽编著《商周青铜器铭文暨图像集成》卷三十三，上海古籍出版社，2012，第 312 页。
③　吴镇烽编著《商周青铜器铭文暨图像集成》卷二十九，上海古籍出版社，2012，第 238 页。

铣间 26 厘米"①，与发令者身份、令书种类及等级关系不大。因为镈作为日常使用的一种礼仪乐器有其惯用制作标准，不可能因为其他因素而牺牲其固有功能形制要求。当然有时虽然铸造的器物本身只是附带品，铸刻铭文才是主要目的，但铭文中规定的载体器形，仍主要是被时人认可的具有实际功用的原有器形所决定。如战国时期的《冉征钺》（又名《南疆征》《钲铁》），其铭文曰："叕子孙，余吊（冉）鼗（铸）此钲钺，女（汝）勿襄（丧）勿散（败）。"② 其铭文的大意是说：叕的子孙们，我铸造此钲钺，你们不要丢失也不要损坏。这就是说，将这件器物铸造成钲钺其实是由令书内容决定了的，不可以选择别种形制，而钲钺本身有其固定形制。也就是说，尽管发令者在选择令书载体形制规格上具有较大的能动性，如其可以选择将载体制作成鼎、簋、盘等器物，甚至可以任意改变这一器物的尺寸大小，但是无法改变这一器物的基本样式。因为器物样式是先于发令者主观意识而产生的文化共同体认知所决定的，除非其创造出一种新的器物形制。

部分诏书以金属器物为载体时，其载体规格与发令者身份、令书等级和种类的关系也不大，但与令书内容具有一定关系。以铸刻始皇廿六年诏书的金属器物为例。

> 量器：商鞅方升③，长方体，直壁平底，后有长方形柄，通长18.7、内壁平均长 12.4774、内壁平均宽 6.9742、深 2.2323 厘米，重0.7 公斤，容积 202.15 毫升；始皇方升④，长方体，直口方唇，平底，一短边上有上平下圆的实心柄，通长 17.5、口长 14、宽 7.8 厘米；始皇诏椭量⑤，椭圆形，直口有唇、平底，一边有上平下圆的筒状柄，通长 24.6、高 4.8、口长 17.8、口宽 9.8 厘米，容积 490 毫升。衡权：始皇诏权（又称廿六年诏权）⑥，圆顶上有鼻钮，平底，体有十四道瓜

---

① 吴镇烽编著《商周青铜器铭文暨图像集成》卷二十九，上海古籍出版社，2012，第 238 页。
② 吴镇烽编著《商周青铜器铭文暨图像集成》卷二十九，上海古籍出版社，2012，第 516 页。
③ 吴镇烽编著《商周青铜器铭文暨图像集成》卷三十四，上海古籍出版社，2012，第 274 页。
④ 吴镇烽编著《商周青铜器铭文暨图像集成》卷三十四，上海古籍出版社，2012，第 278 页。
⑤ 吴镇烽编著《商周青铜器铭文暨图像集成》卷三十四，上海古籍出版社，2012，第 281 页。
⑥ 吴镇烽编著《商周青铜器铭文暨图像集成》卷三十四，上海古籍出版社，2012，第 329 页。

棱，高 8.5、底径 12 厘米，重 4995 克；始皇诏权[①]，半球形，上有鼻钮，高 5.6、底径 8.6 厘米，重 1247 克；始皇诏权[②]，馒头形，上有鼻钮，体有十四道瓜棱，高 3、底径 4.3 厘米，重 252 克。

由上可知，同一篇始皇诏书并没有固定的载体形制规格，仅从大体上可以分为量器与衡权，即使同类器物在具体形状上也有差别，如量器中有椭量与方升的区别，诏权有半球形与馒头形的区别，尺寸也是各异，可见这些令书载体形制规格与发令者的身份、等级并无直接联系。它们在形制规格上的区别主要是现实社会不同的功能需求造成的，如现实需要多少升的量器或多大的衡权就在多少升的量器或多重的衡权上铸刻诏书铭文。那是不是说这些金属量器、权衡的规格与始皇诏书没有任何关系呢？不是。它们与令书内容有关。始皇廿六年诏书针对的是度量衡的改革，所以选择作为载体的器物必然属于度量衡。只是由于度量衡器物形制规格较多才出现了同一诏书载体形制规格差异较大的现象。

那么刻铸始皇诏书的金属板有没有统一的规格呢？也应没有。如始皇诏版[③]，长方形平板，四角有小钉孔，长 10、宽 6.5、厚 0.2 厘米；始皇诏版[④]，长方片形，四角各伸出一个圆头，上有钉孔，长 9.5、宽 7.8 厘米；始皇诏版[⑤]，长方形铜片，四面中部各有一个凸嘴，上有一个钉孔，通高 11.6、宽 7.3 厘米。虽然这些金属板在形制上具有某些共同点，如基本为长方形、其上都有钉孔等，但在长度、宽度上略有差别。这可能说明这些诏版在制作时没有统一的规格标准，甚至不是同样的人员设计的。它们只是各地受令者根据秦始皇诏令要求，在其管辖区域内的度量衡器物上镶嵌诏书，设计的诏版大小则要依每一载体的具体情况而定，如器物较大，诏版可能就相对较大，反之则较小。

那么有没有金属器物载体本身的使用目的或设计目的就是更好地传达

① 吴镇烽编著《商周青铜器铭文暨图像集成》卷三十四，上海古籍出版社，2012，第 332 页。
② 吴镇烽编著《商周青铜器铭文暨图像集成》卷三十四，上海古籍出版社，2012，第 334 页。
③ 吴镇烽编著《商周青铜器铭文暨图像集成》卷三十四，上海古籍出版社，2012，第 415 页。
④ 吴镇烽编著《商周青铜器铭文暨图像集成》卷三十四，上海古籍出版社，2012，第 416 页。
⑤ 吴镇烽编著《商周青铜器铭文暨图像集成》卷三十四，上海古籍出版社，2012，第 421 页。

诏令内容呢？有，只是数量比较少，如战国中期兆域图铜版①。其上所载的是中山国王对建造陵墓人员所下命令，属于"诏体告书"，长96、宽48、厚0.8厘米，重达32.1公斤。其载体制作目的就在于更好地传达中山国王的命令，而不具有实用性。因发令者为一国君王，所以设计的载体规格非常高，采用了金银片镶嵌工艺。又为了更好地使受令者知晓发令者的命令信息，图版上不仅用阳文刻铸了国王诏书的原文内容，还用图形标画出了墓室的具体样式，并在所画墓室的线条中间注明了墓室各部位的名称、大小、间距位置。不过，这只是一个特例，不具有普遍意义，不能据此来推断诏书包含"诏体告书"使用金属材质载体时的普遍规格样式。

二　以金属片块为载体的规格

以金属片块为载体的令书种类主要是符书、节书等。它们与以金属器物为载体的几种令书有本质不同，因为这两种令书之所以能够成为独立的令书文种，不仅与自身携带的铭文有关，也与其载体形制有直接关系，也就是说，如果将其载体换成其他形制器物，也许仍有令书效力，但已经不再是符书、节书。至于战国时期符书、节书的金属片块载体的规格到底如何，虽然由于目前发现的战国及秦的符书、节书总数不过三四十件，且分属多个国家，尚难进行比较精确的论断，但通过仔细对比这些金属片块上铭文与其形制之间的关系，仍能得出如下一些较为可信的结论。

第一，符书、节书的形制与其用途有所关联。采用动物造型两爿制式的符书大都属于军事用途。如亡纵熊节②，立熊形，两爿组成；乘虎符③，虎形，中剖为二；韩将庶虎节④，伏虎形，中剖为二；辟大夫虎节（辟大夫虎符）⑤，卧虎型、中剖为二；雁节⑥，大雁卧姿，中剖为二；阳陵虎

---

① 吴镇烽编著《商周青铜器铭文暨图像集成》卷三十五，上海古籍出版社，2012，第96页。
② 吴镇烽编著《商周青铜器铭文暨图像集成》卷三十四，上海古籍出版社，2012，第527页。
③ 吴镇烽编著《商周青铜器铭文暨图像集成》卷三十四，上海古籍出版社，2012，第530页。
④ 吴镇烽编著《商周青铜器铭文暨图像集成》卷三十四，上海古籍出版社，2012，第542页。
⑤ 吴镇烽编著《商周青铜器铭文暨图像集成》卷三十四，上海古籍出版社，2012，第543页。
⑥ 吴镇烽编著《商周青铜器铭文暨图像集成》卷三十四，上海古籍出版社，2012，第544～545页。

符①，伏虎形，左右胶合；栎阳虎符②，伏虎形，左右胶合；新郪虎符③，伏虎形，两爿组成；杜虎符④，走虎形，两爿组成；骑传马节⑤，马形，两爿组成；齐节大夫马节⑥，立马形，存半边；等等。它们采用了熊、虎、雁、马等动物的造型，且为两爿组成，结合各自铭文，如新郪虎符"甲兵之符"⑦、栎阳虎符"甲兵之符"⑧、阳陵虎符"甲兵之符"⑨、杜虎符"甲兵之符"⑩ 等，可知其与军事有关。其中乘虎符铭文残损严重，仅剩几个与军事相关的"乘"字，⑪但结合其一剖为二的制作方式及老虎造型，笔者认为它也应属于军事用途。

采用动物造型，但非采用两爿式制作方式的节书，其用途与采用动物造型的符书相似，可能仍是偏向或兼军事用途。例如采者节⑫，龙首形，单片；王命虎符⑬，卧虎形，单片；王命虎符⑭，卧虎形，单片；王命龙节⑮，扁平长方形，上端龙首形，单片；鹰节⑯，飞鹰形，单片；等等。结合其铭文，此处以王命虎符为例，"王命，命逪（传）赁（任）"⑰，可知其本为规定各处传舍对持节者提供给养之事，而使者既可以用于军事活动，也可以用于非军事活动。至于其他诸节铭文内容可参见前文。而不采

---

① 吴镇烽编著《商周青铜器铭文暨图像集成》卷三十四，上海古籍出版社，2012，第 548 页。
② 吴镇烽编著《商周青铜器铭文暨图像集成》卷三十四，上海古籍出版社，2012，第 549 页。
③ 吴镇烽编著《商周青铜器铭文暨图像集成》卷三十四，上海古籍出版社，2012，第 550 页。
④ 吴镇烽编著《商周青铜器铭文暨图像集成》卷三十四，上海古籍出版社，2012，第 551 页。
⑤ 吴镇烽编著《商周青铜器铭文暨图像集成》卷三十四，上海古籍出版社，2012，第 526 页。
⑥ 吴镇烽编著《商周青铜器铭文暨图像集成》卷三十四，上海古籍出版社，2012，第 529 页。
⑦ 吴镇烽编著《商周青铜器铭文暨图像集成》卷三十四，上海古籍出版社，2012，第 550 页。
⑧ 吴镇烽编著《商周青铜器铭文暨图像集成》卷三十四，上海古籍出版社，2012，第 549 页。
⑨ 吴镇烽编著《商周青铜器铭文暨图像集成》卷三十四，上海古籍出版社，2012，第 548 页。
⑩ 吴镇烽编著《商周青铜器铭文暨图像集成》卷三十四，上海古籍出版社，2012，第 551 页。
⑪ 吴镇烽编著《商周青铜器铭文暨图像集成》卷三十四，上海古籍出版社，2012，第 530 页。
⑫ 吴镇烽编著《商周青铜器铭文暨图像集成》卷三十四，上海古籍出版社，2012，第 528 页。
⑬ 吴镇烽编著《商周青铜器铭文暨图像集成》卷三十四，上海古籍出版社，2012，第 531 页。
⑭ 吴镇烽编著《商周青铜器铭文暨图像集成》卷三十四，上海古籍出版社，2012，第 532 ~ 534 页。
⑮ 吴镇烽编著《商周青铜器铭文暨图像集成》卷三十四，上海古籍出版社，2012，第 535 ~ 541 页。
⑯ 吴镇烽编著《商周青铜器铭文暨图像集成》卷三十四，上海古籍出版社，2012，第 546 ~ 547 页。
⑰ 吴镇烽编著《商周青铜器铭文暨图像集成》卷三十四，上海古籍出版社，2012，第 534 页。

用动物造型，采用一体设计的节书，则基本用于非军事活动或较少用于军事活动，如节节①，近似长方形，单片；懺节②，长方形，单片；鄂君启车节③，剖开竹节形，单片；鄂君启舟节④，剖开竹节形，单片；等等。通过鄂君启车节的铭文可以知道，它是商人持有的在一定情况下免税的凭证。又铭文云"母（毋）载金、革、黾（箐）筹（箭）"⑤，即限制了持节者对金属、皮革、箭等货物的运输。而金属可以制作兵器，皮革可以制作战甲，箭本身就是军事武器，因此对这些物品的禁运足以说明其非军事性。虽然因为节节、懺节铭文字数过少，无法对其用途做出具体判断，但通过它们与动物形制符节书造型上的区别，笔者倾向于认为它们只是一般的行政用途身份凭证，不用于军事活动。

那么为什么用于军事活动的符节要采用虎、鹰、雁、马等动物造型，而用于非军事活动的符节则不采用动物造型呢？原因可能有三。

其一，战国时期各国官府为了区分不同符节书的用途或使用范围有意为之。战国时期国家的军队、社会管理理论已经较为发达，如《尉缭子·虎韬·经卒令》云"经卒者，以经令分之，为三分焉：左军苍旗，卒戴苍羽；右军白旗，卒戴白羽；中军黄旗，卒戴黄羽。卒有五章：前一行苍章，次二行赤章，次三行黄章，次四行白章，次五行黑章"⑥，即讲了如何通过不同旗帜、徽章来区分不同的军队，从而使管理、指挥更加清晰。这种管理细化要求必然有助于推动其在信息传达载体形制上的某种区分。另一方面可能也有明晰信息种类的用意。符节本就是命令信息的载体，从外形上对其加以区分，有助于受令者对命令的理解。《六韬·龙韬·阴符》在讲如何制作沟通君王与将领之间秘密信息的符节时，即提出了按不同尺寸区分其含义的想法，如表示大胜克敌的符，长度为一尺，表示破军杀敌

---

① 吴镇烽编著《商周青铜器铭文暨图像集成》卷三十四，上海古籍出版社，2012，第525页。
② 吴镇烽编著《商周青铜器铭文暨图像集成》卷三十四，上海古籍出版社，2012，第526页。
③ 吴镇烽编著《商周青铜器铭文暨图像集成》卷三十四，上海古籍出版社，2012，第552～557页。
④ 吴镇烽编著《商周青铜器铭文暨图像集成》卷三十四，上海古籍出版社，2012，第559～561页。
⑤ 吴镇烽编著《商周青铜器铭文暨图像集成》卷三十四，上海古籍出版社，2012，第552页。
⑥ 《尉缭子》卷四《虎韬》，载《中国兵书集成》编委会编《武经七书直解》（第10～11册），解放军出版社、辽沈书社，1990，第938～939页。

的符，长度为九寸，表示降城得邑的符，长度为八寸，等等。① 这是从尺寸上加以区分的方法，如果从外形上加以区别，显然也可以获得同样效果。

其二，采用复杂造型有增加伪造难度的考虑。战国时期国际、国内环境十分复杂，伪造文书、玺印的现象比较多，甚至出现了一些专门规定如何处罚这些行为的法律条文，如睡虎地秦墓竹简云"'侨（矫）丞令'可（何）殹（也）？为有秩伪写其印为大啬夫"②"盗封啬夫可（何）论？廷行事以伪写印"③"发伪书，弗智（知），赀二甲"④ 等，即分别是对伪造县丞之令、伪造啬夫封印、发送伪造文书等情况的处理规定。而符节书多关军事，不能在发现伪造现象之后才加以处罚，必须防患于未然，否则带来的损失难以估量，如《史记·秦始皇本纪》记载战国末年秦国的长信侯嫪毒"矫王御玺及太后玺以发县卒及卫卒、官骑、戎翟君公、舍人，将欲攻蕲年宫为乱"⑤，伪造的并非兵符，已经引起如此大的叛乱，若伪造兵符，后果必然更加严重，所以要提高符节书制作工艺的难度，减少伪造现象出现的可能。

其三，采用不同造型可能基于统治者的某种思想寄托。除龙非单纯的自然之物外，虎、熊、马、鹰、雁、竹等均可以在现实中找到对应物象。虎、熊、马均为雄壮、矫健、威武之物，以它们为造型，可以象征持节者的威严等级。如《周礼》记载设有虎贲一职，其下有"虎士八百人"⑥，郑玄注曰："不言徒曰虎士，则虎士徒之选有勇力者。"⑦ 可见虎在周时已有勇猛刚强之象征意。雁、鹰为飞禽，取其速度迅捷之意，正合乎通信符

---

① 《六韬·龙韬·阴符》载："主与将，有阴符。凡八等：有大胜克敌之符，长一尺；破军杀将之符，长九寸；降城得邑之符，长八寸；却敌报远之符，长七寸；警众坚守之符，长六寸；请粮益兵之符，长五寸；败军亡将之符，长四寸；失利亡士之符，长三寸。诸奉使行符，稽留者，若符事泄，闻者告者皆诛之。八符者，主将秘闻，所以阴通言语，不泄中外相知之术。"参见《六韬》卷三《龙韬》，载《中国兵书集成》编委会编《武经七书直解》（第10~11册），解放军出版社、辽沈书社，1990，第1224~1225页。
② 睡虎地秦墓竹简整理小组编《睡虎地秦墓竹简》，文物出版社，1990，第106页。
③ 睡虎地秦墓竹简整理小组编《睡虎地秦墓竹简》，文物出版社，1990，第106页。
④ 睡虎地秦墓竹简整理小组编《睡虎地秦墓竹简》，文物出版社，1990，第107页。
⑤ （汉）司马迁：《史记》卷六，中华书局，1959，第227页。
⑥ （清）阮元校刻《周礼注疏》卷二八，中华书局，1980年影印本，第831页。
⑦ （清）阮元校刻《周礼注疏》卷二八，中华书局，1980年影印本，第831页。

节之用途。又徐铉曰"雁，知时鸟"①，故雁用作符形取其守时之意。而鹰
有凶猛之意，《战国策·魏策四》云"要离之刺庆忌也，仓鹰击于殿上"②，
故可用于表示持节者之威严。竹，当取畅通之意，竹虽有节，但内为空
心，剖节以通，正符合鄂君启节通商之用途。此外，可能还有一些审美角
度的考虑，不再赘述。

第二，使用等级及铭文内容相近的符节，其载体的尺寸大小、器形也
相近。首先看符书。如战国时期秦国新郪虎符③和杜虎符④，不仅铭文内容
完全一致，在器形上也都采用了虎形，而且大小、重量相差无几。前者通
长 8.8、前脚至耳尖高 3、后脚至背高 2.2 厘米，重 95 克；后者长 9.5、宽
4.4 厘米，重 83 克。而秦代的阳陵虎符⑤和栎阳虎符⑥的情况也与之类似，
它们拥有相同的铭文内容和相同的虎样器形，只是栎阳虎符缺少准确的测
量数据，但应该与阳陵虎符通长 8.9、宽 2.1、高 2.4 厘米的规格相差不
多。而且如果将战国时期秦国新郪虎符、杜虎符与秦代阳陵虎符、栎阳虎
符作为两个对比组来看，那么战国时期秦国与秦代的虎符造型、大小十分
相似。如果这种对比具有典型性，那么显然秦朝在制作符节时秉承了历史
传统，只是在铭文上体现了时代变化，如称"皇帝"⑦ 而不称"君"⑧ 或
"王"⑨，而这主要与两组虎符的用途及时代形势差异有关，与其载体自身
形制规格制度的变化无关。其次看节书，以王命龙节与土命虎符为例。目
前所见王命龙节有六块，规格分别为"通高 20.6、宽 2.5 厘米"⑩ "长
20.5、宽 2.7 厘米"⑪ "通长 20.6 厘米、宽 1.8~2.5、厚 0.9 厘米"⑫ "通

---

① （汉）许慎：《说文解字》卷四，中华书局，1963 年影印本，第 76 页。
② （汉）刘向集录《战国策》卷二五，上海古籍出版社，1985，第 922 页。
③ 吴镇烽编著《商周青铜器铭文暨图像集成》卷三十四，上海古籍出版社，2012，第 550 页。
④ 吴镇烽编著《商周青铜器铭文暨图像集成》卷三十四，上海古籍出版社，2012，第 551 页。
⑤ 吴镇烽编著《商周青铜器铭文暨图像集成》卷三十四，上海古籍出版社，2012，第 548 页。
⑥ 吴镇烽编著《商周青铜器铭文暨图像集成》卷三十四，上海古籍出版社，2012，第 549 页。
⑦ 吴镇烽编著《商周青铜器铭文暨图像集成》卷三十四，上海古籍出版社，2012，第 548~549 页。
⑧ 吴镇烽编著《商周青铜器铭文暨图像集成》卷三十四，上海古籍出版社，2012，第 551 页。
⑨ 吴镇烽编著《商周青铜器铭文暨图像集成》卷三十四，上海古籍出版社，2012，第 550 页。
⑩ 吴镇烽编著《商周青铜器铭文暨图像集成》卷三十四，上海古籍出版社，2012，第 535 页。
⑪ 吴镇烽编著《商周青铜器铭文暨图像集成》卷三十四，上海古籍出版社，2012，第 537 页。
⑫ 吴镇烽编著《商周青铜器铭文暨图像集成》卷三十四，上海古籍出版社，2012，第 538 页。

长 20.6 厘米"① "通长约 20.1 厘米"② "通长 22 厘米"③。由此可知，这些龙节的长度规格非常统一，前后浮动不到 2 厘米，至于其厚度、宽度是否也如此，由于缺少部分数据，暂且不论。王命虎符有四块，其规格分别为"长 19、宽 11.6、厚 1.2 厘米"④ "通长 15.9、通高 10.7 厘米"⑤ "长 14.6、宽 9.3、厚 0.3 厘米"⑥ "通长 12.2 厘米"⑦，其中长 19 厘米的虎节与其他虎节具有铭文差异，剩下三块铭文一致，也就是说它们的功能是有差别的，所以其尺寸规格也相差较大。后三块中，前两块的数据比较接近，与最后一块节的尺寸规格有差距，而且从其图形可明显看出，前两块的形状基本一致，与最后一块有明显差别，至于造成这种差别的原因，尚不清楚，可能和持有者的身份等级有关。

这种使用等级及铭文内容相近的符节，其载体的尺寸大小、器形也相近的现象说明了在当时符节书的制作过程中有一定的规格制度。促使战国时期符节器形规格制度形成的原因比较复杂。一方面随着西周、春秋时期贵族统治体制的迅速解体，官僚机构的逐渐完善，国家权力形态发生了巨大变化，国家权力组织开始深入地方，官府开始有能力去掌控更多的管理细节。另一方面社会人口流动的加大造成长期通行的熟人掌控机制失效，不得不采用外部证明来确认人员身份的做法。这促使符节大量产生，而要避免符节大量使用造成的管理困难，就必然对符节的形制规格加以制度限定。

第三，在相同系统中，符节的外部造型不仅可以显示细微的功能差别，还能标示其自身等级的高低。得出这一结论，在比较上是存在困难的，因为很多符节并非属于同一国家，所以能不能纳在同一系统中进行比较便成为问题。但从另一角度看，这些符节虽然分属于不同国家，但其功能也是不同的，我们可以将其纳入同一体系内，进行一次组合比较。虽然

① 吴镇烽编著《商周青铜器铭文暨图像集成》卷三十四，上海古籍出版社，2012，第 539 页。
② 吴镇烽编著《商周青铜器铭文暨图像集成》卷三十四，上海古籍出版社，2012，第 540 页。
③ 吴镇烽编著《商周青铜器铭文暨图像集成》卷三十四，上海古籍出版社，2012，第 541 页。
④ 吴镇烽编著《商周青铜器铭文暨图像集成》卷三十四，上海古籍出版社，2012，第 531 页。
⑤ 吴镇烽编著《商周青铜器铭文暨图像集成》卷三十四，上海古籍出版社，2012，第 532 页。
⑥ 吴镇烽编著《商周青铜器铭文暨图像集成》卷三十四，上海古籍出版社，2012，第 533 页。
⑦ 吴镇烽编著《商周青铜器铭文暨图像集成》卷三十四，上海古籍出版社，2012，第 534 页。

在具体系统中符节的载体器形与其等级之间的关系可能并非如此，但大体上应该符合我们的结论。先看符书，由前文可知，雁形符可能用于军事邮传，如雁节①；熊形符则用于控制一乘车马，如亡纵熊节②；而虎形符则可以用于控制一定数量的甲兵，如杜虎符③；等等。因此，从不同形制符书的权力大小来看，虎形符权力大于熊形符，熊形符权力又大于雁形符，也就是说虎形符等级高于熊形符，熊形符高于雁形符。当然这只是我们跨系统比较的结果，在不同系统中，器形规则可能是相反的，如可能有的国家以熊形符最贵，虎形符最低。但是从不同符书所附带的功能判断，在具体的符节系统中，不同等级的符节在器形上必然是有区别的。再看节书。无动物造型的长方形或近似长方形的节书以及简单的龙首形节书，可能主要用于非军事系统，而马形、鹰形、虎形、复杂的龙形节则可能既可用于军事也用于非军事的邮传系统。而符节的等级与其权力来源有着直接的关系，权力来源越高往往符节的等级也就越高，反之越低。而符节的权力来源，可以从其铭文看出。复杂的龙形节如王命龙节铭文中有"王命"④ 二字，可见其权力直接来源于王；虎形节如王命虎符铭文中有"王命"⑤ 二字，可见其权力直接来源于王；马形节如齐节大夫马节铭文中有"齐节大夫"⑥ 字样，故其权力当为齐国大夫级；简单的龙首形节如采者节铭文中有"采者"⑦ 二字，其权力等级具体如何尚难判断，不过身份应当不高，应低于大夫级，因为在齐国职官中未见有与"采者"相关的官名。由此可知，不同的符节要对应不同的等级。它们之间有一个等级转化系统，也就是说，在令书制作过程中，符节发令者权力的等级要被转换为相应的载体形制规格等级，其中复杂的龙形节等级最高，往下依次是虎形节、马形节、简单的龙首形节，而制作工艺更加简单、材质更加低劣的节如节节⑧，

① 吴镇烽编著《商周青铜器铭文暨图像集成》卷三十四，上海古籍出版社，2012，第544 ~ 545 页。
② 吴镇烽编著《商周青铜器铭文暨图像集成》卷三十四，上海古籍出版社，2012，第527 页。
③ 吴镇烽编著《商周青铜器铭文暨图像集成》卷三十四，上海古籍出版社，2012，第551 页。
④ 吴镇烽编著《商周青铜器铭文暨图像集成》卷三十四，上海古籍出版社，2012，第535 页。
⑤ 吴镇烽编著《商周青铜器铭文暨图像集成》卷三十四，上海古籍出版社，2012，第531 页。
⑥ 吴镇烽编著《商周青铜器铭文暨图像集成》卷三十四，上海古籍出版社，2012，第529 页。
⑦ 吴镇烽编著《商周青铜器铭文暨图像集成》卷三十四，上海古籍出版社，2012，第528 页。
⑧ 吴镇烽编著《商周青铜器铭文暨图像集成》卷三十四，上海古籍出版社，2012，第525 页。

等级也就更低。当然这只是为了证明在具体的符节系统中，不同功能的节，其在器形规格上必然是有区别的，因此不能将此处节书的等级高低排列当作战国时某一国家使用节书规格系统的真实样貌。

需要补充的是，主要用于商业领域的鄂君启车节和鄂君启舟节虽然也无动物造型，但其制作工艺复杂、材质珍贵，上有黄金丝镶嵌，可见其规格和等级之高。其高等级的制作规格，也与其权力来源有关，它是大工尹承王命命人为鄂君铸造的特殊符节，如《鄂君启车节》云"大攻（工）尹脽台（以）王命，命集尹悊（悼）糕（糟），裁（织）尹逆，裁（织）敛（令）阢，呫（为）郾（鄂）君启之賡（府）賦（就）盨（铸）金节"[1]。其载体样态可能与当时楚国通用的符节形制规格制作系统没有太大关联，不具有典型代表意义。

另外，在战国时期部分符节是采用竹木制作的，《周礼·秋官·小行人》云"道路用旌节，门关用符节，都鄙用管节，皆以竹为之"[2]，其具体规格不得而知，不过秦时记录主法令官吏工作的符节，有尺六寸之制，即《商君书·定分》云"各为尺六寸之符"[3]。虽然至今没有发现战国及秦竹木材质符节的实物，但从载体材质本身的价值可以判断其等级必然相对比较低。因为一般情况下金属材质要比竹木材质贵重，所以选用竹木为载体的符节的等级也应该低于采用金属为载体的符节。那种低等级的符节选用比高等级的符节更珍贵的载体材质的不合理现象，尚未发现。

第三节　以玉石碑牒、简圭为载体的令书规格

商周时期即有玉石作为文书载体使用的现象，如寝徯玉笄[4]、文王玉璧（玟王玉璧)[5]、太保玉戈（大保玉戈)[6]、文王玉环[7]等。之后某些令书

---

① 吴镇烽编著《商周青铜器铭文暨图像集成》卷三十四，上海古籍出版社，2012，第555页。
② （清）阮元校刻《周礼注疏》卷三七，中华书局，1980年影印本，第893页。
③ 蒋礼鸿撰《商君书锥指》卷五，中华书局，1986，第142页。
④ 吴镇烽编著《商周青铜器铭文暨图像集成》卷三十五，上海古籍出版社，2012，第348页。
⑤ 吴镇烽编著《商周青铜器铭文暨图像集成》卷三十五，上海古籍出版社，2012，第310页。
⑥ 吴镇烽编著《商周青铜器铭文暨图像集成》卷三十五，上海古籍出版社，2012，第373页。
⑦ 吴镇烽编著《商周青铜器铭文暨图像集成》卷三十五，上海古籍出版社，2012，第316页。

有时也用其作为载体，如记载始皇廿六年诏书的高奴禾石权[1]、右大厩石权（宫厩权）[2] 等即为石质，但最常使用玉石作为载体的令书种类是盟书，如秦骃玉牍甲、侯马盟书、温县盟书等，其形制又有碑牍、简圭之分，规格也有差异。

一 以玉石碑牍为载体的规格

以玉石碑牍为载体的盟书多由统治者向自然之神盟誓形成。这类盟书实物目前发现较少，现今所存多为后代拓本，如诅楚文刻石·巫咸[3]、诅楚文刻石·湫渊[4]、诅楚文刻石·亚驼[5]、岣嵝碑（又称神禹铭、禹碑）[6] 等。虽然难以对这些原刻石的具体大小给予准确测量，但每篇诅楚文刻石铭文都超过 320 字，岣嵝碑铭文也有百余字，而且多为依山石而刻，字体必然较大，因此其载体尺寸也应较大。通过对比一些非令书刻石的尺寸，也能得出如此结论，如守丘刻石[7]完全用呈椭方形的自然石块制作而成，虽然铭文只有 19 字，但其规格达到通长 90、宽 50、厚 40 厘米；再如秦始皇巡游时期所立之邹峄山刻石[8]，《史记正义》引《晋太康地记》云其"高三丈一尺，广三尺"[9]，换算成厘米则约为 713 厘米高、69 厘米宽，而其上仅书刻 150 字左右，每字均约有 18 厘米见方大小，可见其体量之大。

但也有例外，如秦骃玉牍甲[10]，虽然镌刻或朱书接近 300 字，但只有23.2 厘米长、4 厘米宽，与一般的竹木牍大小相类。那么是否可以认为秦骃玉牍甲的规格比较低呢？不可以。秦骃玉牍甲虽然体量不大，但其材质特殊。它不是采用普通石块制作而成，而是选择了质地较细的青玉经过复

---

① 吴镇烽编著《商周青铜器铭文暨图像集成》卷三十四，上海古籍出版社，2012，第 325 页。
② 吴镇烽编著《商周青铜器铭文暨图像集成》卷三十四，上海古籍出版社，2012，第 402 页。
③ 吴镇烽编著《商周青铜器铭文暨图像集成》卷三十五，上海古籍出版社，2012，第 461 页。
④ 吴镇烽编著《商周青铜器铭文暨图像集成》卷三十五，上海古籍出版社，2012，第 464 页。
⑤ 吴镇烽编著《商周青铜器铭文暨图像集成》卷三十五，上海古籍出版社，2012，第 467 页。
⑥ 吴镇烽编著《商周青铜器铭文暨图像集成》卷三十五，上海古籍出版社，2012，第 470 页。
⑦ 吴镇烽编著《商周青铜器铭文暨图像集成》卷三十五，上海古籍出版社，2012，第 459 页。
⑧ （汉）司马迁：《史记》卷六，中华书局，1959，第 242 页。
⑨ （汉）司马迁：《史记》卷六，中华书局，1959，第 242 页。
⑩ 吴镇烽编著《商周青铜器铭文暨图像集成》卷三十五，上海古籍出版社，2012，第 455 ~ 457 页。

杂加工制成了长方形平板,且以君王"秦曾孙小子骢"[1] 名义发布,可见其规格很高。

二 以玉石简圭为载体的规格

以玉石简圭为载体的盟书多由统治者向祖先之神盟誓形成。这类盟书实物发现数量较多,以温县盟书和侯马盟书为主。[2] 总体而言,它们的载体绝大部分采用圭形,也有部分采用璋形、简形设计,其中有一部分与竹简规格相类,长度为战国尺一尺左右[3],但也有一些载体形制规格比较特殊的玉石盟书存在。

温县出土的盟书数量巨大,有4500余件,而且种类复杂,分为多种形状制式,如圭形、璋形、简形等。圭形盟书由浅变岩石中的千枚岩制成,呈薄片状,接近等腰三角形,根据两腰边线又可细分为三种类型:Ⅰ型,圭体短,两腰呈弧形,占石圭总数的一半;Ⅱ型,两腰平直,上端呈折线或弧形内收,通体细长,数量也较多;Ⅲ型,圭片呈等腰三角形,出土量极少。另外,少量璋形、简形的盟书采用了比石圭细致、坚硬,近似软玉的材质,简形的两端平齐,璋形的上端呈斜角,下端平齐。[4] 从材质和制作载体的繁简及精细程度来看,璋形、简形盟书载体要优于多数圭形盟书载体。而按这些盟书载体的长度又可分为两类:一类尺寸较短,如Ⅰ型两腰弧形的短体圭形盟书、Ⅲ型等腰三角形圭形盟书;一类尺寸较长,如Ⅱ型圭形盟书、璋形及简形盟书。

---

[1] 吴镇烽编著《商周青铜器铭文暨图像集成》卷三十五,上海古籍出版社,2012,第455~457页。

[2] 前文已经说过虽然在温县盟书与侯马盟书的具体断代问题上,还有争论,但用其判断春秋战国时期的盟书载体规格是没有太大偏差的。而且即使盟书规格在春秋战国时期真的有比较重大的变化,也至少可以根据这两处所发现的盟书实物来判断春秋末期和战国初期的盟书规格情况。

[3] 陈梦家先生云:"辉县固围村墓二所出玉册和长沙仰天湖墓二十五所出竹简,长度分别为22.5与22.0厘米,宽度皆为1.2厘米,可证战国时玉册仿诸竹册。沁阳甲一长22.4厘米,与战国玉册、竹册皆长当时一尺。"参见陈梦家《东周盟誓与出土载书》,《考古》1966年第5期,第279页。另可参考吴镇烽《商周青铜器铭文暨其图像集成》收录的《今吾玉简》《乙未玉简》《伯多玉简》《甲午玉简》等形状、尺寸参数。

[4] 参见河南省文物研究所《河南温县东周盟誓遗址一号坎发掘简报》,《文物》1983年第3期,第78~89、77页。

尺寸较短的玉石载体规格：Ⅰ型两腰弧形的短体圭形盟书，如 T1 坎 1：3780，长 11.7、宽 3.7、厚 0.2 厘米，T1 坎 1：3863，长 15、底宽 3、厚 0.1 厘米，T1 坎 1：2857，长 9.6、底宽 3.7、厚 0.15 厘米；Ⅲ型等腰三角形圭形盟书，如 T1 坎 1：137，长 15.8、底残宽 3.3、厚 0.4 厘米。① 尺寸较长的玉石载体规格：璋形盟书，如 T1 坎 1：4499，长 17、宽 1.35、厚 0.1 厘米；Ⅱ型圭形盟书，如 T1 坎 1：2182，长 19.5、底宽 3.8、厚 0.2 厘米，T1 坎 1：3216，长 22、底宽 3.7、厚 0.15 厘米，T1 坎 1：3211，长 23.3、底宽 3.6、厚 0.13 厘米，T1 坎 1：3797，长 20.7、底宽 4.5、厚 0.3 厘米，T1 坎 1：3802，长 27.1、残底宽 3.2、厚 0.15 厘米，T1 坎 1：1961，长 24、底宽 4.2、厚 0.2 厘米；简形盟书，如 T1 坎 1：4585，长 23.5、宽 1.35、厚 0.15 厘米。②

据以上数据可知温县盟书中尺寸较长和尺寸较短的玉石载体的厚度差别很小，为 0.1 至 0.4 厘米；而在宽度上除简形盟书较窄只有 1.35 厘米之外，其他形制载体的盟书都相对较宽，为 3 至 4.5 厘米。从长度上看，第一类玉石盟书载体长度差距较大，其中有的Ⅰ型短体圭形盟书尺寸很短，接近殷尺的七寸至九寸，战国尺的半尺到七寸，而有的Ⅰ型短体圭形盟书则与Ⅲ型圭、璋形盟书的尺寸接近，为殷尺的一尺左右，战国尺的七寸左右；第二类玉石盟书载体的长度，多数接近殷尺的一尺至一尺四寸，战国尺的一尺或一尺二寸左右。整体而言，同种材质后一类盟书载体的规格显然要高于前一类盟书，盟书等级也是如此，但这一判断的前提是在这两类盟书载体的制作时代没有制度变革，而事实可能并非如此，这一点稍后再论。

侯马盟书相对于温县盟书数量较少，只有数百件，载体规格也相对比较简单。侯马盟书由玉质和石质两种盟书构成。其中玉质盟书形状主要有

---

① 参见河南省文物研究所《河南温县东周盟誓遗址一号坎发掘简报》，《文物》1983 年第 3 期，第 78~89、77 页。
② 参见河南省文物研究所《河南温县东周盟誓遗址一号坎发掘简报》，《文物》1983 年第 3 期，第 78~89、77 页。

璜、圭两种，另外还有一些制作玉器剩下的废料，呈不规则的块状和片状。此种盟书载体似乎并没有一定规格，但从制作难度来看，玉璜要大于玉圭，所以其使用等级可能也相对较高。而石质盟书的形制更加规整，大致可分为大型圭盟书和小型圭盟书两种：

大型圭盟书长 26、宽 3、厚 0.9 厘米；小型圭盟书长 18、宽 1.6、厚 0.2 厘米。[①]

其中大型圭盟书 0.9 厘米的厚度远远超出了温县盟书 0.1～0.4 厘米的厚度取值范围，小型圭盟书的厚度则与温县盟书相近，造成这一现象的原因可能有三：第一，与石材的加工难度有关，即有的石材可以加工得更薄而不断裂，有的石材则不可以；第二，虽然两种石圭是同种石材，但大型圭由于比较长，为了防止断裂，所以故意加工得比较厚；第三，大型圭盟书有区别于小型圭盟书的制作规格要求。宽度方面，温县盟书中能找到与侯马盟书这两种圭形制相应或相近的，对应大型圭的，如温县盟书 T1 坎 1：3863，底宽 3 厘米，对应小型圭的，如温县盟书 T1 坎 1：4585，宽 1.35 厘米。[②] 长度方面，侯马盟书的小型圭、大型圭也都能在温县盟书中找到对应，对应小型圭的，如温县盟书 T1 坎 1：4499，长 17 厘米，T1 坎 1：2182，长 19.5 厘米等；对应大型圭的，如温县盟书，T1 坎 1：3802，长 27.1 厘米等。[③] 这说明侯马盟书与温县盟书的载体制式既有相同点也有不同点。盟书等级的高低，可以从载体材质和尺寸上判断：从载体材质上讲，玉质盟书高于石质盟书；从尺寸上讲，尺寸越大等级越高，但那些不规则玉器残片可能并不比石圭高。

至于制作温县盟书、侯马盟书时选用的尺寸标准是战国尺还是殷尺，

---

① 参见陶正刚、王克林《侯马东周盟誓遗址》，《文物》1972 年第 4 期，第 27～32、71 页；山西省文物工作委员会编辑《侯马盟书》，文物出版社，1976，第 11 页。按：在这两种圭之外，还有一圭长 32、宽 3.8、厚 0.9 厘米。

② 参见河南省文物研究所《河南温县东周盟誓遗址一号坎发掘简报》，《文物》1983 年第 3 期，第 78～89、77 页。

③ 参见河南省文物研究所《河南温县东周盟誓遗址一号坎发掘简报》，《文物》1983 年第 3 期，第 78～89、77 页。

尚难定论，尤其是在温县盟书中有如此多的不符合一般制式标准尺寸短体圭存在的情况下。不过对比侯马盟书的制作情况，单从事物由混乱向规范发展的一般规律而言，存在一种可能，即温县盟书中的短体圭盟书的制作年代要早于其他石质盟书的年代，同样也早于侯马盟书的制作年代。虽然侯马盟书中的石质盟书也有两种尺寸，如大型圭的长度对应殷尺的一尺半或战国尺的一尺二寸左右，小型圭的长度对应殷尺的一尺或战国尺的八寸左右，但从整体而言，它的载体制式系统显然要比温县盟书更规范。照此来看，程峰先生认为温县盟书制作年代早于侯马盟书的看法也有一定道理。[1]

不过，程峰先生的论断可能有些绝对，即温县盟书的制作年代实际是有跨度的，其短体圭之外的其他石质载体盟书与侯马盟书的制作年代应该相近，处于殷尺与战国尺混用的时代，或者经历了殷尺向战国尺过渡、只使用战国尺而不用殷尺的两个时期。这可从刳除短体圭不论的温县盟书及侯马盟书载体规格中找到一些证据。它们的制式中既有用殷尺衡量比较合理的，如温县盟书 T1 坎 1∶4499，长 17 厘米，T1 坎 1∶2182，长 19.5 厘米，侯马盟书小型圭长 18 厘米都接近殷尺一尺至一尺二寸；也有用战国尺衡量比较合理的，如温县盟书 T1 坎 1∶3211，长 23.3 厘米，T1 坎 1∶3802，长 27.1 厘米，T1 坎 1∶1961，长 24 厘米，T1 坎 1∶4585，长 23.5 厘米，侯马盟书大型圭长 26 厘米，都接近战国尺的一尺或一尺二寸。如果按这样的尺寸使用标准，这些盟书的载体尺寸与其他种类令书所用的载体尺寸十分相近，比较符合情理。但如果将上述诸例，对调一下尺寸衡量标准，就会很奇怪，如温县盟书中的 T1 坎 1∶4499，长 17 厘米，用战国尺衡量只有七寸左右，虽然战国时期有"八寸"的器物制式，但多为符节所用，《六韬·龙韬·阴书》即云"降城得邑之符，长八寸"[2]，又两块王命虎符分别长 15.9 厘米、14.6 厘米，对应战国尺八寸左右；[3] 但这在简牍类公务文书的制式中并不多见。再如侯马盟书大型圭长 26 厘米，其用殷尺衡

---

① 程峰：《侯马盟书与温县盟书》，《殷都学刊》2002 年第 4 期，第 46~49、112 页。

② 《六韬》卷三《龙韬》，载《中国兵书集成》编委会编《武经七书直解》（第 10~11 册），解放军出版社、辽沈书社，1990，第 1224~1225 页。

③ 参见吴镇烽编著《商周青铜器铭文暨图像集成》卷三十四，上海古籍出版社，2012，第 532~533 页。

量为一尺半，虽然《商君书·定分》中有"各为尺六寸之符"①的说法，但《商君书》的成文年代最早也在战国中期且所谈多为秦制，故其书中尺寸当就战国尺而言。

那么是什么造成了《温县盟书》《侯马盟书》载体规格上的诸多差异呢？原因可能有三。

其一，既有载体规格使用制度造成的。两类盟书的主盟人身份等级是不同的，这导致了盟书所用载体规格的差别。侯马盟书的主盟人身份等级要高于温县盟书的主盟人，所以其使用的盟书载体规格等级也较高。那么是否真是如此呢？侯马盟书整理者考证说（侯马）"盟书中主盟人'赵孟'，即当时赵氏宗族中行辈间的长者……'子赵孟'就是赵鞅"②。汤志彪认为温县盟书的盟主是韩氏宗主韩简子。③ 韩简子、赵简子虽同是各自宗族之盟主，且同为晋国六卿之一，但在盟书制定时代赵简子正担任晋国之正卿，其地位显然比韩简子要高。再加上具体盟誓者身份等级的差异就造成了盟书载体材质与尺寸上的差别，因而有的用玉，有的用石，有的用新材料制作，有的则用边角料加工。

其二，时代演变造成的载体使用制度混乱。这种因素可能不仅影响了尺寸大小，也影响了玉石载体的形状。这些盟书虽然制作年代相近，前后相差年数不多，但在风格上出现某种变化也是存在可能的。温县盟书和侯马盟书中均有采用战国尺或殷尺衡量标准制成的盟书载体并非巧合，因为两者都处于春秋战国之交。④ 而春秋与战国之间并没有明确的分界，其间有长达数十年的模糊时期，因此可能在温县盟书制作时代的后半段和侯马盟书的制作时期已经进入了战国尺与殷尺并行的阶段。虽然盟书使用载体的大原则没有变，即等级较高的选用较好的盟书载体材质或较大的盟书载体尺寸，等级较低的则选用较差的盟书载体材质或较小的盟书载体尺寸，但在尺度标准的使用上有些混乱。

其三，盟誓者选择载体时的主观因素影响。人是具有主观能动性的。

① 蒋礼鸿撰《商君书锥指》卷五，中华书局，1986，第142页。
② 参见山西省文物工作委员会编辑《侯马盟书》，文物出版社，1976，第65~68页。
③ 汤志彪：《温县盟书盟主简论》，《古籍整理研究学刊》2012年第5期，第32~34页。
④ 程峰先生认为温县盟书稍早于侯马盟书。参见程峰《侯马盟书与温县盟书》，《殷都学刊》2002年第4期，第46~49、112页。

盟誓者在载体规格的选择上能够发挥一定主观能动性，因此身份较低的盟誓者也可能使用较高等级的载体规格，当然这是有特殊时代背景的。因为春秋战国时期周王朝的威权已经衰弱，出现了礼崩乐坏的现象，身份地位较低的人员僭越礼制的行为也大量出现，如传世文献载孔子曾批判季氏僭越礼制使用八佾之舞，即《论语·八佾》云"季氏八佾舞于庭，是可忍也，孰不可忍也"①；考古发掘也可以证明这一现象的存在，如曾侯乙墓的发掘者说："此墓规模之大和随葬品中有显示身份等级的九鼎八簋之类的铜礼器以及编制庞大的编钟、编磬等，与当日礼崩乐坏情况下列国诸侯僭用天子之礼的葬仪，情况也是相符的。"② 所以盟誓者在玉石盟书的规格上也有一定的选择空间。

这三方面原因共同造成了这些向祖先之神盟誓的盟书在载体规格上的差异，但其影响力有大有小，首先载体规格使用制度的影响最大，其次是时代演变因素，最后是盟誓者的个人偏好，因为从大局来看盟誓者僭越制度的现象毕竟不是全面性的，所以其影响也较为有限。

从向自然之神盟誓的盟书与向祖宗之神盟誓的盟书载体规格的整体情况分析，前者的载体规格要大于后者。这从其载体的体量对比中即可看出，因为即使是体量较小的向神灵盟誓的秦駰玉牍甲也要比一般的向祖先之神盟誓的盟书载体要大，而且秦駰玉牍甲使用的载体材质也比多数向祖先之神盟誓的盟书要优等。为什么会有这样的不同呢？这主要与盟誓者的身份等级有关。向自然之神盟誓的盟书其盟誓命令基本来自国君一级，如《秦駰玉牍甲》中的秦小子駰，③《诅楚文刻石·巫咸》中的秦王，④《峋嵝碑》中的越王（由太子代为盟誓）；⑤ 而侯马盟书、温县盟书中的盟誓命令只来自卿大夫一级，地位上显然要低于前者。在当时的等级社会环境中，

---

① （清）阮元校刻《论语注疏》卷三，中华书局，1980 年影印本，第 2465 页。
② 随县擂鼓墩一号墓考古挖掘队：《湖北随县曾侯乙墓发掘简报》，《文物》1979 年第 7 期，第 1~24、98~105 页。
③ 参见吴镇烽编著《商周青铜器铭文暨图像集成》卷三十五，上海古籍出版社，2012，第 455、457 页。
④ 参见吴镇烽编著《商周青铜器铭文暨图像集成》卷三十五，上海古籍出版社，2012，第 461、464、467 页。
⑤ 参见吴镇烽编著《商周青铜器铭文暨图像集成》卷三十五，上海古籍出版社，2012，第 470 页。

这种身份等级上的差异必然要反映到其使用物品的相关制度上，如丧葬所用棺材之厚度即因身份不同而有严格规定，《礼记·丧大纪》云"君大棺八寸，属六寸，椑四寸。上大夫大棺八寸，属六寸。下大夫大棺六寸，属四寸。士棺六寸"①，即是说身份等级越高其使用的棺椁规格就越高，反之越低。盟书所用载体材质规格诸多差异的根源即在于此。

小　结

作为战国统治者命令信息载体的战国令书，不仅是战国社会各项变革的重要推动因素之一，也是整个战国社会剧变的缩影。在各种旧有令书种类呈现或衰落，或消亡的基础上，一些新的令书种类开始萌发并迅速发展。新旧令书之间虽然在发布者、书写者、书写格式、规格形制的某一或多个方面存在差别，但相互之间往往也存在某种特殊的关系。它们之间通过不断地相互交织、相互牵制、相互渗透，形成了一个尚在不断变化的繁复的令书种类体系。这种不断变化且繁复的令书体系与当时等级社会的不断发展相统一，形成了"文书藏礼"的现象。"文书藏礼"现象在文书上就有诸多反映，如不同等级的令书种类在书写格式、载体质地及形制上会存在诸多差别，而令书种类的高低等级又与发布者身份等级的高低直接相关。

---

① （清）阮元校刻《礼记正义》卷四五，中华书局，1980年影印本，第1583页。

第六章

战国令书制作之诸项关系论析

经过殷商、西周、春秋的长期发展，到了战国时期，令书制作活动的各个方面都已经达到了较高水平，形成了一个较为完善的体系。而处于历史发展进程中的战国令书制作体系，既具有与其他历史事物发展轨迹相同的时代共性，又具有作为独立历史事物的自身特征，并且其时代共性与自身特征在令书种类、制作者、书写格式及用语、载体及规格等方面均有体现，而这些不同因素之间又有着诸多复杂的关联，由此构建了战国与春秋之间的时代联系模式及战国令书制作体系中物与物、人与人、人与物之间的历史关系。

第一节　种类方面的诸项关系

战国时期制作的令书是有其时代性的，相较于前代它已经有了很大的发展，但这种发展并不是颠覆性的、全面扬弃前代经验与教训的，而是以前代为基础，以时代需要为指向进行的缓慢改革，它是在春秋及以前已有令书基础之上的再创造。这直接导致了各类令书之间某种客观对应关系的产生。

一　与前代令书种类之间的关系

经研究发现，几乎所有种类的战国令书要么是对前代的继承与延续，要么就是前代某种功能性裂变的结果。而战国令书种类与前代令书种类之间存在的这种继承和发展的关系，又可以分为四种模式。

(一) 在原有令书种类基础上的内容变革

多数战国令书种类与前代相比，并没有形式上的差别，所不同的主要是记载内容。这是历史发展的必然，也是最为常见的一种历史现象，似乎并没有特殊性可言，但战国作为中国历史上第一个大变革时代，它的每一点变化对后世的影响都是空前的，因此其特殊性被其重要性凸显出来。如盟书内容的变化，尽管战国各国统治者已经"不固信盟，唯便是从"①，但他们仍希望通过合纵连横来实现其政治目的，不过无论其采取哪种措施都是在当时各诸侯国之间征战不已的情况下设定的，而其盟书内容就最为直接和客观地反映了当时的这种历史现实。如《诅楚文刻石·巫咸》云"兼倍（背）十八世之诅盟，衔（率）者（诸）侯之兵昌（以）临加我。欲划伐我社稷，伐威（灭）我百姓……述（遂）取晤（吾）边城新鄩及都、敕"②，即是秦国对楚国背叛两国先君之盟，率诸侯之军残害其社稷、杀戮其百姓、侵夺其边城行为的控诉。这种历史现实已经与春秋时大为不同，各国之间所进行的是赤裸裸的兼并战争而不再是笼罩在周天子宗法、仁义、礼仪等精神下的争霸战争。睡虎地秦墓竹简中《为吏之道》《语书》之类的内容，则突出反映了基层官吏系统的发展方向。它们反映了到战国末期，至少秦国的基层官僚体制已经确立，因此需要对这一庞大官吏群体的行为进行规范和教导。如《为吏之道》云"凡为吏之道，必精絜（洁）正直，慎谨坚固，审悉毋（无）私，微密纤（线）察，安静毋苛，审当赏罚"③，即是说作为官府吏员，要具备正直、谨慎、无私、细密、公允、宽仁等素养，其训诫之对象为"吏"。再如《语书》云"今法律令已布，闻吏民犯法为间私者不止，私好、乡俗之心不变，自从令、丞以下智（知）而弗举论，是即明避主之明法殹（也），而养匿邪避（僻）之民。如此，则为人臣亦不忠矣。若弗智（知），是即不胜任、不智殹（也）；智（知）而弗敢论，是即不廉殹（也）。此皆大罪殹（也），而令、丞弗明智（知），甚不便"④，即是对那些不认真履行职责及不服从法律的官员吏民的

---

① （汉）刘向集录《战国策》卷十八，上海古籍出版社，1985，第616页。
② 吴镇烽编著《商周青铜器铭文暨图像集成》卷三十五，上海古籍出版社，2012，第461页。
③ 睡虎地秦墓竹简整理小组编《睡虎地秦墓竹简》，文物出版社，1990，第167页。
④ 睡虎地秦墓竹简整理小组编《睡虎地秦墓竹简》，文物出版社，1990，第13页。

训斥。南郡太守认为明明知道而不履行就是违背国家之大法、不忠诚于国家君王,不知道则是不称职、不明智、不正直。《语书》的发令者为南郡太守,受训诫者为其下之道啬夫、县啬夫,属于相对底层的国家管理者。而在春秋之前这种训教国家管理者思想和行为的令书,还主要是针对上层统治者,如《尧典》①《舜典》②《程典》③《宝典》④《保训》⑤《顾命》⑥等。以《保训》为例,其文云:"〔王〕若曰:'发,朕〈朕〉疾壹甚,恐(恐)不女(汝)及训。'"⑦ 即明确由周文王之口诉说其训诫对象为太子发,而太子发身为一国之太子,自然为一国之上层统治者。睡虎地秦墓竹简、龙岗秦简中的众多秦律和里耶秦简中告令书的习惯用语"以律令从事"⑧,则突出体现了战国时期"法治精神"不断上升的历史趋势等。

(二) 部分令书种类发生裂变形成新的令书种类,但原令书种类并未完全消失

这一模式的突出代表是命书。其在进入战国之后,开始分化,除部分功能被保留下来之外,一部分功能开始被战国之前已有的令书种类告书所取代,一部分功能则逐渐被裂变出的新令书种类诏书所吸收。但命书的这种分化过程到秦始皇改"命为'制',令为'诏'"⑨之时才彻底完成。这种分化是由官僚体制与君主专制体制逐渐建立后区分科层等级的需要引起的,专制君王为了凸显自己的独尊地位,开始将自己所做的令书单独命名,以使其与臣属发布的令书有所区别。

---

① 参见(清)阮元校刻《尚书正义》卷二,中华书局,1980 年影印本,第 117~123 页。
② 参见(清)阮元校刻《尚书正义》卷三,中华书局,1980 年影印本,第 125~132 页。
③ 参见黄怀信、张懋镕、田旭东《逸周书汇校集注》卷二,李学勤审定,上海古籍出版社,1995,第 176~194 页。
④ 参见黄怀信、张懋镕、田旭东《逸周书汇校集注》卷三,李学勤审定,上海古籍出版社,1995,第 295~312 页。
⑤ 参见清华大学出土文献研究与保护中心编,李学勤主编《清华大学藏战国竹简(一)》,中西书局,2010,第 143 页。
⑥ 参见(清)阮元校刻《尚书正义》卷十八,中华书局,1980 年影印本,第 237~241 页。
⑦ 清华大学出土文献研究与保护中心编,李学勤主编《清华大学藏战国竹简(一)》,中西书局,2010,第 143 页。
⑧ 参见王焕林《里耶秦简校诂》,中国文联出版社,2007,第 173~175 页。
⑨ (汉)司马迁:《史记》卷六,中华书局,1959,第 236 页。

（三）部分令书种类的内容与形式均出现了某些变化，却承袭了前代不断衰落的趋势

其代表是册命文书。西周初期是册命文书的鼎盛发展时期，但进入春秋之后，随着分封制和宗法制的衰落与瓦解，数量开始减少。降及战国，这一衰落趋势随着官僚体制的迅速建立而加速，在战国前中期还存有为数不多的册命事件，如周天子册封韩、赵、魏及田齐为诸侯等。但到战国末期特别是秦建立之后，册命现象开始迅速减少，并且除比较重要的官员任命之外，已经基本没有册命仪式，而且即使有册命仪式，也与前代有很大的不同。春秋之前的册命仪式多在宗庙举行，如《吕簋》① 《戠簋盖》② 《即簋》③ 等铭文中所说之"大（太）室"，杜预解释为"大庙之室"④，又孔颖达云"太室，室之大者，故为清庙。庙有五室，中央曰太室"⑤，可见其即是宗庙性质之地。这是由当时统治者的合法性来源于其与前代统治者的血缘关系且所任命的人员又基本是君主的宗族或姻亲成员等因素所决定的。周初分封之国即多为姬姓，如《左传·昭公二十八年》载成鱄语曰"昔武王克商，光有天下，其兄弟之国者，十有五人，姬姓之国者，四十人，皆举亲也"⑥，《荀子·儒效》云"兼制天下，立七十一国，姬姓独居五十三人"⑦ 等，尽管说法不一，但可见其受封者必以与君王有血缘关系的人员居多。但到战国时期，由于合法性来源及所任命人员与君王之间关系的变化，任命地点基本已经在外朝。这是血缘政治向官僚政治过渡的一种外在表现。总而言之，册命文书作为分封制度的物质表象，其数量与兴衰和分封制度的发展状况直接相关。基于宗法制度的分封册命制度在战国时期逐渐瓦解，取而代之的是官僚体制，因此与之相对的册命文书不仅数量开始减少，实质内容也发生了部分变化。虽仍有任命官员的仪式与文书，但基本取消了受封者的封土及世袭权力。

---

① 吴镇烽编著《商周青铜器铭文暨图像集成》卷十一，上海古籍出版社，2012，第341页。
② 吴镇烽编著《商周青铜器铭文暨图像集成》卷十一，上海古籍出版社，2012，第421页。
③ 吴镇烽编著《商周青铜器铭文暨图像集成》卷十一，上海古籍出版社，2012，第423页。
④ （清）阮元校刻《春秋左传正义》卷十九下，中华书局，1980年影印本，第1852页。
⑤ （清）阮元校刻《尚书正义》卷十五，中华书局，1980年影印本，第217页。
⑥ （清）阮元校刻《春秋左传正义》卷五二，中华书局，1980影印本，第2119页。
⑦ 梁启雄：《荀子简释》，中华书局，1983，第78页。

（四）　部分令书种类在前代并没有出现，为应对新的时代及功能需要而被创造出来

如符和节两种事物虽然出现极早，但真正成为独立的令书种类是在战国或稍早的时期，这即是为了应对当时紧张的国际局势及人事、社会管理的需要。不过有的新出现之令书种类直接加速了某些原有令书门类的灭亡，如檄书。它不仅是前代所未有的令书种类，而且因具有刘勰所说"凡檄之大体，或述此休明，或叙彼苟虐"① 等独特的文体功能，与不断发展和完善的战国律令书共同替代了誓书的文体功能，导致誓书走向消亡。

这四种模式集中体现了战国令书种类与前代令书种类之间的继承与发展的关系，证明了事物发展具有历史性和时代性，说明构成战国令书种类体系的令书种类不是无根之木、无源之水。

二　各种类之间的关系

战国令书种类体系中各类令书之间关系比较复杂，主要可以概括为三种。

（一）　令书之间具有等级差别

战国各诸侯国是以私有制为基础官僚体制统领下的等级社会，等级观念与等级制度被灌输及渗透到社会的各个层面、各个角落，即《礼记·坊记》所谓"贵贱有等，衣服有别，朝廷有位"② 。而令书作为等级社会统治者实现自身统治意志的产物，具有等级性并不奇怪。吴承学先生即认为，"中国古代是一个等级森严的社会，古代的文体与文体之间也存在尊卑等级之分，……早期古代文体的产生与礼乐制度密切相关，文体使用者的身份、文体使用的场合与实际功用具有尊卑之分，受此影响，文体也就有高下等级"③ 。

不过这种等级差别在跨类别的比较中难以衡量，比如很难笼统地判定命书的等级是否要高于"令"书，或符书的等级是否要高于节书，因为任何种类令书当中，既有等级相对较高的令书，也有等级相对较低的令书。

---

① （梁）刘勰撰《文心雕龙》卷四，杨明照校注拾遗，中华书局，1959，第149页。
② （清）阮元校刻《礼记正义》卷五一，中华书局，1980年影印本，第1619页。
③ 吴承学：《中国文体学：回归本土与本体的研究》，《学术研究》2010年第5期，第125～129页。

但在某一具体的令书种类中其等级高低还是比较容易区分的。如"令"书中有针对全国或地区范围重大事务的，像秦孝公下达全国的招贤令，《史记·秦本纪》云"孝公……下令国中曰：'……宾客群臣有能出奇计强秦者，吾且尊官，与之分土'"①；也有针对具体较小事务的，像秦宣太后发布的魏丑夫殉葬令，《战国策·秦策二》载"秦宣太后爱魏丑夫。太后病将死，出令曰：'为我葬，必以魏子为殉'"②。再如，律法书的权限有全国与地区或部门之分。像睡虎地秦墓竹简中之《金布律》为管理全国市场货币流通事务的③，《语书》中南郡太守腾所说"腾为是而修法律令、田令及为间私方而下之"④ 之法律令、田令等则仅限于秦国南郡地方。再如，告书有太守告书与县令、丞告书的区别。例如"六月丙午，洞庭守礼谓迁陵啬夫"⑤ "正月戊寅朔丁酉，迁陵丞昌却之启陵"⑥ 等即分别为洞庭太守对迁陵啬夫所下之告令书及迁陵守丞对启陵所下之告令书的"抬头"部分。这种等级关系，甚至在某些令书种类之间也是存在的。如诏书与告书，直到战国末期多数国家还没有加以区分，但在战国中后期的秦国，两者已经具有明显的等级差别，诏书主要为君王所用，告书则主要为地方官府所用，所以诏书的等级要高于告书。

总的来说，令书种类之间及具体令书之间的这种等级关系，基本与发令者的身份有关，发令者身份越高，其令书等级就越高，反之越低。这是因为令书本身就是统治者权力施放的外在工具，是虚化权力的实体外壳，故必然要带有权力架构中的上下等级特征。

（二）令书种类之间存在功能互助

这种关系在同一种类的令书之间、跨门类的令书之间均有所体现。

同一种类令书之间的互助关系，以律法书为例。各类法律对各种事务、行为的规定是相互配合的，它们共同完成所承担的社会管理任务。例如，《徭律》是管理徭役征发的，《司空律》是规定工程建设、刑徒监管

---

① （汉）司马迁：《史记》卷五，中华书局，1959，第202页。
② （汉）刘向集录《战国策》卷四，上海古籍出版社，1985，第167页。
③ 睡虎地秦墓竹简整理小组编《睡虎地秦墓竹简》，文物出版社，1990，第19页。
④ 睡虎地秦墓竹简整理小组编《睡虎地秦墓竹简》，文物出版社，1990，第13页。
⑤ 陈伟主编《里耶秦简牍校释》（第一卷），武汉大学出版社，2012，第46页。
⑥ 陈伟主编《里耶秦简牍校释》（第一卷），武汉大学出版社，2012，第94页。

的,《置吏律》是管理官吏任免的,《军爵律》是规定军爵赏赐的,等等。① 统治者即是通过这些针对不同层面、不同角度、不同事物的法律规定所拥有的不同功能,来满足其对社会问题的管理需要。

跨门类令书之间的互助关系,在某些需要进行远距离传达的令书输送过程中表现最为明显。令书在制作完成之后需要有一个自上而下的传达过程,因为发令者与受令者之间通常有一定的时空距离或层级阻隔,所以有的令书甚至需要专门人员进行远距离的传送。发令者与受令者空间上的隔离,大大降低了人与人之间的熟悉程度,因此受令者对传令者身份的确认便成为令书传达过程中的一个重要问题。符书、节书的出现则较好地解决了这一难题,《韩非子·主道》即云:"符契之所合,赏罚之所生也。"② 因此它对其他种类令书的顺利传达显然有辅助作用,仅从这一角度来看,这种辅助作用似乎只是单向性的,但如果从令书所要解决的国家、社会管理系统的整体问题来看,它们都只是依照各自的责任定位,来完成其规定任务,发挥规定的功能,通过不同层面的分工,共同稳定了其所服务国家、地区的统治秩序。

众多令书种类的制定或设计,都是为了巩固当权者的统治,使统治者对国家、地区、部门、人民等的控制权力得以最大限度地、最为顺畅地实施,因此它们之间在功能上必然存在分工与交叉关系,而这正是其之间存在互助关系的体现,同时也是其形成如此关系的根本原因。

(三) 令书种类之间的异化或替代都是为了满足统治需要

具体令书种类之间的异化与替代关系,前文已有所涉及,此处不再详述。需要补充的是,令书种类之间的这种关系在一定程度上体现了战国令书种类体系在制作或设计层面的目的共向性。就是说之所以会出现这些令书种类之间的异化或替代现象,很大程度上是因为统治者为了更好地实现其对现实的统治。如律法书及檄书对誓书这一令书种类的替代,完全是社会管理常规化的结果。战国时期各国普遍建立了常备军,并相应"产生了常备军营区刑罚条令"③,这一现象直接促进了各国军事管理的规范化,那

---

① 参见睡虎地秦墓竹简整理小组编《睡虎地秦墓竹简》,文物出版社,1990,第19页。
② (清) 王先慎撰《韩非子集解》卷一,锺哲点校,中华书局,1998,第32页。
③ 陈恩林:《先秦军事制度研究》,吉林文史出版社,1991,第215页。

种具有法律功能的临时性誓令书已经不再适合当时的社会；而战国时期国与国之间大规模战争的常态化，使统治者在军事活动中宣扬自身正义及批判敌方卑劣成为一种日常需求，檄书很好地替代了誓书剩余的扬己抑敌功能。因此誓书虽然在战国时期逐渐走向消亡，但统治者对它所具有的社会功能需求并未消失。而它之所以会走向衰亡，是因为时代所引发的社会形势变迁，统治者对社会管理要求不断细化、专门化，那种临时起意性质、只是针对某一具体事务的誓书显然难以满足这一要求，因而逐渐被替代。不过无论是原有的令书种类，还是替代了原有功能的新令书种类，最初使用或制定的目的都是一致的，就是更好地满足统治者的需求。只是旧有的令书种类无法完成新时局下的新任务，不得不走向衰亡。

三 与令书各小类之间的关系

战国令书种类体系与令书各小类之间是系统与个体、整体与部分的关系。然而，其不仅仅具有一般的整体与部分之间的关系特征，即部分是整体的基础，没有部分就没有整体，而整体的功能并不是部分功能的简单相加或组合的关系特征，因为战国令书种类处于历史进程之中，所以它们还具有作为独立历史事物的特殊关系表征，即无论是作为战国令书种类体系的整体，还是作为令书各小类的部分，都不是静止的、固化的、封闭的，而是动态的、变化的、开放的，具有类似活的生命体一样的"新陈代谢"。

（一）令书各小类是令书种类体系的有机组成部分

战国令书种类体系由命书、"令"书、诏书、告书、誓书、檄书、律法书、式法书、释法书、判决书、盟书、符书、节书等十数种令书构成，每一种令书都是其整体的有机组成部分，实现着整体的部分功能。作为统治者意志物质载体的令书，面临战国复杂的各种社会事务，为更好地实现不同的统治目的必然需要具有对应这一事务的专门令书种类。处理凶杀、偷盗、公共事务管理、官吏玩忽职守、职责分配等事务，要靠律法书来实现。以睡虎地秦墓竹简所见律法为例，其中《田律》《厩苑律》是处理农田水利、山林保护、牛马饲养等方面事务的[①]，《仓律》《金布律》是管理

---

① 睡虎地秦墓竹简整理小组编《睡虎地秦墓竹简》，文物出版社，1990，第19页。

粮食储藏及发放、市场运行、货币流通等事务的①，《效律》是处理校验县和都官物资账目等事务的②，等等。社会管理不断细化、证明统治者的自身身份、顺利实现统治者自身统治意志等，则要靠符书、节书来完成。《新郪虎符》铭文云"甲兵之符，右才（在）王，左才（在）新郪。凡兴士被（披）甲，用兵五十人昌（以）上，［必］会王符，乃敢行之。燔燧（燧）事，虽母（毋）会符，行殹也"③，一方面表明了持符者的身份，即"王""新郪"，另一方面则规定了持符者的权力"兴士被（披）甲"，以及实现这种权力的条件"［必］会王符，乃敢行之。燔燧（燧）事，虽母（毋）会符，行殹也"，即平日必须与王符配合使用，但在某些紧急军事情况下可单独使用。而这一枚兵符的出现是为了方便统治者的管理，解决重复制作令书的问题，以使统治者意志能够得到更及时、更便捷、更可靠的实现。因为兵符持有者所面临的事务是多变的、实时的，如果每一事件都要用诏书、告书等文来处理，必然会降低军队的应变效率，而应变效率的高低很大程度上决定了军队的胜败。《鄂君启车节》④也与此类似，它的铭文内容表明了发令者的身份"大工尹承王命"和持节者的身份"鄂君"，同样规定了持节者的权利，即从某地向某地运送某些货物可以免税，以及这一权利实现的条件"见其金节刟（则）母（毋）政（政、征），母（毋）舍（舍）桴（橇、馈）飤，不见其金节刟（则）政（政、征）"⑤，即是说持节者必须携带该节，否则不能予以免税。它的制作原因和目的与符书相似，但与《新郪虎符》《王命虎符》⑥等符不同，它的权力由一方出示节书即可实现。

因为这些令书种类所满足的社会需求并不是孤立存在的，而是整体的，所以它们可以分而满足某一具体的功能需求，但合起来就构成了战国令书种类体系。其最终目的都是满足统治者维持其统治的需要，因此可以说某一具体令书种类的个体功能都是为实现战国令书种类的整体功能而存在的。

① 睡虎地秦墓竹简整理小组编《睡虎地秦墓竹简》，文物出版社，1990，第19页。
② 睡虎地秦墓竹简整理小组编《睡虎地秦墓竹简》，文物出版社，1990，第69页。
③ 吴镇烽编著《商周青铜器铭文暨图像集成》卷三十四，上海古籍出版社，2012，第550页。
④ 吴镇烽编著《商周青铜器铭文暨图像集成》卷三十四，上海古籍出版社，2012，第552页。
⑤ 吴镇烽编著《商周青铜器铭文暨图像集成》卷三十四，上海古籍出版社，2012，第552页。
⑥ 吴镇烽编著《商周青铜器铭文暨图像集成》卷三十四，上海古籍出版社，2012，第532页。

(二) 令书种类体系与令书各小类会随时代演进而一同变化

作为历史事物存在的战国令书种类体系是开放的、动态的、变化的。说它开放是因为它不仅有纳新，如符书、节书、檄书等新的令书种类的产生，而且有弃旧，如典书、训书、诰书等作为前代的令书种类已经不再有新的内容出现，而即使有新内容出现的盟书、册命文书等也都走向了迅速衰落。说它是动态的，是因为不仅令书种类的发展变化是动态的，而且令书的内容也是动态的，都是依据时代的需要而不断地进行创制，不断更新的。说它是变化的，是因为不仅各类令书的文体功能是变化的，如诏书、告书两类令书由一开始的混乱使用，到最后的诏书只为君王所用，告书只为地方官府官员所用，而且其所组成的令书体系功能也是变化的。诏书、告书一开始混乱使用是因为当时的官僚系统建设并未完成，阶层之间的分离还不够分明，但阶层一旦明晰，它们的功能就完全分离了，诏书、告书变成维护官僚体系层级的工具之一。这一方面是统治者主动选择的结果，另一方面是历史事物影响历史进程的表现。

战国令书种类层面存在的历史与时代之间、系统与个体之间、个体与个体之间等种种关系，无不体现着战国动荡变革的时代特征。它是社会变革在令书种类层面的投影。当然这种影响并非单方面的，战国令书种类之间的关系同时也推动了社会层级化进程，为国家统治稳定及整个时代发展提供了工具性支持。

第二节　制作者方面的诸项关系

随着春秋以来的宗法血缘贵族统治体制的不断瓦解、官僚系统建设的不断完善，战国时期的令书制作者在组织形式与人员构成等方面出现了不同于以往的巨大转变。但战国时期这种横向的国家组织变化有着极其深刻的历史背景，因此从很多层面上都能发现对西周、春秋时期的继承，甚至有很多事物并未发生改变或改变的内容十分有限，这是历史纵向发展源流性特征的体现。而战国令书制作者对前代的继承与变革，不仅使令书制作者之间的关系发生了改变，也使令书制作者与令书之间的关系出现了变化。

一　与前代令书制作者之间的关系

历史是连续的而非割裂的，身处历史河流中的战国令书制作者也呈现历史事物之间纵向时间上的联系特征，与前代有着千丝万缕的联系。令书制作者中的重要构成部分发令者，基本与当时各国官府的负责长官是同义语。因此令书发令者的变化，在很大程度上与战国官制方面的变化是一致的，也就是说讨论战国令书制作者当中发令者相对于前代令书制作者的存与变，就是在探讨战国官制与前代官制的联系与区别。而战国官制与前代官制的联系是十分明显的，因为战国时期特别是初期，各国官制基本是顺延自春秋时期，革新较少，甚至直到战国末期，各国的官吏制度中仍有很大部分春秋时期官制的遗存，如司寇、司马、司徒、御史、内史等官职，虽然在职能上可能相较于春秋已经有较大不同，但在战国时期各国官制系统中长期保存了这些官名，而有的官名甚至在秦汉以后仍在使用。这是战国令书制作者与前代令书制作者之间联系的突出表现之一。然而，这些遗存于战国的春秋官制也是有变化的，主要体现在两个方面。

（一）部分令书制作者的地位及来源发生了变化

有的官职名称虽然没有改变，但地位已经与前代不同，如御史又称柱下史，在春秋末期不过是地位不高的史官，但到秦统一之时，其长官已经成为与丞相、太尉并称为"三公"，具有副丞相身份的御史大夫；再如，战国时期科层制的逐渐建立促使各国国家机器不断完善，郡县制度的普遍推广促使春秋末期已经开始出现的县令、县长、郡守等非血缘贵族官职逐渐取代血缘贵族身份的卿大夫成为统治者控制国家的核心统治"工具"，至秦统一分设郡县时达到顶峰，即《史记·秦始皇本纪》云"分天下以为三十六郡，郡置守、尉、监"①。

战国时期官制系统最为突出的变化，是与统治者没有直接宗亲血缘关系的士地位逐渐上升，并进入中央及地方的决策机构当中，甚至成为左右君王决策的令书发令者。进入中央官府高层成为战国时期左右国家时局的

---

① （汉）司马迁：《史记》卷六，中华书局，1959，第239页。

重要人员，如吴起①、白起②、甘茂③、苏秦④、苏代⑤、苏厉⑥、张仪⑦、范雎⑧、蔡泽⑨、蔺相如⑩、吕不韦⑪等人，均非出自名门望族，然而凭借

① 《史记·孙子吴起列传》载："吴起者，卫人也……事鲁君……鲁人或恶吴起曰：'……其少时，家累千金，游仕不遂，遂破其家……'鲁君疑之，……谢吴起。……魏文侯以为将，……田文既死，公叔为相，尚魏公主，而害吴起。……遂去，即之楚。楚悼王素闻起贤，至则相楚。"参见（汉）司马迁《史记》卷六五，中华书局，1959，第2165～2168页。按：吴起虽然少时家庭并不穷困，但其之所以能出将入相，与其出身并无重大关系。

② 《史记·白起王翦列传》载："白起者，郿人也。善用兵，事秦昭王。昭王十三年，而白起为左庶长，……其明年，白起为左更，……明年，白起为大良造……迁为武安君。"参见（汉）司马迁《史记》卷七三，中华书局，1959，第2331页。按：《史记》虽未明言白起之出身，但其与秦君当无直接血缘关系，因为按《史记》之习惯，如果其出身显赫家族，必明言之。

③ 《史记·樗里子甘茂列传》载："甘茂者，下蔡人也。……因张仪、樗里子而求见秦惠王。……使将。"参见（汉）司马迁《史记》卷七一，中华书局，1959，第2310～2311页。按：与白起情况相同。

④ 《史记·苏秦列传》载："苏秦者，东周洛阳人也……出游数岁，大困而归。兄弟嫂妹妻妾窃皆笑之，曰：'周人之俗，治产业，力工商，逐什二以为务。今子释本而事口舌，困，不亦宜乎！'……苏秦为从约长，并相六国。"参见（汉）司马迁《史记》卷六九，中华书局，1959，第2241～2261页。按：苏秦之兄嫂等人明言其不务工商农本，言要以力食之，可见出身之卑微。

⑤ 《史记·苏秦列传》载："苏秦之弟曰代，代弟苏厉，见兄遂，亦皆学……燕相子之与苏代婚……太史公曰：苏秦兄弟三人，皆游说诸侯以显名。"参见（汉）司马迁《史记》卷六九，中华书局，1959，第2266～2277页。按：苏秦出身卑微，其弟出身当同之。

⑥ 《史记·苏秦列传》所载内容。参见（汉）司马迁《史记》卷六九，中华书局，1959，第2241～2278页。按：苏秦出身卑微，其弟出身当同之。

⑦ 《史记·张仪列传》载："张仪者，魏人也。……仪相秦四岁，……为秦将……秦欲伐齐，齐楚从亲，于是张仪往相楚。……秦惠王封仪五邑，号曰武信君……张仪相魏一岁，卒于魏也。"参见（汉）司马迁《史记》卷七〇，中华书局，1959，第2279～2300页。按：《史记索隐》引《吕览》说张仪"盖魏之支庶也"，可见出身不高。

⑧ 《史记·范雎蔡泽列传》载："范雎者，魏人也……欲事魏王，家贫无以自资……（昭王）拜范雎为客卿……秦王乃拜范雎为相……秦封范雎以应，号为应候。"参见（汉）司马迁《史记》卷七九，中华书局，1959，第2401～2412页。按：范雎家贫可见必非望族。

⑨ 《史记·范雎蔡泽列传》载："蔡泽者，燕人也，……（秦昭王）使人召蔡泽……拜为客卿……遂拜为秦相。"参见（汉）司马迁《史记》卷七九，中华书局，1959，第2418～2425页。按：未言蔡泽的出身，但与秦王必无血缘关系。

⑩ 《史记·廉颇蔺相如列传》载："蔺相如者，赵人也，为赵宦者令缪贤舍人……拜为上卿。"参见（汉）司马迁《史记》卷八一，中华书局，1959，第2439～2443页。按：蔺相如出身于宦官舍人，可见其必非望族。

⑪ 《史记·吕不韦列传》载："吕不韦者，阳翟大贾人也。……庄襄王元年，以吕不韦为丞相，封为文信侯。"参见（汉）司马迁《史记》卷八五，中华书局，1959，第2505～2514页。按：吕不韦能获得秦相之位，并非靠出身，而是靠权谋。

自身的聪明才智参与到了国家重大令书制作活动当中。而在国家的基层统治机构里，各国由于变法，特别是秦国，依靠军功获得爵位的人员不断增多，逐渐将血缘贵族挤出国家权力机构，获得基层的控制权，而到了汉初，学童更是可以直接通过考试进入官府成为史官或文吏，即《汉书·艺文志》载"太史试学童，能讽书九千字以上，乃得为史。又以六体试之，课最者以为尚书御史史书令史"①。而这些新兴的官僚与为其服务的史官或文吏，或充当令书发令者，或充当令书书写者，共同构成了战国时期令书的制作者群体。

发生在战国时期令书制作者群体方面的另一重要变化是史官群体的裂变及文史集团的兴起。史官是古代的知识阶层，是令书书写者的核心组成部分，随着社会的发展，在古代政体中形成了较为完善的系统。从纵向看，自三代至战国，史官渐多，且分工逐渐细化；从横向看，史官设置几乎遍及整个王朝统治系统。在古代不仅天子身边设有史官，《礼记·礼运》云"王前巫而后史"②，《礼记·玉藻》云"（天子）动则左史书之，言则右史书之"③，《汉书·艺文志》载"古之王者世有史官，君举必书，……左史记言，右史记事，事为《春秋》，言为《尚书》，帝王靡不同之"④，而且"诸官皆有史，盖世弥降，职弥详矣"⑤，形成了从周王国到各诸侯国包括太史、内史、作册尹、内史尹、外史、左史、右史、小史等几十种史官在内的庞大史官群体。由于他们是当时社会的知识垄断者，因此几乎一直处于权力的中心，而其部分成员更是直接异化为国家权力机构的决策者，如太史、内史等史官拥有很大的权力，并形成专门辅助其工作的相关官僚机构——卿事寮、太史寮。⑥但进入战国时期之后，这一局面发生改变，随着史官知识垄断地位被打破，大量文吏涌入官府机构，史官地位迅速下滑。

---

① （汉）班固：《汉书》卷三〇，中华书局，1962，第1721页。
② （清）阮元校刻《礼记正义》卷二二，中华书局，1980年影印本，第1425页。
③ （清）阮元校刻《礼记正义》卷二九，中华书局，1980年影印本，第1473～1474页。
④ （汉）班固：《汉书》卷三〇，中华书局，1962，第1715页。
⑤ 参见吕思勉《史学与史籍七种》，上海古籍出版社，2009，第48页。
⑥ 参见杨宽《先秦史十讲》，复旦大学出版社，2006，第26～37页。

（二）令书主要书写者"史"的职能开始缩窄

"史"是一种古老的官职，但自产生之后便逐渐出现职能上的异化。在商周时期，其"主职在掌管文书，记录大事，占察天象，但也监理卜筮和祭祀的事"①。随着时代发展需要不断变化、社会事务不断增加，史官的职能开始不断分裂演化。到了周代，据许兆昌先生《周代史官文化——前轴心期核心文化形态研究》的考证与统计，史官的职事已经多达三十九种，②有的史官往往身兼数种职能，如内史除记事职能之外，还有宣读册命、书写册命、宣读文告等职能，而其中的记事、书写册命、记录刑书、书写盟誓等职能都与写作令书有直接关系。但进入春秋战国以后，一些高层史官的官僚化程度进一步加深。原有的一些史官设置虽然得到保留，即如刘知几《史通·史官建置》所说"斯则史官之作，肇自黄帝，备于周室，名目既多，职务咸异。至于诸侯列国，亦各有史官，求其位号，一同王者。……降及战国，史氏无废"③，但除了负责书写君王发布的命书、"令"书、誓书，以及盟书、诏书、告书中的一部分之外，史官在主要文职工作中开始让位于新兴的文吏集团。由于文吏集团承担的是史官的文职工作，因此这些文吏往往也被冠以史名，因不同工作而被称为史、掾史、曹史等，但实际上他们与最初之史官已经有很多不同。

造成战国时期令书制作者相较于前代令书制作者出现如此变化特征的原因是多方面的。首先是社会阶级的巨变。春秋以来王权衰落造成的文化下移，使得史官对文化的垄断被打破，特别是春秋末期孔子兴办私学，开启了"有教无类"④的平民教育模式，使处于社会下层的平民有机会接受较好的文化教育，而良好的教育使平民有了取代史官从事文职工作的能力。其次是由于战国时期官僚体制的逐渐建立与完善，国家权力机构所要处理的事务增多，这种工作需要大量文书来作为信息沟通的载体，因而对

① 张荫麟：《中国史纲》，岳麓书社，2010，第41页。
② 参见许兆昌《周代史官文化——前轴心期核心文化形态研究》，吉林大学出版社，2001，第74~78页。
③ （唐）刘知几撰《史通》卷十一《史官建置》，蔡焯编，中华书局，1936年影印本，四部备要本第五十一册，第117页。
④ （清）阮元校刻《论语注疏》卷十五，中华书局，1980年影印本，第2518页。

处理文书的文史需求量增大。最初那种家族传承式的史官系统①，已经无法满足战国官府机构运行的需要，因而一大批无家学渊源的文史开始有机会涌入国家机构承担起这一任务。再次是社会观念与统治者管理能力的进步。社会观念的进步，造成史官带有的神性色彩弱化、统治者理性思维增强，重智轻德的观念使其对神性的需求减小，具有神权性质的史官等人员地位自然就会降低。而随着官僚体系科层制的逐步建立，统治者的政治地位开始不断提高，自身实力的增强使其对神灵支持的需求降低，政治权力逐渐超越神权，因此统治者开始将带有神权性质的史官作为自身政治权力机构的附庸，限制了史官机构的发展。

二 制作者之间的关系

战国令书制作者之间的关系主要有四种。

(一) 令书制作者之间具有等级差异

等级关系是阶级国家社会事物之间的基本关系，因此维护这一关系存在的权力机构必然也具有等级特性。战国中后期，各国相继建立了庞大而复杂的官僚等级系统，而令书制作者群体只是按人与令书之间关系的性质进行的一种分类，它建立的基础其实就是与之相对应的官僚体制。而论说官制，战国时期各国的官府系统大致可分为中央与地方两级，秦统一之后将这一系统进一步完善，在中央建立了三公九卿制度，在地方建立了郡县制度，权力机构实行分级管理，各级官员层次等级分明。官员等级差异表现在多方面，从印绶和俸禄差异即可看出。如可以通过印绶的材质及颜色来判断丞相与御史大夫之间的等级区别，即"相国、丞相，皆秦官，金印紫绶，掌丞天子助理万机"②，"御史大夫，秦官，位上卿，银印青绶，掌

---

① 吕思勉先生云："古代职业，恒父子相传。"丁波先生亦云："春秋以前史官的职业世袭，春秋时代史官职业世袭的情况开始发生变化，从现在掌握的材料来看，变化主要表现在史官各项职能的专门化，即，专业的官僚从史官群体中分化出来。其中一个重要的方面，就是部分史官向专业的行政官僚的转变。"参见吕思勉《史学与史籍七种》，上海古籍出版社，2009，第357页；丁波《试析春秋战国之际史官群体的演变分化》，《中国社会科学院研究生院学报》2002年第6期，第93页。
② (汉) 班固：《汉书》卷十九上，中华书局，1962，第724页。

副丞相"①；通过禄秩的多少来判断郡守、县令、县丞之间的等级高低，即
"郡守，秦官，掌治其郡，秩二千石"②，"县令、长，皆秦官，掌治其县。
万户以上为令，秩千石至六百石。减万户为长，秩五百石至三百石"③。这
种等级上的区别便于权力划割，明确了发令者各自的权力与责任，使统治
者的管理效率大幅提升。

（二）令书制作者职能有主导与辅助的区别

这可以从两个方面分析。就整体权力机构而言，主辅之别是指战国令
书制作者在中央官府与地方官府等级关系的前提下，表现出来的以中央官
府的令书制作者为主导，地方官府的令书制作者为辅助的差异。这是因为
地方官府本就是中央官府权力体系的延伸，是实现中央官府统治意志的工
具。虽然它在所管理或控制的区域内有较大权力，但在战国时建立的官僚
体制系统中，它所拥有的权力已经与西周、春秋时期拥有的宗法、分封制
度下的完整分割后的权力不同，它从根本上是统属于中央官府的，它存在
的意义就是为了充分实现中央官府权力对社会各部分、各地区的有力控
制。而战国时期建立的官僚体系实际上就是君主专制体系，所有的机构设
置都是为了实现君主权力的充分施放。各国中央官府作为当时国家权力的
核心，其统治意志需要地方官府来配合实现，所以从权力的重心来看，中
央官府机构是主要的，地方官府机构是辅助的。

就具体部门机构而言，主辅差别是指战国时期各国具体部门机构中的
长官与史官或文吏在制作令书时存在部门长官作为发令者处于核心地位，
史官或文吏作为书写者处于辅助地位的不同。在特定部门机构中负责长官
就是该机构的权力核心，其在该机构所能发布的令书的制作过程中具有绝
对主导作用，史官和文吏只是为了帮助其长官更好地实现其权力决策，而
从事一些提供建议、起草文书、书写文书等秘书性工作，只起相对次要的
辅助作用。如《周礼·秋官·大司寇》云"大司寇之职，掌建邦之三典，
以佐王刑邦国"④，是说司寇具有制作治理天下的三种法律的权力，但是制

① （汉）班固：《汉书》卷十九上，中华书局，1962，第 725 页。
② （汉）班固：《汉书》卷十九上，中华书局，1962，第 742 页。
③ （汉）班固：《汉书》卷十九上，中华书局，1962，第 742 页。
④ （清）阮元校刻《周礼注疏》卷三四，中华书局，1980 年影印本，第 870 页。

定律法涉及多层次、多方面的问题，以司寇个人之力显然很难完成。因此在实际工作中，司寇作为司法系统的最高长官在制定该类法典时可能只是把握大的原则性方向，具体法律条文的制定，则由其下属史官来负责。不过司寇有较为绝对的权力启用或废止其下属史官起草的某些具体法律条文。战国其他机构令书制作过程中的权力运行关系与此基本类似。

（三）令书制作者职能有总揽与分管的不同

战国令书制作者职能的总揽与分管是根据阶级国家权力运作的实际需要而产生的。因为权力系统中存在等级关系，国家权力被层级分割，所处的权力层级越高其权力就越大，其所能管理的地域及事务范围就越大，反之越小，因此高层权力机构所管理的地域与事务范围，往往会涵盖整个国家社会事务的各个方面。如《周礼·天官·大宰》云"太宰之职，掌建邦之六典，以佐王治邦国……以八法治官府……以八则治都鄙……以八柄诏王驭群臣……以八统诏王驭万民……以九职任万民……以九赋敛财贿……以九式均节财用……以九贡致邦国之用……以九两系邦国之民"①，就是说作为最高执政官的大宰要辅助周天子管理整个国家，要掌管与制定六典，负责邦国、官府、都鄙、百官万民的管理工作，统领九贡、九式、九赋、九两、九职等财政及人民生活，而这些工作内容几乎涵盖了当时社会生活的所有方面。战国时期各国行政系统中的最高长官，如相邦、相国等，拥有的权力及处理的事务从内涵上与大宰并无不同，只是由于时代变化，在某些具体细节上有些差异，如其权力的大小，在春秋时期由于国家模式的原因，大宰或执政卿所能直接管理的政治区域并不包括那些卿大夫控制的具有个人领地财产属性的家或邑，但到了战国时期，随着宗法分封社会的解体、官僚体制的建立，相邦或相国的权力开始通过中央直接任命的地方长官，如郡守、县长、县令等，深入各个地方，因此其对国家的控制力显然要强于之前的大宰或执政卿。

相对于高层权力机构权力的总括性，底层权力机构管理的地域和事务要窄很多。他们只拥有处理自己所管地域及部门事务的权力。如秦国郡县下属的乡官啬夫只负责该乡的与诉讼、赋税等相关的部分事务，即《汉

---

① （清）阮元校刻《周礼注疏》卷二，中华书局，1980年影印本，第645～648页。

书·百官公卿表》云"十亭一乡,乡有三老、有秩、啬夫、游徼。三老掌
教化。啬夫职听讼,收赋税"①。以前多认为秦国未有此官,但里耶秦简J1
(9)984 简有"迁陵圂谓都乡啬夫"②,王焕林先生说"本简最大的史料价
值在于:结束了学界关于秦代有无'乡啬夫'一职的争论"③;而对于其他
行政区域以及除本职规定以外的事务,他们没有管辖权与治理权。

(四)令书制作者看似各自独立,却为同一系统服务

这是指战国令书制作者在层级制度下,从分属的地域与机构来看,彼
此之间似乎是独立的、不联系的,如各国将其国家分为多个行政区域,在
各个行政区域内又建立各种行政或军事机构,这些行政区域之间、同一行
政区域内的不同部门之间,从横向分析,基本没有联系;但从国家机构建
立的整体系统角度来看,这些不同的行政区域、不同的部门机构相互之间
其实存在对应联系,它们共同组成了各国的令书制作者系统。

不仅如此,有的部门之间实际上存在分工协作,如《周礼》中大司徒
之官大体对应现在的行政系统长官,但他可以用八刑来对万民进行刑罚,
而且如果有不服从教化而提起诉讼的,大司徒要与地方官一同审理,涉及
刑法则仍要交给《周礼·秋官》中的"士"来处理,即《周礼·地官·
大司徒》条云"以乡八刑纠万民……凡万民之不服教,而有狱讼者,与有
地治者听而断之,其附于刑者归于士"④。《周礼》所讲的制度虽然可能并
非战国的实际制度,但根据管理系统由笼统走向细化的规律,战国时期行
政与司法系统方面的分工合作与《周礼》描述的制度不会相差太远。但也
不能过分夸大此种联系,因为虽然在当时还不存在后世那种严格的行政与
司法机构界限,它们多数是混合在一起的,且司法机构往往下属于行政机
构,但按令书制作者处理的具体事务性质来区分其为行政机构或司法机
构,还是比较明确的。

战国令书制作者系统以战国各国各级、各部门的官僚系统为依托,以
各级长官及其所属史官或文吏为内容,满足了君主控制国家的需要,其展

---

① (汉)班固:《汉书》卷十九上,中华书局,1962,第742页。

② 王焕林:《里耶秦简校诂》,中国文联出版社,2007,第99页。

③ 王焕林:《里耶秦简校诂》,中国文联出版社,2007,第101页。

④ (清)阮元校刻《周礼注疏》卷十,中华书局,1980年影印本,第707~708页。

现出来的种种关系，也无不与此有关。

三 制作者与令书之间的关系

战国时期令书制作者与其制作的令书之间的关系主要有三种。

（一）令书制作者与其制作的令书等级是相应的

这主要与令书发令者的身份高低有关，与令书书写者的身份等级关系不大。如君王可以下发具有全国施行权力的"令"书、诏书、告书等，如《魏户律》① 和《魏奔命律》② 所载魏王发布的关于打击赘婿、逆旅、逃野等现象的法令，《始皇诏方升》③ 记载的秦始皇统一全国度量衡的诏书；而各地方官府官员只能向其下属发布一些其职权范围内的告书，如里耶秦简中之"六月丙午，洞庭守礼谓迁陵啬夫"④ "卅一年后九月庚辰朔辛巳，迁陵丞昌谓仓啬夫"⑤ "廿七年二月丙子朔庚寅，洞庭守礼谓县啬夫、卒史嘉、假卒史谷、属尉"⑥ 等，都是该区域的长官对其管理区域的属官所发布告令文书的起首语句。再如，大宰、大司寇等可以制作具有全国效力的法律，即《周礼·天官·大宰》云"大宰之职，掌建邦之六典，以佐王治邦国。一曰治典……二曰教典……三曰礼典……四曰政典……五曰刑典……六曰事典"⑦、《周礼·秋官·大司寇》"大司寇之职，掌建邦之三典，以佐王刑邦国，诘四方。一曰刑新国用轻典，二曰刑平国用中典，三曰刑乱国用重典"⑧ 等，而各郡太守只能制定管辖郡县的法规，如《语书》云"廿年四月丙戌朔丁亥，南郡守腾谓县、道啬夫：……故腾为是而修法律令、田令及为间私方而下之"⑨，而且这种法规必须与通行全国的法律没有冲突。也就是说发令者的身份越高，其所下发令书的等级越高，反之越

① 睡虎地秦墓竹简整理小组编《睡虎地秦墓竹简》，文物出版社，1990，第174页。
② 睡虎地秦墓竹简整理小组编《睡虎地秦墓竹简》，文物出版社，1990，第175页。
③ 吴镇烽编著《商周青铜器铭文暨图像集成》卷三十四，上海古籍出版社，2012，第276页。
④ 陈伟主编《里耶秦简牍校释》（第一卷），武汉大学出版社，2012，第46页。
⑤ 陈伟主编《里耶秦简牍校释》（第一卷），武汉大学出版社，2012，第359页。
⑥ 陈伟主编《里耶秦简牍校释》（第一卷），武汉大学出版社，2012，第198页。按：此为页下注转引的里耶秦简16-5内容。
⑦ （清）阮元校刻《周礼注疏》卷二，中华书局，1980年影印本，第645页。
⑧ （清）阮元校刻《周礼注疏》卷三四，中华书局，1980年影印本，第870页。
⑨ 睡虎地秦墓竹简整理小组编《睡虎地秦墓竹简》，文物出版社，1990，第13页。

低，两者有直接的对应关系。

（二）令书制作者创制的令书与其职能相对应

这是指战国令书制作者与其制作的令书之间存在一一对应的专属关系，也就是说每个令书制作者与其制作的令书种类和等级是相对应的，但并不是说每个令书制作者只能制作一种令书，而是说他所能制作的令书种类与等级要受到他本身职能和等级的限制。如掌节、中车府令等在其官署机构中对其下属也可以制作一些告令书，但从整体令书种类制作职能分工来看，他们仍主要负责符节书的制作；再如《周礼·秋官》中大司寇一职也有属官，其对属官所发的行政性命令，其实也属于告令书，但其专属责任是制作律法书。从整体上看，战国令书系统中制作数量最多、制作频率最高、涉及部门最多的就是告令书，各个官职机构当中都有负责制作的特定令书种类，这类令书与制作者之间存在对应关系。

令书制作者与其制作的令书之间之所以存在专属对应关系，是因为进入战国时期之后，随着官僚体系的建立，国家权力开始深入基层，官府面临的社会事务迅速增多且纷繁复杂，造成官府对令书制作工作专门化的需求增强，因此需要通过采取分工协作的工作方式来提高国家机器的运作效率。

（三）令书制作者与其创制的令书会彼此影响

这是指战国令书制作者与其制作的令书之间存在能动的、相互干预的关系。从战国令书制作者角度看，令书是其所制作的，用来实现其统治意志的物质媒介，它只是一种统治工具，因此制作者可以较为自由地控制它的文字内容及载体，这是令书制作者具有能动性的主要体现。但令书制作者对令书内容、载体的控制或选择的权力并不是绝对的，在很大程度上，令书种类及载体材质规格等级能够反过来限制令书制作者的活动。如由于令书种类不同，其书写格式也有较大差异，因此书写者虽然能够改变令书的文字内容，却要受到书写格式的限制，因为一些决定令书种类归属的书写格式要素是不能省略的，否则就会造成令书种类属性的混乱。再如令书之间存在等级差异，那种跨越等级而选择载体的行为，在绝大多数情况下是不被允许的。而且从战国令书制作活动的整体来看，令书种类对制作者的影响，显然要大于后者对前者的影响，也就是说物对人的影响，要超过人对物的影响。但需要说明的是，这种令书文种和载体对令书制作者的限制是其主动选择的结果，他们是为了更好地实现统治目的而主动将自身置于物的统领之下的，因此在令书制作者与其制作的令书之间，谁对谁的影响更大需要针对具体时间段、具体令书来分析和讨论。

一种历史事物或现象的出现，往往是人与物之间不断磨合的结果，在特定时期内他们之间是相互影响的，某一时刻人或许掌握了对物的主动权，而某一时刻人反而被物所限制，两者互为动力向前发展。但黑格尔《小逻辑》一书曾说，当我们发现相互作用的时候，只是站到了真理的门槛上，[①] 也就是说在两种事物相互作用的关系背后，还存在一种原动力。这种原动力从唯物史观角度来看是指生产力的进步与发展，在战国时期突出表现为铁器和牛耕的使用与推广。

第三节　书写格式及用语方面的诸项关系

战国令书不仅在书写格式及用语方面和前代存在承袭与改变关系，在其书写格式之间也具有同源、组合、分离转化等复杂关系。

一　与前代令书在书写格式及用语方面的关系

战国时期的令书书写格式及用语在一定程度上受到了前代令书的影响。有一些令书种类与前代同种令书相比，只是在内容上有所更新，如命书、盟书等，但其书写格式及用语大体上并没有改变。这类令书书写格式及用语的源头多可以追溯到春秋时期乃至西周时期。之所以出现这种令书书写格式及用语的固化现象，是因为这些令书门类性质比较特殊，它们多与传统礼仪习惯紧密相连，属于册命、盟誓等仪式的一部分，带有先天的

---

① 黑格尔云："在相互作用（die wechselwirkung）里，被坚持为有区别的因果范畴，（a）自在地都是同样的；其一方面是原因，是原始的、主动的、被动的等等，其另一方面也同样如此。同样，以对方为前提以对方为所起作用的后果，直接的原始性与由相互作用而设定的依赖性，也是一样的东西。那以为是最初的第一的原因，由于它的直接性的缘故，也是一被动的，设定的存在，也是一效果。因此，所谓两个原因的区别乃是空虚的。而且原因自在地只有一个，这一个原因既在它的效果里扬弃自己的实体性，同样又在这效果里，它才使自己成为独立的原因。"参见（德）黑格尔著《小逻辑》，贺麟译，商务印书馆，1996，第 320 页。

仪式固化属性，所以其书写格式及用语改变甚微。但战国令书书写格式及用语相较于前代仍有较大变化，而且表现各异。

（一）令书书写格式相较于前代具有更多种类且更加规范

从大的方面讲，战国时期的发展促使令书内容改变，而这一改变又直接引发了令书书写格式上的较大变革，其突出代表就是律令文书。战国时期各国相继推行变法运动，各国法律在这一时期得到空前发展，尤以秦国法律体系发展最为完善。从法律主体内容上看，单睡虎地秦墓竹简①中的法律门类就有《田律》《金布律》《厩苑律》《效律》《仓律》《关市》《工律》《工人程》《徭律》《司空》《行书》《内史杂》等，多达几十种，字数接近数万，而这比春秋时期法律的主体内容要详尽得多。② 而就秦国的整个法律系统而言，它形成了由律法书、"令"书、式法书等成文法与习惯法构成的相对完整的法律体系，并出现了类如《法律答问》的官府颁布的释法书，这比春秋时期的法律系统要完善得多，其运作效率也更高。

从小的方面讲，进入战国之后，各国的官僚体制开始不断完善，官府的运作机制也随之走向正规化、常态化，为适应这种形势，提高官府系统的运行效率，令书的书写格式开始被逐渐规范化，其代表是多被地方官府使用的告令书。战国初期可能还不太明显，但到中后期，告令书的书写格式已经十分规范，甚至可以说是整齐划一。它们的书写格式基本由发令时间、发令者、受令者、命令内容及署名印章等部分构成。这种整齐划一的书写格式必然要以对令书有较大需求、大规模官僚体系的建立为前提，这与西周、春秋时期贵族分层式的松散管理模式有本质的不同。按照西周、春秋时期国家的统治模式是不需要大量使用令书的，因为它们以宗法制和分封制为基础，国家权力按天子、诸侯、大夫、士等血缘身份等级被细化到每一个层级，从诸侯以下的各个层级开始，上一阶层的统治者对其管理地域内的下一层统治者，几乎拥有生杀予夺的绝对权力，不过周天子对诸

---

① 参见睡虎地秦墓竹简整理小组编《睡虎地秦墓竹简》，中华书局，1990。

② 春秋时期的法律还往往可以被刻铸在一件器物之上，如"郑人铸刑书"、晋国"铸刑鼎"，当然其铸刻的应是其时的律法原则，但既然可以将一些原则归纳出来，恐怕其本身律法种类、文字内容也有限。参见（清）阮元校刻《春秋左传正义》卷四三、卷五三，中华书局，1980年影印本，第2043、2124页。

侯并无此权力，或者说权力未曾达到这个程度。战国时期各国建立的官僚体制统治模式则与之不同，它虽然也是将国家权力层级细化，但低一级官员对管理其的高一级官员并没有人身所有关系，高一级官员对属下的人身控制力相对于西周、春秋时期的诸侯大夫们来说要小得多，所有层级细化的权力都是为最高权力者君王服务的，其目的也是灌输与实现最高权力的统治意图而非完全代替最高权力去管理。这就造成令书需求数量上的差别。又战国时期人与人之间传达命令的情况与西周、春秋时期有很大不同：在西周、春秋时期，统治者命令意图的传达往往是在有血缘关系的人员之间进行的，而进入战国之后，常常需要在互不相熟的地区、机构、人员之间进行传达。这种管理组织变更造成的地方人员之间互不了解的隔阂，必然需要通过不同地区、部门之间严格的信息程序化管理来打破。而作为当权者统治意图传达物质凭借的令书，其书写格式也必然会被规范和统一，否则必然造成信息运作上的困难，这是战国令书书写格式正规化、规范化的现实需要造成的。

（二）战国令书用语相较于前代变得更加简洁

战国令书整齐划一的书写格式，虽然能够使最高权力者的统治意图顺利下达至基层管理者甚至民众层面，提高官府机构的运行效率，但要使统治意图得到充分实现，获得受令者的充分理解，必然要求一些面向基层统治者和民众的令书用语向简洁、明快和便于理解的方向发展。这种用语方式在律法书、诏书、告书等令书种类中表现得十分明显，它们没有辞藻堆砌，没有复杂修饰，只有本着实事求是、简洁明了的态度进行直接、客观的叙述。如里耶秦简中的一篇告令书，其全文云"六月丙午，洞庭守礼谓迁陵啬夫：□署迁陵亟论言史（事），署中曹发，它如律令"①，意为六月丙午，洞庭太守礼告知迁陵啬夫：□迁陵所说的事情，让中曹处理，其他的依照法律办。该令书是洞庭太守针对巴胥（假）守丞向其送达的一封上告文书而下发的②，可惜该上告文书已经残缺，具体意思难以明了，但应该

---

① 陈伟主编《里耶秦简牍校释》（第一卷），武汉大学出版社，2012，第46页。
② 里耶秦简载："☑未朔己未，巴胥（假）守丞敢告洞庭守主：卒人可令县论☑卒人，卒人已论，它如令。敢告主。不疑手。·以江州印行事。"参见陈伟主编《里耶秦简牍校释》（第一卷），武汉大学出版社，2012，第46页。

是关于巴地卒人具体如何处理的问题，因为洞庭太守就是针对这一事务向迁陵啬夫下达指令的。这篇令书正文内容不过短短十几字，没有修饰，没有铺排，通过简单而客观的叙述，将针对的事件及其命令意图阐述清楚。

当然，在战国令书书写用语的发展过程中，有些令书种类受到了当时盛行的诸子散文及传统训诫令书用语影响，用语相对华丽繁复。比较有代表性的令书种类有向自然之神盟誓的盟书以及部分诏书、檄书、告书等。它们吸收了诸子散文论理时所用的铺排句式、修饰词汇及论述逻辑，发展了传统训诫令书的书写模式，使自己所言之事、所论之理更加令人信服。但相对于用语简洁的令书来讲，数量还是比较少的。关于这一点在前文已经论述较多，此处不再赘述。

战国令书书写格式及用语与前代所形成的关系，是现实与历史、时局与传统之间相互影响的结果。当然，除了这种与前代的历史关系之外，战国令书本身的书写格式与用语之间还存在一种形式与内容的关系，即变更书写格式是为了更好地表现其所承载的命令信息内容，而命令信息内容从根本上决定了其外在的表现形式，但两者又是统一的，它们统属于战国令书制作者的工具性需求，都为更好地实现统治者自身统治意志而服务。

二　书写格式之间的关系

战国令书书写格式之间的关系主要有三种。

（一）各类令书书写格式有一个共同的起源——史书

单就战国各类令书的书写格式来看，除符书、节书比较特殊之外，几乎所有令书种类的书写格式都有一个共同的源头——史书①，甚至有些令书种类本身就是史书的转化。只不过一些令书种类在发展过程中不断分化，其书写格式也距史书越来越远。因此，根据书写格式从史书中分化的程度，又可以将战国令书的书写格式与史书的同源关系大致分为三种。

---

① 此处所说在于探讨各种令书书写格式的终极来源，而非其制度来源。柳诒徵《国史要义》所说的"史家全书之根本皆系于礼"是针对某一特定时期内史书书写格式的制度性规则来源，与我们此处探讨之内容，并不冲突。我们所说的"史书"是广义的，指记述事实之书，其出现应该早于礼制之书，而不是特定国家时期内的"史书"。参见柳诒徵《国史要义》，商务印书馆，2011，第11～12页。

第一，令书本身就是由史书转化的门类，如史官直记君王口头命令的命书、誓书、告书等。如命书的标准书写格式为"时间＋发令者活动＋发令者＋受命者（有时包含在命令信息部分中）＋命令信息（赐赏、封官、免官等）"，誓书的标准书写格式为"序言或'抬头'（包含制作时间、地点、缘由、发令者等）＋命令信息正文（包含受令者、赏罚规定等）"，告书的标准书写格式为"发令时间＋发令者＋发令词（'告''谓''命等'）＋命令信息"。从其书写格式可以看出，这三种令书与一般史书记载事件的方式相似，都包含史书书写格式的几个基本要素，即时间、人物、事件等。这就是说无论从内容还是从书写格式上看，它们都与史书相类，但它们由于各自特殊的地位及属性，成为令书门类。

第二，书写格式发生异变，但仍可看出其来源于史书的令书门类，如诏书、檄书、盟书等。如诏书的标准书写格式为"发令时间（只具体到年或没有）＋发令者（可以没有）＋受令者＋发令词'诏'＋命令信息＋器铭或附件（或有或无）"，檄书（用于扬己斥恶、赏进罚退）的标准书写格式为"'抬头'（包含发令时间、发令者、受令者等）＋命令信息（包括辨明是非大义、下达命令）"，盟书（向祖先之神盟誓）的标准书写格式为"盟誓时间或'圭命'（可省略）＋盟誓者＋盟约内容＋盟誓缘由（一般省略）"。其书写格式受史书的影响也比较容易看出。在这些令书种类的书写格式当中，一般都有独立"抬头"或类似序言的语句，其中就包括了时间（年、月、日、时）、发命者、受命者等信息，而这些信息正是史官书写史书时应当记录的关键信息。当然这些令书种类的记述目的与史书的记述目的已经有很大的不同，它们采用这种记述格式主要是为了更好地实现自身功能，因此其实用目的远大于其记录目的。

第三，分化程度很高，已经基本看不出其书写格式来源于史书的令书种类，如条文式书写格式的律法书等。从形态上看，这类令书的大部分内容已经不具有史书的任何特征。这主要是由于其发展程度比较高，且与史书书写格式的分离在战国之前已经基本完成。因为条文式律法书从出现时间看，是要晚于惯例法的，也可以说它来源于惯例法，是惯例法一般化、抽象化、规范化的结果。惯例法的应用是以过去的实际案例为基础的，属于史书记载属性范畴，它们或与典书相似被作为档案保存，所以其格式也应类似史书。然而随着社会规模的扩大、司法事务的增多，统治者对常态化法律的需求大大增加，这促使法律开始突破惯例法那种类似史书记载具体事件而不具有普遍意义的书写格式限制，向一般的、抽象的、普适的规则书写方式发展，从而形成了条文式的律法书。不过条文式律法书并未完全取代惯例法，战国时期仍然存在的廷行事可能就属惯例法①，这也可以算作律法书与史书存在联系的一条重要证据。

最后再来分析一下书写格式来源比较特殊的符书、节书。符书、节书的书写格式不是直接来源于史书的记事书写格式，而是来源于与史书作用相似的器铭，因此很多符节上铸刻的铭文是对该符节的名称或功能的介绍。符节之上的器铭与其他器物上的器铭在设计目的上是不同的。对于后者而言，记述某种事物的来历是其主要目的，也就是说它的记事功能是主要的；而前者从一开始就只是为了增加该器物在使用过程中的可信度，也就是说其主要目的是使符节能够顺利实现它的功能而非记事。不过，这并不是说它的书写格式与史书的书写格式毫无关系。因为从功能上看，器物的铭文实际上也是史书的一种异化，它是为了讲述一件具体的事，只是对部分史书必备要素进行了省略；而符节铭文的书写格式又是对器铭书写格式所拥有功能的再次异化，虽然与史书的书写格式已经相去甚远，但也并非毫无关系。

（二）某些令书种类书写格式是由不同种类令书或其他文书书写格式相互组合而成的

这种书写格式方面的相互组合关系，主要有三种。

---

① 学者对廷行事的性质有不同意见，如徐进先生、易见先生认为判案过程中比只是判案时的"行为、是过程，廷行事则是结果，是既成事实"，并说"秦代的廷行事与汉代的'决事比'等相似。……但二者的区别也是明显的。廷行事是在司法实践中自然形成的，而决事比是对司法实践中形成的案例又加上了一道整理的工序。前者纯粹是司法活动的结果，而后者是在司法判例基础上又加进了立法者的意旨，也就是使之法律化了"；刘笃才先生、杨一凡先生则认为睡虎地秦墓竹简的整理者将《法律答问》中的"廷行事"三字解释为判案成例是不准确的，他们以"汉代的判例成为比，但汉代的比也并不都是司法判例，还有行政方面的先例，也可以作为处理某事的参考"为据，并在分析了古代"廷""行事"两词的内涵之后，说"廷行事"实际指的是"官府行事，也可译为官府的实际做法"等。笔者比较赞成徐进先生和易见先生的观点。参见徐进、易见《秦代的"比"与"廷行事"》，《山东法学》1987年第2期，第49、48页；刘笃才、杨一凡《秦简廷行事考辨》，《法学研究》2007年第3期，第144~151页。

第一，同类令书书写格式分主客地位组合产生新的书写格式，但不改变主类令书的属性，如一些带附件的告书、"诏体告书"①。告书如睡虎地秦墓竹简中的《语书》②，它带有附件，但附件本身也是简省的告书，因此主件和附件部分同属于告书，而组成的新文书样式仍然属于告书，没有产生新的令书文种。"诏体告书"如《兆域图铜版》③，其所载内容由铭文与图画两部分构成，铭文部分是该件令书主属性的影响者，而图画是为了更好地补充说明其主属性铭文而作的附件，因此它对于该件令书属性的影响占次要地位。因此我们无论将其看为何种令书，都应根据其主件铭文的书写格式及属性来判断，而与其附属图画部分没有关系。

第二，不同种类令书书写格式通过偏向性组合而产生新令书种类的书写格式，如睡虎地秦墓竹简中的《封诊式》④。《封诊式》全篇内容由前面两条法律条文和后面二十三条文书模板构成。前两条法律属于条文法的书写样态，后二十三条文书模板则多为不同爱书的书写格式，两者的书写格式迥异，通过一定条件的组合，共同构成了另一种令书，即式法书。从令书性质的主导因素来看，其开头的两条法律处于偏向性高位，处于统领地位，而后面的文书模板地位较低，处于附庸地位，但前后两部分内容实际互相依存，缺一不可。因为那些文书模板虽然处于附属地位，但它们才是式法书的主要内容，去掉它们也就构不成新的令书种类式法书，也起不到式法书应有的令书功能和作用；而如果缺少前面两条统领性法律条文，那么它就不可能具有令书属性，也就不能被当作令书来看待，最多只能算作一种文书书写样本的总结。

第三，不同令书种类书写格式采用均势性融合方式而产生新令书门类的书写格式，如《鄂君启车节》⑤。《鄂君启车节》铭文的书写格式是十分特殊的，它是记事性器铭与诏书、告书书写格式相互融合的产物。从其上

---

① 使用了诏书的书写格式，但没有使用专门的命令词"诏"字，属于诏书、告书并行时期的特殊产物。
② 睡虎地秦墓竹简整理小组编《睡虎地秦墓竹简》，文物出版社，1990，第13～15页。
③ 吴镇烽编著《商周青铜器铭文暨图像集成》卷三十五，上海古籍出版社，2012，第96页。
④ 睡虎地秦墓竹简整理小组编《睡虎地秦墓竹简》，文物出版社，1990，第145～164页。
⑤ 参见吴镇烽编著《商周青铜器铭文暨图像集成》卷三十四，上海古籍出版社，2012，第552～561页。

"大司马……帀（为）䣄（鄂）君启之廧（府）賦（就）盟（铸）金节"①
的内容即可看出，是典型的器铭性记载，它说明了该节的铸造缘由及铸造
者身份等重要信息；后面的文句则是诏书、告书书写格式的变形，它对该
节的用途及使用范围进行了界定。从信息完整度上看二者是缺一不可的，
从地位上看，二者应当也是相当的。因为符、节不需要借助其铭文书写格
式来确定其种类性质，其种类属性是由其载体和器形决定的。

（三）某些令书种类书写格式之间存在分离或转化

这种变化可能发生在同种令书自身之上，也可能发生在不同令书种类
之间。从不同的角度看，可以将这种变化称为分离或转化。

第一，发生在同种令书自身之上的书写格式的转化现象，其典型代表
为"令"书。"令"书，最初是通过行政命令形式下发的，在其转化为律
法书之后，有的基本将行政命令的书写格式延续下来，如《魏户律》②《魏
奔命律》③ 等基本只是在"令"书的末尾加了律名；有的书写格式转化得
相对彻底一些，如龙岗秦简九十八号简和一一六号简所载的律文，但仍能
从中看到"令"书书写格式拥有发令时间特征，即"廿五年四月乙亥以
来"④"廿四年正月甲寅以来"⑤。

第二，发生在不同令书种类之间的分化现象，其典型代表为诏书和告
书。诏书、告书在战国初期曾长期应用于各个阶层的令书制作活动中，但
随着官府系统科层制的不断完善，某些国家的君王，以秦国国君为代表，
为凸显自己的独尊地位，开始刻意将诏书与告书的使用层级区分开来，诏
书作为专供自己使用的令书种类，告书作为下属官府所用的令书种类。在
战国中后期的秦国，诏书的书写格式已经不同于告书，它以特殊的命令用
词"诏"字、非清晰的时间信息及"抬头"与命令正文不加分割的特殊书
写格式与告书相区别，这说明诏书、告书的分离已经基本完成。但在战国
大多数国家内诏书、告书分层使用的转化并没有完全完成，它们的书写格

① 参见吴镇烽编著《商周青铜器铭文暨图像集成》卷三十四，上海古籍出版社，2012，第552页。
② 参见睡虎地秦墓竹简整理小组《睡虎地秦墓竹简》，文物出版社，1990，第174页。
③ 参见睡虎地秦墓竹简整理小组《睡虎地秦墓竹简》，文物出版社，1990，第175页。
④ 参见中国文物研究所、湖北省文物考古研究所编《龙岗秦简》，中华书局，2001，第105页。
⑤ 参见中国文物研究所、湖北省文物考古研究所编《龙岗秦简》，中华书局，2001，第109页。

式仍是相似的或混杂的，"诏体告书"《兆域图铜版》①的存在即是明证。

之所以在战国令书书写格式方面能够出现同源关系、组合关系和分离转化关系等，是因为令书是人类思维认知的产物，而人的认知与现实存在的事物一样都是有局限性的。人不可能超越客观存在来发明规律或改造规律。史书书写格式的基本要素是时间、地点、人物、事件等，而这正是人认知世界的基本模式，所以别种认知的产物，必然要在这一基础上进行改造，这是战国令书书写格式同源于史书书写格式的根本原因。而组合与分离转化，是人类改造事物的基本方式。因为在已有事物基础上创造新的事物，最为简单的方法就是添加成分或去除成分。

战国令书书写格式及用语方面所呈现的种种关系，体现了历史发展由低级到高级、由凌乱到规范的趋势和规律。其之所以能够出现如此的发展方向，除了前代奠定的发展趋势基础之外，最主要的原因在于当时统治者面临复杂社会现实产生的统治需要。当然，战国令书书写格式及用语作为一种历史事物，一经产生便有了自身的发展方向与动力。统治者虽然能够对其进行一些自主性选择或改造，但必然要在已有的基础上进行，而且还要符合事物自身的发展规律。

第四节　载体材质及规格方面的诸项关系

战国令书使用的载体材质及规格多可在前代找到根据，但也绝非对前代的简单继承。而且这些载体材质及规格与令书发令者、种类及内容之间也有一定联系。

一　与前代令书载体材质及规格之间的关系

载体材质及规格是令书的外在物质表现，是为更好地传达令书所承载的命令信息而服务的，因此面对多变的社会现实，统治者不得不对令书的载体材质及规格进行某些适应当时社会情境的改造或创制，以更好地实现自身的统治目的。但这种改造与创制活动是以前代的物质及制度遗存为基

---

① 吴镇烽编著《商周青铜器铭文暨图像集成》卷三十五，上海古籍出版社，2012，第96页。

础的。从整体的发展方向看，令书载体材质及规格的应用在战国时期已经形成一定的制度，并向规范化、多样化、实用化方向持续发展。

（一）令书载体材质相较于前代使用的数量比例有所变化

战国令书载体材质使用制度是在西周、春秋令书载体材质使用制度基础上的再发展。战国令书选用的所有载体材质，在战国之前都已出现，且已经被用来书写令书了。也就是说从整体上看战国令书选用的载体材质如竹木、金属、玉石等相较于前代是没有变化的。这是因为先秦令书选用载体材质的更替，在战国之前已经完成。如甲骨类材质的淘汰，发生在西周时期。西周初年，一些记载君王口头命令的令书仍选用甲骨类材质作为载体，如周原三十一号窖穴二号甲骨，其上刻文云"唯（唯）衣（殷）奚子来降，其执罘（暨）氏吏；才斿（廇）尔卜，曰：'南宫邵其乍'"[1]，其中"南宫邵其乍"即为记录于甲骨之上的君王口头命令。但由于卜筮方法的改变，"大约在周穆王之后，不再出现刻有卜辞的甲骨"[2]，用甲骨记述君王口头命令的现象也随之消失。再如，对铁制品载体的使用出现在春秋末期。如《左传·昭公二十九年》云"冬，晋赵鞅、荀寅帅师城汝滨，遂赋晋国一鼓铁，以铸刑鼎，著范宣子所为刑书焉"[3]，范宣子所作刑书即为晋国的律法书，而被载之于鼎，鼎即为铁制品。战国时期仍有一些令书选用铁制品作为载体，如记载有始皇诏书的部分诏权即为铁质。[4]

然而战国令书载体材质使用制度对于前代并非原样继承，而是有所变化的。这种变化主要体现在使用的数量比例方面。战国时期的令书整体数量大大超过前代，甚至可以用井喷式发展来形容，因此除金属、玉石外，大多数被用作令书载体的材质使用量呈上升趋势，只是它们之间的使用比例相比于前代发生了较大变化。战国令书载体材质以竹木材质使用量最多，占据了绝大多数，其次是玉石类材质，再次是金属类材质。这从目前

---

① 徐锡台编著《周原甲骨文综述》，三秦出版社，1987，第 111 页。
② 严军：《从甲骨占卜术的兴衰看甲骨卜辞的存亡》，《杭州师范学院学报》1992 年第 2 期，第 105 页。
③ （清）阮元校刻《春秋左传正义》卷五三，中华书局，1980 年影印本，第 2124 页。
④ 参见吴镇烽编著《商周青铜器铭文暨图像集成》卷三十四，上海古籍出版社，2012，第 377 ~ 383 页。

所见载有战国令书不同材质载体的数量上即可看出。其数量比例变化最为明显的是竹木载体，其比例由多数变成了绝大多数。玉石材质和金属材质作为战国令书载体使用数量相对稳定，但其大类内部小类载体材质使用量也是有变化的，不过基本都呈下降趋势，因为令书载体材质使用量的基数在不断变大。具体来说，金属材质中出现了青铜制品使用量下降，铁类制品使用量上升的现象；玉石材质中出现了石圭、石简等使用量减少，山石材质使用量增加的现象。

战国令书载体材质使用量上的种种变化，从整体上看有着深刻的社会、历史原因，但从具体载体材质种类上看，各自原因又有所不同。整体使用量的增加，原因主要有三点。第一，国家管理模式的改变。西周、春秋时期国家采用分封制和宗法制来管理，权力被层级分割，彼此之间并无战国时期官僚体制中那种严格的上下层级管理关系，下级不需要向上级直接负责，因此信息沟通较少。第二，人口增加，造成社会事务增多。相较于西周、春秋时期，战国时期的人口已经大大增加，[1] 国家的规模也因此扩大，很多国家出现了流动人口众多、商业发达的城市，如临淄、邯郸、大梁等。在陌生人的交往中必然会出现很多摩擦，这就需要官府介入，从而催生出各种令书。第三，国家间的战争日益频繁。战国时期各国之间的战争频发，统治者对国家军事系统的管理要求严格，需要频繁地调派与管理军队，军事令书的增多，也使令书的整体使用量增多。

具体到每种令书材质使用量变化的原因，则需分开论述。竹木材质载体之所以能占据令书载体使用量的绝大多数，主要是因为其相对于金属和玉石材质，取材更加方便，价格更加低廉，加工难度更小，更能满足当时

---

[1] 沈长云先生说："以当时一国之四千九百人口，乘被周戡灭和臣服于周的七百五十一国，得三百六十七万九千九百人。此为商周之际属于殷人势力集团的总人口。再加上与之势力相伴的周人势力集团的另一半人口，得七百三十五万九千八百人，这大体上是西周初期周人统治下的所有诸侯国及臣服于周的所有异姓族邦的总人口，即当时全'中国'的总人口。"童书业先生说："西周时人口较春秋为少，……彼时全'中国'，扫数计之恐亦不过一二百万而已"，"春秋时人口仍不甚多，有所谓'十室之邑'、'百室之邑'者，若'千室之邑'已为大邑，即一般国都亦未必过三千家也。……至春秋末年孔子适卫，云：'庶矣哉！'然即较狄入卫后增加十倍，亦不过五万人"。参见沈长云《西周人口蠡测》，《中国社会经济史研究》1987年第1期，第100页；童书业《春秋左传研究》，童教英校订，中华书局，2006，第307、277页。

国家统治者对令书载体使用量巨大的需求。而玉石材质载体之所以能够保持较为恒定的使用量，是因为战国统治者好大喜功，喜欢使用更加博大的山石铭刻自己的功绩，致使这一类载体材质数量增多，而盟誓整体数量减少，作为盟书常用载体的石圭、石简的使用量也随之减少，两相抵消，故保持了稳定。金属材质载体之所以能够保持较为恒定的使用量，是因为册命活动的减少及家族势力的衰弱，人们对于转刻册命令书的热情减小，造成一些刻铸册命文书的鼎簋等金属器物使用量减少；但由于商业、军事活动发展，人们的交往活动开始增多，流动人口增加，国家出于加强管理的需要开始大量制作符节，并且生产技术进步带来铁产量大大增加，其自身又比较容易保存，以及铸刻某些特殊文书的现实需要，如廿六年始皇统一度量衡的诏书，为方便传播需要铸刻在金属权衡之上等原因造成了铁作为令书载体材质使用量增加，两相抵消，金属材质载体的使用量也基本稳定。

（二）令书载体规格相较于前代更加多样

战国令书载体规格对前代也是有继承、有创新的。对前代继承表现在竹木材质载体和玉石材质载体的形制方面，战国时期常用的载体形制，如简、册、圭、牍，都是在春秋时期或之前已经出现的。如简册的形制，据陈梦家先生说，"殷代已有竹木简的册书，大约是不成问题的"[1]。简册的尺寸，如一尺、一尺二寸、二尺四寸等也多能在出土文献中找到春秋战国之交时已有的确切证据，如侯马盟书的大型圭长 26 厘米，对应战国尺为一尺二寸，小型圭长 18 厘米，对应殷尺为一尺，[2] 温县盟书 T1 坎 1：3216，长 22 厘米，对应战国尺为一尺，T1 坎 1：3211，长 23.3 厘米，对应战国尺为一尺，T1 坎 1：3802，长 27.1 厘米，对应战国尺为一尺二寸。[3] 战国令书对载体形制规格的创新，以符书、节书为代表，它们被铸造成了马形

---

① 陈梦家：《殷墟卜辞综述》，中华书局，1988，第518页。
② 参见陶正刚、王克林《侯马东周盟誓遗址》，《文物》1972年第4期，第27～32页；山西省文物工作委员会编辑《侯马盟书》，文物出版社，1976，第11页。
③ 参见河南省文物研究所《河南温县东周盟誓遗址一号坎发掘简报》，《文物》1983年第3期，第78～89、77页。

如骑传马节①、龙形如王命龙节②、虎形如阳陵虎符③、雁形如雁节④、鹰形如鹰节⑤、熊形如亡纵熊节⑥、长方形如节节⑦等不同形状，尺寸也是长短不一、多种多样。而且战国时期令书在不同材质的载体方面或不同规格的同种材质载体方面，已经形成了一定的等级系统，具有了相当程度的规范性。

战国令书规格品级变得如此多样化的最直接原因就是建立在分封制和宗法制之上的旧有血缘贵族统治模式解体，科层制官僚系统建立。科层制相对于分封制层级要更多，权力在部门、层级上的分配也更加细致，为适应这一要求，且同时凸显各阶层的不同地位，区分不同令书的等级与种类，不得不对令书的载体规格加以发展，否则无法满足这一需求。而在一定时期内，能够用来作为令书载体的材质种类是固定的，因此要区分不同令书的种类与等级，就需要在载体的形制尺寸上下功夫，即通过调整这两方面内容来满足其需求。

战国令书规格变得规范化的原因比较容易理解。战国时期是令书的大发展时代。在当时统治者要通过大量令书对不同地区、不同部门的被统治者进行控制与管理，因此如果没有统一规范的载体规格制度，就会给受令者接受与保存令书造成负担。而这不仅会大大降低官府机构的运行效率，也难以达到令书是为准确、高效地将发令者命令信息传达给受令者的制作目的。这是战国时期对令书载体规范化的客观需求。从载体规格使用制度的发展角度看，经过西周、春秋时期的长期发展，统治者已经能够积累足

---

① 参见吴镇烽编著《商周青铜器铭文暨图像集成》卷三十四，上海古籍出版社，2012，第526页。
② 参见吴镇烽编著《商周青铜器铭文暨图像集成》卷三十四，上海古籍出版社，2012，第535~541页。
③ 参见吴镇烽编著《商周青铜器铭文暨图像集成》卷三十四，上海古籍出版社，2012，第548页。
④ 参见吴镇烽编著《商周青铜器铭文暨图像集成》卷三十四，上海古籍出版社，2012，第544~545页。
⑤ 参见吴镇烽编著《商周青铜器铭文暨图像集成》卷三十四，上海古籍出版社，2012，第546~547页。
⑥ 参见吴镇烽编著《商周青铜器铭文暨图像集成》卷三十四，上海古籍出版社，2012，第527页。
⑦ 参见吴镇烽编著《商周青铜器铭文暨图像集成》卷三十四，上海古籍出版社，2012，第525页。

够的历史经验，为其规范化进程提供良好的指导。

战国令书载体材质及规格制度不仅继承了历史优秀传统，同时也进行了符合时势的创新，使不同的令书载体材质在严格的品级制度下，更好地完成了发令者赋予它的承载命令信息的任务。而在战国之前已经出现，但作为令书载体材质大量使用时间相对较短的山石、铁等载体材质的应用，大大丰富了令书载体的材质种类及品级规格体系，为令书种类系统的发展提供了新的可能。

二 与令书制作者、种类及内容之间的关系

战国令书载体材质及规格与令书制作者、种类及内容之间的关系相对简单，主要有两种。

（一）令书载体材质及规格与令书制作者之间存在等级对应关系

这主要是针对令书发令者而言的。一般情况下，令书发令者的等级越高，其所用的令书载体材质及规格就会越好、越高，而令书发令者的等级越低，其所用的令书载体材质及规格就会越差、越低。

这种等级差别，有时仅通过材质或规格当中的一种不同即可表现。通过载体材质优劣区分发令者等级高低，如同是盟书，秦国君主所作的秦駰玉牍甲就采用了比较珍贵的质地较细的青玉作为载体[1]，参盟者多为大夫身份的温县盟书则多以浅变岩石中的千枚岩为载体[2]。通过载体形制区分发令者等级，如同是节书，君主作为发令者的主要采用龙形如王命龙节[3]或虎形如王命虎符[4]，其他层级官员作为发令者的则采用其他形制，如低等官吏使用的长方形节节[5]。

有时令书使用者的等级也会对令书载体的材质及规格产生一定影响。

---

① 吴镇烽编著《商周青铜器铭文暨图像集成》卷三十五，上海古籍出版社，2012，第 455 ~ 457 页。

② 参见河南省文物研究所《河南温县东周盟誓遗址一号坎发掘简报》，《文物》1983 年第 3 期，第 77、78 ~ 89 页。

③ 吴镇烽编著《商周青铜器铭文暨图像集成》卷三十四，上海古籍出版社，2012，第 535 页。

④ 吴镇烽编著《商周青铜器铭文暨图像集成》卷三十四，上海古籍出版社，2012，第 532 页。按：该物品采用的是单片形制，所以应称为"符"，而非"节"。

⑤ 吴镇烽编著《商周青铜器铭文暨图像集成》卷三十四，上海古籍出版社，2012，第 525 页。

如同是律法书，中央官府使用的简通常长二尺四寸或三尺，而地方官府使用的通常长一尺或一尺二寸，这即是通过令书载体尺寸来区分等级。不过这种影响相对于令书发令者对令书载体材质及规格影响的广度及深度而言比较有限。

（二） 令书载体材质及规格对令书种类、内容有一定影响

令书载体制作形式及规格尺寸对该令书的具体归类及内容是有一定影响的，前者影响较大，后者影响较小。以符书与节书为例。从整体上看，两者载体的材质、形状差别不大，但制作和使用方式有显著差别，即符书是两爿制式配合使用，而节书是单片制式独立使用，这就使得符书、节书的属性归类产生区别。因此要区分符书、节书，只需要判断其载体采用的是两爿制式，还是单片制式即可，采用前者的就是符书，采用后者的就是节书。另外，从符书、节书的外在形制，也可以大致判断其属性及用途，雁形节如雁节[①]和鹰形节如鹰节[②]与军事通信有关，虎符如阳陵虎符[③]与军事调兵有关，等等。

战国令书载体材质及规格与令书内容是形式与内容的关系，此处形式主要是指物质形式。这种关系在对令书进行定义之时已经产生，如果没有载体或者没有命令信息的文字内容，也就无所谓令书。另外，借助物质载体命令信息克服了许多传达上的障碍。一句话，甚至一个动作、一个眼神就可以传达一些简单的命令，但其在复杂命令表述及长距离命令传达等方面存在巨大缺陷，而使用物质载体与文字相结合的方式能够较好地解决这一问题。文字可以更好地呈现统治者的复杂命令信息，载体可以使文字化的命令信息在长距离传输过程中保持原貌，令书的这两项优点推动了国家命令信息管理的进步。

---

① 参见吴镇烽编著《商周青铜器铭文暨图像集成》卷三十四，上海古籍出版社，2012，第544～545页。
② 参见吴镇烽编著《商周青铜器铭文暨图像集成》卷三十四，上海古籍出版社，2012，第546～547页。
③ 参见吴镇烽编著《商周青铜器铭文暨图像集成》卷三十四，上海古籍出版社，2012，第548页。

小　结

战国令书载体材质及规格呈现的规范化、制度化倾向，是历史长期发展的结果。其与令书种类、内容之间的关系是相对的，不是绝对的。因为它只是承载令书命令信息的物质外壳，是命令信息传达的一个媒介，发令者在选用载体材质及规格时还是有很大的灵活性和自主权的，就是说低等级人员能够越级使用高等级载体，高等级人员也能够破例使用低等级载体，只是这种现象在战国时期并不常见，也不是历史的大趋势。

第七章

战国令书制作之特点与影响

战国作为令书发展史上的一个重要时期，其制作环节有着特殊时代所赋予的鲜明特点和久远影响。

第一节　特点

战国令书制作的特点主要体现在用于军事与司法方面的令书所占比重较大，带有深刻的战国官僚科层制特征，处在向专门化、规范化和制度化竞争发展的过程当中。以下分别论之。

一　用于军事与司法方面的令书所占比重较大

在本书讨论的十三种战国令书里，主要用于军事方面的令书有誓书、檄书、符书、节书，约占总种类的30%；主要用于司法方面的令书有"令"书、律法书、式法书、释法书、判决书，约占总种类的40%；二者相加占总种类的比重接近70%。另外非军事、司法用途的令书，有时也会带有很强的军事、司法活动属性或目的，如被广泛用于盟誓诸方约信的盟书。《战国策》记载的苏秦所拟约纵韩、魏、齐、楚、燕、赵六国建成攻防联盟以对抗秦国的盟书，即"秦攻楚，齐、魏各出锐师以佐之，韩绝食道，赵涉河、漳，燕守常山之北。秦攻韩、魏，则楚绝其后，齐出锐师以佐之，赵涉河、漳，燕守云中。秦攻齐，则楚绝其后，韩守成皋，魏塞午道，赵涉河、漳、博关，燕出锐师以佐之。秦攻燕，则赵守常山，楚军武关，齐涉渤海，韩、魏出锐师以佐之。秦攻赵，则韩军宜阳，楚军武关，魏军河外，齐涉渤海，燕出锐师以佐之。诸侯有先背约者，五国共伐之"[1]，就带有明显的军事属性和目的。再如主要被用作下达行政性命令的诏书。湖南益阳兔子山九号井（J9）出土简牍上记载的秦二世下令解除流罪的诏书，"天下失始皇帝，皆遽恐悲哀甚，朕奉遗诏，今宗庙吏及箸以明至治大功德者具矣，律令当除定者毕矣。元年与黔首更始，尽为解除流罪，今皆已下矣，朕将自抚天下吏、黔首，其具行事，已分县赋援黔首，毋以细物苛劾县吏，亟布"[2]，就带有明显的司法属性。

战国制作出如此大比重的军事、司法用途令书与战国残酷的兼并战争形势有关。如文献载："今但以秦兵言之：惠文王七年，公子卬破魏，……斩首八万。后七年，韩、赵、魏、燕、齐帅匈奴共攻秦，……斩首八万二千。十一年败韩岸门，斩首万。十三年，击楚于丹阳，斩首八万。秦武王四年，拔韩宜阳，斩首六万。昭襄王六年，司马错灭蜀，……斩首两万。十四年，白起攻韩、魏于伊阙，斩首二十四万。二十三年，客卿胡伤破魏芒卯，斩首十五万。四十三年，白起攻韩，……斩首五万。四十七年，白起破赵，坑赵卒四十余万。四十九年，王龁攻晋，斩首六千，流死于河二万。五十一年，将军摎攻韩，斩首四万；攻赵，取二十余县，首虏九万。秦始十三年，桓龁击赵平阳，斩首十万。"[3] 从中可见战国时战争场面的浩大和战争的残酷。与春秋时期各国"主要用了'尊王'、'攘夷'的口号联合诸夏称为一个集团，禁抑篡弑，裁制兼并"[4] 的手段进行称霸战争的目的不同，"战国时代战争的主要目的在于兼并"[5]。这种残酷的兼并战争，逼迫各国统治者将军事活动作为国家的头等大事，因此在作为实现战国统治者命令意图重要工具之一的令书当中出现如此大比重的具有军事属性或目的的令书也就不奇怪了。

司法用途令书的增多，主要与战国时期各国兴起的变法运动有关。如李悝在魏国变法，编写《法经》；商鞅携《法经》入秦国变法，且改

---

① （汉）刘向集录《战国策》卷十九，中华书局，1985，第 641 页。
② 湖南省文物考古研究所：《二十年风云激荡 两千年沉寂后显真容》，《中国文物报》2013年 12 月 6 日，第 006 版。
③ 康有为：《大同书》，邝柏林选注，辽宁人民出版社，1991，第 72 页。
④ 童书业：《春秋史》，上海古籍出版社，2010，第 236 页。
⑤ 杨宽：《战国史》，上海人民出版社，1998，第 2 页。

"法"为"律";吴起入楚国变法;屈原为楚国作《宪令》;司马穰苴为齐国编《司马法》;等等。这些变法活动推动了各国的法律建设进程,不断将社会的方方面面纳入法律的监管之下。仅以出土的秦律为例,就有数十种之多,涉及农田水利、山林保护、牛羊饲养、粮食贮藏、货币流通、工程兴建、手工制作、官吏任免、军爵赏赐、禁苑管理等社会各方面。① 这在一些官府下达的告令书中都有体现,如其中常用的术语"其以律令"②"其以律令从事"③"如律令"④ 等,都是指按已有法律行事。各国法律的建设及社会事务的增多,促使法律应用的增多,进而制作出大量司法属性令书。

另外,军事、司法令书的大量出现是军事、司法互相作用的结果。杨宽先生说从春秋后期开始的各国经济和政治上的改革,主要目的即"谋求在相互兼并中取得胜利"⑤,因此从一定程度上讲司法令书就是为军事目的服务的。如秦国使用商鞅进行变法即是出于"将修缪公之业,东复侵地"⑥的军事目的。具体到令书制作当中战国统治者的这种目的体现在两方面。一是大量军事属性法令的制作。战国中期以后各诸侯国已经基本建立了常备军制度,"常驻营区的刑罚条令亦应运而生"⑦,如《商君书·境内》载秦国就有"二十等爵制"⑧,《睡虎地秦墓竹简》载秦国有《军爵律》⑨,其主要目的就是通过奖励军事活动中表现勇猛的将士来提升本国军队的战斗力,所以无论是《韩非子·定法》载"斩一首者爵一级,欲为官者为五十石之官;斩二首者爵二级,欲为官者为百石之官"⑩,还是《睡虎地秦墓竹简》载"工隶臣斩首及人为斩首以免者,皆令为工。其不完者,以为隐官

---

① 参见睡虎地秦墓竹简整理小组编《睡虎地秦墓竹简》,文物出版社,1990;中国文物研究所、湖北省文物考古研究所编《龙岗秦简》,中华书局,2001。
② 王焕林:《里耶秦简校诂》,中国文联出版社,2007,第52页。
③ 王焕林:《里耶秦简校诂》,中国文联出版社,2007,第58页。
④ 王焕林:《里耶秦简校诂》,中国文联出版社,2007,第104页。
⑤ 杨宽:《战国史》,上海人民出版社,1998,第188页。
⑥ (汉)司马迁:《史记》卷六八,中华书局,1959,第2228页。
⑦ 陈恩林:《先秦军事制度研究》,吉林文史出版社,1991,第215页。
⑧ 蒋礼鸿撰《商君书锥指》卷五,中华书局,1986,第115~121页。
⑨ 睡虎地秦墓竹简整理小组编《睡虎地秦墓竹简》,文物出版社,1990,第55页。
⑩ (清)王先慎撰《韩非子集解》卷十七,锺哲点校,中华书局,1998,第435页。

工"①, 都是战国统治者为了在兼并战争中取得胜利而采用的手段。二是具体的法律属性令书当中多有与军事目的相关的内容。如魏安釐王向相邦、将军颁布的管理赘婿、逆旅、逃野等现象的《魏户律》②《魏奔命律》③, 其主要目的即在于增加兵源为兼并战争服务。④ 再如一些律法中规定的经济处罚如"赀二甲"⑤"赀一盾"⑥ 等当中的甲、盾都是军用物品, 这明显是为了补充军备物资而设计的。

二　带有明显的战国官僚科层制特征

战国官僚科层制有五个比较重要的特征:非血缘的等级制、职能分工、量才用人、一定程度的非人格化理性特征、可参照的法律规章。⑦ 而在战国令书制作当中也体现了这五种特征。第一, 非血缘的等级制。战国令书制作者之间存在明确的上下等级, 如国君、相国、太守、县丞等, 但这些等级人物之间并不存在必然的血缘关系, 它与西周、春秋时期宗法制下建立的血缘贵族政治有着根本不同。如在秦国做官做到大良造之职的卫国人商鞅⑧, 做到相国之职的魏国人张仪⑨和范雎⑩, 在楚国做官做到相国的卫国人吴起⑪, 他们和秦孝公、秦惠文王、秦昭王、楚悼王之间的等级关系就是制度性的而非血缘性的。第二, 职能分工。战国令书制作者有着明确的职能分配, 大的方面看发令者与书写者, 一为制定令书所载命令信息大的方向, 一为草拟令书的具体文字;从小的方面看, 不同种类的令书由不同发令者和书写者进行制作。如战国命书的发令者为周王、各国国君

① 睡虎地秦墓竹简整理小组编《睡虎地秦墓竹简》, 文物出版社, 1990, 第55页。
② 参见睡虎地秦墓竹简整理小组编《睡虎地秦墓竹简》, 文物出版社, 1990, 第174页。
③ 参见睡虎地秦墓竹简整理小组编《睡虎地秦墓竹简》, 文物出版社, 1990, 第175页。
④ 参见张继海《睡虎地秦简魏户律的再研究》,《中国史研究》2005年第2期, 第43~51页。
⑤ 睡虎地秦墓竹简整理小组编《睡虎地秦墓竹简》, 文物出版社, 1990, 第47页。
⑥ 睡虎地秦墓竹简整理小组编《睡虎地秦墓竹简》, 文物出版社, 1990, 第47页。
⑦ 参见赵鼎新《东周战争与儒法国家的诞生》, 夏江旗译, 华东师范大学出版社、上海三联书店, 2006, 第76页;王春娟《科层制的涵义及结构特征分析——兼评韦伯的科层制理论》,《学术交流》2006年第5期, 第56~60页;李德全《科层制及其官僚化过程研究》, 博士学位论文, 浙江大学, 2004。
⑧ 参见(汉)司马迁《史记》卷六八, 中华书局, 1959, 第2227~2237页。
⑨ 参见(汉)司马迁《史记》卷七〇, 中华书局, 1959, 第2279~2300页。
⑩ 参见(汉)司马迁《史记》卷七九, 中华书局, 1959, 第2401~2404页。
⑪ 参见(汉)司马迁《史记》卷六五, 中华书局, 1959, 第2165~2170页。

等，书写者为其下属内史、作册内史等史官；战国律法书发令者为相邦、司寇、司马等，书写者为其下属文史：可见两种令书的制作者分工已经相当明确。第三，量才用人。这是指战国时期令书制作者主要以备选者的才能而非血缘关系为标准。在战国时期大量非依靠血缘的有才能的士人得以进入国家的统治机构当中，有的甚至成为国家的相国及高级将领，参与到国家重要令书的制作当中，如吴起、苏秦①、张仪等人。这种非血缘出身的官员不再以效忠一个具有宗法血缘从属关系的国君为荣，他们流动性很大，经常在几个国家流动做官，如吴起曾在魏国、楚国做官，苏秦曾在燕国、齐国做官，有时甚至身兼数国之相，张仪曾在秦国、魏国为官等。第四，一定程度的非人格化理性特征。这是指战国令书制作者在下达和书写令书时能够排除私人感情因素做出一些比较理性的行为。这种理性因素甚至在一些非理性的盟书制作当中都有体现，如秦小子因病向山神盟誓作《秦骃玉牍甲》②，完全将神作为一个具有强大力量的"人"来对待，向其诉说自己无罪，并向其允诺祭品。其逻辑是很清楚的，首先说我并未有罪过不当有此病，其次说我给你礼物，你让我病好。这实际就是受困于当时非理性宗教因素影响的理性体现。其他如严格按照律法进行司法判决、政治决策而制作的令书更是如此，令书中常有的"如律令"③"其以律令从事"④等措辞表达即是明证。第五，可参照的法律规章。战国令书制作有了一定的规则可以参照，不可任意妄为。如判决书的制作，要按照既有法律进行审判，不服判决的可以申诉，一些有争议的案子则要参照释法书或向上级汇报再做出判决，龙岗秦简中就有一篇拟作的复审判决书，"鞫之：辟死，论不当为城旦。吏论：失者，已坐以论。九月丙申，沙羡丞甲、史丙，免辟死为庶人。令自尚也"⑤，大意为经审查辟死不应该被判为城旦，免除其罪行，使其自由。

战国令书制作之所以呈现这样的特征，是因为其建立的基础就是战国

① 参见（汉）司马迁《史记》卷六九，中华书局，1959，第2241~2266页。
② 吴镇烽编著《商周青铜器铭文暨图像集成》卷三十五，上海古籍出版社，2012，第455~457页。
③ 王焕林：《里耶秦简校诂》，中国文联出版社，2007，第104页。
④ 王焕林：《里耶秦简校诂》，中国文联出版社，2007，第58页。
⑤ 中国文物研究所、湖北省文物考古研究所编《龙岗秦简》，中华书局，2001，第144页。

官僚科层制，它只是战国官僚科层制当中一个比较重要的制度而已。而战国官僚科层制的发展，根源于春秋战国时期社会形势的巨变。战国时期铁器、牛耕的出现大大推进了生产力的进步，传统的血缘贵族统治体系已经无法适应此种发展。西周、春秋时期的那种宗法分封制下按血缘等级身份划分隶属关系的模式即"天子建国，诸侯立家，卿置侧室，大夫有二宗，士有隶子弟"①，已经逐渐被以俸禄制度、赏金办法、玺符制度、上计制度、监察制度等②为保证的官僚制度所取代。战国统治者面临的社会事务不断增多，不得不加以分工以提高效率。而想要在日益严峻的兼并战争形势中取得优势地位，就必须吸引一些真正有才能之士来变法，但有才能之士不一定血缘关系较近、出身较好，所以就得忽视这些与治国才能无关的要求。而春秋时期出现的礼崩乐坏现象，导致王官之学下移，③一些有才能之士纷纷开设私学并"有教无类"④地收徒以传授知识与技能，再加上一些由官府建立的百家争鸣场所如魏国西河、齐国稷下的出现，促使战国时期产生了一大批有才能的士人，成为各国统治者所需人才的重要来源。其中法家一派逐渐在各国取得重要地位，创制了一大批律法制度，使很多事务制度化。而且经过西周、春秋时期的发展，人们已经逐渐走出神权思维，趋于理性。这即是战国官僚科层体制特征出现的原因，也即战国令书制作出现如此特征的原因。

三　处在向专门化、规范化、制度化的竞争发展过程当中

战国令书制作已经初步具备了专门化、规范化、制度化的特征。专门化特征，以令种类的使用为例，战国各种令书都有相对专门的用途，不同用途的命令需要选用不同种类的令书，如册封官职用命书、誓众征伐用誓书、司法判决用判决书、诸方盟誓用盟书、调兵约信用符书等。规范化

---

① （清）阮元校刻《春秋左传正义》卷五，中华书局，1980年影印本，第1744页。
② 王焕林：《里耶秦简校诂》，中国文联出版社，2007，第213~220页。
③ 章太炎先生认为诸子之学源于王官之学；胡适先生认为诸子百家不出于王官之学，而兴起于救世之弊；吕思勉先生认为"先秦诸子之学，当以前此之宗教及哲学思想为动因，东周以后之社会情势为其缘"。参见章太炎撰《国故论衡》，陈平原导读，上海古籍出版社，2011，第101页；胡适《中国哲学史大纲》，岳麓书社，2010，第297~303页；吕思勉《先秦学术概论》，岳麓书社，2010，第5页。
④ （清）阮元校刻《论语注疏》卷十五，中华书局，1980年影印本，第2518页。

特征，以令书书写格式为例。战国令书书写格式已经相当规范，多可以总结出一个固定的格式框架，如命书的标准书写格式为"时间＋发令者活动＋发令者＋受命者（有时包含在命令信息部分中）＋命令信息（赐赏、封官、免官等）"，告书的标准书写格式为"发令时间＋发令者＋发令词（'告''谓''命'等字）＋命令信息"，判决书的标准书写格式为"标题'鞫'（或有或无）＋起首词'鞫'＋被判决对象＋判决命令正文"。制度化特征，以令书载体材质及规格的使用为例。战国令书制作在选用载体材质及规格时有一定的制度，主要由发令者和使用者的等级以及令书的用途决定。发令者和使用者的等级越高，其选用的令书材质就会越好，如同样是盟书，用于记载秦国国君以及秦小子骃因病向华山盟誓的秦骃玉牍甲①选用的是质地细密的青玉，而用于记载大夫一级宋效忠君主的温县盟书 T1坎 1：4499 号石简②选用的石材就相对普通；其选用的令书载体规格也会越高，如同样是秦国律法简，中央一级律法简的尺寸为二尺四寸或三尺，地方律法简的尺寸则只有一尺或一尺二寸。虽然战国令书制作已经初步具备了以上三种特征，但它还没有形成一个比较稳固的体系，其中充满了变动，以前文已经分析过的令书种类来看，在战国时既有新出现的令书种类如檄书、符书、节书，也有逐渐消失的令书种类如誓书；既有快速发展的令书种类如律法书、"令"书，也有逐渐减少的令书种类如盟书，这说明战国令书制作仍然处于发展变化之中。

为什么说战国令书制作处于竞争发展之中呢？这是因为战国时期并非大一统时代，各国都有自己的一套令书制作体系，为了在兼并战争中取得优势，需要互相竞争发展。这在选拔令书制作者的目的上体现得尤为明显，战国各国为了稳固自己的统治，增强本国军事、政治、经济实力，发动对外战争，开始面向包括本国在内的全天下招揽人才。以秦、燕为例。秦孝公在回顾了祖先的辉煌荣耀与挫折屈辱之后，为了达到重现缪公霸业及征伐东土的目的而面向天下开出优厚条件以求贤才，下令曰："宾客群

---

① 吴镇烽编著《商周青铜器铭文暨图像集成》卷三十五，上海古籍出版社，2012，第455页。
② 河南省文物研究所：《河南温县东周盟誓遗址一号坎发掘简报》，《文物》1983年第3期，第80页。

臣有能出奇计强秦者，吾且尊官，与之分土。"① 商鞅即于此时入秦国变法，秦国实力因此而迅速增强。此后秦国延续了这一政策，大批其他国家的优秀人才进入秦国效力，如张仪、范雎、李斯、王翦、司马错等。在这期间，他们不断向东扩张，最终灭掉六国，统一了天下。而燕国虽然未能在兼并统一战争中取得最终胜利，但燕昭王也曾于燕被破之后痛定思痛，为增强燕国实力而"卑身厚币以招贤者"②，于是"乐毅自魏往，邹衍自齐往，剧辛自赵往，士争趋燕"③。燕昭王凭此带来的国家暂时的富强向齐国发动报复战争，几乎将齐国灭掉，"齐城之不下者，独唯聊、莒、即墨，其余皆属燕，六岁"④。既然是竞争发展，那么战国各国令书制作的发展程度肯定是不平衡的，就目前所见材料看，秦国令书制作水平要高于其他国家。通过睡虎地秦墓竹简、龙岗秦简、里耶秦简等中所载的秦国法律法令，可以看出法律条文数量已经达到相当大的规模，责任管理也十分细化。而在现今所见的文献及文物材料中，未有证据表明其他国家的法律体系也发展到了相应水平。在诏书、告书两类令书文体功能的分割上，秦国在统一之前即战国中后期之时，已经完成，诏书主要用于秦国国君发布命令，告书主要用于秦国地方官府官员发布命令。而秦之外的其他国家如魏、齐、燕等还基本处于诏书、告书混用阶段。这说明秦国身份等级的权力划分要比其他几个国家更明确。令书制作发展水平上的优势为秦国最终取得统一战争的胜利提供了帮助。

第二节　影响

战国令书制作不仅为令书其他环节的顺利运行提供了保证，同时对当世及后世社会都产生了重要影响。

一　保证了令书其他环节的顺利运行

战国令书制作是战国令书运行过程中的一个重要环节，其发展程度对

---

① （汉）司马迁：《史记》卷五，中华书局，1959，第 202 页。
② （汉）司马迁：《史记》卷三四，中华书局，1959，第 1558 页。
③ （汉）司马迁：《史记》卷三四，中华书局，1959，第 1558 页。
④ （汉）司马迁：《史记》卷三四，中华书局，1959，第 1558 页。

其他环节的运作会有所影响。战国令书种类的多样化、专门化，不仅有利于令书决策环节产生的命令信息顺利转化为实物令书，也有利于提高令书回复环节的准确度与效率。战国时期社会情况复杂，单就经济角度而言，《商君书·去强》认为国家应该知晓的数据就有十数种，即"强国知十三数：竟内仓口之数，壮男壮女之数，老弱之数，官士之数，以言说取食者之数，利民之数，马牛刍藁之数"①，统治者需要根据不同情况做出相应的命令判断，如果没有一定数量的令书种类，不同种类、不同属性的命令信息就会被混写于同种令书之中，这显然会影响命令信息的顺利转化。而如果制定了足够多种类的令书，命令信息就会被一一对应到相应种类之中，不仅提高了转化效率，还有利于令书执行完成之后的准确回报。因为如果令书没有足够的种类，那么其在回报时必然也是混杂的，会严重影响统治者对回馈信息的处理效率。

战国令书书写格式和用语的规范化与灵活化，有利于提高令书所载命令信息的传达和执行效率，是令书所载命令信息高效传达的保证。战国时期国家规模相较于西周、春秋时期有很大发展，不仅官府处理的事务增多，官府不同部门之间的信息交换量也大大增加，如果没有规范化的书写格式，发令者仅凭个人好恶来任意增添或减省令书书写内容，随意使用语言，那么必然会给令书执行者带来较大困扰。如在书写格式上减省了时间信息，执行者就可能对该令书是否已经执行过产生困惑，从而造成重复执行或未加执行的错误。如在用语上随意使用发令者的称呼，那么执行者就会对该发令者的身份产生疑问，增加判断该发令者有无权力命令自己的时间，降低执行效率。然而，单一的规范性书写格式及用语在处理具体问题时具有局限性，有些情况下需要有所变通。灵活使用令书书写格式的情况在军事令书中表现显著，因为如果按照一般的书写格式，显然不利于保证信息安全，一旦被地方截获，就可能会造成重大损失。所以才有前文所引《六韬》里提倡创制的所谓阴书的特殊书写格式。灵活使用令书用语的情况在一些需要受令者认识自身错误、提高执行令书自觉性的训教性令书中较多，如太守腾训教下属县、道啬夫认真执行他所颁布律令的《语书》②，

① 蒋礼鸿撰《商君书锥指》卷一，中华书局，1986，第34页。
② 睡虎地秦墓竹简整理小组编《睡虎地秦墓竹简》，文物出版社，1990，第13页。

这是因为受令者只有从心里认同所应执行的命令，才能更好地执行令书。

战国令书制作的载体材质及规格要求，有利于令书实体的传送和保存。战国时期有些令书需要长距离传递和长时间使用，如果没有好的材质和适合的规格，令书容易在传递和保存过程中发生损坏。如载有秦武王下达更修为田律命令的田律木牍①为木质，有一定的硬度和韧度，再加上0.4厘米的厚度，保证了其在传递和使用过程中不会折断。再如载有秦小子因病而向山神盟誓的秦骃玉牍②为青玉材质，硬度较好且不易腐烂，有利于该盟书长时间保存。

二　稳固战国各国统治，推动官僚体制建设

从整体上看，战国令书制作体系对当时社会的影响，主要是适应了当时统治者制作命令信息的需求，使其统治意图得以顺利转化为物质形态，从而方便了其统治意图的贯彻，推动了国家机器的有效运作，稳定了统治者对国家的统治。对受令者的影响则体现在两方面。令书受令者分为官府成员和普通民众。官府成员是国家的统治阶层人员，良好的令书制作体系方便了他们对发令者命令信息的理解，从而便于他们执行命令信息，完成上级发令者的要求。普通民众必须接受统治者对他们的控制，完善的令书制作制度能够使他们更准确地捕捉统治者的统治意图，从而趋利避害。具体来讲，战国令书制作体系各个构成部分对当时社会的影响有所不同。

战国令书种类相较于西周、春秋时期已经有很大发展，令书功能应用的专门化提高了战国官僚体制的运作效率，为官僚机构层级建设的细密化提供了可能。如符书、节书的创制，如果不创制这种可重复利用的令书文种，就会大大增加重复制作令书的麻烦，降低官府机构的运行效率。以鄂君启车节为例，它是商人在过关卡时减免税收的凭证，其文云"见其金节䤅（则）母（毋）政（政、征），母（毋）舍（舍）桴（檴、㣪）飤，不见其金节䤅（则）政（政、征）"③，即是说持有该节的就不收税，不持有

---

① 吴镇烽编著《商周青铜器铭文暨图像集成》卷三十五，上海古籍出版社，2012，第502页。
② 吴镇烽编著《商周青铜器铭文暨图像集成》卷三十五，上海古籍出版社，2012，第455～457页。
③ 吴镇烽编著《商周青铜器铭文暨图像集成》卷三十四，上海古籍出版社，2012，第555页。

该节的就要收税，而且该节上明确书写了持节者可以运送货物的种类、数量及使用范围，这就方便了货物的流通和关卡人员的管理。如果没有这类节书，每次过关卡时，商人都要去领取新的免税令书，不仅浪费了商人的通商时间，也增加了官府的管理负担。从另外一个角度讲，符节书的创制还提高了命令信息传达的安全性。因为相较于其他令书种类，伪造符节书的难度要大得多，一是它本身数量较少，伪造者想要见到它的正规形制并不方便；二是有的需要配合使用，如符书，因是双方配合使用，所以伪造者即使成功伪造一爿符，在使用时，持有另一爿符的人也会对其进行检验，增加了一重对伪造令书行为的防范。如《史记·魏公子列传》所载信陵君窃符救赵一事，其时信陵君"至邺，矫魏王令代晋鄙。晋鄙合符，疑之，举手视公子曰：'今吾拥十万之众，屯于境上，国之重任，今单车来代之，何如哉？'欲无听"①。晋鄙合符行为就是对符节真伪的检验行为，而且他对信陵君所持之符产生了怀疑，不想听从他的命令，可见这种合符之时的检验，即是对伪造符节书传达虚假命令信息的又一重防范机制。这种对令书功能客观现实的需要迫使新令书种类的创制，而创制新的、专门化的令书种类就意味着有新的官府职能出现，如设置了专门管理符节的官职，"《周官》有典瑞、掌节二官，掌瑞节之事。秦汉有符节令、丞，领符玺郎"②。再加上处理复杂社会现实事务的需求，又推进了官府部门的再度分工，官府部门系统逐渐细化。

战国时期已经初步实现了令书制作者专门化和固定化，提高了统治命令信息转化为具有物质凭依令书的效率，加快了官府机构的运行速度。同时，令书制作者与令书内容之间具有的对应等级联系，能够将责任比较细化地追踪到具体人员身上，防止了制度混乱造成的责任不明。另外，由于战国时势的变化，官府对信息处理工作人员的需求开始大增，大量类史官文吏进入官府系统，这直接导致了史官地位的下降和史官功能的萎缩。以前绝大多数由史官负责的令书书写工作，到战国时期开始由文吏承担，史官开始只局限于书写君王以及其机构内部所发布的部分命令。这种书写者身份的改变，加速了官府信息处理系统的专门化进程，同时反过来又促使

---

① （汉）司马迁：《史记》卷七七，中华书局，1959，第2381页。
② （唐）杜佑撰《通典》卷二一《职官三》，王文锦等点校，中华书局，1988，第558页。

整个官府体制发生变化。因为，既然让这些类史官文吏进入官府系统，就需要给予他们一个正式的身份，所谓"名不正，则言不顺，言不顺，则事不成"①。但很多文吏所承担的职能是前代所没有的，如战国时期地方官府中充当告令书写人员的"书手"，所以给他们的官职名称自然也是前代所没有的，这促进了官府官职系统的改革。而且由于国家对信息处理的精准性、效率性的需要以及贵族区域统治世卿世禄制度衰落造成的管理真空，统治者将官府分成文武两大系统。这种官职系统分工一方面能够加快信息处理的速度，另一方面由于事务是被分配给具有相对专门知识的人员处理的，所以也能够提高解决现实问题的正确率。

战国令书书写格式的专门化、规范化，提高了各个地域、部门之间的信息交流效率，部分具有特殊格式的令书如符书、节书，通过特殊书写格式与载体的结合，提高了伪造令书的难度，满足了战国时期紧张的战争局势需要，提高了令书的保密性，方便了军国大事情报的传达，也便于各项责任的追查。除具有普遍规范意义的法律文书外，几乎所有令书种类的书写格式当中都有一个包含发令时间、发令者、受令者等信息的"抬头"，如由魏安釐王向相邦发布的管理户籍的被称为《魏户律》的"令"书，"廿五年闰再十二月丙午朔辛亥，〇告相邦：民或弃邑居壄（野），入人孤寡，徼人妇女，非邦之故也。自今以来，叚（假）门逆吕（旅），赘婿后父，勿令为户，勿鼠（予）田宇。三枼（世）之后，欲士（仕）士（仕）之，乃（仍）署其籍曰：故某虑赘婿某叟之乃（仍）孙。魏户律"②，战国秦南郡太守腾向下属县、道啬夫发布的训教其应谨奉法度的被称为《语书》的告书，"廿年四月丙戌朔丁亥，南郡守腾谓县、道啬夫：……故腾为是而修法律令、田令及为间私方而下之，令吏明布，……今且令人案行之，举劾不从令者，致以律，论及令、丞。有（又）且课县官，独多犯令而令、丞弗得者，以令、丞闻。以次传；别书江陵布，以邮行"③ 等，即是如此。虽然其中部分信息有时可以省略，或"抬头"与正文混合在一起，如《侯马盟书·宗盟类一》中的一篇盟书，"十又一月甲寅朏乙丑，

① （清）阮元校刻《论语注疏》卷十三，中华书局，1980 年影印本，第 2506 页。
② 睡虎地秦墓竹简整理小组编《睡虎地秦墓竹简》，文物出版社，1990，第 174 页。
③ 睡虎地秦墓竹简整理小组编《睡虎地秦墓竹简》，文物出版社，1990，第 13 页。

敢用一元显皇君晋公，余不敢惕兹审定宫、平跱之命，女嘉之夫 ニ（大夫），之丝以，不师（帅）从韦（盟）书之言，皇君，睨（视）之麻耊"①，但具有这些信息已经十分方便追究相关人员的责任了。如果是发令者下令不当，那么发令者的上级就可以根据这一具有上述信息的令书准确地追究他的责任；而如果是受令者执行命令不力，发令者或其他具有监察职能的人员就可以根据上述信息来对他进行审查。另外，由于信息传达多是远距离的，为了防止书写人员故意或无心的文字书写错误及令书遗失、损毁等造成的问题，在很多令书副本书写格式中需要有"书手"的签名，如里耶秦简中的"欣手"②"处手"③"行手"④"儋手"⑤"壬手"⑥ 等。这就通过令书书写格式的详细规定完成了责任的划分。而律法书、式法书、释法书等之所以没有这样的书写格式，主要是因为没有责任分配的功能需要。因为这些令书都是被当时官吏熟知且大量使用的规则性文献，所以不大可能有人能够通过伪造某条法律条文来获得利益。而且如果加上这些信息，反而会弱化该类令书的普适性意义。伴随令书书写格式进步的是书写用语上出现的两种不同倾向，这两种倾向解决了统治者对令书不同层面的需求。一种是朴实化倾向，律法书、式法书、释法书等令书种类的用语即是此种倾向。这是它们的实用公文性质造成的。它们在叙述事物时，以反映事物的客观特征为原则，所以不对事物进行过多的形容与描写。如《内史杂》中的一条律法载："县各告都官在其县者，写其官之用律。"⑦ 制作者没有具体描写"哪些县"、如何"告"等。这种描写和叙述方式满足了律文成为普遍行为规范的写作要求，因为现实事物在细节层面是多变的，对其进行过多的细节描写只会造成法律适用上的障碍。同时这种简单明了易于理解的用语，降低了受令者的理解障碍，保证了国家意志的顺利灌输，提高了官府机构的运行效率。一种是华丽化倾向，部分诏书、告书、

---

① 山西省文物工作委员会编辑《侯马盟书》，文物出版社，1976，第33页。
② 王焕林：《里耶秦简校诂》，中国文联出版社，2007，第48页。
③ 王焕林：《里耶秦简校诂》，中国文联出版社，2007，第43页。
④ 王焕林：《里耶秦简校诂》，中国文联出版社，2007，第30页。
⑤ 王焕林：《里耶秦简校诂》，中国文联出版社，2007，第91页。
⑥ 王焕林：《里耶秦简校诂》，中国文联出版社，2007，第94页。
⑦ 睡虎地秦墓竹简整理小组编《睡虎地秦墓竹简》，文物出版社，1990，第61页。

誓书、檄书、盟书等令书用语即是此种倾向，这是由具体令书的使用目的造成的。如南郡太守腾训教县、道啬夫的《语书》① 在词句之间就有一定的铺陈与修饰性语言，如"若弗智（知），是即不胜任、不智殿（也）；智（知）而弗敢论，是即不廉殿（也）"②，通过"智"和"不智"两种相反的假设，推导出法令不行完全是执行和传达律法官员的责任，即要么能力不够，要么不够廉洁。有些地方甚至使用了比较工整的对仗性表达手法，如"去其淫避（僻），除其恶俗"③，以"去"对"除"，以"淫避（僻）"对"恶俗"，动词对动词，名词对名词，起到了美化语言的作用，使语句变得更加整齐有力。这种用语倾向，能够促使受令者更加理解和认可统治者的命令意图，提高其执行命令的自觉性。

战国令书载体材质的种类数量及复杂的规格等级，不仅充分满足了战国时期各国统治者追求等级差异的需要，同时也使受命者能够更加直观、准确地对令书的种类、内容及重要程度做出判断。当然令书载体的多样性，更大的作用是满足了不同令书文种及书写格式变化的需要，为战国时期令书系统的完善提供了物质保障。战国时期载体材质的功能是有大致区分的，竹木材质载体可以书写多种令书，而玉石材质载体主要用于书写盟书，金属材质载体主要用于铸造符节。其中又分不同器形，竹木材质载体有简册如睡虎地秦墓竹简中的法律简册④、牍如记载秦武王发布更修为田律的田律木牍⑤等形制，玉石材质载体有简如记载宋效忠君主的温县盟书 T1 坎 1：4499 号石简⑥、圭如记载晋国大夫觛盟誓效忠宗主不与叛徒为伍的温县盟书 T1 坎 1：3780 号石圭⑦、牍如记载秦小子骊因病向华山盟誓的秦骊玉牍⑧等形制，金属材质载体有虎形如记载规定持符者权力使用方式

---

① 睡虎地秦墓竹简整理小组编《睡虎地秦墓竹简》，文物出版社，1990，第 13 页。
② 睡虎地秦墓竹简整理小组编《睡虎地秦墓竹简》，文物出版社，1990，第 13 页。
③ 睡虎地秦墓竹简整理小组编《睡虎地秦墓竹简》，文物出版社，1990，第 13 页。
④ 睡虎地秦墓竹简整理小组编《睡虎地秦墓竹简》，文物出版社，1990，第 17～165 页。
⑤ 吴镇烽编著《商周青铜器铭文暨图像集成》卷三十五，上海古籍出版社，2012，第 502 页。
⑥ 河南省文物研究所：《河南温县东周盟誓遗址一号坎发掘简报》，《文物》1983 年第 3 期，第 80 页。
⑦ 河南省文物研究所：《河南温县东周盟誓遗址一号坎发掘简报》，《文物》1983 年第 3 期，第 79 页。
⑧ 吴镇烽编著《商周青铜器铭文暨图像集成》卷三十五，上海古籍出版社，2012，第 455 页。

命令的新郪虎符①、龙形如记载君王向持节者下达的传赁任务命令的王命龙节②、竹形如记载楚王发布的免除鄂君商税命令的鄂君启车节③等形制，尺寸又有一尺、一尺二寸、二尺四寸、三尺等。载体材质与规格的不同组合足以满足当时统治者对令书等级和种类划分的需要，而这种复杂的载体材质及规格等级系统，使统治者统治意图的物质转化具有多种可能，有利于社会管理的不断细化。

　　战国时期令书在种类、制作者、书写格式及用语、载体材质及规格方面已形成了种种相对稳固的关系，成为人与人、物与物、人与物之间的纽带，为战国令书制度的顺利运作提供了保证。不过作为当时社会生产关系一部分的令书制作体系中的诸项关系，对当时社会上层建筑变革的作用是两方面的，既有推动变革的一面，也有阻碍变革的一面。推动变革的一面主要表现在它重新整合了社会的权力运行规则，使得君王与官府、官府与官府、官府与百姓之间的关系更加有机紧密。以基层管理为例，在战国时期，那种西周、春秋时期的农村公社式的管理模式被打破，百姓与官府之间的关系变得更加直接，社会管理的事务数量及空间范围由此而激增和扩大，那种仅仅依靠口头传达命令信息的方式已经远远无法满足时代的需要。统治者的命令信息只有通过令书制作者加工成的实物令书，才能保证更大空间范围和时间跨度当中的准确传达，社会秩序的诸项变革命令也由此才有更大的实现可能。阻碍变革的一面，主要在于令书体系诸项关系中有些内容是历史遗留的、不适应时代需要的。以战国令书制作者群体当中存在的等级关系为例。战国时期上层统治者的多数仍主要来源于西周、春秋时期既已形成的固有血缘贵族，这也是某些主持去除固有贵族势力变法活动的人员最后多死于非命的原因之一。如商鞅在秦国变法，"太子犯法……刑其傅公子虔……相秦十年，宗室贵戚多怨望者"④，最后被秦惠文王车裂；吴起在楚国变法，"明法审令，捐不急之官，废公族疏远者"⑤，

---

①　吴镇烽编著《商周青铜器铭文暨图像集成》卷三十四，上海古籍出版社，2012，第550页。
②　吴镇烽编著《商周青铜器铭文暨图像集成》卷三十四，上海古籍出版社，2012，第535页。
③　吴镇烽编著《商周青铜器铭文暨图像集成》卷三十四，上海古籍出版社，2012，第552页。
④　（汉）司马迁：《史记》卷六八，中华书局，1959，第2231～2233页。
⑤　（汉）司马迁：《史记》卷六五，中华书局，1959，第2168页。

但"及悼王死,宗室大臣作乱而攻吴起"①,最后被射死;等等。而且即使在韩、赵、魏、齐等发生了巨大政变的国家,掌控国家政权的仍是春秋以来的实力集团,他们只是对剥削方式进行了一定改变。这正如赵光贤先生所言:"大约自春秋后期到战国中期,由于社会生产力的不断提高,……旧贵族看到大势所趋,非走新的道路不可,……自觉或不自觉地转变过来。"② 虽然其根本目的在于获得更加长久的统治,但最终导致了血缘贵族政治的瓦解。两相比较,令书制作体系诸项关系对当时社会变革的影响以正面居多,它维持了国家稳定,使统治者的变革措施得以贯彻执行。

三　为秦汉令书制作的发展提供了良好基础

战国令书制作体系为秦汉时期令书制作体系的建立和完善提供了经验,换一句话说,秦汉时期令书制作制度之所以能够进入成熟期,是因为其形成的基础在战国时期已经初步建立,秦汉时期只是将这一体系的制度规定进一步细化,提高了运作效率而已。

战国时期所建立的令书种类群体是秦汉官府令书种类的基础。因为秦汉官府制作的多数令书种类在战国已经存在,如诏书、告书、檄书、律法书、式法书、符书、节书等。只是在令书内容、分类等细节上有所变化,如诏书在战国中后期以前的多数国家尚不具备完整专门的令书文体地位,下级也可以向上级发书,例如大宰可以"以八柄诏王驭群臣"③,司民可以"以万民之数诏司寇"④,小臣师可以"诏摈诸公卿大夫"⑤,等等。直到秦统一时改"命为'制',令为'诏'"⑥ 后,作为战国末期秦国君王专用命令文体的诏书才被推广至全国,但种类还比较单一。到了汉代,君王发布的诏书被细化为三类,蔡邕《独断》云:"诏书者,诏诰也,有三品,其文曰告其官,官如故事,是为诏书。群臣有所奏请,尚书令奏之下有制

① (汉) 司马迁:《史记》卷六五,中华书局,1959,第2168页。
② 赵光贤:《周代社会辨析》,人民出版社,1980,第194页。
③ (清) 阮元校刻《周礼注疏》卷二,中华书局,1980年影印本,第646页。
④ (清) 阮元校刻《周礼注疏》卷三五,中华书局,1980年影印本,第878页。
⑤ (清) 阮元校刻《仪礼注疏》卷十六,中华书局,1980年影印本,第1029~1030页。
⑥ (汉) 司马迁:《史记》卷六,中华书局,1959,第236页。

曰，天子答之曰可，若下某官云云，亦曰诏书。群臣有所奏请，无尚书令奏制之字，则答曰已奏，如书本官下所当至，亦曰诏。"① 再如律法书。根据出土的汉简法律令书可以发现，虽然学者对秦汉律法是否存在九章律、九章律的体系如何、律令关系等仍存争论②，但汉代法律体系相较于秦代的法律体系更加完善、内容更加丰富则是不争的事实。再如符书、节书，秦汉延续了战国即已出现的调兵之符与通行之符的管理体系，但构成更加复杂，陈直先生说，"汉代用符，有两个系统，一为兵符，指将军太守所用之虎符；二为竹符，指人民过关津所用之符传。……而符之中又分为六种性质……出入关津之符……出入宫禁之符……征召劳役之符……缴巡省查之符……征召臣工之符……车两之封符"③，足见汉代符制对战国符制之继承与发展。

战国令书制作者系统出现的组织结构、功能及地位变化的现实与趋势，成为秦汉时期令书制作者系统发展的前提。秦汉时期的官僚系统就是在战国官职系统，特别是战国秦国原有官职系统上进行改动，添加或删减了一些官职，如在中央设置御史大夫、奉常、郎中令、太仆等；虽然在地方普遍推行郡县制度并设置相应的太守、尉、监郡等官，即"分天下以为三十六郡，郡置守、尉、监"④，其下又设县、乡、里等机构，但这也只是将战国已有的制度推向全国，从而形成一些新的部门机构及发令者。随着秦汉文书在社会管理中大量使用而出现的"汉所以能制九州者，文书之力也"⑤ 的结果，又促使文吏集团承袭战国以来的发展趋势，继续侵吞史官的地位及职能，成为秦汉时期令书制作者的主要构成部分。

战国令书书写格式及用语方面的成果和既有趋势为秦汉时期的令书书写格式及用语发展提供了借鉴，指明了方向。秦汉时期基本继承了战国时期的令书书写样态的规范化趋势，甚至很多令书种类是原样继承战国已有的书写格式，其突出代表就是告书。以敦煌汉简中的两条告书为例，其文云"四月戊午，敦煌中部都尉过伦谓平望破胡吞胡万岁候官写：重案候官

---

① （汉）蔡邕撰《独断》卷上，（明）程荣校，和刻本，影印本，第 5 页。
② 参见李均明、刘国忠、刘光胜、邬文玲《当代中国简帛学研究（1949—2009）》，中国社会科学出版社，2011，第 398～408 页。
③ 陈直：《居延汉简研究》，天津古籍出版社，1986，第 41～43 页。
④ （汉）司马迁：《史记》卷六，中华书局，1959，第 239 页。
⑤ （汉）王充撰《论衡》卷十三《别通第三十八》，黄晖校释，中华书局，1990，第 591 页。

亭隧"①（第 1366 号简），"七月丁未，敦煌中部士吏福以私印行都尉事谓平望破胡吞胡万岁候官写：移檄到"②（第 1367 号简）。其中过伦、写、福为人名，平望候官隶属敦煌中部都尉管辖，因此这两条简文即是敦煌中部都尉亲自或以士吏代行己事向平望破胡屯胡万岁候官所下的令书。虽然这两条简文内容不够完整，无法得知其具体所指，但可以发现其与战国时期告书几乎一模一样，都包括发令时间（四月戊午、七月丁未）、发令者（敦煌中部都尉、敦煌中部士吏）、受令者（平望破胡屯胡万岁候官写、平望破胡吞胡万岁候官写）、命令信息（重案候官亭隧、移檄到）等。这是因为事物发展有其模式局限，战国时期告书已经找到了传达信息最好的书写格式，所以汉代在继承这类令书时，也不得不继承其书写格式，难以对其进行实质性变动。秦汉时期令书用语因其功能或目的不同，延续了战国时期令书用语的朴实性和华丽性的发展倾向，所适用的令书种类也与战国时期基本相同。汉代朴实性的令书用语，如敦煌汉简第 1713 号简所载告书中之"如律令"③，大大降低了令书书写的繁杂程度，提高了制作效率。汉代华丽性的令书用语，如《史记·司马相如列传》所载司马相如为汉武帝向巴蜀太守所下命令而作之檄书。该文大量连用四字短语，如"陛下即位，存抚天下，辑安中国。然后兴师出兵，北征匈奴，单于怖骇，交臂受事，诎膝请和"④，紧凑明快、文辞华美，便于满足"凡檄之大体，或述此休明，或叙彼苛虐"⑤ 功能需要。

战国时期形成的令书载体材质及规格制度，为秦汉时期令书载体材质及规格制度的发展铺平了道路。秦汉时期使用的令书载体材质种类，根据现有出土的秦汉材料来看，竹木材质相较于战国时期变化不大；用金属材质转刻册命文书的现象，在战国时期已经大大减少，到汉代时则基本消失，金属材质载体大多只被用来制作符书、节书；玉石材质用作盟书载体的现象在汉代也基本消失。秦汉时期的令书载体材质及规格系统，相较于战国时期则变得更加统一和规范。

---

① 吴礽骧、李永良、马建华释校《敦煌汉简释文》，甘肃人民出版社，1991，第 142 页。
② 吴礽骧、李永良、马建华释校《敦煌汉简释文》，甘肃人民出版社，1991，第 142 页。
③ 吴礽骧、李永良、马建华释校《敦煌汉简释文》，甘肃人民出版社，1991，第 179 页。
④ （汉）司马迁：《史记》卷一一七，中华书局，1959，第 3044 页。
⑤ （梁）刘勰撰《文心雕龙》卷四，杨明照校注拾遗，中华书局，1959，第 149 页。

战国令书制作体系诸项关系为秦汉令书制作体系诸项关系的发展提供了既有模板及现实运行经验。秦汉时期令书制作体系诸项关系的基本模式与战国时期并没有大的区别。以这一时期令书制作者之间的关系为例，在他们当中也存在官府科层制中官位高低不同造成的等级关系、权力及职责分工不同造成的部门长官与书吏之间的主辅关系、行政区域及部门系统划分差异造成的中央与地方权力的总分关系等。生产力与生产关系的相互适应是导致这一现象产生的根本原因。秦汉时期虽然相较于战国时期在生产力上有较大进步，但这种进步还不足以带来对战国时期已经形成的生产关系的全面变革，所以战国时期令书制作体系诸项关系的模式被基本保留下来。当然这种保留也不是原样继承，而是结合秦汉社会时代局势进行了局部修正。这种局部修正使令书制作体系诸项关系变得更加稳定可靠，为秦汉时期统治者命令信息的高效运作提供了保障。

战国令书制作体系对当时社会的影响来源于统治者对历代令书使用经验和现实功能需要的吸收和理解，它为战国各国社会的稳定提供了保证，使中央与地方官府机构的沟通变得更加有效。在当时战争频仍的国际形势下，统治者是否能够有效地灌输自身的统治意志，与其国内社会能否稳定、战争能否胜利有重大关系。战国令书制作体系的建立则有效地满足了当时统治者面对辽阔的疆土、残酷的战争、众多的百姓实施统治的需求。秦汉令书制作体系通过对战国令书制作体系的继承和发展，迅速进入成熟期，为秦汉社会的稳定和繁荣提供了制度保障。

小　结

战国令书呈现的诸多特点，不仅反映了战国各国之间战乱纷争的时代特点，同时也呈现了战国各国国家治理体系和模式的制度转型趋势。但处于特殊时代的战国各国对令书制作环节严密管控的要求，不可能仅仅止步于本国政权的稳固，而是要在兼并战争中取得优势。这种令书制作体系发展的竞争要求，不仅带来了战国各国令书发展水平上的不均衡，拉大了国与国之间的差距，使某些国家在战争中赢得了先机，同时也为后代令书系统的构建打下了良好基础。

结　语

　　战国时期是我国令书发展史上的第一座高峰。整体来讲，这一时期的令书制作体系正处于历史发展的关键环节，是当时社会政治、经济、军事等发生历史巨变在令书系统内部的缩影。反过来说，令书制作体系的迅速发展，统治者命令信息运行效率的提高，又加速了当时的社会变革。夏、商、西周是令书初创时期，经春秋而至战国，已经基本建立了一套相对完善的令书制作制度。从令书种类、制作者、书写格式及用语到载体及规格，无不反映了当时社会的发展进程，专门化、规范化、制度化等已经成为令书制作体系发展的大方向。这一套战国令书制作制度给当时迅速发展的官僚系统提供了行之有效的命令信息制作渠道，拥有更加完善的令书制作体系的国家在战国时期兼并统一战争中又获得了较大的优势，秦国即是如此。而且这一相对完善的令书制作制度又为秦汉之后的令书制作制度提供了可供参照和借鉴的发展模式与实践经验。

　　具体来说，战国令书制作体系在各个方面都呈现了不同于前代的大发展时期特征。首先战国时期已拥有命书、"令"书、诏书、告书、誓书、檄书、律法书、式法书、释法书、判决书、盟书、符书、节书等十数种令书，令书种类群体的规模及其所能实现的文体功能都是空前的。其次战国时期已建立一套自中央到地方的令书制作者体系，形成了由史官和类史官文吏构成的庞大书写者群体，他们在层层权力对应的分工中，完成将命令信息转化为物质载体形式令书的任务。其人员数量相较于前代大大增多，人员构成成分也更加复杂，许多没有血缘关系的人员开始进入这一群体。类史官的大量使用，造成了史官地位的下降，这是文化下移及政体变革在令书制作者方面的体现。再次战国时期令书的书写格式及用语整体呈现向制度化、规范化方向发展的态势。许多令书种类形成了极其规范的书写格式和用语，如律法书、诏书、告书、盟书等。然而其中也有部分令书种类，由于使用目的不同，开始有散文化倾向，语言讲求华丽，论理讲求逻辑。不过这种散文化倾向并未影响其书写格式及用语外在的规范化形式，而是在规范化书写格式中的内容组合。复次战国时期令书形成了以竹木、金属、玉石等组成的载体材质体系，并通过复杂的形制规格要求，满足了当时统治者区别令书种类和等级的要求，为非实体的命令信息顺利转化为实体形式的令书提供了物质支持。最后战国时期令制作诸实体因素形成了以等级关系为基础的人与人、人与物、物与物之间的复杂联系，其中制作者的人身依附关系减弱，协作关系增强，保证了战国令书制作机制的有效运作。

战国令书制作体系诸因素是在前代基础上发展而来的，但更主要的是结合了当时特殊的社会变革要求。国际战争局势的紧张、国家规模的扩大、政治体制变革的猛烈、人口流动的频繁、社会事务的增多等原因，都促使战国时期各国要建立一个相对完整的令书制作体系。这种上层建筑变革的根源在于战国经济基础的发展。铁器、牛耕带来的生产力大发展，促使生产关系变革。而在生产关系变革当中，最主要的就是社会生产组织形态的变化，而其核心又是权力分割关系的革新。权力分割一旦发生变化，就会造成政治体制的相应改变。战国政治体制由起初的血缘贵族层级区域分割的统治模式，变成了官僚体制层级纵向集中的统治模式，其组织形态更加严密，对信息沟通的效率有了更高的要求，而战国令书制作体系作为命令信息顺利实现物质转化的工具，自然要与时代发展保持同步。

需要补充的是，关于战国令书除本书讨论的内容外，还有许多问题有待解决，如战国各国令书制作体系的发展水平，战国令书决策、传达、执行、回报、保存等环节的发展样态，整个战国令书运行体系各个环节之间的关系，等等。另外，此类研究还可以扩展至先秦其他时期和其他文书，进一步分析令书和其他文书之间的关系，从而建立相对完善的先秦文书研究系统，分析先秦时期在整个文书发展史上的地位及影响。而这不仅可以佐证我们对先秦时代特色的既有判断，还可以提供一些新的视角和方法来分析与理解先秦时期人与社会、人与自然、人与人之间的关系。

参考文献

一　普通图书

［1］（周）尸佼撰《尸子》，（清）汪继培辑，黄曙辉点校，华东师范大学
　　出版社，2009。

［2］（汉）蔡邕撰《独断》，（明）程荣校点，和刻本，影印本。

［3］（汉）王充：《论衡》，世界书局，1935年影印本。

［4］（宋）秦嘉谟等辑《世本八种》，（汉）宋衷注，商务印书馆，1957。

［5］（汉）司马迁撰《史记》，（刘宋）裴骃集解，（唐）司马贞索隐，
　　（唐）张守节正义，中华书局，1959。

［6］（汉）班固：《汉书》，（唐）颜师古注，中华书局，1962。

［7］（汉）许慎：《说文解字》，（宋）徐铉校定，中华书局，1963。

［8］（汉）许慎撰，（清）段玉裁注《说文解字注》，上海古籍出版社，1981。

［9］（汉）应劭撰《风俗通义校注》，王利器校注，中华书局，1981。

［10］（汉）刘向集录《战国策》，上海古籍出版社，1985。

［11］（汉）刘向撰《古列女传》，（晋）顾恺之绣像，中华书局，1985年
　　影印本。

［12］（汉）刘向撰《说苑校证》，向宗鲁校证，中华书局，1987。

［13］（汉）蔡邕：《蔡中郎集》，四部备要本，中华书局，1989年影印本。

［14］（汉）赵晔撰《吴越春秋》，（元）徐天祐音注，江苏古籍出版社，
　　1999。

［15］（汉）桓谭撰《新论》，朱谦之校辑，中华书局，2009。

［16］佚名撰《尔雅》，（晋）郭璞注，浙江古籍出版社，2011。

［17］（刘宋）范晔、（晋）司马彪撰《后汉书》，（唐）李贤等注，中华书局，1966。

［18］（梁）刘勰：《文心雕龙》，嘉靖中古歙余氏刊本，日本东京大学东洋文化研究所藏本，影印本。

［19］（梁）刘勰撰《文心雕龙》，杨明照校注拾遗，中华书局，1959。

［20］（梁）沈约：《宋书》，中华书局，1974。

［21］（梁）萧统编《文选》，（唐）李善注，上海古籍出版社，2007。

［22］（北魏）郦道元撰《水经注》，陈桥驿校正，中华书局，2007。

［23］（唐）魏征：《隋书》，中华书局，1973。

［24］（唐）杜佑撰《通典》，王文锦等点校，中华书局，1988。

［25］（唐）刘知几撰《史通》，姚松、朱恒夫全译，贵州人民出版社，1997。

［26］（唐）刘知几撰《史通》，（清）浦起龙通释，上海古籍出版社，2009。

［27］（宋）司马光编撰《资治通鉴》，（元）胡三省音注，中华书局，1956。

［28］（宋）郑樵撰《通志二十略》，王树民点校，中华书局，1995。

［29］（宋）朱熹撰《四书集注》，陈戍国标点，岳麓书社，2004。

［30］（元）潘昂霄：《金石例》，文渊阁四库全书电子版，上海人民出版社、迪志文化出版公司，1999。

［31］（元）马端临：《文献通考》，中华书局，1986。

［32］（明）吴讷撰《文章辨体叙说》，于北山校点，人民文学出版社，1962。

［33］（明）徐师曾撰《文体明辨序说》，罗根泽校点，人民文学出版社，1962。

［34］（明）董说：《七国考》，中华书局，1956。

［35］（清）孙星衍撰《尚书今古文注疏》，陈抗、盛冬铃点校，中华书局，1936。

［36］（清）郭庆藩辑《庄子集释》，王孝鱼整理，中华书局，1961。

［37］（清）阮元校刻《十三经注疏》，中华书局，1980年影印本。

［38］（清）黄本骥：《历代职官表》，上海古籍出版社，1980。

［39］（清）王聘珍撰《大戴礼记汇校解诂》，王文锦点校，中华书局，1983。

［40］（清）沈家本撰《历代刑法考》，邓经元、骈宇骞点校，中华书局，1985。

［41］（清）孙诒让撰《周礼正义》，王文锦、陈玉霞点校，中华书局，1987。

［42］（清）姚鼐：《古文辞类纂》，四部备要本，中华书局，1989年影印本。

［43］（清）曾国藩：《经史百家杂钞》，四部备要本，中华书局，1989年影印本。

［44］（清）皮锡瑞撰《今文尚书考证》，盛冬铃、陈抗点校，中华书局，1989。

［45］（清）王先慎撰《韩非子集解》，锺哲点校，中华书局，1998。

［46］（清）孙诒让撰《墨子间诂》，孙启治点校，中华书局，2001。

［47］（清）俞正燮：《癸巳存稿》，辽宁教育出版社，2003。

［48］（清）章学诚撰《文史通义》，吕思勉评，上海古籍出版社，2008。

［49］（清）刘逢禄撰《春秋公羊经何氏释例》，郑任钊校点，北京大学出版社，2012。

［50］（清）刘逢禄撰《春秋公羊经何氏释例 春秋公羊释例后录》，曾亦校点，上海世纪出版有限公司、上海古籍出版社，2013。

［51］（清）顾炎武：《日知录》，张京华校释，岳麓书社，2011。

［52］（清）皮锡瑞撰《经学通论》，周春键校注，华夏出版社，2011。

［53］佚名：《全像古今烈女志传》，三台馆刊行，万历辛卯本，影印本。

［54］佚名：《竹书纪年》，平津馆刊藏本，早稻田大学图书馆藏本，1806年影印本。

［55］佚名：《逸周书》，抱经堂校定本，北京直隶书局，1923年影印本。

［56］范祥雍：《古本竹书纪年辑校订补》，上海人民出版社，1957。

［57］吴则虞编著《晏子春秋集释》，中华书局，1962。

［58］上海师范大学古籍整理组校点《国语》，上海古籍出版社，1978。

［59］杨伯峻：《列子集释》，中华书局，1979。

［60］梁启雄：《荀子简释》，中华书局，1983。

［61］朱谦之：《老子校释》，中华书局，1984。

［62］缪文远：《战国策考辨》，中华书局，1984。

［63］蒋礼鸿撰《商君书锥指》，中华书局，1986。

［64］《中国兵书集成》编委会编《武经七书直解》，解放军出版社、辽沈

书社，1990。

[65] 颜昌峣：《管子校释》，岳麓书社，1996。

[66] 杨伯峻编著《春秋左传注》，中华书局，1990。

[67] 何建章注释《战国策注释》，中华书局，1990。

[68] 许富宏撰《鬼谷子集校集注》，中华书局，2008。

[69] 许维遹撰《吕氏春秋集释》，梁运华整理，中华书局，2009。

[70] 佚名撰《逸周书》，袁宏点校，齐鲁书社，2010。

[71] 佚名撰《古本竹书纪年》，张洁、戴和冰点校，齐鲁书社，2010。

[72] 佚名：《世本》，齐鲁书社，2010。

[73] 缪文远：《战国策考辨》，中华书局，1984。

[74] 徐元诰：《国语集解》，王树民、沈长云点校，中华书局，2002。

[75] 杨天宇：《周礼译注》，上海古籍出版社，2004。

[76] 锺肇鹏：《鹖子校理》，中华书局，2010。

[77] 朱季海：《说苑校理》，中华书局，2011。

[78] 朱季海：《新序校理》，中华书局，2011。

[79] 孟世杰：《先秦文化史》，文化学社，1929 年影印本。

[80] 徐传保：《先秦国际法之遗迹》，上海书店，1931 年影印本。

[81] 邓嗣禹：《中国考试制度史》，商务印书馆，1936 年影印本。

[82] 谢无量：《中国大文学史》，中华书局，1940 年影印本。

[83] 李亚农：《西周与东周》，上海人民出版社，1956。

[84] 王国维：《观堂集林》，中华书局，1959。

[85] 高一涵：《中国御史制度的沿革》，商务印书馆，1974。

[86] 山西省文物工作委员会编辑《侯马盟书》，文物出版社，1976。

[87] 马王堆汉墓帛书整理小组编《马王堆汉墓帛书——战国纵横家书》，
文物出版社，1976。

[88] 唐兰：《古文字导论》，齐鲁书社，1979。

[89] 中国社会科学院考古研究所编《居延汉简甲乙编》，中华书局，1980。

[90] 赵光贤：《周代社会辨析》，人民出版社，1980。

[91] 席靖涵：《周代史官研究》，福记图书出版公司，1981。

[92] 徐兆文：《先秦文学史》，齐鲁书社，1981。

［93］ 钱宗范、徐硕如、朱淑瑶：《春秋战国史话》，北京出版社，1981。

［94］ 郭沫若著作编辑出版委员会编《郭沫若全集》，科学出版社，1982。

［95］ 马承源：《中国古代青铜器》，上海人民出版社，1982。

［96］ 徐复观：《中国经学史的基础》，学生书局，1982。

［97］ 杨树藩：《中国文官制度史》，黎明文化事业股份有限公司，1982。

［98］ 张寿康、王凯符等：《古代文章学概论》，武汉大学出版社，1983。

［99］ 张寿康：《文章学概论》，山东教育出版社，1983。

［100］ 上海人民出版社编：《章太炎全集》，上海人民出版社，1984。

［101］ 林剑鸣编译《简牍概述》，陕西人民出版社，1984。

［102］ 安作璋、熊铁基：《秦汉官制史稿》，齐鲁书社，1984。

［103］ 陈光中、沈国锋：《中国古代司法制度》，群众出版社，1984。

［104］ 吕思勉：《中国制度史》，上海教育出版社，1985。

［105］ 蔺羡璧：《文章学》，南开大学出版社，1985。

［106］ 梁毓阶编著《文书学》，档案出版社，1985。

［107］ 何向东：《逻辑学概论》，重庆出版社，1985。

［108］ 陈直：《居延汉简研究》，天津古籍出版社，1986。

［109］ 唐兰：《西周青铜器铭文分代史徵》，中华书局，1986。

［110］ 陈汉平：《西周册命制度研究》，学林出版社，1986。

［111］ 金振邦：《文章体裁辞典》，东北师范大学出版社，1986。

［112］ 吴康宝：《档案学原理》，四川科学技术出版社，1986。

［113］ 徐锡台编著《周原甲骨文综述》，三秦出版社，1987。

［114］ 宫惠斌：《文书学》，黑龙江人民出版社，1987。

［115］ 赵越：《档案学概论》，辽宁大学出版社，1987。

［116］ 臧云浦、朱崇业、王云度：《历代官制、兵制、科举制表释》，江苏古籍出版社，1987。

［117］ 陈梦家：《殷墟卜辞综述》，中华书局，1988。

［118］ 刘泽华主编《士人与社会（先秦卷）》，天津人民出版社，1988。

［119］ 闵庚尧编著《中国古代公文简史》，档案出版社，1988。

［120］ 朱子南：《中国文体学辞典》，湖南教育出版社，1988。

［121］ 吴康宝主编《档案学概论》，中国人民大学出版社，1988。

[122] 许同莘:《公牍学史》,档案出版社,1989。

[123] 郑有国:《中国简牍学综论》,华东师范大学出版社,1989。

[124] 黄留珠:《中国古代选官制度述略》,陕西人民出版社,1989。

[125] 李法宝、米万英、洪润泽:《官吏、官制、官文化及历史走向》,职工教育出版社,1989。

[126] 张光直:《中国青铜时代》,生活·读书·新知三联书店,1990。

[127] 睡虎地秦墓竹简整理小组编《睡虎地秦墓竹简》,文物出版社,1990。

[128] 翦伯赞:《先秦史》,北京大学出版社,1990。

[129] 杨鹤皋:《先秦法律思想史》,中国政法大学出版社,1990。

[130] 邱衍文:《中国上古礼制考释》,文津出版社,1990。

[131] 湖北省荆沙铁路考古队编《包山楚简》,文物出版社,1991。

[132] 吴礽骧、李永良、马建华释校《敦煌汉简释文》,甘肃人民出版社出版,1991。

[133] 文物编辑委员会编《文物考古工作十年(1979—1989)》,文物出版社,1991。

[134] 陈恩林:《先秦军事制度研究》,吉林文史出版社,1991。

[135] 刘梅生主编《中国古代文官制度史略》,河南大学出版社,1991。

[136] 林冶金:《中国古代文章学辞典》,山东教育出版社,1991。

[137] 刘梅生:《中国古代文官制度史略》,河南大学出版社,1991。

[138] 〔日〕大庭修:《秦汉法制史的研究》,上海人民出版社,1991。

[139] 陈戍国:《先秦礼制研究》,湖南教育出版社,1991。

[140] 康有为:《大同书》,邝柏林选注,辽宁出版社,1991。

[141] 蔡守湘:《先秦文学史》,武汉大学出版社,1992。

[142] 罗振玉、王国维编著《流沙坠简》,中华书局,1993。

[143] 汤余惠:《战国铭文选》,吉林大学出版社,1993。

[144] 孔令纪:《中国历代官制》,齐鲁书社,1993。

[145] 陈戍国:《中国礼制史(先秦卷)》,湖南教育出版社,1993。

[146] 王国维:《古史新证》,清华大学出版社,1994。

[147] 童庆炳:《文体与文体的创造》,云南人民出版社,1994。

[148] 陈茂同:《中国历代选官制度》,华东师范大学出版社,1994。

[149] 湖北省文物考古研究所、北京大学中文系编《望山楚简》，中华书局，1995。

[150] 黄怀信、张懋镕、田旭东：《逸周书汇校集注》，李学勤审定，上海古籍出版社，1995。

[151] 谢青、汤德用等：《中国考试制度史》，黄山书社，1995。

[152] 松世勤：《文书学》，首都师范大学出版社，1995。

[153] 高明：《中国古文字学通论》，北京大学出版社，1996。

[154] 〔德〕黑格尔：《小逻辑》，贺麟译，商务印书馆，1996。

[155] 谭静培：《档案学原理》，陕西人民出版社，1997。

[156] 劳干：《居延汉简考释之部》，中研院历史研究所，1997年影印本。

[157] 杨宽：《战国史》，上海人民出版社，1998。

[158] 宁欣：《选举志》，上海人民出版社，1998。

[159] 冯友兰：《中国哲学史新编》，人民出版社，1998。

[160] 郭建、殷啸虎、王志强：《法律志》，上海人民出版社，1998。

[161] 宋文坚主编《逻辑学》，人民出版社，1998。

[162] 胡厚宣主编《甲骨文合集释文》，中国社会科学出版社，1999。

[163] 李均明、刘军：《简牍文书学》，广西教育出版社，1999。

[164] 汪桂海：《汉代官文书制度》，广西教育出版，1999。

[165] 蒋原伦、潘凯雄：《历史描述与逻辑演绎——文学批评文体论》，云南人民出版社，1999。

[166] 袁行霈：《中国文学史（第一卷）》，高等教育出版社，1999。

[167] 湖北省文物考古研究所、北京大学中文系编《九店楚简》，中华书局，2000。

[168] 范文澜：《中国通史简编》，河北教育出版社，2000。

[169] 李开元：《汉帝国的建立与刘邦集团——军功受益阶层研究》，生活·读书·新知三联书店，2000。

[170] 中国文物研究所、湖北省文物考古研究所编《龙岗秦简》，中华书局，2001。

[171] 马承源主编《上海博物馆藏战国楚竹书（一）》，上海古籍出版社，2001。

［172］柳存仁：《中国大文学史》，上海书店出版社，2001。

［173］钱穆：《中国历史研究法》，生活·读书·新知三联书店，2001。

［174］许兆昌：《周代史官文化——前轴心期核心文化形态研究》，吉林大学出版社，2001。

［175］冯惠玲：《档案学概论》，中国人民大学出版社，2001。

［176］马承源主编《上海博物馆藏战国楚竹书（二）》，上海古籍出版社，2002。

［177］白钢：《中国政治制度史》，天津人民出版社，2002。

［178］勾承益：《先秦礼学》，巴蜀书社，2002。

［179］周振华：《文件学概论》，甘肃人民出版社，2002。

［180］马承源主编《上海博物馆藏战国楚竹书（三）》，上海古籍出版社，2003。

［181］杨宽：《西周史》，上海人民出版社，2003。

［182］沈颂金：《二十世纪简帛学研究》，学苑出版社，2003。

［183］赵诚：《二十世纪金文研究述要》，书海出版社，2003。

［184］杨师群：《东周秦汉社会转型研究》，上海古籍出版社，2003。

［185］秦彦士：《诸子学与先秦社会》，河北人民出版社，2003。

［186］任立达、薛希洪：《中国古代官吏考选制度史》，青岛出版社，2003。

［187］杨树森、张树文：《中国秘书史》，安徽大学出版社，2003。

［188］裴燕生、何庄、李祚明、杨若荷：《历史文书》，中国人民大学出版社，2003。

［189］王国维：《简牍检署考校注》，胡平生、马月华校注，上海古籍出版社，2004。

［190］陈梦家：《汉简缀述》，中华书局，2004。

［191］马承源主编《上海博物馆藏战国楚竹书（四）》，上海古籍出版社，2004。

［192］张亚初、刘雨：《西周金文官制研究》，中华书局，2004。

［193］张显成：《简帛文献学通论》，中华书局，2004。

［194］李零：《简帛古书与学术源流》，生活·读书·新知三联书店，2004。

［195］赵朝琴主编《法律文书通论》，郑州大学出版社，2004。

［196］刘广安：《中国法律思想简史》，高等教育出版社，2004。

［197］卓朝君、邓晓静编著《法律文书学》，北京大学出版社，2004。

［198］宋健主编《新编司法文书学》，中国政法大学出版社，2004。

［199］马承源主编《上海博物馆藏战国楚竹书（五）》，上海古籍出版社，2005。

［200］刘钊：《郭店楚简校释》，福建人民出版社，2005。

［201］吕思勉：《先秦史》，上海古籍出版社，2005。

［202］葛志毅：《周代分封制度研究》，黑龙江人民出版社，2005。

［203］周振鹤：《中国地方行政制度史》，上海人民出版社，2005。

［204］张创新：《中国政治制度史》，清华大学出版社，2005。

［205］王健主编《文书学》，中国人民大学出版社，2005。

［206］李财富：《中国档案学史论》，安徽大学出版社，2005。

［207］张颔、陶正刚、张守中：《侯马盟书（增订本）》，山西古籍出版社，2006。

［208］骈宇骞、段书安编著《二十世纪出土简帛综述》，文物出版社，2006。

［209］陈梦家：《中国文字学》，中华书局，2006。

［210］杨宽：《先秦史十讲》，复旦大学出版社，2006。

［211］童书业：《春秋左传研究》，童教英校订，中华书局，2006。

［212］赵鼎新：《东周战争与儒法国家的诞生》，夏江旗译，华东师范大学出版社、上海三联书店，2006。

［213］陈彦辉：《春秋辞令研究》，中华书局，2006。

［214］熊先觉：《中国司法文书学》，中国法制出版社，2006。

［215］刘永：《档案学概论》，河南人民出版社，2006。

［216］马承源主编《上海博物馆藏战国楚竹书（六）》，上海古籍出版社，2007。

［217］王焕林：《里耶秦简校诂》，中国文联出版社，2007。

［218］方诗铭编著《中国历史纪年表》（修订本），上海人民出版社，2007。

［219］沈长云、杨善群：《战国史与战国文明》，上海科学技术文献出版社，2007。

［220］郑海峰：《中国古代官制研究》，天津人民出版社，2007。

[221] 李琴：《中国法律文书学》，上海人民出版社，2007。

[222] 周振华：《文件学》，广陵书社，2007。

[223] 宁致远主编《法律文书学》，中国政法大学出版社，2006。

[224] 马承源主编《上海博物馆藏战国楚竹书（七）》，上海古籍出版社，2008。

[225] 王蕴智：《中原文化大典》，中州古籍出版社，2008。

[226] 庞朴：《中国文化史十一讲》，中华书局，2008。

[227] 潘庆云编著《法律文书》，清华大学出版社，2008。

[228] 温慧辉：《〈周礼·秋官〉与周代法制研究》，法律出版社，2008。

[229] 田荔枝：《法律文书学》，山东人民出版社，2008。

[230] 马宏俊：《法律文书学》，中国人民大学出版社，2008。

[231] 朱玉媛：《档案学基础》，武汉大学出版社，2008。

[232] 谢维扬、房鑫亮主编：《王国维全集》，沃兴华点校、李解民复校，浙江教育出版社，2009。

[233] 吕思勉：《史学与史籍七种》，上海古籍出版社，2009。

[234] 吕思勉：《文字学四种》，上海古籍出版社，2009。

[235] 李均明：《秦汉简牍文书分类辑解》，文物出版社，2009。

[236] 宁全红：《春秋法制史研究》，四川大学出版社，2009。

[237] 楼劲、刘光华：《中国古代文官制度（修订本）》，中华书局，2009。

[238] 杨振红：《出土简牍与秦汉社会》，广西师范大学出版社，2009。

[239] 杨泽生：《战国竹书研究》，中山大学出版社，2009。

[240] 陈光田：《战国玺印分域研究》，岳麓书社，2009。

[241] 胡适：《中国哲学史大纲》，岳麓书社，2009。

[242] 清华大学出土文献研究与保护中心编，李学勤主编《清华大学藏战国竹简（一）》，中西书局，2010。

[243] 《章太炎：国学的精要》，杨佩昌整理，中国画报出版社，2010。

[244] 《章太炎：在苏州国学讲习会的讲稿》，杨佩昌整理，中国画报出版社，2010。

[245] 蒋伯潜：《诸子通考》，岳麓书社，2010。

[246] 梁启超：《先秦政治思想史》，岳麓书社，2010。

[247] 吕思勉：《先秦学术概论》，岳麓书社，2010。

[248]《朱自清：国学精典入门》，杨佩昌整理，中国画报出版社，2010。

[249] 侯外庐：《中国古代思想学说史》，岳麓书社，2010。

[250] 张荫麟：《中国史纲》，岳麓书社，2010。

[251] 马衡：《马衡讲金石学》，凤凰出版社，2010。

[252] 周雪恒主编《中国档案事业史》，中国人民大学出版社，2010。

[253] 聂石樵：《屈原论稿》，中华书局，2010。

[254] 陈合宣：《秘书学》，暨南大学出版社，2010。

[255] 高金波、郎佩娟：《中国行政执法文书理论与实践》，法律出版社，2010。

[256] 马承源主编《上海博物馆藏战国楚竹书（八）》，上海古籍出版社，2011。

[257] 清华大学出土文献研究与保护中心编，李学勤主编《清华大学藏战国竹简（二）》，中西书局，2011。

[258] 朱汉民、陈松长主编《岳麓书院藏秦简贰》，上海辞书出版社，2011。

[259] 李均明、刘国忠、刘光胜、邬文玲：《当代中国简帛学研究（1949—2009）》，中国社会科学出版社，2011。

[260] 柳诒徵：《国史要义》，商务印书馆，2011。

[261] 晁福林：《春秋战国的社会变迁》，商务印书馆，2011。

[262] 章太炎：《国故论衡》，陈平原导读，上海古籍出版社，2011。

[263] 马承源主编《上海博物馆藏战国楚竹书（九）》，上海古籍出版社，2012。

[264] 吴镇烽编著《商周青铜器铭文暨图像集成》，上海古籍出版社，2012。

[265] 清华大学出土文献研究与保护中心编，李学勤主编《清华大学藏战国竹简（三）》，中西书局，2012。

[266] 湖北省文物考古研究所编《里耶秦简（一）》，文物出版社，2012。

[267] 胡平生：《胡平生简牍文物论稿》，中西书局，2012。

[268] 陈伟主编《里耶秦简牍校释》（第一卷），武汉大学出版社，2012。

[269] 于振波：《简牍与秦汉社会》，湖南大学出版社，2012。

[270] 杨树森：《秘书学概论》，安徽大学出版社，2012。

[271] 清华大学出土文献研究与保护中心、李学勤：《清华大学藏战国竹简（四）》，中西书局，2013。

[272] 唐钧：《行政秘书学》，中国人民大学出版社，2013。

[273] 张同钦主编《秘书学概论》，中国人民大学出版社，2014。

[274] 孟庆荣主编《秘书学》，暨南大学出版社，2014。

[275] 清华大学出土文献研究与保护中心编，李学勤主编《清华大学藏战国竹简（五）》，中西书局，2015。

[276] 朱剑心：《金石学》，浙江人民美术出版社，2015。

[277] 清华大学出土文献研究与保护中心编，李学勤主编《清华大学藏战国竹简（六）》，中西书局，2016。

二　期刊中析出文献

[1] 苗可秀：《史记屈原贾生列传疏证》，《东北丛刊》1931 年第 16 期。

[2] 雷海宗：《断代问题与中国历史的分期》，《社会科学》1937 年第 4 期。

[3] 王汝弼：《左徒考——屈原发微一》，《国立西北师范学术学刊》1945 年第 2 期。

[4] 考古研究所湖南调查发掘团：《长沙近郊古墓发掘记略》，《科学通报》1952 年第 7 期。

[5] 湖南省文物管理委员会：《长沙杨家湾 M006 号清理简报》，《文物参考资料》1954 年第 12 期。

[6] 徐中舒、何孝达：《战国初期魏齐的争霸及列国间合纵连横的开始》，《四川大学学报》1956 年第 2 期。

[7] 湖南省文物管理委员会：《长沙仰天湖第 25 号木椁墓》，《考古学报》1957 年第 2 期。

[8] 河南省文化局文物工作队第一队：《我国考古史上的空前发现——信仰长台关发掘一座战国大墓》，《文物参考资料》1957 年第 9 期。

[9] 温廷宽：《印章的起源和肖形印》，《文物参考资料》1958 年第 12 期。

[10] 李学勤：《战国题名概述》，《文物》1959 年第 7－9 期。

[11] 振甫：《诏策·檄移》，《新闻业务》1961 年第 9 期。

［12］吴家国：《谈谈培根归纳法》，《北京师范大学学报》1963 年第 3 期。

［13］于省吾：《"鄂君启节"考释》，《考古》1963 年第 8 期。

［14］徐中舒：《论〈战国策〉的编写及有关苏秦诸问题》，《历史研究》1964 年第 1 期。

［15］郭沫若：《侯马盟书初探》，《文物》1966 年第 2 期。

［16］陈梦家：《东周盟誓与出土载书》，《考古》1966 年第 5 期。

［17］郭沫若：《侯马盟书初探》，《文物》1972 年第 3 期。

［18］陶正刚、王克林：《侯马盟东周盟誓遗址》，《文物》1972 年第 4 期。

［19］唐兰：《侯马出土晋国赵嘉之盟载书新释》，《文物》1972 年第 8 期。

［20］孙作云：《长沙马王堆一号汉墓出土画幡考释》，《考古》1973 年第 1 期。

［21］荆州地区博物馆：《湖北江陵藤店一号墓发掘简报》，《文物》1973 年第 9 期。

［22］山东省博物馆、临沂文物组：《山东临沂西汉墓发现〈孙子兵法〉和〈孙膑兵法〉等竹简的简报》，《文物》1974 年第 2 期。

［23］湖南省博物、中国科学院考古研究所：《长沙马王堆二、三号汉墓发掘简报》，《文物》1974 年第 7 期。

［24］孝感地区第二期亦工亦农文物考古训练班：《湖北云梦睡虎地十一号秦墓发掘简报》，《文物》1976 年第 6 期。

［25］湖北孝感地区第二期亦工亦农文物考古训练班：《湖北云梦睡虎地十一座秦墓发掘简报》，《文物》1976 年第 9 期。

［26］林剑鸣：《从云梦秦简看秦代的法律制度》，《西北大学学报》（哲学社会科学版）1979 年第 3 期。

［27］随县擂鼓墩一号墓考古发掘队：《湖北随县曾侯乙墓发掘简报》，《文物》1979 年第 7 期。

［28］黄展岳：《云梦秦律简论》，《考古学报》1980 年第 1 期。

［29］姜亮夫：《秦诅楚文考释》，《兰州大学学报》（社会科学版）1980 年第 4 期。

［30］谷春帆：《中国古代经济史中几个问题的考释》，《北京大学学报》（哲学社会科学版）1980 年第 6 期。

［31］马非百：《关于秦杜虎符之铸造年代》，《史学月刊》1981 年第 1 期。

［32］来因：《我国法律史上的一篇重要文献——西周青铜器"僄匜"铭文》，《法学杂志》1981 年第 2 期。

［33］叶其峰：《战国官玺的国别及有关问题》，《故宫博物院院刊》1981 年第 3 期。

［34］甘肃省博物馆、敦煌县文化馆：《敦煌马圈湾汉代烽燧遗址发掘简报》，《文物》1981 年第 10 期。

［35］四川省博物馆、青川县文化馆：《青川县出土秦更修田律木牍——四川青川县战国墓发掘简报》，《文物》1982 年第 1 期。

［36］湖北省荆州地区博物馆：《江陵天星观 1 号楚墓》，《考古学报》1982 年第 1 期。

［37］陈益升：《培根与归纳法》，《东岳论丛》1982 年第 1 期。

［38］罗福颐：《杜阳虎符辨伪》，《文物》1982 年第 2 期。

［39］韩养民：《秦置相邦丞相源流考》，《人文杂志》1982 年第 2 期。

［40］黄盛璋：《青川新出秦田律木牍及其相关问题》，《文物》1982 年第 9 期。

［41］朱德熙、裘锡圭：《七十年代出土的秦汉简册和帛书》，《语文研究》1982 年第 1 期。

［42］褚平：《应当如何看待归纳法》，《哲学研究》1983 年第 2 期。

［43］河南省文物研究所：《河南温县东周盟誓遗址一号坎发掘简报》，《文物》1983 年第 3 期。

［44］胡澱咸：《四川青川秦墓为田律木牍考释——并田备论我国古代田亩制度》，《安徽师大学报》（哲学社会科学版）1983 年第 3 期。

［45］裘锡圭：《〈居延汉简甲乙编〉释文商榷（续六）》，《人文杂志》1983 年第 6 期。

［46］胡顺利：《关于秦国杜虎符的铸造年代》，《文物》1983 年第 8 期。

［47］戴应新：《秦杜虎符的真伪及其有关问题》，《考古》1983 年第 11 期。

［48］刘海年：《僄匜铭文及其所反映的西周刑制》，《法学研究》1984 年第 1 期。

［49］白光琦：《温县盟书的年份》，《史学月刊》1984 年第 1 期。

［50］聂新民、刘云辉：《秦置相邦丞相考异》，《人文杂志》1984 年第 2 期。

［51］黄留珠：《秦客卿制度简论》，《史学集刊》1984 年第 3 期。

［52］张天禄：《我国最早的法律判决书——"僻匜"铭文》，《河北法学》1984 年第 6 期。

［53］郑雅坤：《谈我国古代符节（牌）制度及其演变》，《西北师范大学学报》（哲学社会科学版）1985 年第 1 期。

［54］韩连琪：《春秋战国时代的中央官制及其演变》，《文史哲》1985 年第 1 期。

［55］潘林杉：《中国历代公文名称（一）》，《安徽史学》1985 年第 1 期。

［56］潘林杉：《中国历代公文名称（二）》，《安徽史学》1985 年第 3 期。

［57］陈尊祥：《杜虎符真伪考辨》，《文博》1985 年第 6 期。

［58］李更旺：《古书史中竹木制书写材料考析》，《文献》1986 年第 1 期。

［59］王铭：《文书书写规则考略》，《档案与建设》1986 年第 1 期。

［60］邱世华：《简论云梦秦简的司法文书》，《西北政法学院学报》1986 年第 2 期。

［61］尚志儒：《秦封宗邑瓦书的几个问题》，《文博》1986 年第 6 期。

［62］沈长云：《西周人口蠡测》，《中国社会经济史研究》1987 年第 1 期。

［63］黄盛章：《青川秦牍〈田律〉争议问题总议》，《农业考古》1987 年第 2 期。

［64］徐进、易见：《秦代的"比"与"廷行事"》，《山东法学》1987 年第 2 期。

［65］孟繁峰：《论客卿》，《史学集刊》1987 年第 3 期。

［66］姚福申：《上古文献的形成与编辑工作的起源》，《编辑学刊》1987 年第 3 期。

［67］刘海年：《文物中的法律史料及其研究》，《中国社会科学》1987 年第 5 期。

［68］荆沙铁路考古队：《江陵秦家咀楚墓发掘简报》，《江汉考古》1988 年第 2 期。

［69］包山墓地竹简整理小组：《包山 2 号墓竹简概述》，《文物》1988 年

第 5 期。

[70] 甘肃省文物考古研究所、天水市北道区文化馆:《甘肃天水放马滩战国秦汉墓群的发掘》,《文物》1989 年第 2 期。

[71] 陈恩林:《关于周代宗法制度中君统与宗统的关系问题》,《社会科学战线》1989 年第 2 期。

[72] 彭林:《〈周礼〉成书于汉初说》,《史学史研究》1989 年第 3 期。

[73] 徐少华:《包山二号楚墓的年代及有关问题》,《江汉考古》1989 年第 4 期。

[74] 王云:《关于青川秦牍的年代》,《四川文物》1989 年第 5 期。

[75] 曹锦炎:《岣嵝碑研究》,《文物研究》1989 年第 9 期。

[76] 连劭名:《西域木简中的记与檄》,《文物春秋》1989 年第 Z1 期。

[77] 黄才庚:《我国历代诏令文书发展述略》,《四川大学学报》(哲学社会科学版)1990 年第 3 期。

[78] 张克复:《我国古代的军事符契档案》,《档案》1990 年第 6 期。

[79] 湖南省文物考古研究所、慈利县文物保护管理研究所:《湖南慈利石板村 36 号战国墓发掘简报》,《文物》1990 年第 10 期。

[80] 谢元震:《鄂君启节铭文补释》,《中国历史博物馆刊》1991 年第 00 期。

[81] 赵平安:《从"箸者石章"的解释看诅楚文刻石的形制》,《学术研究》1992 年第 1 期。

[82] 严军:《从甲骨占卜术的兴衰看甲骨卜辞的存亡》,《杭州师范学院学报》(社会科学版)1992 年第 2 期。

[83] 赵平安:《诅楚文辨疑》,《河北大学学报》(哲学社会科学版)1992 年第 2 期。

[84] 徐世虹:《汉简与汉代法制研究》,《内蒙古大学学报》(哲学社会科学版)1992 年第 2 期。

[85] 刘太祥:《秦汉文书管理制度》,《南都学坛》(社会科学版)1992 年第 3 期。

[86] 张金光:《秦简牍所见内史非郡考辨》,《史学集刊》1992 年第 4 期。

[87] 周雪恒:《关于我国档案的起源与形成》,《档案学通讯》1992 年

第 6 期。

［88］商志䤵：《记商承祚教授藏长沙子弹库楚国残帛书》，《文物》1992
年第 11 期。

［89］刘来成：《战国时期中山王罍兆域图铜版释析》，《文物春秋》1992
年第 S1 期。

［90］高一勇：《秦简"法律答问"问句类别》，《古汉语研究》1993 年第
1 期。

［91］李家浩：《贵将军虎节与辟大夫虎节——战国符节铭文研究之一》，
《中国历史博物馆馆刊》1993 年第 2 期。

［92］于少特：《青铜法典僎匜铭文试析》，《文博》1993 年第 6 期。

［93］湖北省荆州地区博物馆：《江陵扬家山 135 号秦墓发掘简报》，《文
物》1993 年第 8 期。

［94］关静芬：《文书之产生、名变及功能》，《辽宁大学学报》（哲学社会
科学版）1994 年第 1 期。

［95］王关成：《东郡虎符考》，《考古与文物》1994 年第 1 期。

［96］刘鑫全：《千古第一檄文》，《文史知识》1994 年第 2 期。

［97］龚春湘：《中国古代文书学寻踪》，《琼州大学学报》（哲社版）1994
年第 2 期。

［98］葛生华：《春秋战国时期官制初探》，《兰州学刊》1994 年第 3 期。

［99］王关成：《漫说秦汉虎符》，《文史知识》1994 年第 12 期。

［100］刘德银：《江陵王家台 15 号秦墓》，《文物》1995 年第 1 期。

［101］王关成：《再谈东郡虎符辨伪》，《考古与文物》1995 年第 2 期。

［102］湖南省文物考古所、慈利县文物保护管理研究所：《湖南慈利石板
村战国墓》，《考古学报》1995 年第 2 期。

［103］李力：《东周盟书与春秋战国法律的变化》，《法学研究》1995 年第
4 期。

［104］陈伟：《包山竹简所见楚国的文书制度》，《中华文化论坛》1995 年
第 4 期。

［105］李力：《东周盟书与春秋战国法制的变化》，《法学研究》1995 年第
4 期。

[106] 张全民：《试论春秋会盟的特点》，《吉林大学社会科学学报》1995年第4期。

[107] 孙瑞：《试论春秋时期的人质》，《史学集刊》1996年第1期。

[108] 闫忠生：《战国时期燕国诸制度稽考》，《求是学刊》1996年第2期。

[109] 贾继东：《从出土竹简看楚国司法职官的建置和演变》，《江汉论坛》1996年第9期。

[110] 尚志儒：《秦相的设置及相关问题》，《文博》1997年第2期。

[111] 李模：《先秦盟誓之制实质述评》，《宁夏大学学报》（社会科学版）1997年第3期。

[112] 李模：《试论先秦盟誓之制的演化》，《殷都学刊》1997年第4期。

[113] 孙瑞：《试论战国时期人质的几个特点》，《史学集刊》1997年第4期。

[114] 卜宪群：《秦汉公文文书与官僚行政管理》，《历史研究》1997年第4期。

[115] 李家浩：《传贳龙节铭文考释》，《考古学报》1998年第1期。

[116] 孙瑞：《从〈睡虎地秦墓竹简〉看秦国下行文书管理制度》，《档案学研究》1998年第1期。

[117] 沈长云：《古代中国政治组织的产生及其模式》，《史学理论研究》1998年第2期。

[118] 史党社、田静：《郭沫若〈诅楚文考释〉订补》，《文博》1998年第3期。

[119] 曾维华：《秦国杜虎符铸造年代考》，《学术月刊》1998年第5期。

[120] 张建国：《秦令与睡虎地秦墓竹简相关问题略析》，《中外法学》1998年第6期。

[121] 张伯元：《〈秦简·法律答问〉与秦代法律解释》，《华东政法学院学报》1999年第3期。

[122] 晁福林：《春秋战国时期的"质子"与"委质为臣"》，《传统文化与现代化》1999年第3期。

[123] 侯开嘉：《俗书与官书的双向发展规律》，《四川大学学报》（哲学

社会科学版）1999 年第 3 期。

[124] 湖北省荆州市周良玉桥遗址博物馆：《关沮秦汉墓清理简报》，《文物》1999 年第 6 期。

[125] 马海音：《论司法文书制作的语言要求》，《甘肃政法学院学报》2000 年第 1 期。

[126] 张荣明：《商周的国家结构与国教结构》，《社会科学战线》2000 年第 2 期。

[127] 李学勤：《秦玉牍索隐》，《故宫博物院院刊》2000 年第 2 期。

[128] 邓咏秋：《历代简牍形制特点概述》，《河南图书馆学刊》2000 年第 2 期。

[129] 胡平生：《简牍制度新探》，《文物》2000 年第 3 期。

[130] 湖北省江陵县文物局、荆州地区博物馆：《江陵岳山秦汉墓》，《考古学报》2000 年第 4 期。

[131] 杨天宇：《略述〈周礼〉的成书年代与真伪》，《郑州大学学报》（社会科学版）2000 年第 4 期。

[132] 何双全《甘肃敦煌汉代悬泉置遗址发掘简报》，《文物》2000 年第 5 期。

[133] 许占君：《培根的科学归纳法述评》，《内蒙古大学学报》（人文社会科学版）2000 年第 S1 期。

[134] 曹旅宁：《睡虎地秦简所载魏律论考》，《广东教育学院学报》2001 年第 3 期。

[135] 罗二虎：《四川青川秦律与稻田农业》，《四川大学学报》（哲学社会科学版）2001 年第 4 期。

[136] 李洪武：《近十年所出简牍之形制浅谈》，《古籍整理研究学刊》2002 年第 1 期。

[137] 郝本性：《从温县盟书谈中国古代盟誓制度》，《华夏考古》2002 年第 2 期。

[138] 彭浩：《津关令的颁行年代与文书格式》，《郑州大学学报》（哲学社会科学版）2002 年第 2 期。

[139] 程峰：《侯马盟书与温县盟书》，《殷都学刊》2002 年第 4 期。

[140] 丁波：《试析春秋战国之际史官群体的演变分化》，《中国社会科学院研究生院学报》2002 年第 6 期。

[141] 河南省文物考古研究所、河南省驻马店市文化局、新蔡县文物保护管理所：《河南新蔡平夜君成墓的发掘》，《文物》2002 年第 8 期。

[142] 冯时：《侯马、温县盟书年代考》，《考古》2002 年第 8 期。

[143] 李学勤：《初读里耶秦简》，《文物》2003 年第 1 期。

[144] 李零：《三种不同含义的"书"》，《中国典籍与文化》2003 年第 1 期。

[145] 林晓平：《春秋战国时期史官职责与史学传统》，《史学理论研究》2003 年第 1 期。

[146] 张国安：《〈周礼〉成书年代研究方法论及其推论》，《浙江社会科学》2003 年第 2 期。

[147] 李零：《简帛的形制与使用》，《中国典籍与文化》2003 年第 3 期。

[148] 张会超：《简牍档案的出土发现与形制》，《档案》2003 年第 3 期。

[149] 张会超：《试论简牍档案的定义及其形成的主要时间》，《档案学研究》2003 年第 5 期。

[150] 谢桂华、沈颂金、邬文玲：《二十世纪简帛的发现与研究》，《历史研究》2003 年第 6 期。

[151] 刘玉堂、贾济东：《楚秦审判制度比较研究》，《江汉论坛》2003 年第 9 期。

[152] 周立中：《玺符节之异同》，《中国防伪》2004 年第 1 期。

[153] 袁礼华：《论春秋战国时期的游说拜官》，《南昌大学学报》（人社版）2004 年第 1 期。

[154] 何艳杰：《试论战国王权的几个问题》，《郑州大学学报》（哲学社会科学版）2004 年第 2 期。

[155]〔日〕佐佐木研太、曹峰、张毅：《出土秦律书写形态之异同》，《清华大学学报》（哲学社会科学版）2004 年第 4 期。

[156] 林进忠：《里耶秦简"赀牍文书"书手探析》，《湖南大学学报》（社会科学版）2004 年第 4 期。

[157] 沈长云、李晶：《春秋官制与〈周礼〉比较研究——〈周礼〉成书

年代再探讨》,《历史研究》2004 年第 6 期。

[158] 曹旅宁:《从里耶秦简看秦的法律制度》,《秦文化论丛》(第十一辑) 2004 年第 00 期。

[159] 张继海:《睡虎地秦简魏户律的再研究》,《中国史研究》2005 年第 2 期。

[160] 孟彦弘:《秦汉法典体系的演变》,《历史研究》2005 年第 3 期。

[161] 侯旭东:《中国古代人 "名" 的使用及其意义——尊卑、统属与责任》,《历史研究》2005 年第 5 期。

[162] 侯乃峰:《秦骃祷病玉版铭文集解》,《文博》2005 年第 6 期。

[163] 杨树森:《从地位显赫的史官到纵横天下的士》,《秘书工作》2005 年第 9 期。

[164] 魏建震:《从历史认识论看二重证据法在古史研究中的运用——为纪念王国维二重证据的提出 80 周年而作》,《河北师范大学学报》(哲学社会科学版) 2006 年第 1 期。

[165] 周军:《中国古代军事情报保密思想述略》,《军事历史研究》2006 年第 2 期。

[166] 丁晓昌:《试论公文文体演变的基本模式和主要方式》,《南京师范大学文学学院学报》2006 年第 4 期。

[167] 胡伟:《秦简第一人称代词研究》,《语文学刊》(高教版) 2006 年第 5 期。

[168] 王春娟:《科层制的涵义及结构特征分析——兼评韦伯的科层理论》,《学术交流》2006 年第 5 期。

[169] 刘笃才、杨一凡:《秦简廷行事考辨》,《法学研究》2007 年第 3 期。

[170] 李艳红:《〈侯马盟书〉〈温县盟书〉与〈左传〉盟誓语言比较研究》,《殷都学刊》2007 年第 3 期。

[171] 肖德武:《从归纳法的兴衰看西方科学哲学的演变》,《山东师范大学学报》(人文社会科学版) 2007 年第 3 期。

[172] 谭黎明:《论春秋战国时期的楚国官制》,《社会科学战线》2007 年第 4 期。

[173] 卜宪群:《从简帛看秦汉乡里的文书问题》,《文史哲》2007 年第

6 期。

[174] 胡忠良:《神鬼交诅、集体失疯的强迫性记忆——略谈春秋战国时期的诅盟及文书档案》,《中国档案》2007 年第 6 期。

[175] 孙瑞:《论周代令书的形成》,《档案学通讯》2008 年第 1 期。

[176] 曹旅宁:《里耶秦简〈祠律〉考述》,《史学月刊》2008 年第 1 期。

[177] 湖北省文物考古研究所、云梦县博物馆:《湖北云梦睡虎地 M77 发掘简报》,《江汉考古》2008 年第 4 期。

[178] 冯勇:《中国古代公文制度中的权力制约机制》,《法律文化研究》2008 年。

[179] 胡伟:《秦简第二人称代词时间性和地域性研究》,《殷都学刊》2009 年第 2 期。

[180] 陈松长:《岳麓书院所藏秦简综述》,《文物》2009 年第 3 期。

[181] 赵彦昌、黄娜:《中国古代制书研究(上)》,《山西档案》2009 年第 4 期。

[182] 陈彦辉:《商周青铜铭文文体论》,《文学评论》2009 年第 4 期。

[183] 詹子庆:《先秦礼学研究刍议》,《社会科学战线》2009 年第 5 期。

[184] 赵彦昌、黄娜:《中国古代制书研究(下)》,《山西档案》2009 年第 5 期。

[185] 董文俊、熊志勇:《评培根"科学归纳法"的理论地位》,《求索》2009 年第 9 期。

[186] 王祖志:《传统中国公文法律制度初论》,《中西法律传统》2009 年第 00 期。

[187] 樊俊利:《战国金文研究概述》,《山西大学学报》(哲学社会科学版)2010 年第 1 期。

[188] 〔英〕魏克彬:《侯马与温县盟书中的"岳公"》,《文物》2010 年第 1 期。

[189] 李力:《发现最初的混合法:从睡虎地秦简到张家山汉简》,《河北法学》2010 年第 2 期。

[190] 左政、莫恒全:《论战国时代公文及其特点》,《广西师范学院学报》(哲学社会科学版)2010 年第 2 期。

［191］王舒雅：《古代公文制度的演变及其原因探究》，《兰台世界》2010年第3期。

［192］乔治忠：《王国维"二重证据法"蕴义与影响的再审视》，《南开学报》（哲学社会科学版）2010年第4期。

［193］陈勇：《从〈睡虎地秦简〉看刑与罚的区别》，《南都学坛》（人文社会科学学报）2010年第4期。

［194］陈松长：《睡虎地秦简"关市律"辨证》，《史学集刊》2010年第4期。

［195］吕静：《中国古代文书副本之考察》，《史林》2010年第5期。

［196］刘光裕：《商周简册考释——兼谈商周简册的社会意义》，《济南大学学报》（社会科学版）2010年第5期。

［197］吴承学：《中国文体学：回归本土与本体的研究》，《学术研究》2010年第5期。

［198］张道升：《〈侯马盟书〉研究综述》，《社会科学论坛》2010年第7期。

［199］楼兰：《战国秦简牍文、秦简帛文体比较研究综述》，《广西社会科学》2010年第8期。

［200］梁曦：《檄文古今考》，《文学教育（上）》2010年第11期。

［201］穆冬梅：《对我国古代司法文书的一点看法》，《法制与社会》2010年第20期。

［202］朱红林：《里耶秦简8－455号木方研究——竹简秦汉律〈周礼〉比较研究（七）》，《井冈山大学学报》（社会科学版）2011年第1期。

［203］宁登国：《先秦记言制的形成及其演变》，《南昌大学学报》（人文社会科学版）2011年第1期。

［204］武树臣：《秦"改法为律"原因考》，《法学家》2011年第2期。

［205］杨榕：《从〈文心雕龙〉看檄文的文体特征》，《河北经贸大学学报》（综合版）2011年第2期。

［206］刘光裕：《简论官书三大特征》，《济南大学学报》（社会科学版）2011年第3期。

［207］张忠炜：《秦汉律令关系试探》，《文史哲》2011年第4期。

[208] 骈宇骞、王任林：《出土简牍法律文书述略》，《中国典籍与文化》2011 年第 4 期。

[209] 凡国栋：《岳麓秦简〈为治官吏及黔首〉与睡虎地秦简〈为吏之道〉编连互征一例》，《江汉考古》2011 年第 4 期。

[210] 曹旅宁：《睡虎地秦简〈公车司马猎律〉的律名问题》，《考古》2011 年 5 期。

[211] 吕静：《秦汉官僚体制下的基层文吏研究》，《北京行政学院学报》2011 年第 6 期。

[212] 王伦信：《"觚"与简牍时代的习字材料》，《基础教育》2011 年第 6 期。

[213] 崔向东：《赵国官僚制度述考》，《渤海大学学报》（哲学社会科学版）2011 年第 6 期。

[214] 刘建峰：《玺印起源辩》，《山东社会科学》2011 年第 8 期。

[215] 宁全红：《"三重证据法"的反思》，《法律史评论》2011 年第 00 期。

[216] 金明生、樊瑞翡：《简牍的起源及其相关问题考释》，《图书馆与情报》2012 年第 2 期。

[217] 刘广安：《令在中国古代的作用》，《中外法学》2012 年第 2 期。

[218] 何庄：《古代公文文种变迁原因》，《档案学通讯》2012 年第 3 期。

[219] 闫志：《中国国家博物馆藏"王命传遽"虎节考》，《中国国家博物馆馆刊》2012 年第 4 期。

[220] 张悦：《略论"檄"的特点及〈文选〉文体分类的缺陷》，《内蒙古农业大学学报》（社会科学版）2012 年第 4 期。

[221] 李锐：《"二重证据法"的界定及规则探析》，《历史研究》2012 年第 4 期。

[222] 汤志彪：《温县盟书盟主简论》，《古籍整理研究学刊》2012 年第 5 期。

[223] 何家兴：《〈中原文化大典〉温县盟书考释（十一则）》，《中国国家博物馆馆刊》2012 年第 5 期。

[224] 朱凤瀚：《北大藏秦简〈从政之经〉述要》，《文物》2012 年第 6 期。

［225］北京大学出土文献研究所：《北京大学藏秦简牍概述》，《文物》2012
年第 6 期。

［226］沈刚：《〈里耶秦简（一）〉中的"课"与"计"》，《鲁东大学学
报》（哲学社会科学版）2013 年第 1 期。

［227］曹旅宁：《睡虎地秦简〈法律答问〉性质探测》，《西安财经学院学
报》2013 年第 1 期。

［228］梁涛：《二重证据法：疑古与释古之间——以近年出土文献研究为
例》，《中国社会科学》2013 年第 2 期。

［229］吴晓懿：《战国时期书写群体研究》，《中国国家博物馆馆刊》2013
年第 4 期。

［230］刘杰：《秦封宗邑瓦书铭文研究述补》，《湖南科技大学学报》（社
会科学版）2013 年第 4 期。

［231］梁治寇：《持"节"为凭真假分明》，《中国防伪》2013 年第 12 期。

［232］胡娟、李亚光：《先秦时期的虎符》，《兰台世界》2013 年第 12 期。

［233］〔英〕魏克彬：《温县盟书 T4K5、T4K6、T4K11 盟辞释读》，《出土
文献与古文字研究》2013 年第 00 期。

［234］陈松长、张以静：《〈岳麓书院藏秦简（三）〉的书手辨析与书体特
征》，《出土文献研究》2014 年第 00 期。

［235］四川省文物考古研究院，青川县文物管理所：《四川青川县郝家坪
战国墓群 M50 发掘简报》，《四川文物》2014 年第 3 期。

［236］秦进才：《战国官制渊源再探》，《邯郸学院学报》2014 年第 3 期。

［237］巫鸿：《马王堆一号汉墓中的龙、璧图像》，《文物》2015 年第
1 期。

［238］岳纯之：《中国古代礼法关系新论》，《法治研究》2016 年第 1 期。

［239］赵世超：《中国古代等级制度的起源与发展（上）》，《陕西师范大
学学报》（哲学社会科学版）2016 年第 1 期。

三　学位论文

［1］陈锦忠：《先秦史官制度的形成与演变》，硕士学位论文，台湾大学，
1980。

[2] 贾俊侠：《先秦史官研究》，硕士学位论文，陕西师范大学，2002。

[3] 胡长春：《新出殷周青铜器铭文研究》，博士学位论文，安徽大学，2004。

[4] 李德全：《科层制及其官僚化过程研究》，博士学位论文，浙江大学，2004。

[5] 董芬芬：《春秋辞令的文体研究》，博士学位论文，西北师范大学，2006。

[6] 胡元德：《古代公文文体流变述论》，博士学位论文，南京师范大学，2006。

[7] 程鹏万：《简牍帛书格式研究》，博士学位论文，吉林大学，2006。

[8] 谭黎明：《春秋战国时期楚国官制研究》，博士学位论文，吉林大学，2006。

[9] 王美杰：《秦骃玉版研究》，硕士学位论文，东北师范大学，2007。

[10] 肖辉：《青川木牍辑考》，硕士学位论文，安徽大学，2007。

[11] 李建新：《周代盟誓研究》，硕士学位论文，河南大学，2008。

[12] 潘文杰：《春秋战国时期的客卿研究》，硕士学位论文，厦门大学，2008。

[13] 李巍巍：《睡虎地秦简中所见文书制度探讨》，硕士学位论文，吉林大学，2009。

[14] 赵晓斌：《春秋官制研究——以宗法礼治社会为背景》，博士学位论文，浙江大学，2009。

[15] 吕红光：《先秦汉魏晋南北朝文体观的生成与发展》，博士学位论文，浙江大学，2010。

[16] 吴振红：《〈岳麓书院藏秦简〉（一）书体研究》，硕士学位论文，湖南大学，2011。

[17] 李莉：《论先秦公文的原生意义》，硕士学位论文，南京师范大学，2011。

[18] 章丽琼：《战国时期列国置相研究》，硕士学位论文，华东师范大学，2011。

[19] 李其道：《史官创作与先秦散文的发展》，硕士学位论文，中南民族大学，2011。

[20] 赵萍：《春秋战国赏赐制度研究》，博士学位论文，吉林大学，2011。

[21] 柯振昌：《战国散文文体研究》，博士学位论文，上海大学，2011。

[22] 张冬冬：《20 世纪以来出土简牍（含帛书）年代学暨简牍书署制度研究》，博士学位论文，吉林大学，2012。

[23] 李松儒：《战国简帛字迹研究》，博士学位论文，吉林大学，2012。

[24] 李军：《〈周礼〉所见文书管理制度探讨》，硕士学位论文，吉林大学，2012。

[25] 王捷：《包山楚司法简考论》，博士学位论文，华东政法大学，2012。

[26] 郭明月：《东周时期的立法与司法》，博士学位论文，南开大学，2012。

[27] 张玲：《秦汉关隘制度研究》，博士学位论文，河南大学，2012。

[28] 费银银：《我国古代军事信息传播研究——以檄文、露布、塘报、旗报、牌报为中心》，硕士学位论文，安徽大学，2013。

[29] 汪叶林：《战国、秦代出土简帛法律文献研究》，硕士学位论文，安徽大学，2013。

[30] 吴然：《汉代简牍中的觚》，硕士学位论文，首都师范大学，2013。

[31] 谢伟峰：《从血缘到地缘：春秋战国制度大变革研究》，博士学位论文，陕西师范大学，2013。

[32] 裴乾坤：《战国楚司法职官研究》，博士学位论文，华东政法大学，2015。

[33] 张以静：《〈岳麓书院藏秦简〉（三）书手辨析》，硕士学位论文，湖南大学，2015。

四　其他类型文献

[1] （宋）苏轼撰《苏轼文集》卷五《论养士》，《苏轼全集》，（清）王文诰注，于宏明点校，时代文艺出版社，2001。

[2] 叶其峰：《战国官署玺》，载王人聪、游学华编《中国古玺印学国际研讨会论文集》，香港中文大学文物馆，2000。

[3] 小泽贤二，黄雪美：《司马迁和中国文书学》，司马迁和《史记》国际学术研讨会会议论文，西安，2000 年 9 月。

[4] 张舜徽：《经传标题辨惑》，载周国林编《张舜徽学术随笔》，中国青年出版社，2001。

[5] 曹旅宁:《秦王朝关于宗教事务的法律及其历史作用——里耶秦简〈祠律〉考述》,理性与智慧:中国法律传统再探讨——中国法律史学会 2007 年学术年会会议论文,北京,2007 年 11 月。

[6] 吕静、王成伟:《关于秦代文书形态与运作流程的考察——以里耶秦牍的分析为基础》,第四届传统中国研究国际学术讨论会会议论文,上海,2009 年 7 月。

[7] 叶舒宪:《国学考据学的证据法研究及展望——从一重证据法到四重证据法》,第二届证据理论与科学国际研讨会会议论文,北京,2009 年 7 月。

[8] 湖南省文物考古研究所:《二十年风云激荡 两千年沉寂后显真容》,《中国文物报》2013 年 12 月 6 日,第 006 版。

[9] 南玉泉:《论秦汉式的种类与性质》,中国法律史学会 2012 年学术年会会议论文,海口,2012 年 11 月。

后 记

时光如流，转眼毕业已三年。三年来，虽疲于应对各种日常琐事，在多重身份任务中转换奔波，但时刻不敢忘却恩师孙君讳瑞先生之谆谆教诲——日当有所获。奈何，资质愚钝，精进无多。唯存"高山仰止，景行行止，虽不能至，然心向往之"之念，奋学不已罢了。

日前兴起撰写战国令书研究系列丛书计划，并意将此前博士学位论文作为丛书之始。与恩师谈起撰写计划时，恩师甚为高兴，并给予诸般高见。但自知水平有限，实难达成恩师愿景，故此书于付梓劳烦恩师作序之时，不免有些战战兢兢。收到恩师所为序时，更觉如坐针毡、无地自容。自言跟随恩师学习五载，虽日尽其力，但所得尚不及万一。故刊印此书所求唯不辱师门、无负师恩而已，岂敢奢望"青出于蓝而胜于蓝"?! 更何况恩师教诲万千，如春风化雨，从其学所得岂止学问哉？

此书在早期撰写过程中尚得吉林大学许君讳兆昌、朱君讳红林、马君讳卫东等诸位贤师的指点，获益良多。其中尤当感谢朱君。先生以严爱著称，于学生之学问德行要求甚严，但对学生之工作生活关爱备至。故当学业未成之时，最怕见朱师，恐其垂问近日所学所研。但每至此时，也常于羞愧难当外获得启发，颇有醍醐灌顶、柳暗花明之感。博士毕业答辩时，恩师因意外受伤未能参加，故烦琐诸事皆劳烦朱师代为承办，事无巨细，常于疏忽处予以提醒。悉心备至，关爱有加，感念至今。

此书能顺利付梓则当感谢师姐吕君讳兵伟、编审宋君淑洁两位女士。吕君有联系询问之功，宋君则有纠错校对之劳。此外，又幸得内助徐敏之贤，以纤纤之躯，操持千般杂务，使愚得以于工作之外，安心问学。只叹所得无多，愧不自已。

另，黄师海烈、高师福顺、蒋师金玲、郑师礼丽、黎师臣、王师林强等诸师，范君世清、葛君宗梅、邱君菊、蒋君乐乐、李君兵兵、赵君金涛、王君关丰、闫君园园、蔡君航、谷君小钰、于君洪涛、王君政冬、刘君奔、蔡君云龙、卓君维宁、刘君文宙、张君齐迎、于君国华、宁君乐、王君凯、李君彬森、苏君加宁、郑君宇等诸同门、好友，及郭君超、余君全有、汤君慧玲、田君萍萍等诸同事，在研究与生活上对余也有极大帮助。不敢泯没诸人之功，并记于此，以示感谢。

图书在版编目（CIP）数据

战国令书制作研究 / 王会斌著. -- 北京：社会科
学文献出版社，2020.10
ISBN 978 - 7 - 5201 - 7259 - 2

Ⅰ.①战… Ⅱ.①王… Ⅲ.①诏令 - 制作 - 研究 - 中
国 - 战国时代 Ⅳ.①K231.065

中国版本图书馆 CIP 数据核字（2020）第 171410 号

战国令书制作研究

著　　者 / 王会斌

出 版 人 / 谢寿光
责任编辑 / 宋淑洁
文稿编辑 / 侯婧怡

出　　版 / 社会科学文献出版社
　　　　　　地址：北京市北三环中路甲 29 号院华龙大厦　邮编：100029
　　　　　　网址：www.ssap.com.cn
发　　行 / 市场营销中心（010）59367081　59367083
印　　装 / 三河市尚艺印装有限公司

规　　格 / 开　本：787mm × 1092mm　1/16
　　　　　　印　张：22　字　数：349 千字
版　　次 / 2020 年 10 月第 1 版　2020 年 10 月第 1 次印刷
书　　号 / ISBN 978 - 7 - 5201 - 7259 - 2
定　　价 / 98.00 元

本书如有印装质量问题，请与读者服务中心（010 - 59367028）联系